战争与恶疫

——日军对华细菌战

[日]松村高夫 等著
解学诗

人民出版社

1940年“新京”防疫时，以石井四郎为首的“关东军临时鼠疫防疫队本部”的牌子。这块大牌子从“国防金馆”的三楼顶部下垂到一楼。

平房七三一部队本部遗址。二楼右端是石井四郎部队长室(1995年8月8日摄)。

哈尔滨郊外平房七三一部队遗留的细菌培养瓶。直径6.5cm，高7.6cm。现置于原部队1栋一楼的原貌展示室(1994年8月21日摄)。

七三一部队遗留下的饲养鼠类的水泥槽。日本侵华战争末期，为培养细菌战用的鼠疫菌，从东北各地征集了大量黄鼠。**1945**年**8**月撤退时，为销毁罪证破坏了设施，但这些水泥槽原样残留（**1994**年**8**月**21**日摄）。

平房七三一部队锅炉房残迹（**1995**年**8**月**6**日摄）。

1940 年“新京”防疫时，满铁工事事务所工人进行封锁作业，埋设镀铅铁板。

1940 年“新京”防设时的防疫人员、隔离铁板墙和越墙用的木梯。

原告出庭证人日本七三一部队航空班飞行员松本正一（左一），少年班队员筱塚良雄（左二）在平房七三一部队遗址。

松村高夫教授采访当时检验出鼠疫菌的广德医院检验师汪正宇。

1996年**11**月浙江义乌崇山村原告与日本律师团合影(前排右一为原告日本律师团事务局长一濑敬一郎;中排右一为原告日本律师团律师西村正治,左一为原告团团长王选;后排左一为原告团秘书长王培根,左二为细菌战诉讼发起人王焕斌,左三为日本律师团律师鬼束忠则)。

1997年**8**月**11**日,中国各地原告代表和日本律师团步入东京地方法院提交诉状(前排中间戴眼镜长者为中国原告团日本律师团团长、原日本律师协会会长土屋公献)。

1998年**11**月**18**日，湖南常德、浙江省各地细菌战受害者代表与日本律师团、纽约南京大屠杀遇难同胞纪念会代表于义乌崇山村林山寺合影（**1942**年**9**月后，日军一六四四部队曾在林山寺实施鼠疫实验，将染疫村民活体解剖）。

2002年8月27日东京地方法院判决后，细菌战诉讼各地原告代表与中日两国声援人士在东京街头游行抗议。

义乌崇山村村口细菌战历史碑文前，原告王锦悌向参观市民讲解。

目　录

凡　例

一、对于各章本文的注释，原则上均在页下注中表述之。文字少的注释和补充说明或勘误，用[　]直接写在相应的文字之后。

二、从西文图书资料引用的资料，按原文注明其出处，一般不再翻译。西文人名、机构名、报刊名，凡有原文者均在译名后注明之。

三、《前日本陆军军人因准备和使用细菌武器被控案审判材料》(外国文书籍出版局印行，1950年，莫斯科)，和中央档案馆、中国第二历史档案馆、吉林省社会科学院合编《日本帝国主义侵华档案资料选编·5·细菌战与毒气战》(中华书局，1989年)两本书，本书各章引用较多，故在注明资料出处时，前者简化为《伯力审判材料》，后者简化为《细菌战与毒气战》。其他图书资料名称简化问题，各章视情况酌定，不求一律。资料存藏机构名称的处理亦然。

四、各章中的表格，均置于各章正文之后，所附各种示意图及有关地图，穿插于正文中，两者均以章为单位编排序号。

五、本书年代、数值均用阿拉伯字，但中文引文，一仍其旧。

第二版序言

作为读者,《战争与恶疫》一书,因工作需要,是桌头必备的读物,此次应人民出版社和作者之邀,为其第二版作序,觉得应该就本书在中日两国出版发行状况、学术研究的科学性质、法律诉讼上的历史实证价值等有关情况与问题,做些介绍说明,供读者参考。

《战争与恶疫》作为中日历史学者共同研究成果,是首部论述揭示二战期间日军在中国各地战场使用细菌武器的历史专著,也是该学术领域中唯一以中日两国语言出版发行的著作。日文版于 1997 年 8 月 15 日由书之友社在日本首次发行,中文版于 1998 年 7 月由人民出版社在中国首次出版发行。此项研究几乎用尽了当时业已发现的中国、日本、苏联、美国、英国相关档案文献,其学术水准似至今尚未被超越。

一 史学无国界

该项研究中方领衔者、第三章执笔者吉林省社会科学院研究员解学诗,与该院研究员、第四章执笔者李力、第七章执笔者郭洪茂组成了中国团队。解学诗当时为中央档案馆、中国第二历史档案馆、吉林省社会科学院合编《日本帝国主义侵华档案资料选编》(以下简称《选编》)常务主编。日方研究团队以日本庆应义塾大学经济学部学者为中心组成,领衔学者为松村高夫教授。

解学诗主编的上述《选编》第五卷《细菌战与毒气战》(中华书局,1989)出版后,其"细菌战"部分,由《战争与恶疫》第二章执笔者庆应义塾大学讲师江田泉、第六章执笔者京都大学教授江田宪治等精心编译,详加注释,以三卷本《证言·人体实验》(同文馆,1991)、《证言·活体解剖》(同文馆,1991)、《证言·细菌作战》(同文馆,1992)在日本出版。《战争与恶疫》日方领衔研究者、庆应义塾大学教授松村高夫参与了部分注解的编写。

二　史学与诉讼

松村高夫提出：史学和诉讼有一个共同点——以究明事实真相为目的。讼争中，相关事实发生真相及发生时间，在法律上，是决定性要素。历史学者通过诉讼程序，包括法庭审理对证据的要求，特别是在对方挑战之下，论证、解明重大的、极具争议的历史事实，可推动相关领域历史研究的发展，使社会上更多人了解真相，最终为相关历史责任的追究，包括对于相关受害者的补偿，确立事实依据（松村高夫、矢野久：《诉讼与历史学：从法庭看七三一细菌战部队》）。

实施细菌战违反国际法。因此，战争期间，日军从细菌部队的设置到人体实验、细菌武器的大量生产，再到实战中使用细菌武器，都是极其机密进行的。战败前后，日本高层销毁证据，掩盖犯罪事实。盟军占领日本后，日本细菌战罪犯以向美国提供包括人体实验的细菌战研究成果为条件，被免于在远东国际军事法庭起诉并追究战争犯罪责任。20 世纪 80 年代初，日本作家森村诚一揭露七三一部队人体实验、活体解剖的非虚构性著作《恶魔的饱食》在日本出版，引起轰动性效应。此后，围绕这个最为敏感的“历史问题”，日本社会上、学术界，“揭露”与“掩盖”的激烈斗争持续不断。

一个典型的例子是东京教育大学教授家永三郎的教科书诉讼案。事因起于家永编写的历史教科书中关于七三一部队等的历史叙述，经日本文部省审查，遭删除，家永不服，自 20 世纪 60 年代初，分别提出三起诉讼案，控告文部省。1991 年，家永的第三起诉讼案被上诉到东京高等法院，双方专家证人在二审的法庭上针锋相对，就日本七三一部队细菌战史实及学界的相关共识，以及由此而来的文部省教科书审查删除相关内容的正当性问题等展开论争。家永方的证人即为《战争与恶疫》日方领衔研究者松村高夫。

为准备在东京高等法院上论证七三一部队细菌战史实，向法庭提交专家意见书，松村高夫与日本律师及学者们组成了研究会，成员包括本书第二章执笔者庆应义塾大学讲师江田泉，及《细菌战与毒气战》三卷本日文版编译者长冈大学教授儿嶋俊郎。

1992 年，日本国内还发生了一件与日军七三一部队细菌战史实之争相关的重要事情，即在日本和平组织取得中国人民抗日战争纪念馆的协助后，开始在日本全国各地举行七三一部队细菌战图片巡回展，所到之处，一些“隐姓埋名”的原七三一等细菌部队老兵站出来揭露真相，日本媒体也竞相报道。1994 年，这些“特种部队”老兵的证词由日本民间学术团体七三一部队研究会选编出版，书名为《细菌战部队》(晚声社，1994)。

1992 年第 4 季度，即《战争与恶疫》日文版出版约 5 年前，中日双方研究者开始了此项日军在中国战场使用细菌武器的研究，当时的主要依据为《证言·细菌作战》(同文馆，1992) 中的中方资料，以及 1946 年 12 月原苏联在伯利举行的对 12 名原日军陆军军人就准备和使用细菌战被控案的审判资料。中国方面研究者解学诗、郭洪茂、李力在中国国内细菌武器攻击地区进行调查，用 2~3 年时间，搜集了大量相关文档资料，寻访了地方研究者、当事人等。

《战争与恶疫》的研究充分利用了各国的文档资料。用日本方面的第一手资料，结合中国史料的整理与分析，印证了中国方面对于日本在华细菌战的历史记载，为此后中国国内日本细菌武器攻击受害调查与研究打下了学术基础。

1995 年，七三一部队细菌战人体实验中国受害者在东京地方法院提起诉讼，要求日本政府谢罪、赔偿。松村高夫又作为中国受害者一方的专家证人，向东京地方法院该案一审、二审法庭提交了有关史实的意见书，其佐证资料来自美国、苏联、日本、中国，包括《细菌战与毒气战》日文版三卷本。

三 《战争与恶疫》与《井本日志》

《战争与恶疫》的中日共同研究开始不到一年，日本史学界对日军细菌战中比人体实验更鲜为人知的史实——实施细菌武器攻击，有了重大发现和突破。这就是 1993 年日本战争责任资料中心(社团法人)成立 8 个月后，发行了《季刊·战争责任研究》第 2 期 93 年冬季号《特集:追踪 731 部队真相——分布全亚洲的恐怖的细菌战部队》，特集刊载了日本中央大学教授吉见义明、立教大学讲师伊香俊哉的论文《日本军的细菌战——陆军全体行动的真相暴露》。在此前的 1993 年 6 月，两位学者在日本防卫厅防卫研究所图书馆所藏原日本陆军四名中央高级将领的业务日志中，发现了关于日军实施细菌战的记载(详见《战争与恶疫》第四、五章)，尤其是井本熊男大佐的业务日志(以下简称《井本日志》)，具体记载了他本人参与的日军在中国战场实施细菌武器攻击。井本于1940年9月至1942年12月担任日本陆军参谋本部作战课课员、支那派遣军司令部作战参谋，具体担当与七三一部队司令官石井四郎的联络。他的日志中载有关于日军在中国战场实施细菌武器攻击的内容，从而印证了上述松村高夫意见书中引用的美国、苏联、日本、中国方面佐证资料的相关内容。

如本书第四章所述，日军细菌战从计划到实施，都是极其隐蔽的。在战时条件下，地方性疾病暴发流行与日军撒播细菌的因果关系判定，技术上十分困难，特别是在当时中国农村地区。本书有关章节的内容说明，《井本日志》中相关记载发现的意义，无论如何评价也不过分，它使得从战时到战后数十年间的几乎均为受害方单方的指控，被加害方的一手资料最终证实。

1993年8月，新华社根据日本《朝日新闻》的报道，发布了日本陆军中央高级将领日志中，有关日军在中国战场使用细菌武器进行攻击的记载被发现的消息。1994年7月，常德地方志编写者在日军常德细菌战专著《辛巳劫难》（中共党史出版社，1995）一书的序言中，引用了新华社发布的有关日军使用细菌武器攻击常德的消息内容。这是国内遭受日军细菌武器攻击地区的地方志部门，对日本军方重大史料发现的最早反应。

参见本书第六章“常德细菌战”的内容，可以说，《井本日志》中关于日军七三一部队在常德上空撒播带鼠疫菌的跳蚤、实施细菌武器攻击，以及两周后鼠疫大流行的记载，对常德有文字记载以来，首次鼠疫爆发流行，及其与日军细菌武器攻击的因果关系，作出了定论，同时也使战时以来盟国军队、研究机构、学界关于这一因果关系的推断和讨论有了结果。

四 《战争与恶疫》与中国受害者在日本诉讼

（一）相关的调查

《战争与恶疫》第四章述及，战时日军细菌战引起浙江省各地鼠疫蔓延。1994年10月，受害地区之一——义乌县江湾镇崇山村三位村民代表全村向日本驻华使馆提交了联合诉状，要求日本政府就细菌战鼠疫流行给全村造成的损失和灾难表示谢罪，给予赔偿。

1995年7月，在哈尔滨召开的首届七三一部队国际学术研讨会上吉见义明就他和伊香俊哉共同发现的《井本日志》等日军细菌战的第一手证据材料作了发表。与会的日本和平活动家森正孝、松井英介报告了他们赴浙江义乌崇山村调查七三一部队细菌战引起该村鼠疫流行灾难,以及村民向日本政府索赔的要求。

12 月,我加入了森正孝、松井英介组成的日本民间细菌战调查团,到故乡崇山村进行细菌战受害调查,准备支持村民到日本法院进行诉讼。调查团成员中有三名日本律师:一濑敬一郎、西村正树、鬼束忠则。我和村民们商量成立"崇山村村民细菌战调查委员会",与日本研究者、律师等民间和平反战人士一起开展调查,把村里的细菌战鼠疫受害历史查清。

1996 年起,《战争与恶疫》日方研究团队及上述《细菌战与毒气战》日文版的编译者儿嶋俊郎,加入了以上日本民间细菌战调查团,成为这个中日各界联合调查的学术核心力量。同年 6 月,日本民间调查团汇聚了日本从事七三一部队细菌战问题研究的民间和平团体和人士,成立了日军细菌战历史揭露会(以下简称"揭露会"),整合资源,深入调查,支援中国细菌战受害者到日本诉讼。

1996 年 12 月,松村高夫与松井英介及其他两名"揭露会"成员与笔者共赴美国斯坦福大学参加世界抗日战争史实维护会(以下简称"史维会")举办的中日关系国际研讨会,向大会报告了浙江义乌崇山村细菌战鼠疫调查,呼吁国际社会关注和支持,赢得全场起立长时间鼓掌。与会美国《纽约时报》记者即赴崇山村采访,于 1997 年 2 月发表整版报道:《细菌战仍是崇山村民记忆中的噩梦》。会后,我们与史维会商议在北美举办七三一部队图片展。

1995 年 12 月至 1997 年 5 月,日本民间调查团共 9 次到中国调查,采访幸存者、见证人,与地方上的细菌战历史调查者、研究者、学者、文史与防疫等专业部门交流,搜集资料、证据,记录口述史料,整理日军实施细菌武器攻击造成的当地疫病流行历史。调查范围从崇山村扩展到义乌境内其他鼠疫受害地,即浙江省境内受害地衢州、江山、宁波、金华、兰溪、东阳,江西省境内受害地广丰、上饶、玉山,湖南省常德、桃源等地。期间,湖南常德也成立了细菌战调查委员会,成员有当地社会各界人士。细菌战受害田野调查中坚力量是一群志愿者,其中包括受害者及其家属。浙江义乌,随着鼠疫调查范围扩大到被蔓延的村、乡镇,全县在日军细菌战崇山村村民调查委员会的基础上,志愿者、受害者及其家属组成了全市(县)调查委员会。

《战争与恶疫》的中方研究团队在中国调查搜集的相关文档资料,特别是有关浙江、江西、湖南省的日军细菌战部分资料,通过日方研究团队提供原告日本律师团、"揭露会",作为诉讼证据材料;日方研究团队也在中国受害地实地调查中,印证、充实了史料中对于日军细菌战造成疫病流行的记述。

(二)中国细菌战受害者起诉

1997 年 8 月初,日本细菌战民间调查团集资邀请湖南常德、浙江宁波、义乌崇山村的细菌战受害者、地方细菌战历史研究者、翻译等 11 名,加上笔者共 12 名,到日本全国巡回参加和平反战运动集会。《战争与恶疫》日方研究团队也和日本民间调查团成员分头随同前往,作为专家与中国受害者、地方史研究者、原日军细菌部队成员一起作证。所到之处,得到日本民众的捐赠支持。

11 日,我同湖南常德、浙江宁波、义乌崇山村的细菌战鼠疫受害者一起,在以土屋公献为首的中国原告日本律师团的带领下,和日本民间和平组织,包括"揭露会"和《战争与恶疫》日方研究团队,并肩走进东京地方法院,就日本细菌战受害问题提起诉讼,要求被告日本政府谢罪、赔偿。因为诉求牵涉被掩盖的重大史实,在法院外,国际、日本媒体排列成行,哗然一片。

此时,《战争与恶疫》的中日研究团队已经完成该著作的日文版,为配合诉讼,于 8 月 15 日在日本正式出版发行。在当时的诉讼新闻发布会、各地市民集会上日本的书之友社将赶印的《战争与恶疫》(日文版)一书提供给现场。在国际新闻发布会上,松村高夫代表《战争与恶疫》中日研究团队,向媒体介绍著作中有关战时日本在中国战场实施细菌战造成疫病流行的研究结果。当时,七三一部队细菌战人体实验已经不是新闻,但日军在中国战场各地,使用细菌作为武器进行攻击,却是鲜为人知的。细菌战诉讼提出的指控事关重大,《战争与恶疫》的研究成为其有力的学术支撑。

日本五大电视台之一朝日电视台对这一重大史实的披露积极反应。17 日,该电视台的"独家新闻"(The Scoop)栏目播放了长达 50 分钟的特辑报道"消失在黑暗中的虐杀——七三一部队细菌战",首次披露日军在中国战场实施细菌战。该片由资深媒体人、著名日军七三一部队细菌战研究者近藤昭二编导,著名主持人鸟越俊太郎讲解。该片从数天前中国湖南常德、浙江各地细菌战受害者及其家属向东京地方法院起诉一事挑开话题,随后引用各国的文档资料,原日本大本营作战参谋、参与《战争与恶疫》第四、五章中所述浙江各地、湖南常德细菌武器攻击的七三一部队航空班飞行员、地面技师、该部队细菌生产班队员、安达野外试验场人员、杭州笕桥机场细菌战作战基地南京一六四四细菌部队队员等出镜作证，此外还有对中国受害者的实地采访，松村高夫与最先揭露美国政府掩盖日本细菌战的著名美国记者约翰·鲍威尔的对话，等等，泾渭分明地向日本民众披露了日军在华细菌战实态。播放后，社会反响强烈，有的观后者声称，朝日电视台是“日本的良心”。当时《战争与恶疫》日文版已成为关注该领域的日本人人手一册的读物。

这一年，日本国会议员栗原君子，就日军在中国战场实施细菌作战的问题向政府提出质疑。在中国，得知中国细菌战受害者向日本法庭起诉的消息，浙江丽水、金华等地的志愿者也开始进行当地的细菌战受害调查。

（三）日本东京地方法院开始审理细菌战诉讼案

1998 年 2 月，中国细菌战诉讼第一次在东京地方法院开庭，包括此后 5、7 月的两次开庭，来自浙江义乌、宁波、衢州、江山、湖南常德共 9 位受害者，出庭陈述。

6 月末至 7 月初，史维会在北美 5 大城市多伦多、温哥华、华盛顿、纽约、旧金山举办了七三一部队战争暴行图片展（含南京大屠杀内容）。我作为日本细菌战中国受害诉讼原告团团长，与原告团日本律师团团长土屋公献、事务局长一濑敬一郎、西村正树、鬼束忠则律师，及日本和平活动家、研究者等应邀参加。《南京大屠杀》（英）著名作者张纯如与我们一起参加了美国三大城市的活动；《死亡工厂》（英）作者谢尔顿·哈里斯与我们一起全程参加了五大城市的活动。

1998 年 7 月，《战争与恶疫》中文版由人民出版社出版，立即成为国内参与细菌战调查与诉讼、关注细菌战的学者与媒体等的必备读物。同时，诉讼的舆论也引起社会对于日军细菌战问题的广泛关注。浙江金华、丽水、云和相继成立了由受害者及家属、社会各界志愿者组成的日军细菌战调查会，加入中国原告团国内、国际的诉讼、调查等相关活动。

1999 年 3 月初，《纽约时报》连续刊登长篇报道，揭露日军七三一部队战争暴行，及日本的历史认识和战争责任问题。美国电视台历史频道开始放映纪录片《731 部队：满洲的噩梦》，美国书店库存《死亡工厂》几乎一夜完全售空。

3 月末，上海史学、法学界学者在上海社会科学联合会，同参与诉讼活动的留日学人及笔者、与湖南、浙江、云南细菌战受害者及家属、调查研究者，就细菌战问题进行讨论，并与即将赴浙江丽水、义乌调查和报告诉讼进展情况的日本律师团代表，及松村高夫、近藤昭二、儿嶋俊郎、东京女子大学文化人类学者聂莉莉、立教大学历史社会学者上田信等日本研究者举行研讨。细菌战诉讼中国原告团向参会各位学者、记者等赠送了《战争与恶疫》一书。

1999 年 11 月 11 日，中国抗日战争史学会召集北京等地抗战史、中日关系史研究者，在中国人民抗日战争纪念馆，为湖南、浙江、云南等地民间细菌战调查者，召开了国内首次细菌战调查报告会，中国抗日战争史学会向与会者分发了《战争与恶疫》、《罪证——侵华日军衢州细菌战史实》（中国三峡出版社，1999，以下简称《罪证》）。《罪证》是来自浙江省衢州市防疫医生邱明轩关于当地细菌战疫病流行及防疫史研究的专著，由史维会纽约团体捐赠部分经费而得以出版。

之后，邱明轩应日本“揭露会”邀请，与浙江丽水、义乌崇山村调查者赴日本各地报告细菌战调查情况，归国后立即启动由他本人主持的衢州境内浙赣铁路沿线地区的细菌战流行病史调查。该调查覆盖 270 村，40 乡镇，人口 22 万，占衢州总面积与人口约十分之一，为国内唯一由地方政府卫生防疫系统实施的细菌战受害专业性调查。

2000 年 11 月至 2001 年 2 月，在东京地方法院细菌战诉讼法庭上，七三一部队少年班队员筱塚良雄、航空班飞行员松本正一为亲自参与的细菌培养、人体实验、活体解剖、细菌空中投放等日本细菌战事实作证；日本立教大学教授上田信就细菌战的鼠疫流行给传统宗族社会——崇山村造成的灾情作证；前述《井本日志》发现者之一，中央大学历史学家吉见义明就《井本日志》中有关日军细菌武器攻击记述作证；东京女子大学文化人类学者聂莉莉以常德细菌战鼠疫为例，对细菌战造成的疫病流行对社会的破坏，及遭遇者的心理打击作证；原日本国立预防研究所研究员中村明子就常德细菌战鼠疫疫情中国方面战时文档史料作证；浙江省从事地方细菌战研究的防疫医师黄可泰、邱明轩分别就宁波、衢州的细菌武器鼠疫跳蚤攻击造成的鼠疫病作证；黑龙江省社会科学院研究员辛培林就七三一部队战败逃离时，放出实验动物，造成周围地区鼠疫流行作证；松村高夫就七三一部队及日军细菌战系统作证；上述朝日电视台纪录片编导近藤昭二先生就战败前后日本政府掩盖七三一部队细菌战行径作证。此后，还有湖南常德、浙江义乌、衢州、宁波、江山共 7 位亲历者兼原告出庭作证，13 位原告出庭陈述。《战争与恶疫》日方研究者江田泉多次为来自中国的学者、亲历者、原告等充任法庭发言翻译，江田宪治则协助准备以上的中文证词、陈述词的日文翻译，松村高夫对内容予以学术指导。全国各地的书店里《战争与恶疫》很快脱销。中国细菌战诉讼原告团应急在义乌复印了数百部，分发各地调查志愿者、高校研究机构、记者等。

2002 年 8 月 27 日，日本东京地方法院作出一审判决，对中国原告方提出的日本细菌战加害状况及中国平民受害事实全部予以认定。次日，国会议员川田悦子召集日本防卫厅、外务省、厚生省相关部门与中国原告团、声援团、日本律师团、诉讼支援团体会面，应答中国原告方有关日本细菌战问题的质疑。松村高夫等《战争与恶疫》日方研究人员全体参加，代表中国原告团进行交涉。东京地方法院一审判决对于日军在中国战场实施细菌战作出认定后，关于这一史实的记述开始出现于日本部分中学历史教科书中。

2002 年 12 月，湖南文理学院召开有关国际研讨会，正式成立侵华日军细菌战罪行研究所，《战争与恶疫》第五章“常德细菌战”作者松村高夫、第四章“浙赣细菌战”作者李力出席了会议。

2004 年，在东京高等法院的二审审理中，继续就日军细菌作战历史出庭作证的各受害地研究者如下：

宁波细菌战民间调查者裘为众作证内容：疫区开明街焚烧后的宁波细菌战鼠疫状况；杭州初阳律师事务所律师楼献作证内容：1940 年衢州细菌战鼠疫及防疫状况；湖南文理学院侵华日军细菌战罪行研究所主任、教授、历史学者陈致远作证内容：1942 年常德石公桥细菌战鼠疫的流行状况。华东政法大学教授、国际法学者管建强就 1972 年《中日联合声明》与中国战争受害者对日索偿请求权出庭作证。

2004 年，宁波大学大学生成立学生社团——细菌战调查会。从此中日民间日军细菌战历史调查有了新生力量。

2007 年，日本最高法院虽驳回了中国原告的上诉，但维持了一审、二审判决中对于原告方提出的日本细菌战史实的认定。

五 《战争与恶疫》与诉讼后之日本细菌战调查研究

2008 年，浙江工商大学法学院成立学生社团——细菌战问题研究会，加入宁波大学调查会的田野调查。《战争与恶疫》成为两所大学社团调查必读的参考书。

2009 年以来，每年一度，由谋求七三一部队细菌战问题解决的日本民间团体和人士安排，中国各地细菌战受害者、研究者派代表赴日本活动，通过日本议员，访问国会、政府部门，要求日本政府承认日本细菌战事实，进行调查，向受害者谢罪赔偿，吁请七三一部队细菌战问题的解决，日本民间团体和人士等组团到中国受害地与受害者共同召开会议，进一步推动细菌战问题的解决。《战争与恶疫》日本研究团队松村高夫等一如既往，作为学术中坚力量参与上述活动。

2009 年末，《战争与恶疫》日本研究团队松村高夫等与谋求七三一部队细菌战问题解决的日本民间团体和人士成立七三一部队细菌战真相究明会，与防卫省相关部门交涉，从学术研究角度，推动日本政府公开七三一部队细菌战资料。

2010 年，参与谋求七三一部队细菌战问题解决的日本民间团体和人士，成立了七三一部队细菌战资料中心（共同代表：松井英介、近藤昭二、王选；事务局长：律师一濑敬一郎），具体担当推动该问题解决的有关社会活动及调查研究。

2011 年，七三一部队细菌战资料中心在东京为浙江省丽水市细菌战鼠疫受害者举办的证言集会上，向国际、日本媒体公布了该中心理事奈须重雄新近发现的日军细菌战重大证据资料——七三一部队军医金子顺一博士论文集。金子顺一的有关论文内容证实：《战争与恶疫》第三章“新京鼠疫谋略——1940 年”中，作者解学诗论证的细菌谋略行为造成的农安鼠疫流行，确与七三一部队当时在当地两次投放鼠疫跳蚤有关。

2012 年 7 月，日本七三一部队细菌战资料中心与东北师范大学历史学者、研究生合作，赴吉林省长春、农安进行细菌战鼠疫流行实地调查，解学诗提供了相关资料，并予以指导。10 月，李力与浙江义乌、东阳、宁波、丽水、云和的民间细菌战调查者共同参加了浙江省党史研究室主持的日军浙江省细菌战档案文献编纂工作会议，李力向会议提交了当年进行浙赣细菌战研究时，在浙江省各地收集的有关细菌战资料目录。

《战争与恶疫》作为一部极具实用性的历史学术著作，得到越来越多读者的关注和认可，包括与笔者一起从事日军细菌战调查的宁波大学细菌战调查会、浙江工商大学法学院细菌战问题研究会的大学生们，都在期待着该书第二版的问世。

王　选

序　言

1992年4月，在北京饭店召开的庆祝中华书局成立80周年的招待会上，张海鹏先生（中国社会科学院近代史研究所所长）问我：愿不愿意与日本学者一道进行日军对华细菌战的调查研究？我表示可以考虑；做此不确定之回答，主要是因为我对日军对华细菌战问题缺乏研究，只是作为《日本帝国主义侵华档案资料选编》的常务主编在审理《细菌战与毒气战》一卷时，帮助该卷编者做了一点工作，从中获得了一些有关知识，如此而已。尽管如此，张先生还是把我推荐给了日本学者；而日本学者认为我是被中国抗日战争史学会推荐的，因为张先生也是该学会的领导人之一。

1992年8月5日，突然接获素不相识的日本太平洋战争史研究会代表、庆应义塾大学经济学部教授田中明先生的来信。信中郑重声称："太平洋战争史研究会自1983年成立以来，始终持续进行关于旧日本关东军第七三一部队的研究。本会会员发现的资料，是证明该部队进行人体实验的重要证据，这一事实，1984年8月16日的《人民日报》已有介绍，现已以《七三一部队作成资料》（不二出版，1991年）为题，由本会代表田中明、松村高夫（均为庆应义塾大学教授）编纂影印出版。另外，经贵国中华书局同意，目前还正在致力于《日本帝国主义侵华档案资料选编》第五卷《细菌战与毒气战》的翻译工作，现已出版《活体解剖——旧日本军的战争犯罪》《人体实验——七三一部队及其周围》（同文馆，1991年），今夏还准备出版《细菌作战——BC兵器的始点》"。信中还称："贵国有句名言'前事不忘，后事之师'，我们的这些活动，正是为了挖掘作为日本人不应忘记的历史事实，以传给后人，作为教训。在这种意义上，此类努力当然应由日本人主动承担起来。但是，我们调研对象第七三一部队是本部设于哈尔滨的关东军部队，其进行的细菌战又遍及中国江南各地，因而要探明其活动实态，详细调查其给中国社会造成的影响，光靠我们的力量是不行的，没有中国研究者的协助无法达到目的。"

田中先生所阐释的高尚宗旨和明确目的使我深受激发，感到中国研究者应该响应日本学者的倡议,有责任、有义务积极投身于这项有意义的科学实践活动中去。只是,我个人不但缺乏知识准备,也缺少必要的时间。我所主持的多卷本《日本帝国主义侵华档案资料选编》的日常编辑出版业务工作量很大,而且当时正值工作高峰期。鉴于这种情况,经我提议和日方同意,两位年轻的同行即郭洪茂、李力先生介入此项工作的全过程。他们年富力强,能独立承担课题,并可较多地进行实地调查。就这样,我们三人作为中国一方,与日方学者一道从1992年第四季度起,全面地开始了调查研究工作。

日军对华细菌战,是在战争结束业已经过50年的今天仍然留在中日两国人民面前有待解决的历史问题之一。逐步地研究解决这类历史遗留问题,其意义远远超过问题本身的学术价值,它还将对中日关系的发展产生深远影响。涉足此类问题的研究工作者应该以高度的责任感和科学态度,在占有资料和实地调查方面,下大功夫;与此同时,真正做到"共同研究"也至关重要。我个人一向认为,关于中日关系史的研究,最好能够做到:由中日两国学者利用中日两方面的资料共同研究,并取得共识。可是,在过去的岁月里,虽多次得有机会进行国际性的学术交流,但真正的共同研究却未曾有过。而今天,我们终于庆幸地遇到了同道。田中明先生和松村高夫先生曾不止一次地强调,日本学者不应该只向中方索取资料,而应该坐下来一道进行研究。他们积极寻求中国的共同研究伙伴,正是这种正确主张的可贵实践。四年多来,我们双方都非常珍视这难得的共同研究,并为此共同研究而竭尽全力;我们除了通过函电进行密切联系外,每逢寒暑假期,双方必定聚集一堂,就所掌握的资料和所研究的问题,畅所欲言,充分地进行商谈和探讨,直到每个人撰写的文稿,都字斟句酌地相互进行反复的切磋。如果说,本书在若干方面确实有新的建树和突破,应该说,多数都是这种密切的共同研究的成果。

现在,我们同日本学者共同的研究成果《战争与恶疫——七三一部队罪行考》,展现在广大读者面前了,值此之际,作为中方代表,衷心地向日方的合作伙伴致以美好的祝愿,希望中日之间的学术合作继续前进,不断发展。同时,对于在我们调查研究以至出版发行过程中,给予支持、帮助的各方面人士和机关表示深切的感激之情。首先是前已提及的张海鹏先生,他是此项中日合作研究得以实现的桥梁,使我们得以采取国际合作的方式进行重要历史课题的研究,这本身就是具有重要意义的;其次,中央档案馆、中国第二历史档案馆,吉林、辽宁、浙江、江西、湖南、广西、内蒙古等省区的档案部门、防疫部门和史志部门,以及杭州的马登潮、吕红,南昌的杨杰、郑海滨,衢州的邱明轩,义乌的刘书臣，桂林的亢进，农安的陈文阶，乌兰浩特的马维铎、马龙海，新惠的王廷元、魏振朋等各位先生，在各方面给我们提供了帮助；再次，人民出版社慨然承担本书出版工作，特别是该社第四编辑室主任乔还田和责任编辑张维训两位先生为本书的出版付出辛苦的劳动；最后，年逾"古稀"的翻译家贾玉芹先生帮助翻译了松村高夫先生的三篇文稿（江田泉和江田宪治的文稿为郭洪茂、李力两位先生所译），使本书在文字上增添不少光彩。

此外还应感谢给本书提供珍贵照片的日本著名摄影家大村次郷先生。他近年来连续拍摄了战争伤痕，特别是1995年以来，持续采访、拍摄了哈尔滨市郊的原日军 七三一 部队遗址。1997年春还与"日军细菌战历史事实查明会"的调查团一道，对日军细菌战的受害者——常德、宁波、义乌等地进行了采访和摄影。1997年8月11日，细菌战中国受害者108名向东京地方法院起诉要求日本政府赔偿和谢罪前后，在日本的二十二个集会会场上，大村先生的"七三一部队与细菌战"摄影展，与原告团一起，颇受注目。

解学诗

第一章　关东军防疫给水部

——七三一部队与细菌战

松村高夫

前　言

本书的写作目的在于多角度地揭示1931年至1945年所谓15年战争期间，由日军在中国实施的细菌战及中国为之受害的实际情况。众所周知，细菌战的研究与实践，是以设在中国东北的哈尔滨市东南约20公里的平房的关东军防疫给水部、通称“七三一部队”为中心进行的。“七三一部队”作为关东军防疫给水部的化名从1941年8月开始使用，而本书则将包括从日中战争爆发前后设立于平房的部队在内，统称为“七三一部队”。被强制带入七三一部队作为人体实验对象的牺牲者，到1945年日本战败为止，至少有3000人。他们被剥夺了名字，而称之为“原木”，一根两根地被计数，成为细菌战的研究对象，全部消逝在实验台上。

七三一部队在进行人体实验的同时，还进行细菌的研究和生产。该部队不仅拥有5个支部，而且同设在北京、南京、广东甚至新加坡的防疫给水部之间，在人员和物资方面也保持着密切的联系，并曾将其生产的细菌撒布在中国的十余个城市。尤其是鼠疫菌被认为最有效，他们独自开发了使用感染鼠疫跳蚤的方法。这是远远超过当时世界生物学常识的技术水准的，因为当时认为，如果从空中撒布鼠疫菌，细菌便会死亡。所以，实际上即使从日本军的飞机上撒布细菌，造成大批鼠疫患者死亡，联合国军的细菌研究机构也判断不出这一蔓延是由日军撒布细菌所引起的，不能完全消除是地方病的怀疑。尽管当时中国在有限的条件下，经过对常德（1941年）等地进行极其详尽的疫情调查，已经确认流行着的传染病就是由日军撒布细菌引起的。总之，石井部队的细菌研究水平是相当高的。当然，今天由于发现了揭示日军曾撒布细菌的作战日志（井本日志）等，日军撒布细菌和疫病流行间的因果关系已经真相大白。

为了明示以下各章围绕细菌战进行多角度实态分析的前提，本章首先说明七三一部队是如何组建的，然后再简要介绍各地的防疫给水部。因为，诸如南京一六四四部队，实际上就是为七三一部队撒布细菌而设立的前进基地。其次，将焦点集中于七三一部队在中国各地撒布的细菌是怎样研究和生产的。它将具体地揭示，为了研制细菌，中国俘虏被作为人体实验对象，以及中国人不仅成为人体实验的牺牲品，而且因由此而开发的细菌的撒布，再次遭到牺牲，也就是被强制作出双重牺牲的实际情况。这就意味着，不能将七三一部队问题仅限于一个狭小的平房地区，而是必须把它同实施细菌战的关系作为一个总体去审视和探索。

一　七三一部队是怎样建立的

（一）七三一部队的设立

以1931年9月18日的柳条湖事件（满洲事变）为契机，日本侵略中国东北。翌年，即1932年3月，“满洲国”宣告成立。此时，东京的陆军军医学校内设置了以石井四郎为室长的防疫研究室，继而又在哈尔滨东南约70公里的五常县背阴河的防疫班（东乡部队），由石井四郎、北条圆了、大田澄等人开始了细菌战研究。1934年9月，有16名被收容的中国人逃跑成功，其中有12人参加了东北抗日联军第三军。石井等唯恐人体实验等秘密被发觉，将研究所关闭，①部队暂时回国一段后又迁移到哈尔滨南岗。1936年8月，该细菌研究所接到天皇的军令，成为正式部队，称关东军防疫部。同年，以军马防疫为目的，在长春宽城子还设立了关东军军马防疫厂，高岛一雄任该部队负责人。这支部队通称为一〇〇部队，关于该部队的问题，第二章将有详细论述。

为修建平房的新研究所而圈占的土地，是整个黄家窝堡，共6平方公里，这里东西长一千数百米，内有40户人家。② 1935年夏，关东军的一支部队为其选定土地，进行测量；1936年秋，部队建设工程从黄家窝堡西北部同刘家窝

① 刘海涛：《关于满洲情况的报告》（1936年1月）。报告内容被中央档案等编、松村高夫等编译的《证言人体实验》（同文馆1991年）解说部分第283~284页所引用。

② 以下关于圈占平房土地问题，引自关成和著、江田泉、江田宪治译：《平房半世纪》，こうち书房近刊。

堡相邻接的耕地上开始，工程逐步向东南延伸。1937年部队的铁路专用线与平房车站接轨。

1937年7月7日日中战争爆发，日本开始对中国实行全面侵略，这又进一步推动了七三一部队的建设。1938年6月公布了《平房附近设定特别军事地区文件》（关东军参谋部命令第一五三九号）布告，根据这一布告，黄家窝堡的农民收到平房警察驻在所限全体村民在一个月内迁出的命令，而在迁出时，警察则将部分房屋点火焚烧。拥有110余年的村庄历史至此结束，被赶出家园的农民或在七三一部队的建筑工地上服役，或被迫流落他乡。此外，位于七三一部队本部的西、北、东三面，相距2至5公里的3个村庄全体村民也被命令一律迁出，沦为“无人区”。上述4个村庄总共被强占土地610垧（1垧为1公顷），被迫迁出的农民共546户，丢掉房屋1638间。其中有二百余户勉强住在临时挖成的洞穴里。

在上述圈占的土地上，修建了七三一部队的本部机关、各种实验室、监狱、专用机场、少年队宿舍、队员家属宿舍等。在中央修建了被称为四方楼的约百米见方、三层的巨大而坚固的楼房。早在背阴河时代便被石井召来的铃木茂所成立的铃木组，1939年曾雇用50至100人，一手承包了平房的部队建设工程，大发横财。① 四方楼于1940年建成。原部队人员上野某（林口支部）就来到平房所看到的印象，曾这样写道：

> “在距平房站约4华里的通向哈尔滨的公路旁到达部队时，首先映入眼帘的是一张有一块草席大小的告示牌，上面写着：‘任何人凡无关东军司令官许可而进入栅内者，予以严惩。关东军司令官’。继续前行不远，只见左方有飞机库和机场，右侧有七三一部队的建筑物。刚一到达就感到，这里与其说是部队，莫如说更像一个大工厂。比本部建筑更大的宿舍区被称之为东乡村，而我感到不如称之为东乡街更为贴切。”②

修建在四方楼天井中的第七、第八两栋特殊监狱，东西35米，南北16米，在中央走廊的两侧共有20间牢房，收容人员为200～300人，最多时可收容400人。③ 事实上，1945年8月部队撤退时曾收容400余名。曾参加修建特

---

① 萩原英夫笔供（1953年4月15日）。《细菌战与毒气战》，第34页。满铁总裁室弘报课：《抚顺、吉林、牡丹江、齐齐哈尔地区的劳务情况》（1939年），第42、55页。

② 《细菌谋略·七三一部队ノ状况》，报告人上野（全文共9页的手稿），第2页。

③ 被告川岛受审经过。《伯力审判材料》，第265页。

殊监狱的萩原英夫，是 1938 年 1 月第一批到达平房的 20 名建设班成员之一，战后他在抚顺战犯管理所绘出的四方楼和特殊监狱的平面图至今留存。① 第二批 40 名建设班人员于同年 4 月到达。“为防止泄密”，全部建设人员，都来自石井四郎家乡附近的千叶县山武郡和香取郡。研究实验器材则由日本特殊工业株式会社独家供应。② 石井信任该社社长，甚至战败时带回的部队资料也曾一度寄存在此人家中。

平房特别军事地区由“军事基地”和 4 条防卫线构成。③ 所谓军事基地，是七三一部队本部各机构所占地区，其中心为四方楼，在日军内部称之为“十七号基地”。四条防卫线，其中一条是空中，三条是陆上防卫线。空中防卫线是用以向军民航空系统传达军令的，任何飞机不经许可，禁止飞越其上空，如有飞机违反此项规定，七三一部队和八三七二部队（设在平房车站另一侧的航空部队）的专用飞机立即起飞进行追击，还备有高射炮。陆上防卫线共有三道。第一道是长方形，即在“十七号基地”周围建起的土墙，高 2 米，长 5 公里，墙上装有高压线；墙的东侧有两个门，南、西、北各有一个门，分别设有哨所和卫兵室。第二道防卫线，设在上述一五三九号军令规定的甲号地区外侧周围，甲号地区的内侧边缘距七三一部队设施有 2 至 5 公里，防卫线与内侧边缘之间有总面积为 32 平方公里的土地，这里作为特殊管理区，适用《满洲国军机保护法》。第三道防卫线为一五三九号军令规定的乙号地区，在这一地区内禁止修建二层以上的建筑物。在该地区外侧周围的边界线上树有标识，非有关人员严禁入内。如上所述，设三道地面防卫线，又有航空基地八三七二部队，以防卫这一研制细菌的绝密机关。

（二）七三一部队的 4 个支部和本部的构成

七三一部队根据 1940 年 12 月 2 日的军令成立 4 个支部，即：牡丹江（海林）（六四三部队）、林口（一六二部队）、孙吴（六七三部队）、海拉尔（五四三部队）支部。其中 3 个沿苏联国境设立，它意味着为准备对苏作战进行细菌研究。包括平房本部的七三一部队，石井部队的总称为六五九部队。第五个支部是大连卫生研究所。该所于 1925 年成立，是南满洲铁道株式会社的卫生

① 萩原英夫笔供（1953 年 4 月 15 日）。《细菌战与毒气战》，第 41～43 页，刊有 3 张石井部队的平面图，第三张是第七、八两栋（活体实验室）的内部构造。

② 萩原英夫笔供（1953 年 4 月 15 日）。《细菌战与毒气战》，第 25、34 页。

③ 关于防卫线问题，引自上述《平房半世纪》。

研究所，1938 年随着满铁附属地行政权转让而移交给“满洲国”。关东厅、“满洲国”和军部都曾是接管卫生研究所的候补者，但由于“军部只靠日本供应疫苗和血清很困难，需要在满洲实现自给，似希望无论如何要接管卫生研究所”，最后，以一部分下放给民间为条件，“决定移交给关东军（七三一部队隶属）。”①大连卫生研究所通称三一九部队，在所长安东洪次的领导下，分设化学科、血清科、细菌科等七科，生产鼠疫、霍乱、伤寒、猩红热等疫苗。1940 年以后，石井从平房七三一部队派山内丰纪和凑正男（负责霍乱）来所，接管当时，研究人员不足 10 名，战败时已发展至近 20 人。从七三一部队还运来鼠疫菌等细菌。

平房部队的核心由四部组成，在四方楼中有第一部细菌研究部（部长菊池齐）和第四部细菌制造部（部长川岛清）。第二部负责实战研究（部长大田澄），植物灭绝研究（八木泽行正班）、昆虫研究（田中英雄班）、航空班（增田美保班）隶属该部。距平房 120 公里的安达设有野外实验场，实验时将实验对象绑在木桩上，从飞机上投下鼠疫菌弹或炭疽菌弹，使之爆炸，以进行测定感染效果之类的实验。② 在松花江的沙洲上也进行过同样实验。第三部（部长江口丰洁）生产石井式滤水器，只有该部设在哈尔滨南岗的陆军病院内，这是有意地显示七三一部队是从事防疫给水的机构。但是，就是这个第三部也生产装鼠疫菌的陶制炸弹（被称为“石井式炸弹”）容器。

从事细菌研究的第一部，按细菌类别分为十余个课，伤寒——田部井和、霍乱——凑正男、冻伤——吉村寿人、鼠疫——高桥正彦、病理——冈本耕造和石川太刀雄丸、病毒——笠原四郎、结核——二木秀雄、脾脱疽（炭疽）——大田澄、天花——贵宝院秋雄等，他们分别负责各课。

对于医生来说，能用活人进行人体实验，是具有魅力的，首先是京都帝国大学，随后是东京帝国大学的青年医生或骨干医生奔赴平房。平房的日本人，包括家属，1942 年多达 3000 人左右。后来因调往南方战线的人不断增加，1945 年战败时减至 1700 人。

（三）北京、南京、广东、新加坡的防疫给水部

不仅在哈尔滨（平房），中国其他各地也都设有防疫给水部。截至 1940

---

① 真子宪治手稿，1950 年 2 月 19 日（全文共 3 页）。

② 被告川岛受审经过。《伯力审判材料》，第 257 ~ 260 页。安达的略图收录在小林英夫、儿岛俊郎编：《七三一细菌战部队 · 中国新资料》（不二出版　1995 年），第 220 页。

年,已组建了北京的"甲"一八五五部队、南京的"荣"一六四四部队、广东的"波"八六〇四部队。1942 年又成立了新加坡"冈"九四二〇部队。上述部队同七三一部队之间,在人员和组织方面共同合作,开展了包括人体实验在内的细菌战研究工作。同时,各地的防疫给水部也成为向中国十余个城市撒布平房生产的细菌的据点和基地。

北京的华北防疫给水部,于 1938 年 2 月在北京市天坛开设本部,西村英二(陆军军医大佐)任部队长。其后,又在济南、天津、青岛、太原、张家口等十余处开设支部或办事处。① 天坛本部最初曾设有第一分遣队和第二分遣队,根据增产鼠疫跳蚤的命令,从 1944 年起,第一分遣队改称第一课,第二分遣队改称第三课。前者接收北京市内的北京协和医学院,后者接收了静生生物研究所,将第一和第三课分别设置其中,生产鼠疫跳蚤。第二课设于本部的建筑用地内,生产疫苗。据供述,济南支部曾在中国人俘虏身上注射肠伤寒、副伤寒菌,进行活体解剖。张家口支部在 1941 年的严冬季节,与大同陆军病院合作,将 8 名中国人俘虏带往蒙古,进行冻伤实验和子弹贯通实验。②

南京的华中防疫给水部成立于 1939 年 4 月 18 日,它接收南京中央医院设置本部,第一任部队长由石井四郎兼任。③ 石井因诺门坎事件出动后,增田知贞取代石井为负责人,1941 年 2 月成为第二任部队长。第三任是 1941 年 7 月从七三一部队第二部部长转任的大田澄。如上所述,南京的部队都是由重要人物担任部队长的(在此之后,还有佐藤俊二、近野寿男、山崎新担任部队长)。这也是由于南京的部队业已起了撒布细菌的前进基地的作用。本部共分七科,仅第一科就有 140 名工作人员,按细菌种类分别研究细菌的培养,使用装在三楼铁笼里的"原木"进行人体实验。第二科从事细菌和寄生虫检查;第三科生产疫苗;第四科以水质检查和给水为任务。除南京的本部之外,在上

---

① 关于北京的防疫给水部(一八五五部队)及其支部和办事处,《细菌战与毒气战》第 192~235 页中收录有供词及史料。此外,西野留美子的《北京甲一八五五部队の检证》(《战争责任研究》第 9 号,1995 年秋季号),揭示了部队的组织机构和人体实验的事实。另请参照伊藤影明证言:《ネズミを集め、ノミを饲育》(七三一部队研究会编:《细菌战部队》,晚声社,1996 年)。

② 竹内丰关于济南支部的人体实验和活体解剖的证言(1954 年 8 月 21 日竹内丰笔供)收录在《细菌战与毒气战》,第 218 页。张家口支部的人体实验,记录在该支部的报告,冬季卫生研究班:《绝密　驻蒙军冬季卫生研究成绩　昭和十六年》(翻印版,1995 年)。

③ 关于南京的防疫给水部(一六四四部队),在《细菌战与毒气战》第 235~245 页中收有供词和史料。此外,水谷尚子的《元一六四四部队员の证言》(《战争责任研究》第 10 号,1995 年冬季号),通过一名随军绘图员的体验,揭示了部队的真相。另外,请参照常石敬一、朝野富三的《细菌战部队と自决した二人の医学者》(新潮社　1982 年)。

海、苏州、杭州、金华、武昌、汉口、九江和岳州等地还有十多个支部，本部和支部总计有 1200 人左右。

根据该部队的研究会记录（1940 年 4 月 24 日），第一科的村上仁男、村田良介、山中太木、佐藤大雄、村上醇从事脾脱疽菌（炭疽菌）研究。脾脱疽菌和鼠疫菌同样，用于实践最为有效。山中在南京的防疫给水部本部，认为“在实施脾脱疽菌马体免疫操作中，可能造成该菌散失，特别是形成抵抗力强的芽胞污染土壤”。① 因此，从该部队的建筑用地内的一百处取土，对土中的脾脱疽菌进行培养，对羊、马、家兔等进行了动物感染实验。但实际上将炭疽菌生菌对驴和第六栋三楼的“原木”实施了接种观察。② 山中在其论文的最后指出：“值此搁笔之际，谨向使此项研究得以完成的代理部队长增田中佐和第一科科长佐藤少佐致以深挚的敬意”，③这说明增田知贞曾为细菌培养（尤其是炭疽菌）出了力。

广东的华南防疫给水部是 1938 年 10 月日军攻占广东后，于 1939 年 5 月接收广州市的中山医科大学而设立的，部队长由田中岩担任。最近查明，在这里曾大批杀害广州难民收容所内的香港和广东难民。④

新加坡的南方军防疫给水部是在 1942 年 2 月 15 日新加坡刚沦陷后，便开始具体讨论其设置问题的，同年 4 月 1 日根据新的军令，占领新加坡爱德华七世医科大学医院的一角设置本部。⑤ 第一任部队长是北川正隆（军医大佐），他早在担任军医学校防疫研究室教官和背阴河时期，就与石井共同行

---

① 石井（四）部队：《部外密　昭和十五年四月二十四日　第五回石井（四）部队研究会记事》中的“第十，石井（四）部队本部营内广场表层土壤的细菌学研究，尤其是以作为需氧性细菌的脾脱疽菌的检索　第一科陆军技师　山中太木”，第 100 页（收录在田中明、松村高夫编：《七三一部队作成资料》，不二出版，1991 年）。

② 上述报告还指出：“拟就检出地点问题再稍加考察，第一图中采取编号 9、10、11、12、13 及 14 号地点即是拴驴的小屋附近，从当年的 1 月起，已在这头驴子身上接种过三次脾脱疽菌生菌……（中略）……，其次，第六栋内的 97、98 及 100 号地点附近有〇〇，由于同上述驴子的情况一样，认为可予以肯定。”（第 107、108 页）。执笔人的山中太木于 1994 年 4 月 17 日接受江田宪治和江田泉的调查时，曾确认上文中的〇〇部分应为“原木”二字，山中本人虽未参与其事，但他承认在一六四四部队曾使用“原木”进行过人体实验。

③ 前揭山中报告，第 110 页。

④ 沙东迅：《日本军の广东における细菌战调查报告》（森正孝・糟川良谷编：《中国侵略と七三一部队の细菌战》，明石书店，1995 年）。

⑤ 关于新加坡的防疫给水部，根据新加坡原国务大臣奥斯曼・沃克的 1942 年当时曾从事疫蚤生产的证言（Straits Times，1991/9/19，11/11）、竹花香逸的《ノミと鼠とベスト菌を见てきた话》（1991 年）、大快良明的《シンガポールの细菌战部队にネズミを输送》（上述《细菌战部队》收录），查明了曾实施过饲养疫蚤等细菌战研究。

动。第二任部队长羽山良雄（军医少将）也是从背阴河时期即与石井行动与共。总务部长为内藤良一，此外还有市川利一、贵宝院秋雄、早川正敏等人，最初部队人员约有200名。在南中国海周围的马尼拉、雅加达、万隆等地设有支部。该防疫给水部也进行鼠疫感染鼠的饲养和细菌战研究。

如上所述，哈尔滨、北京、南京、广东和新加坡分别在派遣军的指挥下设有防疫给水部，均设有支部，开展细菌战研究。

二　七三一部队是怎样实验和制造细菌武器的

（一）特殊输送——“特移扱”和人体实验

反抗日本殖民地统治者或被视为反抗者被捕后，由日本宪兵和警察有组织地向平房押送的特殊输送，当时称之为“特移扱”。被押送者除中国人外，还有俄国人、朝鲜人和蒙古人等，先用火车押送至哈尔滨车站，再用带有车篷和铁锁的卡车从车站运至平房，收容在特殊监狱中。从抚顺战犯管理所在押的宪兵等70名有关者就“特移扱”的供述，反映了他们虽明明知道上述被收容者是提供给人体实验的，但却执行了关东军司令部分派任务的情况。① 其中，平木武（1942年10月以后任东安宪兵队队长）当被令其“说一下‘特移扱’经过”时，平木回答说：“‘特殊输送’就是宪兵队将逮捕的抗日地下工作人员或有严重反满抗日思想者，经审讯后，由队长申请关东宪兵队司令官批准后，押送哈尔滨‘防疫给水部’做细菌实验。”②当然，被送往平房的“原木”，姓名被剥夺，给以三位乃至四位数字作为代号，因此迄今为止得知其姓名者为数很少。据牡丹江宪兵队报告（1942年6月20日）记载，朱之盈（1941年7月17日因牡丹江事件被捕）被处以特殊输送。③ 此外，据三尾丰（当时是大连宪兵队本部战务课外勤曹长）供述，1943年10月，因大连事件，在大连宪兵队长

---

① 关于“特殊输送”的证词，收录在《细菌战与毒气战》，第87~135页。

② 《细菌战与毒气战》，第111页。

③ 朱之盈之妻敬兰芝于1995年11月29日向日本政府提出诉讼，作为因七三一部队而遇害者的遗属，要求赔偿，在东京地方法院的法庭进行申述。王耀轩的儿女6人（王金淑等）和王学年的妹妹王慧敏也与敬兰芝一起提出诉讼。关于诉讼详情，参考《七三一·南京大虐杀等损害赔偿请求事件“诉状”》（中国人战争被害者要求支援会发行）。

指挥下逮捕 21 人，其中“将沈得龙、王耀轩、李忠善、王学年四人送石井部队杀害。”①现在他仍表示证实此事。

经“特移扱”而被押送去的“原木”，从第七栋、第八栋的特殊监狱拉出来到四方楼，或者就在监狱里的解剖室，成为人体实验的牺牲品。人体实验首先是注射各种细菌然后进行观察的活体实验，此外还有各种其他实验。诸如：人体的水分被抽出多少仍能生存；将人置于低压下或真空中结果如何；给人换上动物的血液将会怎样，等等。用《恶魔的饱食》的作者森村诚一的话来说，那真是“残酷的汇演”。为《恶魔的饱食》撰写书评的人甚至写道：七三一部队“为了医学的进步解剖活体之类的实验，是极其怪诞的。所以，相比之下，奥斯维辛的毒气室，应该说是有些人性味了”。② 德国的集中营被解放时，还有犹太人生存，而七三一部队撤退时却将收容的“原木”杀害，因而无人证实其内幕，而且，有关文件已被销毁或隐藏起来，所以，目前仍无法利用文献记录。本书的目的不在于揭露人体实验的真实情况，但在此亦将两份仅存的文件记录，作为例证列举如下：

一份是有关破伤风的实验。③ 将破伤风毒素和芽胞接种在人的脚背上，测定发病时肌肉的电位变化。作为实验对象的有 14 人，全部死亡。诊疗部的永山太郎中佐、池田苗夫少佐和荒木三郎技师是该项实验记录的报告人。诊疗部人员不仅为七三一部队人员诊疗，而且经常出入于第七栋和第八栋，使用“原木”进行实验。

另一份是有关毒气实验的记录。④ 七三一部队曾同关东军化学部（五一六部队）合作进行毒气人体实验。1940 年 9 月进行芥子气的人体实验时，将 16 名用三位数作代号的“被实验者”带往野外的 3 个地方，置于穿衣服、蒙面和场所不同的各种条件下，向他们发射总数约 1 万发芥子气弹，然后每隔 4 小时、12 小时、24 小时、两天、3 天、5 天，观察包括神经障碍在内的一般症状、皮肤、眼部、呼吸器官、消化器官等症状变化。还强制 5 人喝下芥子气和路易士毒气的水溶液，其中混有木炭或除砒剂，调查解毒效果之后，16 人全部被解

---

① 三尾丰供词（1954 年 9 月 18 日）。《细菌战与毒气战》，第 123 页。

② Robert Whymant, The Butchers of Harbin－Experimentation on POWs, in Connecticut Medicine, March 1983, Vol. 47, no. 3. P. 163.

③ 《破伤风毒素并芽胞接种时ニ於ケル筋“クロナキシ—”ニ就テ》（指导永山中佐），收录在上述《七三一部队作成资料》。

④ 《きい弹射击ニ因ル皮肤障害并一般临床的症状观察》，加茂部队，收录在上述《七三一部队作成资料》。

剖，并作成显微镜标本，战后送往美国。

（二）反映在美国报告书中的人体实验

日本战败后到 1947 年 11 月，美国曾前后 4 次向日本派出调查团，对七三一部队有关者进行查讯，写出了详细的调查报告。首先是 1945 年 8 月下旬，曾配属在菲律宾化学战部队的玛莉・桑达斯奉麦克阿瑟之命到达日本；其后，又有阿沃・T・汤姆森、诺巴特・H・费尔、埃德温・V・希尔相继进行了调查，并分别向美国国防部提出了报告。① 在桑达斯报告（1945 年 11 月 1 日）和汤姆森报告（1946 年 5 月 31 日）中，因被讯问的七三一部队有关者有意隐瞒了关于人体实验的情节，故只字未提。使人体实验大白于天下的是第三次的费尔报告（1947 年 6 月 20 日）和第四次的希尔报告（1947 年 12 月 12 日）。在日本战败后所进行的上述调查过程中，是有交易的，即美国为了获得七三一部队的全部研究"成果"，免于追究以石井四郎为首的七三一部队有关者的战争罪责。②

费尔报告总论（英文 11 页），是经内藤良一和增田知贞从中斡旋，令 19

① 关于美国在战后 4 次有关七三一部队的调查，请参照松村高夫、金平茂纪的《ヒル・レポート——七三一部队の人体实验に关するアメリカ側调查报告（上）》。《三田学会杂志》，84 卷 2 号（1991 年第 7 期）。

② 服部卓四郎（原大本营作战课课长）、亀井贯一郎、内藤良一等人于战败后立即开始秘密活动，于 1946 年初，同麦克阿瑟和 GⅡ 达成免于追究石井四郎等七三一部队干部战争罪责的协议。其后，于 1947 年 1 月 7 日苏联正式向美国提出对石井四郎、菊池齐（第一部细菌研究部长）、大田澄（第二部实战研究部长）等三人进行审讯的要求。苏联已于前一年、即 1946 年秋，从被其拘留的川岛清（第四部细菌制造部部长）和柄泽十三夫（第四部细菌制造课课长）处得知，在平房曾进行大规模人体实验，死亡 2000 人，并得知在安达有野外实验场，在平房监禁的"原木"被护送到这里，作为细菌撒布的实验对象。于是，立即派出专家对平房实施现场调查，结果确信上述两名七三一部队干部的坦白内容是正确的。针对苏联的讯问要求，美国开始了单方面的调查，将迪特里克堡（美陆军化学细菌研究基地）的费尔派往日本（1947 年 4 月 6 日命令）。费尔于 1947 年 4 月 16 日抵达日本，历时约两个月，对部队的人体实验进行了调查。除苏联要求的石井、菊池、大田等三人外，还对亀井贯一郎、增田知贞、金子顺一、内藤良一、碇常重、若松有次郎等人进行了讯问。麦克阿瑟建议陆军："将日本的细菌战情报保存在情报系统中，不要以此资料作为确定'战犯'的证据"。

1947 年 9 月决定对石井四郎等人免于追究战犯责任。他们主动向美国详细提供研究"成果"。美国国务院远东小委员会于 9 月 8 日命令麦克阿瑟，作出不以石井及其有关人员提供的情报作为战犯证据的承诺，"日后有可能成为使美国陷入严重事态的起因。作出这种承诺并非上策。但是，为了安全保障起见，阁下不应将石井等有关人员作为战犯进行起诉，也不做出承诺，必须用历来惯用的方法毫无遗漏地获取全部情报"。就这样，全部资料都落入美国之手。

名细菌战的骨干研究人员费时一个月写成的60页英文人体实验报告(未发现)摘要。此外,还令其提出了有关植物绝灭实验(八木泽班)的10页英文报告。还从某人手中获得关于气球炸弹的情报。关于长春的一〇〇部队,也认为"已查明,它是同平房完全不同的组织,曾大规模地进行对家畜的细菌战研究",并就此令20人写出报告。费尔概括指出:这些"人体实验资料,如果将其同我国或盟国的动物实验资料联系起来,将会有非常大的价值。"①

希尔为了补充费尔的调查,于1947年10月28日来到日本。此次来日的目的是明确的:"A、获取有关细菌战的必要补充情报,以证实日方已提出的各项报告;B、调查由各细菌战设施转送到日本的人体病理标本;C、获取必要的说明文件,用以理解上述病理标本的意义"。这是一项为理解1947年6月被送至美国并开始整理的8000份病理标本的必要调查。在该项报告中还指出:"通过此次调查所收集到的证据,是日本科学工作者以数百万美元巨资和漫长岁月所获得的资料,是关于以特定的细菌感染量说明人体对此类疾病患病率的情报。而这种情报在我们自己的研究所中是无法获得的,因为我们对人体实验心怀疑虑。而今天,却以总额25万日元的代价即获得了这些资料,同实际的费用相比是微不足道的。"

希尔报告除总论外,还有相当于分论的讯问记录(英文70页),记录中令人惊异地详细记载着各种细菌的实验方法和最低感染量。

根据希尔报告总论,关于哈尔滨进行的活体解剖,石川太刀雄丸供称,1943年有800例;冈本耕造供称,1945年为1000例以下。在冈本所说的1000例以下之中,有记录的为850例,其中有401例为适用的标本。② 据冈本供述,1943年起至1945年之间的200例,集中于鼠疫50例,霍乱50例,炭疽30

① 费尔报告 Brief Summary of New Information about Japanese B.W.Activities, from Norbert H. Fell, Chief, PP.E Division, Camp Detrick, to Chief Chemical Corps, June 20, 1947,是一份用英文写成的报告,全文11页。日语译文收录在松村高夫编:《论争·731部队》(晚声社,1994年)(资料2)。

费尔报告指出:"已查明,有8000件显微镜用标本,都是用因细菌战各种病原体造成的二百多名病人病例制成的"。"藏在寺院和日本南部山中"的标本,已装船,到费尔写出此份报告时已运抵美国(6月24日,费尔致副参谋长文件)。报告还说,他们找来负责制作上述标本的病理学家,"目前正在准备复原标本和标本的显微镜摄影,说明标本的内容和实验方法,出示个别病历,写出英文的全面报告"。这一"英文的全面报告"无非就是达格威文件(公开发表和发现的只有流行性鼠疫、炭疽、鼻疽三种,除此之外,其他各种细菌也应写出报告,但至今尚未公开发表)。

② 希尔报告　Summary Report on B.W, Investigations, From Edwin V.Hill, M.D, Chief, Basic Sciences Camp Detrick, to General Alden C.Waitt, Chief Chemical Corps, December 12, 1947,日译(总论),收录在同上书(资料)。

例,赤痢20例。① 希尔报告(总论)提出了850例的细菌类别一览表,其中列举出有10例以上的细菌是:炭疽36例(其中适用的标本为31例),霍乱135例(适用者50例),赤痢21例(适用者21例),马鼻疽22例(适用者20例),芥子气16例(适用者16例),鼠疫180例(适用者42例),流行性鼠疫66例(适用者64例),沙门氏14例(适用者11例),孙吴热(流行性出血热)101例(适用者52例),破伤风32例(适用者14例),结核82例(适用者41例),肠伤寒63例(适用者22例),斑疹伤寒26例(适用者9例)②。其中,芥子气16例即上述16名"被实验者"在野外的实验,而上述芥子气的症状观察记录中并未明确记载是否死亡,但希尔报告可以证实被实验者16人全部被解剖,并制成标本。③

(三)细菌分类研究——鼠疫菌和炭疽菌

在细菌中,通过实践认为有效并受到重视的是炭疽菌和鼠疫菌。正如费尔报告中所述:"一般而言,可以得出如下结论:在日本所研究的用于细菌战的病原体中,只有两种是有效的,那就是炭疽菌(认为主要用于家畜有效)和鼠疫跳蚤"。④ 七三一部队特别重视的就是炭疽菌和鼠疫菌。

[炭疽菌] 在希尔报告的《总论》中提到,炭疽有36例(其中适用的标本为31例)。而从希尔报告(分论)的关于炭疽的讯问记录中可以更加详细了解到其实验内容。1947年11月24日他们就炭疽问题讯问了大田澄,他以表格形式说明了对活体(代号为M)进行实验的结果。根据该表,实验是通过给耳朵注射、涂在皮肤上、皮下注射、经过口腔和吸入等各种方法,以不同的数量投入了炭疽菌。向耳朵注射和在皮肤上涂抹均未感染,皮下注射0.1毫克时则3人全部感染,逐渐增至5毫克时,3人中有1人死亡。经口腔将50毫克投给10人时,有1人感染并死亡;将100毫克投给10人时,有两人感染并死亡;将200毫克投给30人时,30人全部感染死亡。利用吸入法,给1人投入50毫克时该人感染死亡。综上所述,共有35人死于炭疽菌实验,与总论中的36例(适用标本31)基本一致。报告还指出:"此外因实验室事故感染,有10人全

---

① 希尔报告总论。
② 希尔报告分论(1947年11月22日,对冈本耕造的讯问记录)。
③ 同①。
④ 费尔报告总论。

部死亡(共有 10 人及其他动物死于 4 次‘炸弹试验’的实验)。”①

让我们再看一下它同 1991 年在达格威实验场发现的七三一部队的标本记录(英文)的对应关系。现已查明,达格威文件共有三种:即 G 报告(取马脾疽 glanders 第一个字母的报告)、A 报告(炭疽 anthrax 报告)、Q 报告(流行的鼠疫 plague-epidemic 报告)。从其中的炭疽报告来看,开头便指出:“我曾检查 30 例炭疽病,可分为:a、皮肤感染 1 例,b、经口腔感染(食物)9 例,c、经口腔感染(蜂蜜)20 例等三组”。在长达 400 余页的报告中记录了 30 例解剖所见,并附以人体模型图,同时,还将心脏、肺、扁桃体、支气管、肝脏、胃等 18 种脏器分别附以显微镜照片,并作出了记录。皮肤感染的 1 例代号为 54 号,七天后死亡。经口腔感染的“9 例是通过含有一定数量炭疽菌的食物经口腔感染,患者全部于数日后因急性腹部反映和重症出血性腹水而死亡”。其中具有代表性的 6 例,就各个脏器的病理变化作出了详细记录。这些人均在两三天内死去。对于其他 20 例,声称是“在某监狱中突然发生炭疽病的流行,监狱中的约 20 人,因吸入含有一定量的炭疽菌的污染空气而相继感染,因严重的胸部或腹部症状,于数日后全部死亡。”但根据希尔报告,查明这并非自然发生,而是 200 毫克的炭疽菌经口腔投入的结果。② 如上所述,希尔报告的总论、分论和达格威文件的内容几乎完全一致。

上述情况,在费尔报告(1947 年 6 月 20 日)中,就“炭疽的感染量或致死量”记述如下:“MID50(对使用动物 50%引起感染的最小量),在皮下注射的情况下,无论人或马均为 10 毫克,经口腔感染时,人为 50 毫克。……感染者的死亡率,皮下注射感染为 66%,经口腔感染为 90%,经口腔及吸入感染为 100%。”该报告中还有“有关用于直接感染的含有病原体的溶液、潜伏期,以及发病后采取的措施等资料。尸体解剖所见也相当详细。”③费尔报告除炭疽菌外,对于鼠疫菌、肠伤寒菌、副伤寒菌、赤痢菌、霍乱菌、马鼻疽菌和流行性出血热等也予以重视,并作出详细报告。报告还指出:“在没有特别记载的情况下,这里所提出的全部资料都是通过人体实验取得的”。④ 就是说,所有的细菌实验都是以“原木”为对象的。

此外,在炭疽菌的喷雾实验项内指出:“在 10 立方米的玻璃室内装入 4 个

---

① 希尔报告分论(1947 年 11 月 24 日,对大田澄的讯问记录)。

② The Report of “A” (Dugway),PP. 1~9。

③ 费尔报告总论。

④ 同上。

人，将 300CC 每 CC 含有 1 毫克的溶液用普通消毒用喷雾器进行喷雾”。这一点也在希尔报告的分论中的《喷雾 1947 年 11 月 20 日，高桥博士》一文中，就房间大小和装置等作了详细记载。关于炭疽指出：“每次以 4 或 5 人为对象进行 10 次实验，只有两人发病”。上述因吸入 50 毫克而感染死亡的 1 例，可能就是在房间中进行的实验。从“用于人体实验的八角形房间容积为 28 立方米，喷雾时使用类似喷枪的防虫喷雾器”①来看，这个房间可能就是特殊监狱中的八角堂。

关于“炸弹实验”，报告指出：“有野外试验的完整而具体的记述和图表。几乎所有的情况下都是将人绑在木桩上，用头盔和铠甲加以保护。用固定在地面或用飞机投下的定时起爆装置进行各种炸弹的实验。……在一次实验中，在 15 名的实验对象中有 6 人因被炸伤而死亡，4 人因弹片感染（4 人中死亡 3 人）。”②在将 9 枚宇治细菌炸弹在 25 米的最近距离内同时爆炸的实验中，10 人中有 4 人因吸入感染而死亡。

这份有关炭疽野外实验的报告，同柄泽十三夫在伯力审判时所作证言相符。证言指出：“我两度参加过在安达站附近打靶场野外条件下用细菌传染活人的试验。第一次是在一九四三年末用炭疽热细菌进行试验。在这次试验时使用过十个受实验的活人。他们被押到打靶场上时，就被绑到彼此相隔五公尺的柱子上，然后就用一枚放到离他们五十公尺远地方的破片弹施放细菌来传染他们。这个炸弹是用电流来爆炸的。这次实验的结果，是一部分受实验者遭到了传染。对他们采用过种种办法后，就把他们送回第七三一部队中去。后来我从报告中知道，那些用作实验对象而染上了炭疽热细菌的活人，都死掉了。”③

［马鼻疽菌］ 其次是马鼻疽菌。费尔报告（总论）中曾指出：因害怕感染，“日本对这一病原体未过多研究”。记录指出：在实验室内出现 7 例感染（其中 2 人死亡），用 0.2 毫克 MID50 进行皮下注射，死亡率为 20%；野外炸弹实验中 10 人中有 1 人感染；喷雾实验“非常有效”，3 人均吸入 0.1 毫克，全部感染。④ 但是，据达格威的“G”报告记载，曾对 21 人的马鼻疽病显微镜标本进行分析⑤，其中皮肤感染为 16 例，经口腔感染有 5 例。两周以内的急患 8

---

① 希尔报告分论（1947 年 11 月 20 日，对高桥正彦的讯问记录）。

② 费尔报告总论。

③ 被告柄泽受审经过。《伯力审判材料》，第 279～280 页。

④ 费尔报告总论。

⑤ The Report of “G”（Dugway）.

例,2至4周有7例,4至7周为3例,7周至数月的慢性患者为3例。按"原木"编号分别记录了各自的脏器变化。这21例肯定就是希尔报告(总论)中提到的"马鼻疽22例(适用标本20例)"(虽对石井四郎和石川太刀雄丸进行了讯问,但在希尔报告(分论)中没有明确的史料记载)。榊原秀夫在其供词中指出:"我记得在林口支部的绝密文件中确实有本部唐泽(柄泽)少佐的报告。还有有关陶制炮弹的脾脱疽菌模拟试验演习的效果测定书。此次演习是在松花江上的沙洲进行的,我想其目的是为了调查弹片散落的范围"。①

[鼠疫菌] 最后再看一下鼠疫菌。鼠疫菌已用于实战,最受七三一部队重视,对此,用对炭疽菌的同样办法反复进行了实验。希尔报告(总论)中曾指出:鼠疫 plague180例(其中适用标本42例)、流行的鼠疫(plague epidemic)66例(其中适用标本64例)。② 希尔报告分论中,关于鼠疫问题对石井、石川、高桥正彦、冈本耕造的讯问记录中,没有准确的情报,而且,在达格威文件中至今也未发现有关鼠疫的文件。但是,关于流行的鼠疫,达格威文件中却有详细记载,不仅同上述的66例(64例)基本一致,而且姓名的第一个大写字母同1940年新京、农安流行鼠疫时,七三一部队宣布的因鼠疫死亡者的全名也是一致的。③ 此次新京、农安的鼠疫流行是由七三一部队有计划制造的,随后以防疫为名向当地派遣部队。关于此次行动的战略意义,在第三章中予以分析。

费尔报告揭示,实际上七三一部队以撒布鼠疫菌为目的,逐步地反复做了实验。该报告指出:"已查明,MID50通过皮下注射时为10~6毫克,通过口腔感染时为0.1毫克。在10秒钟内吸入每CC含有5毫克鼠疫菌的空气时,有80%受到感染"。据报告记载,直接感染的"潜伏期通常为3至5天,从开始发烧起3至7日内死亡。被人为地感染鼠疫,产生腺瘤而死亡者,多数在死亡前3天发生肺炎,显示出强烈的感染力"。④ 关于野外爆炸实验,柄泽在伯力审判中曾证实:1944年春在安达进行的鼠疫菌实验中,在距被绑在柱子上的"这些受实验者十公尺远的地方,放置有一个盛满鼠疫细菌液的铁桶。这个铁桶爆裂了。但据我所知,在这次实验后查明,传染没有成功,病菌没有通过呼吸

---

① 长春医科大学《秘 1950年2月24日 "细菌谋略"七三一部队》(全文12页的手稿,榊原秀夫1950年1月22日供词)。

② 希尔报告总论。

③ The Report of "Q"(Dugway) PP.3~9。另见本书第三章。

④ 费尔报告总论。

器官”。① 费尔报告也认为“鼠疫炸弹不够稳定，不是理想的细菌武器，而使用跳蚤使鼠疫流行的方法则更为实用”。值得注意的是，“就结果而言，这一（使用跳蚤）方法，无论是将实验材料紧闭在房间中进行，或是用低空飞行的飞机进行喷雾撒布细菌，都是极为有效的。用于各种实验的实验材料有 30% 至 100% 受到感染，死亡率至少为 60%。”②就这样，由于“鼠疫菌在流体或干燥的情况下，不能呈稳定状态”，才设计出使用鼠疫跳蚤的方法。

费尔报告还就感染鼠疫跳蚤的繁殖问题记述如下：“关于跳蚤的繁殖和使之通过老鼠感染鼠疫的方法，进行了大量研究。开发生产数公斤普通跳蚤（1 克 3000 只），和与之相适应的感染方法。关于这项跳蚤的研究有详细的记载，说明它是一项出色的研究。已判明，疫蚤在最佳条件下大约能生存 30 天，在此期间有感染力。同时还得知，一个人受到一只跳蚤的叮咬便会受到感染。在每平方米平均有 20 只跳蚤的房间里，自由移动的实验材料 10 人中有 6 人感染，其中 4 人死亡。”在使用宇治炸弹进行的鼠疫菌实验中“将在充填前与砂子混在一起的跳蚤，在 10 平方米的小屋内引爆后，有 80% 的跳蚤还活着，被关在这间小屋中的 10 个人，有 8 人被跳蚤叮咬并感染，其中有 6 人死亡。”③

确保繁殖疫蚤所需的老鼠是重要的。如北京、南京、广东、新加坡的各防疫给水部都指使各地饲养过老鼠；在日本，以东京近郊春日部为中心的一带农户饲养的老鼠，也被运往七三一部队。④

---

① 被告柄泽受审经过。《伯力审判材料》，第 280 页。

② 费尔报告总论。

③ 费尔报告总论。

④ 埼玉县立庄和高校地理历史研究部和远藤光司：《ネズミ村と七三一部队》（教育史料出版会，1996 年）。关于在中国进行的捕鼠活动，请参照《细菌战与毒气战》第 136～149 页。此外，林口支部长榊原秀夫还于 1950 年 2 月供述如下，该供述与 1955 年 5 月 17 日的供述（同上书，146～147 页）一致。“1945 年 3 月本部长北野少将调离，石井中将再次到任担任本部长。石井中将将各支部长和大连卫生研究所所长召至本部，发表其业务方针。……石井中将声明须公开准备细菌战，并全力以赴完成，为此，各支部应下达通知开展捕鼠活动，名义是利用鼠肺生产斑疹伤寒疫苗、预防流行性出血热（通过寄生的壁虱传播）、开展粮食鼠害的统计的教育等。并命令须特别注意防谍。此项活动从 1945 年 4 月开始实施。林口支部在千振、弥荣、佳木斯附近实施捕鼠作业。每月送交本部 6 千至 9 千只。据海拉尔支部加藤少佐称，本部一个月要培育 200 公斤跳蚤，而各支部通过捕鼠作业送交本部的老鼠供不上，所以似乎内蒙古地区的黄鼠也被大批送去”。

(四)细菌生产和作为武器的细菌撒布

从事细菌生产的第四部共分四课,第一课(培养生产)课长为柄泽十三夫。负责生产被认为在实战中最为有效的鼠疫菌和炭疽菌的,是野口圭一班。植村肇班生产瓦斯坏疽菌和炭疽菌。此外,还生产霍乱菌、伤寒菌、副伤寒菌、斑疹伤寒立克次氏体和结核菌。第三课(干燥菌和疫苗)课长为小泷秀雄,生产鼠疫和炭疽的干燥细菌。

据细菌制造部部长川岛清的证词,第四部的细菌制造能力,一个月内可生产鼠疫菌300公斤、伤寒菌800至900公斤、炭疽菌500至700公斤、霍乱菌1吨。这些细菌培养所需时间,鼠疫菌和炭疽菌为48小时、霍乱菌和伤寒菌为24小时。① 据川岛的部下细菌制造课长柄泽十三夫证实:"在充分利用第四部的生产能力及在良好条件下,理论上"可以生产鼠疫菌300公斤,而实际上只生产10公斤。② 柄泽十三夫的部下曾任雇员的田村良雄,最近(1994年)曾作出如下证言:

> "关于那种东西(菌株)是怎样进行培养的问题,生产场所位于四方楼的一楼,拥有大规模的生产细菌的设备。大型的高压灭菌器有20台。四方楼的三栋有10台,里面的五栋有10台。还有全部是玻璃结构的无菌室。此外,还各有两台一次可溶解1吨培养基的溶解锅,即共4台。还有冷却场所和生产蒸馏水的场所,以及准备室和孵卵室等。孵卵室拥有用以保持一定温度的全自动调节机能。该孵卵室占据了四方楼的右侧全部。以上设备全部用链式传送机相联结。用于大量生产细菌的是石井式培养罐,很明显,它是为了将细菌作为武器而制造的。"③

事实上,七三一部队生产的细菌已运往各地并在实战中撒布。在1939年5月的诺门坎事件中,七三一部队队员约20人将伤寒菌撒布入哈拉哈河。继而日军于1940年,在浙江省的衢县、金华、宁波,从飞机上撒布鼠疫菌。1941年秋,在湖南省常德同样从飞机上撒布了鼠疫菌。1942年在浙赣作战中撤退时在地面上撒布了鼠疫菌、霍乱菌和伤寒菌等,造成大批人员死亡。细菌撒布集中于1940年至1942年之间,其间七三一部队特别同南京的一六四四部队

---

① 被告川岛受审经过。《伯力审判材料》,第261~262页。

② 被告柄泽受审经过。同上,第277页。

③ 田村良雄证言。上述《细菌战部队》,第35~36页。

合作进行了共同作战。最初策划并制定1940年浙江省细菌战实施计划(同年6月5日)的是荒尾兴功(参谋本部作战课)、井本熊男(中国派遣军参谋)、增田知贞(华中防疫给水部代部长)等3人。① 增田直到1941年7月由大田取代其任南京一六四四部队长为止,一直指导细菌战的实施。增田在1943年3月赴缅甸的疟疾防疫班之前,曾任陆军军医学校教官,在其担任教官期间所撰写的《细菌战》(1942年12月15日)一书,就是在1940~1942年在中国撒布细菌所获成果与经验的基础上写成的。② 重要的是,该书曾明确指出,细菌研究不仅仅是为了防御,同时也是为了进攻。

增田在该书中,就实施细菌战时的"检查难度"问题指出:"细菌即使少量使用,也有很大潜力。因此无须经过检查便可轻而易举地搬运。疾病的起因也很难轻易被发现,若干细菌的查出是极为困难的。"因此,"查出细菌,或区别自然流行,还是人为的流行病都很困难,所以,为了采取破坏行为,没有必要公开地发动战争,可以选择下列目标。a、集中的军事地区,b、军政要人,c、用于集结军队盖然性大的城市,d、首都和其他重要城市,e、军事工厂,f、船舶与运输设施,g、学校、剧场、其他集会场所,h、水源,i、沿河岸或海岸的重要场所,j、军马,k、粮食供应(谷物、马铃薯、家畜等)。"此外,作为"在进攻战术中应考察的要点",书中还就使用细菌污染的具体方法记述如下:

> "一、给水污染——在进攻战术中,给水源可以同水道体系同样,将细菌直接投入管道中造成污染。后者的方法更为实际。可以使用霍乱、伤寒和赤痢菌。
>
> 二、食物污染——食品可以在制罐过程中进行污染。这类物资在运输期间有许多机会可以使用霍乱、伤寒、赤痢、肉毒杆菌和毒素等。
>
> 三、河流、海岸——在河流和海岸扩散细菌的效果可能不会太大,但可以在经常用于洗澡、游泳、划船、钓鱼、洗衣的河流或海岸使用,可以使用的细菌有霍乱和伤寒菌。
>
> 四、公共场所和铁路(尤其是地下铁)——用于污染火车、船,以及公众聚集的剧场、市场、铁路车站等建筑物时,可使用结核菌和炭疽菌。
>
> 五、家畜和军用动物——尤其对小牛、马、羊、鸡等家畜极为有效。因

---

① 吉见义明、伊香俊哉:《日本军の细菌战》。《季刊　战争责任研究》第2号(1993年冬季号),第9页。

② Tomosada Masuda, Army Medical Colonel, Instructor, Army Medical College, The Bacteriological Warfare, 15 Dec 1942, 18pp, (Hill, 013)

为它们是在限定的地区内饲养的。可使用家禽鼠疫、鼻疽、马炭疽和兔热病。"

同时还指出：作为"进攻性而采用的注意事项"，在"计划隐蔽"的情况下，"必须突然发动并彻底完成"。准备工作必须慎重，"在选择目标时，应对计划进行详细而彻底的审查。执行者要受过训练并精通使命。这样，他们才可以容易地侵入目标地区。组织本身应做到，即或有一名执行者被捕，也不能使整个计划暴露"，"在进攻行动中，为了撒布细菌，应利用飞机迅速完成。为此，有必要在目标地区附近拥有机场和生产所需武器（细菌弹）的工厂。必须强制采取防护手段。可使用鼠疫和霍乱菌。""进攻性战术可采用降雨法撒布细菌，投下炸弹、引爆充填细菌的炮弹、派间谍撒布等形式。百分之百的免疫方法至今尚未发现，因而必须考虑进攻形势。因为要想在战场上彻底消灭敌人，首要的是采取战争制胜的最关键战术。"通过使用马鼻疽、炭疽和兔热病"破坏敌人的军马，将会严重地削弱其战斗力。"事实说明，将附着伤寒菌的粮食，在航海前装入海军船内，二至三周后船上便会发病。

关于 1940 年和 1942 年对浙赣沿线城市的细菌进攻和 1941 年对常德的细菌进攻，分别在第四章和第五章中详述。

结语　七三一部队的撤退及其以后

截至 1945 年，曾持续活动数年的七三一部队和各地的防疫给水部，随着日本的战败而停止活动。1945 年 8 月 9 日上午零时，苏军沿国境南下参战，七三一部队立即开始撤退。大本营的朝枝繁春作战主任参谋于当日上午 4 时许接到苏军进攻的报告后，立即以参谋总长名义致电石井四郎部队长称，朝枝已被指示负责部队的善后处理，故须于 10 日在新京军用机场待命。朝枝和石井在机场的飞机库中会谈约一小时，朝枝得知"原木"的数字后，指示石井："将'原木'化为骨头和灰烬，用卡车运走抛弃；用部队的轰炸机将 50 余名医生首先运回国内；队员包括下士官兵、护士，不留一人，全部乘火车撤退；由已经部署完毕的一四九师团的一个工兵中队将全部设施破坏"。[①] 于是，为了七

① 近藤昭二：《细菌战部队将校の颠末——柄泽十三夫少佐の场合》。《战争责任》2（1994 年 7 月，树花舍），第 65～66 页。另外，有证言称，是由独立混成一三一旅团石原工兵大队进行破坏的。《细菌战与毒气战》，第 150～151 页。

三一部队的撤退，满铁将1700名部队人员以及其家属和物资优先而迅速地运回日本。10日，有33辆列车开入部队的专用线，从第一批开始撤退，直到14日下午7时最后的列车开出，人员和物资被相继运走。

与此同时，破坏细菌研究和生产设施以及第七、八两栋监狱，杀害和焚毁“原木”等消灭证据的行动也在进行。这些作业是在大田澄的总指挥下，由配属于教育部的现役士兵执行的。① 当时被收容的“原木”有400余人，估计全部是用氯气杀害的，并在天井中焚尸后装在草袋中，大部分运往流经哈尔滨市的松花江，将其丢弃。越定男在其证言中，证实了将草袋运至松花江并丢弃的情况。② 根据自1943年以来配属于教育部的沟渕俊美的证言，9日下午开始散发出焚烧被收容在第七、八栋的“原木”的异臭。③

12日中午过后，烧毁“原木”和破坏四方楼内部的作业全部结束，从当天傍晚起，排列在部队机场的炮兵队从四方楼的东侧开始炮击，但由于建筑物十分坚固，炮弹被墙壁反弹回来，于是又调来野炮队，情况仍然一样，据说最后是工兵队用炸药破坏的。此外还前往安达的野外实验场实施破坏，直至14日才全部结束。石井因被要求提出七三一部队已被破坏的照片证据，故从上空拍摄了破坏的残迹，然后将底片送往大连冲洗。④

由于上述七三一部队的破坏活动，使大量已感染鼠疫的老鼠四散逃走，因而从1946年6月至9月，在部队周围的后二道沟、义发源、大东井子等地相继发生鼠疫，加上哈尔滨市内，死亡者超过100人。此次鼠疫的发生，是1946~1948年东北鼠疫大流行的构成部分，就此在第七章中有详细分析。

平房的庞大设施虽被彻底破坏，但企图掩盖历史事实是根本不可能的。若干设施的遗迹依然存在，诸如地下细菌贮藏室、为繁殖鼠疫菌饲养老鼠的水泥槽、冻伤实验室和锅炉烟囱等，这些都成为露天博物馆，正在对外开放。但

---

① 沟渕俊美:《平房燃ゆ》，第129~168页。上述《细菌战部队》，第120~127页收录有该文摘录。

② 越定男:《日の丸は红い泪に》，教育史料出版社，1983年。

③ 教育部的筱原鹤男供称:“第二天，即10日，我和另外两人一同进入第七、八栋二楼的12号室，这是迄今为止绝对禁止人内的地方。走廊里扔着大约3具‘原木’的尸体。绝大部分‘原木’尸体都已运出。外面挖了一个坑，将木柴和‘原木’交错着堆积在坑里，只剩下点火了”（上述《细菌战部队》，第93页）。教育部的大竹康二也证实:“尸体处理由教育部全体人员担任”（上述《细菌战部队》，第114页）。

④ 近藤昭二:《细菌战部队将校の颠末——柄泽十三夫少佐の场合》，载《战争责任》2（1994年7月，树花舍）第65~66页。沟渕俊美:《七三一部队を破坏する》。《细菌战部队》，第122~123、125页。

是，在战后的漫长岁月里，以七三一部队为核心的日本军所进行的细菌战研究与实践，一直被隐匿起来。这是因为美国垄断了七三一部队的研究“成果”，以及作为交换条件，对于以石井四郎为首的部队干部免于追究战犯责任的缘故，再加上与此有关的日本医生们保持沉默。原一般队员们开始吐露真情还是比较最近的事。1980 年前后，经过历史研究者、新闻工作者和传记作家等人的努力，七三一部队的核心已被查明，但是，由该部队实施的细菌战的真实情况却未必清楚。其后，由于美国、俄国和中国的史料公开，现场调查也有所进展，从而细菌战的本来面目也逐步明朗化。而经过日中共同研究而撰写的本书，也是力图缩短同细菌战史实距离的研究成果之一。

第二章　关东军军马防疫厂

——对一〇〇部队形象的再认识

江田泉

近年来，在对日军细菌部队的研究过程中，关于关东军防疫给水部（第七三一部队）的研究取得了较大进展，发现了大量人体实验的证据资料①，弄清了日本陆军上层参与细菌战的准备和实施的情况。② 而且，揭示了七三一部队的背景，即所谓"石井机关"是靠网罗日本医学界人士构成的组织网在发挥作用。③ 这些和在全日本巡回展出的"七三一部队展"所触发的各地原部队员开始启口讲话的情况结合起来，部队形象的空白经过战后五十年终于开始一点一滴地填补起来了。

与此相反，关于1936年与七三一部队同时设立的、以家畜为主要对象的细菌部队——关东军军马防疫厂（第一〇〇部队，以下称一〇〇部队）的研究，尽管在现地调查和采访原部队人员等方面做出了努力，但还没有揭示出超越苏联伯力审判的供述、证言和后来三友一男回忆录④所反映出来的事实，因而我们在研究上面临许多的问题。例如：包括三友一男在内，在伯力审判中作为被告或证人出庭的原一〇〇部队有关人员，⑤全都是1941年以后与部队发生关系的，因此，关于部队成立的经过并无详细记载。而对部队设立的背景、具体活动内容、主要成员、与"满洲国"机关的关系、在陆军内的地位、部队什么时候开始准备实施细菌战、一〇〇部队是否进行过人体实验等，这些都是对弄清一〇〇部队全貌不可逾越的问题，以前只限于片断的证言和记述，谈不上

---

① NHK：《现代史スクープドキュメント・731细菌战部队》，1992年4月放映。

② 吉见义明、伊香俊哉：《日本军の细菌战》。《季刊・战争责任研究》第2号（1993年冬季号）。

③ 常石敬一：《医学者たちの组织犯罪》，朝日新闻社，1994年。

④ 三友一男：《细菌战の罪》，泰流社，1987年。

⑤ 在伯力审判中出庭的一〇〇部队有关人员有5人：被告高桥隆笃（关东军兽医部长）、平樱全作（一〇〇部队第二部第六科工作员）、三友一男（一〇〇部队第二部第六科工作员）和证人桑原明（一〇〇部队第二六三〇支队工作员）、畑木章（一〇〇部队军属）。

是充分研究。

作为填补这种空白工作的一环，本文首先想概观部队设立的过程，其次，试图在已有的三友一男回忆录和伯力审判材料、中国抚顺战犯管理所俘虏们的证供①的基础上，加上以前几乎没介绍过的 20 世纪 50 年代的证言，通过综合分析日中双方的资料、证词，以求对弄清一〇〇部队的全貌有所裨益。

一　一〇〇部队前史及其沿革
——从病马收容所到军马防疫厂

根据以前公开出版的有关人员回忆录及其证言等资料集，现将一〇〇部队的前史及其沿革整理年表如下：〈（　）内为证人或资料出处②〉

1931 年 11 月	设立关东军临时病马收容所，小野纪道任所长（安达诚太郎）
1932 年 8 月 8 日	安达诚太郎就任所长（《帝国陆军编制总览》、安达诚太郎）
1933 年	设立关东军临时病马厂，并河才三任厂长（三友一男）
1933 年 8 月	高桥隆笃就任所长（安达诚太郎）
1933～1935 年	关东军临时病马收容所改称关东军临时病马厂（安达诚太郎）
1935 年 8 月	并河才三就任厂长（安达诚太郎）
1936 年 8 月 1 日	设立关东军军马防疫厂，高岛一雄就任厂长（《帝国陆军编制总览》）
1937 年 8 月 1 日	在牡丹江海林设立支队（三友一男）
1938 年	开始建设孟家屯的新厂房（三友一男）
1939 年	迁入孟家屯的新厂址（三友一男）
1940 年 3 月 9 日	并河才三就任厂长（《帝国陆军编制总览》）

①　《细菌战与毒气战》。

②　有下述证言被刊出：安达诚太郎的证言（《细菌战与毒气战》，第 176～186 页），三友一男的证言（《细菌战の罪》，第 19～78 页），高桥隆笃的证言（《伯力审判材料》，第 52～57 页、第 113～117 页、第 346～356 页），平樱全作的证言（《伯力审判材料》，第 78～81 页、第 124～125 页、第 330～340 页）；此外参照井本熊男监修的《帝国陆军编制总览》，芙蓉书房，1987 年。

1941 年	部队统称为第一〇〇部队（三友一男）
1941 年 9 月前后	关东军司令官梅津大将命令准备细菌战，命令一〇〇部队长大量生产鼻疽菌等（高桥隆笃）。
1942 年 7 月 1 日	若松有次郎就任厂长（《帝国陆军编制总览》）
1942 年 7~8 月	在兴安北省三河附近的结尔布勒河进行夏季演习（高桥隆笃、平樱全作、三友一男）
1943 年 12 月	为准备细菌战而在部队第二部设第六科（高桥隆笃）
1944 年 6 月	组成兴安北省特遣队，进行目的为对苏联进行细菌谋略的调查（高桥隆笃、平樱全作）
1945 年夏	由兴安北省居民中购进大量家畜，计划在对苏开战时感染、放出（高桥隆笃、平樱全作）。

1936 年 8 月 1 日设立的关东军军马防疫厂，是以临时病马厂为基础建立的，这从关东军参谋长板垣征四郎给陆军次官梅津美治郎的《对充实在满兵备的意见书》（1936 年 4 月 23 日）中的“其三、驻满洲部队的新设及增强改编”部分里所讲如下内容，可以确认。

“第二十四、关东军军兽防疫厂的新设增强。

按预定计划，于昭和 11 年度由关东军改编临时成立的病马厂，使之成为收治伤病马、防疫、细菌战对策的研究机关，为此新设关东军军兽防疫厂。并且，随着驻满洲部队的增加等，于昭和 13 年度以后将其一部扩充。……关东军军兽防疫厂的驻地设在宽城子附近。”①

一〇〇部队的前身临时病马厂，是 1933 年在新京（长春）宽城子成立的，这在三友一男的证言中可看到。部队并不是 1936 年作为关东军军马防疫厂突然出现的，从后述的几名证人所讲的部队长由并河——高岛——并河（再任）——若松的变动，以及将部队称为“并河·高岛部队”而非称“高岛·并河部队”来看，也是清楚的。军马防疫厂的前身，是由并河才三任厂长的临时病马厂，而临时病马厂的前身病马收容所，是于 1932 年 8 月设立的，这已为《帝国陆军编制总览》的编者所确认。② 安达证明说：1931 年 11

① 日本防卫厅防卫研究所图书馆藏《陆满密缀》，昭和 11 年，第 10 号。

② 在《帝国陆军编制总览》第 357 页载有“昭和 7 年 8 月 8 日病马收容所所长·安达诚太郎”，其中对“病马收容所”并未加“临时”字样。在本文中，以下亦称病马收容所。

月，以小野纪道①为所长，设立了临时病马收容所。安达的这个证言现阶段尚不能在官方文件中得到确认，如果这是事实，那么，临时病马收容所就是在"九·一八事变"爆发后齐齐哈尔和哈尔滨的战事还很紧张的时刻，即局势非常混乱的状态下设立的。

在此，先将《伯力审判材料》和三友回忆录中有关一〇〇部队的组织和活动的内容简单整理一下。据三友一男回忆：一〇〇部队直接归关东军司令部管辖，日常业务根据关东军兽医部的命令行事，作战上则受关东军司令部第二部第六课指挥。按1941年当时的编制，下设有：总务部（庶务科、人事科、财务科、医务科），部员50~60人；第一部（检疫），部员30~40人；第二部（试验研究、第一科［细菌］、第二科［病理解剖］、第三科［临床、马厩］、第四科［化学］、第五科［植物病理］），部员150~200人；第三部（制造血清），部员约100人；第四部（资材补给），部员20~30人；此外，部队里还设有关东军兽医部的下士官教导队，并在牡丹江设有50人的支队。② 该部队的日常经费由陆军省提供（在1944年4月~1945年4月的一年间，提供60万日元），而细菌武器的研究及制造费用，则由关东军司令部从机密费中另行支出（在上述期间支出100万日元，但在必要时可根据所需额度供给资金）。③

关于军马防疫厂设立当时的任务，三友概括为："（1）对驻满部队所拥有的军马，在防疫工作上给予协助；（2）进行各种试验研究；（3）生物制品（菌苗类）的制造"，"在大连港乘船之军马的检疫"等。其中，研究方面的中心任务，是预防军马鼻疽病，还有对苏联细菌谋略的对策，也是一〇〇部队的重要任务。④

那么，一〇〇部队是从何时开始制造细菌武器和准备细菌战的呢？关于这个问题，高桥隆笃认为，是在1941年9月关东军司令官梅津大将下令准备细菌战之后；而三友一男则认为，是在1943年12月设立第二部第六科以后，即"后来，随着太平洋的战局转入守势，关东军精锐师团接连被抽调到南方，为加强削弱了的关东军，强化北方的防卫，大本营对关东军下达了开发新武器的指令"。为此，1943年"根据关东军司令部的指令，一〇〇部队开始开发细菌武器，并准备扩大生产"，而且"假定苏联可能进攻，向海拉尔地区派遣了军

---

① 小野纪道在战争结束时曾兼任马疫研究处处长（山田重治：《鼻ソの思い出》。岸信介等编：《ああ满洲》，满洲回顾集刊行会，1965年，第713~714页）。

② 据高桥隆笃称，在大连和拉古设有支队（《伯力审判材料》，第54页）。

③ 高桥的证言。《伯力审判材料》，第56页。

④ 三友一男：《细菌战の罪》，第25、41页。

用地志调查要员，开始为防止入侵的苏军利用这些地区的家畜作准备”，也就是认为：是由于太平洋方面的战局恶化，一〇〇部队才不得不转变方针而准备细菌战的，并说“那种‘一〇〇部队创设以来即专心致力于搞细菌战’的说法，是不了解事实，纯属虚构”①。这是对通过伯力审判所形成的“一〇〇部队=细菌战部队”的“固定观念”的反驳。

那么，设立一〇〇部队的真正目的何在？准备和研究细菌战，是面对不利战局才转变方向的，还是和七三一部队同样，建立时就包藏着将来实施细菌战的意图呢？在回答这些问题之前，我们想根据20世纪50年代中国方面的调查，特别是以前未曾被利用过的有关人士的证言材料，来充实一下一〇〇部队的简史。

二　20世纪50年代中国方面的调查和证言

——从新资料看到的部队各种情况

1949年12月，苏联伯力城举行的军事审判情况，中国连日作了详细报道，审判结束后，又掀起了反对细菌部队、反对日本帝国主义的宣传运动。在次年1950年1~2月间，几乎每天都有“日本战犯的罪行”“要求严惩细菌战犯”“证实日寇曾散布毒菌”之类的标题，出现在《人民日报》等报纸版面上，不断发表从细菌部队废墟地区和细菌战受害地方发来的现地报道。②

在这种情况下，关于一〇〇部队，也有取材于部队废墟地区的报道刊于当地报纸《长春新报》上。例如，从1950年2月14日这一天，可择出有关一〇〇部队的报道标题如下③：

1. 孟家屯日寇细菌工厂纪实
2. 日寇细菌战犯罪行又一见证·孟家屯地区杀人工厂·一百号部队废墟犹存
3. 市委、市府组视察团巡视孟家屯细菌工厂
4. 本市各界发表声明：要求严惩细菌战主犯

---

① 三友一男：《细菌战の罪》，第41页。

② 田中明、江田泉：《七三一部队の研究における中国研究者の动向について》。《三田学会杂志》，第82卷第3号，1989年。

③ 详见《长春新报》，1950年2月14日。其中前两项报道，于《东北日报》1950年2月16日作了转载。

5.细菌战犯的罪行铁证！孟家屯日寇一〇〇部队残迹

伯力审判，带来了如此大规模宣传和群众性的反细菌部队运动，亦成为促进中国调查日军细菌部队的契机。前述现地报道，是生动地反映部队败逃时彻底毁灭证据情形的珍贵资料，作为对在部队劳动过的中国劳工的调查采访，这是最早的。① 而且，作为官方调查，1950 年 3 月，中央政府卫生部曾下达过指令。在此之前，同年 2 月东北地区的公安、卫生部门业已着手对七三一部队和一〇〇部队的调查了。那些调查成果，被整理成论文和著作。② 后来，以朝鲜战争为契机，东北人民政府卫生部再次实施调查，整理写出了《关于调查"七三一"及"一〇〇"细菌部队罪恶活动的报告》（1952 年 11 月 30 日）。③ 这些都为以后的研究提供了基础资料。

根据长春市有关部门保存的资料，1950 年的最初调查对象，都是战后仍残留在中国东北的日本人科学工作者，尤其是曾与一〇〇部队和七三一部队有过某些接触的人们。他们就部队的设施、活动及各个队员所写的知情文章，可以填补细菌部队形象的空白，并作为部队周围的日本人的证词被附在调查资料里。现将这些至今由长春市有关部门保管，以前几乎未曾被利用过的与一〇〇部队有关的调查资料或亲笔证言列举如下〈（　）内表示证人在日本战败投降前的地位和 1950 年当时的所属机关〉④：

---

① 现将《孟家屯日军细菌工厂纪实》所介绍的原一〇〇部队劳工和附近居民的采访内容整理如下：(1)在部队队部右前方的被称为"第二处"的三层楼上，突出个高烟筒，楼周围用带刺的铁丝网围着，不许窥视里边，日本人一发现就开枪（原劳工王庆有证词）。(2)部队里有 38 栋红砖房马厩（正面长 50 米、宽 30 米，能容纳 56 匹），这些厩舍经常满员，并用木板小房补充不足。马匹由"第三处"管理，平常少说有 2000 匹，每匹马能采 40—50 啤酒瓶的血，至将死时杀了作肉干，还用来作注射实验（原劳工闫洪生证词）。(3)日军撤退前放出了部队的十几匹马，让附近居民抓去了。但这些马已患鼻疽，感染了周围各村农家的马，引起了很大的灾害（附近居民）。(4)在部队队部前面，有三栋和马厩一样大小的红砖房鼠舍，所养的老鼠种类很多，数量也庞大，这些鼠带有强毒菌，要喂养这些鼠需要有严密的装备。饲养班的李占发因被老鼠咬了而死去（李占发的朋友王占证词）。(5)由于部队撤退时的自爆、焚烧，逃向周边的老鼠成了各种传染病的原因。(6)部队的农场是从附近居民的土地中选占的，在这个大农场里，适合中国大陆种植的作物应有尽有，专门使用古老的农具并用中国旧式方法进行耕作，那里的农作物有的非常优良，有的完全发育不良，有的玉米长得很高却不结棒（大广村长及附近居民）。

② 东北人民政府卫生部传染病防治院：《防治医学》，第 1 卷第 4 期，1951 年。储华编：《日寇的滔天罪行　惨无人道的细菌战争》，大东书局，1951 年。草原：《日寇细菌战暴行》，上海通联书店，1951 年。

③ 辽宁省档案馆藏，ZA19—1—369。

④ 韩晓、辛培林：《日军七三一部队罪恶史》（黑龙江人民出版社，1991 年）一书，介绍一部分长春市的资料，但基本未涉及详细内容。

志方益三（原大陆科学院副院长，东北科学研究所）①：《对有关细菌战问题的解答》，日文，16 开纸 7 页。

安达诚太郎（原马疫研究处处长，哈尔滨农学院教授）②：《长春孟家屯百部队的情况》（手抄本），中文，16 开纸 2 页。

加地　信（原满洲国卫生技术厂［细菌科长］，东北卫生技术厂）③：《关于日帝细菌战——对 1950 年 2 月 16 日吉林省日本人管委会长春分会所提问题的回答》，1950 年 2 月 18 日，日文，大 16 开纸 8 页。

芦田广三（原马疫研究处副研究官，东北大学自然科学院）④：《资料》，大 16 开纸 4 页。

关　　孝（原满洲国卫生技术厂，东北卫生技术厂）：《细菌战术回忆》，大 16 开纸 1 页。

安达诚太郎后来被收监在抚顺战犯管理所，重新对一〇〇部队作了详细的“自供”。⑤ 在 1950 年调查时，曾因所属机关的关系，发生过哈尔滨市公安局就有关一〇〇部队提审安达，而长春市公安局向榊原秀夫（原七三一部队林口支队长，1950 年当时在长春医科大学工作）询问七三一部队情况的反常现象，结果也没有得到他们所希望的涉及细节的证词。因此，本文中有关志方、加地、芦田、关的证词，决定采用长春市保管的记录，而关于安达，则决定采用抚顺战犯管理所的审问记录。

下面想将志方、安达、加地、芦田等四人的证词中有关一〇〇部队的记述，按（1）部队主要成员的经历、（2）部队的业务、（3）同其他卫生机构的关系的顺序整理一下。

（1）部队主要成员的经历

首先，根据志方、安达、加地、芦田、关的证词及其他材料，将关东军兽医部

① 志方益三：1895 年生于东京，1920 年东京大学农学部毕业，1928 年获农学博士学位，曾任京都大学教授，1941 年任“满洲国”大陆科学院副院长，1953 年归国。关于志方，详见《ああ满洲》，第 700～701 页。

② 安达诚太郎的简历，请参照第三章有关注释。安达归国后的回忆，见前引《ああ满洲》，第 711～713 页。

③ 加地信的简历，请参照第三章有关注释。

④ 在志方益三：《细菌战に对する质问への解答》和山田重治：《鼻ソの思い出》（《ああ满洲》，第 713～714 页）中都说是“芦泽广三”，而长春市的资料末尾处本人的署名却是“芦田广三”，因而采用了这个资料。

⑤ 安达诚太郎供词。《细菌战与毒气战》，第 176～186 页。

长高桥隆笃等一〇〇部队主要成员的经历整理如下:〈( )内为证人和证词内容〉

高桥隆笃 1888 年生于秋田县
1915 年东京帝大兽医科毕业(芦田、志方〈同窗〉)
1935 年陆军兽医学校研究部员
1940 年任华南方面军兽医部长(2 月)、第三军兽医部长(8 月)
1941 年任关东军兽医部长
1942 年晋升兽医中将
1951 年死亡①

并河才三 1895 年生
盛冈农业专科学校毕业②
陆军兽医学校教官(三友)
在传染病研究所工作(加地〈同僚〉)

高岛一雄 1887 年生于群马县
1940 年任第一军兽医部长(3 月)、华北方面军兽医部长(8 月)
1941 年南方军兽医部长。
1945 年晋升兽医中将(3 月)、第一总军兽医部长(4 月)
1964 年死亡③

若松有次郎 1897 年生于东京
1923 年东京帝大兽医科毕业(芦田、安达〈同窗〉)在陆军士官学校、陆军兽医学校工作(安达〈同学〉)
在传染病研究所工作(加地〈同僚〉)
1945 年晋升兽医少将
1977 年死亡④

井田 清 北海道大学毕业(三友)
〈技师〉 在传染病研究所工作(加地〈同僚〉)

---

① 古川利昭编:《帝国陆海军将官同相当官名簿》,朝日新闻社,1992 年。上法快男监修:《陆海军将官人事总览(陆军篇)》,芙蓉书房,1981 年。

② 文部省监修:《现代日本科学技术者名鉴(农学篇)》,科学文化出版社,1948 年。

③ 《帝国陆海军将官同相当官名簿》,《陆海军将官人事总览(陆军篇)》。

④ 《帝国陆海军将官同相当官名簿》,《陆海军将官人事总览(陆军篇)》。

辻嘉一　1896年生

〈中佐〉　1924年北海道大学农学系毕业

历任陆军兽医学校防疫部长，关东军军马防疫厂研究部长、制造部长，华北军马防疫厂厂长，陆军兽医学校干事、研究部长，①曾在传染病研究所工作（加地〈同僚〉）

（2）部队的业务

关于部队的组织和活动，虽然《伯力审判材料》和三友一男的记述够详细的，但因芦田的证言可以补充不少内容，故在此引用如下：

“战争结束前，一〇〇部队从事如下业务：

A、教育业务

（1）兽医部干部实习生的教育　驻满部队的兽医干部实习生，原则上在东京陆军兽医学校进行培训，但从战争结束的前一年开始，却决定在一〇〇部队院内以别的部队名义进行教育，专业课由一〇〇部队的教官兼任。

（2）兽医部下士官的教育　培训由驻满部队召集来的兽医下士官实习生，是在一〇〇部队院内有别的部队称号的部队进行的。在部队院内的东北角上，有个大马蹄铁工厂。②

（3）在满一般兽医的教育　在昭和17年8月至11月的三个月期间，召集培训了不在驻满军队工作的兽医约50人。其目的是为了进行准军人的基础训练（相当于一年兵第一期训练）和复习兽医学知识，以便在必要时充当兽医官而召集来的。但是，这种召集培训的成绩并不太好（因年龄及其他原因），又因日本的农林高校增设的兽医科接连不断有毕业生，所以后来没再办下去（我也接受过这种召集培训，在一〇〇部队过了三个月的二等兵生活，不得不向若松队长立正敬礼）。

B、制药业务

大量制造军马防疫所需要的各种药剂，如炭疽血清的菌苗、鼻疽诊断液。

而且，自从开始强化自力谋生体制以后，又开展了这方面的业务（拥有广大的农厂，还有畜产〈牛、羊、猪等〉设施）

---

① 《现代日本科学技术者名鉴（农学篇）》。

② 据解学诗、郭洪茂、李力调查采访，原一〇〇部队劳工司云有（1922年生，给部队日本人修鞋）、陈贵（1921年生）回忆：五一三部队有蹄铁工厂，八九八部队有军官教导队。

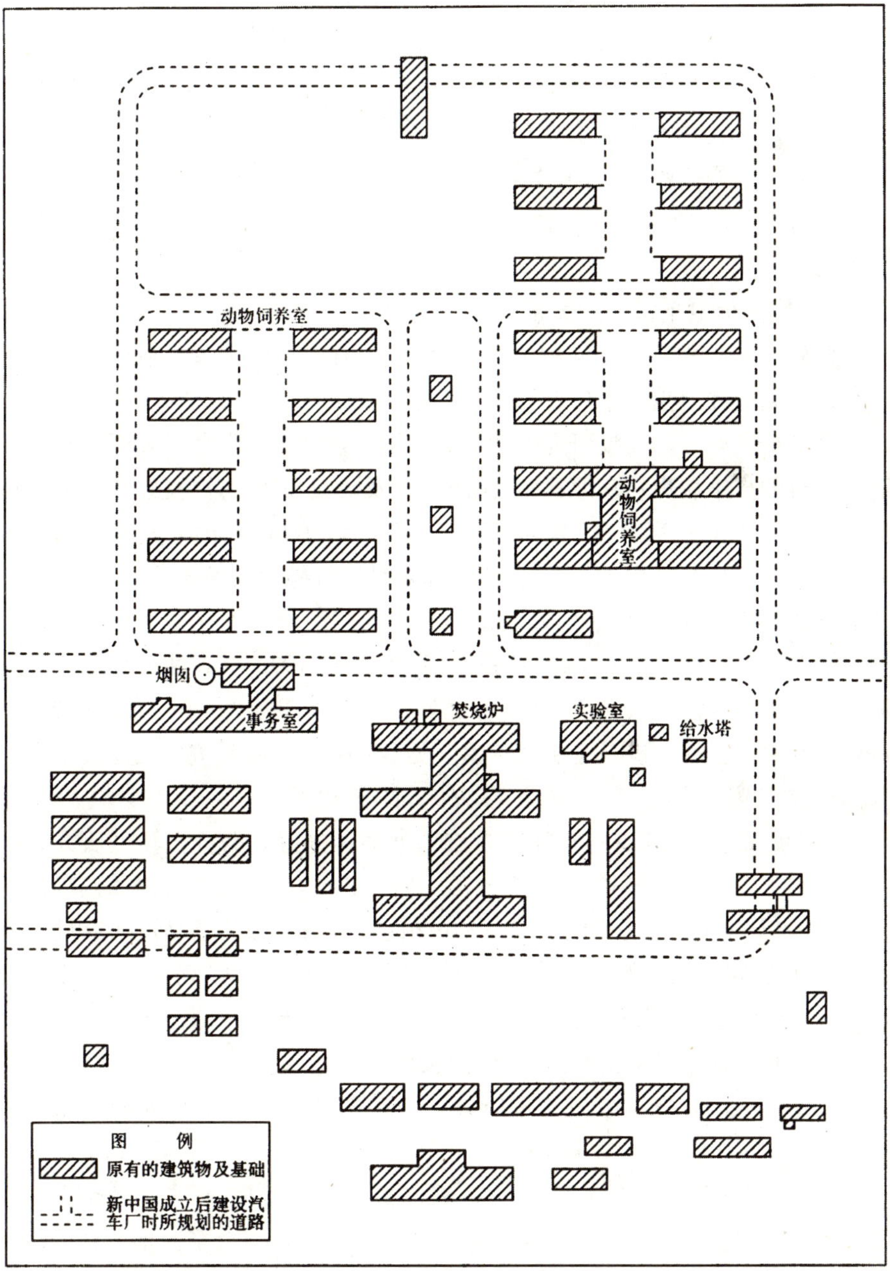

图 1　一〇〇部队设施示意图

C、研究业务

一〇〇部队里，除军队兽医官（佐官、尉官）外，也有相当数量的陆军技师，这些非军人出身的工作人员，在研究方面发挥了相当重要的作用。在技师当中，不仅有兽医出身者，也有化学、植物学等纯粹理科出身者。遗憾的是我并不了解秘密研究的具体情况。作为一般研究来说，有'鼻疽人工感染试验（对马）''鼻疽治疗方法研究''关于鼻疽药的化学成分的研究'等。"

（以下略）

（3）同其他卫生机构的关系

此外，一〇〇部队与"满洲国"的卫生机构有密切的关系。在这里特别举出马疫研究处和卫生技术厂。

马疫研究处　　马疫研究处，是对作为国防和工农业生产重要工具的马当中流行的传染病进行病原检索、预防治疗及研究预防治疗方法、制造各种血清的机构。1936 年当时在"满洲国"军政部所属的马政局内开始筹备设立研究机构，1937 年 2 月 18 日在"满洲国"综合科研机构大陆科学院的管辖下，正式成立了马疫研究处，第一任处长是马政局第三科科长安达诚太郎。设立当初，是在新京（长春）市北大街的马政局院内办公，1938 年 2 月 8 日迁到在宽城子新建的楼房。除总务科、办公室之外，设有第一、第二、第三细菌研究室、病理研究室、化学研究室、害虫研究室。处长、事务长、各研究室的主任研究官及副研究官 9 人，属官 7 人，研究士 29 人，技士 12 人。①

一〇〇部队于 1939 年迁往新京市郊外的孟家屯。据曾在马疫研究处工作过的田玉珠称：马疫研究处在自己的实验室建成前，曾借用宽城子高岛部队（一〇〇部队前身）的房屋制造炭疽和鼻疽菌苗，高岛部队是马疫研究处的西邻。② 而且，安达诚太郎还证明说，宽城子时代的并河部队、高岛部队，设备还不全，经常使用马疫研究处的解剖室、培养室、冷库等。一〇〇部队与马疫研究处的这种交流，并不仅仅是由于邻居关系。

安达诚太郎在抚顺战犯管理所就一〇〇部队与马疫研究处的关系供述如下：

"成立马疫研究处时，关东军曾经援助过。以后，关东军还命令马疫研究处供给一〇〇部队研究材料。……我供应一〇〇部队细菌苗从一九

① 吕振涛、刘国华编：《伪满科技史料辑览》，黑龙江科技出版社，1988 年，第 54 页。

② 哈尔滨市人民政府公安局调查：《田玉珠写的马研处情况（手抄本）》。

三八年开始到一九四二年我调转为止。供应细菌苗的种类有炭疽、鼻疽、腺液、媾液等四种，……从一九三七年到一九四〇年，根据关东军的命令，制造了50000至100000C.C.的炭疽预防液及50000至100000C.C.的血清，供应了并河和高岛部队。自一九三八年至一九四一年，高岛、并河部队到海拉尔、洮南、克山等地购买军马时，我根据关东军的命令，派技术人员帮助检验鼻疽和炭疽预防注射工作。一九四〇年前后，因玻璃器具缺乏，培养细菌需要硬性玻璃，一〇〇部队只有钱没有货，我就给了他们相当数量的硬性玻璃器具。在若松任部队长时，我曾经给他介绍过细菌学者，如横堀畜产司长、新美畜产兽医大学校长、武富兽医学校校长等。① ……将上述研究材料每年按一〇〇部队的希望供给之，这是以关东军参谋长的通知作为手续。"②

马疫研究处是"满洲国"大陆科学院所属的研究机构，本来不该接受关东军的指挥，然而其成立时却接受过关东军的援助，以后又时常按照他们的命令与一〇〇部队合作。关于这种合作的要求，安达说："我每月也去关东军兽医部一两次，虽不是直接领导，但在谈话中也曾指示我如何作等。"据说命令是以"关参四××号"的形式由参谋长发给大陆科学院院长的。③

卫生技术厂　　卫生技术厂是以研究传染病等疾病，进行病原检索，研究和讲习预防和治疗方法，并以制造、检查、储存菌苗、血清及其他预防治疗器材，进行卫生方面的试验和调查等为目的而设立的。1934年11月，在民政部内设立筹建办公室，1935年8月30日于新京兴安路（今长春市西安大路）建成了厂部。1938年12月24日，大陆科学院从民政部将其接管。1938年初，当时内设机构有：庶务科、细菌科、血清科、痘苗科、化验科、制药科、病理寄生虫昆虫室、鼠疫研究室、菌株培养基室、包装室、大动物室、小动物室，另在哈尔滨设有分厂。职员有厂长等研究官8名，研究士38名，副研究官11名，委任官试补7名，技佐1名，技术员32名，技士2名，共计100名。④

关于一〇〇部队与卫生技术厂的关系，加地信的前述证言《关于日帝细菌战》讲得较详细：

---

① 安达诚太郎口供（1954年8月16日）。《细菌战与毒气战》，第178~180页。

② 安达诚太郎口供（1954年7月27日）。同上，第186页。

③ 同上，第178页。

④ 岩崎义雄：《"满洲国"卫生技术厂》（康德4年、"满洲国"卫生技术厂）。《伪满科技史料辑览》，第61页。但据《伪满科技史料辑览》记载，增设"鼠疫研究室"是在1941年9月13日。

"与一〇〇部队的关系——表面上同一〇〇部队有更加密切的关系。

一、如前所述，技术厂与该部队私下里定期举行棒球和网球比赛。

二、在学术上，不仅了解本厂的业绩，当本厂举行学术座谈会及其他报告会、医学会议之时，该部队的人们基本上一次不漏地来听讲。

三、在官方关系上，本厂阿部（俊男）厂长担任一〇〇部队的嘱托，常就各种学术问题进行交谈。我本人也曾向陆军省提出过拟任嘱托的申请报告，却没有实现。但是，事实是清楚的，与我们有关的都是纯学术上的事情，而且是家畜实际防疫方面的事，与现在构成问题的一〇〇部队的本来任务全然无关。事实上，我们就有关七三一部队问题虽总是说：保密！保密！但要说起干些什么可疑的勾当，还稍稍知道一点。然而，仅限于一〇〇部队，我想也许是因为队长的关系，完全没有进行过此类宣传，至少我本人深信：一〇〇部队纯属是进行家畜防疫、特别是军马防疫方面的部队。

四、本厂的高桥义夫研究官（已回国），有一时期曾与一〇〇部队的过中佐（当时可能是少佐）共同进行过炭疽菌苗的研究，并在一〇〇部队内部及兴安北省实施过马匹免疫实验。究竟是如何进行实验的，我全然不知，不过对这种炭疽菌苗的研究本身也并不怎样保密，曾在学会上发表过。

正因如此，与一〇〇部队在公、私两方面都有比较密切的关系。这不仅是因为一〇〇部队方面的并河、若松两队长、过中佐、井田技师，技术厂方面的阿部厂长、高桥研究官、我都同是传染病研究所出身，而且又偶然都是同一教室（佐藤秀三的研究室）出身，这起了很大的作用。"

据三友回忆，一〇〇部队员是高岛、并河两队长在整个日本到处奔走招募来的。而作为中枢人员的供给来源则有东京大学的传染病研究所，①这从加地信的上述证言即能看出。另据《日本兽医学教育史》记载：在陆军兽医学校②

① 传染病研究所，是1892年作为大日本私立卫生会附属传染病研究所而成立的，第一任所长是北里柴三郎。其后，经内务省掌管、文部省掌管以后，成了东京帝国大学附属传染病研究所（1916年）。它从最初成立到二战后，一直是日本的传染病研究中心，也是菌苗、血清等细菌学制剂的最大制造所。每年定期举行传染病研究讲座，还培训医师、兽医等（东京大学医学研究所百周年编委会：《传染病研究所・医科学研究所の100年》，1992年，第2页。）

② 陆军兽医学校，1893年5月设立于东京府荏原郡目黑村的骑兵学校内，到1907年由陆军大臣直接管辖，1909年迁到世田谷下代田直至二战结束。进行预备役兽医官、兽医准尉等的培训（篠永紫门编：《日本兽医学教育史》，文永堂，1972年，第32~35页。）

里，曾有选拔优秀的兽医大尉、中尉到大学院或传染病研究所研修的规定。① 看一下前面(1)中所示的部队员的经历就能看出，若松、并河、辻都有任陆军兽医学校教官和在传染病研究所工作的经历，在人际关系方面，两单位间的关系也是很紧密的。

三　对一〇〇部队形象再认识的课题

——"满洲国"卫生机构、关东军、七三一部队

如果以上述所见的中国当局进行的调查，特别是从中国得到的志方、安达、加地、芦田、关等5人的证词为中心，重新勾画一〇〇部队的形象，那么，首先从证言中能够理解到的便是一〇〇部队与马疫研究处、卫生技术厂等"新京"卫生机构的密切关系。马疫研究处和卫生技术厂，虽然都是"满洲国"的机构，但根据证词得知，它们在研究和物资、人材的调配方面，却支持过一〇〇部队的活动。例如马疫研究处，它成立时曾接受关东军的援助，其后则又向一〇〇部队提供研究材料（主要是菌株）、血清、器具和派遣技术员等，这大体都是按关东军的命令实行的。

而作为证人之一的安达诚太郎本人，就是历经陆军兽医学校教官、二等兽医正（后晋升陆军兽医中佐），并曾于1932年9月担任过关东军司令部部附工作的军人。其后调到成立不久的马政局，再后来又任马疫研究处处长。至于安达是什么时候脱离军籍的（或是未脱离军籍），还无法确定，但他同关东军的牢固关系勿庸赘言。还有，继安达之后担任处长的新美倌太，1930年晋升兽医少将并任陆军兽医学校校长，他也是个军方人物。② 由这样人物担任处长的马疫研究处，虽说是"满洲国"的机构，但在关东军看来却是可以随意操纵的机构，即使把它当作从侧面援助一〇〇部队活动的机构来对待也不奇怪。安达所称"我每月也去关东军兽医部一两次，虽不是直接领导，但在谈话中也曾指示我如何作等"，就是在这样的背景下所讲的。

加地信认为：在马疫研究处与一〇〇部队的往来中存在着关东军命令的介入，而与卫生技术厂的往来则完全是个人性的、纯粹学术上的交流。然而，

① 《日本兽医学教育史》，文永堂，1972年，第32~35页。

② 《帝国陆海军将官同相当官名簿》。

既然卫生技术厂厂长阿部俊男①担任了一〇〇部队的嘱托，加地本人也曾向陆军省申请担任嘱托，而把两个单位的关系完全说成是个人性质的，这不是有些牵强吗？还有，加地说两个单位间定期举行棒球和网球比赛，如此亲密是因为许多人都出身于传染病研究所，而且也是偶然，多数人都同是佐藤秀三的门生。但这果真是偶然巧合吗？不无疑问。提到此事，还因为佐藤秀三②是结核病专家，他本人“自昭和 11 年始，曾先后以 1～1 个半月的日程四次前往……中国，并就防疫制定了详细计划”，③他又是于 1941 年赴上海任自然科学研究所④所长并直接指挥防疫活动的人物，若说他通过某种方法将弟子们送往大陆，也并不奇怪。虽然不像七三一部队中的“石井机关”那么明显，但他的弟子们如此整齐地集中到了新京的卫生部队和机关里，就不是单纯的偶然巧合了。

再进一步讲，一〇〇部队至少在 1943 年以后是以实施细菌战为目的的，这点三友也是承认的，而作为部队嘱托的阿部俊男不可能不知道。阿部俊男是作为在新京散布鼠疫的罪魁祸首而被“满洲国”军医爱新觉罗·宪均⑤指名告发的人物，⑥不管这个告发的真伪如何，也不能否定，卫生技术厂厂长是处在很容易被与‘细菌谋略’联系在一起考虑的地位上。从这一点来说，完全断定卫生技术厂与生物武器的研究开发全然无关，与一〇〇部队只不过是纯粹学术上和余暇的交流，对此，不能不提出疑问。

这样看来，在“新京”期间，马疫研究处和卫生技术厂采取了支援一〇〇部队活动的体制，这大概不会错。根据证词，把这些机构纠结在一起的是关东

① 阿部俊男的简历，请参照第三章有关注释。卫生技术厂被称作“满洲传研”等，是因为与传染病研究所有密切关系，阿部就任厂长就是传染病研究所推荐的（小高健：《传染病研究所》，学会出版中心，1992 年，第 370～371 页）。

② 佐藤秀三：1889 年生于新泻县，1915 年毕业于东京帝大医科大学。然后在本校卫生学教研室工作，1919 年任传染病研究所技师，1927 年任教授，是结核病化疗专家。1941 年就任上海自然科学研究所所长，1946 年死于长崎（《传染病研究所》，第 292、380 页）。

③ 《传染病研究所》，第 375 页。

④ 上海自然科学研究所是 1931—1945 年间设于上海的自然科学研究机构，是靠义和团赔款设立的。内设医学部和理学部，医学部分为病理、细菌、中药、卫生四科，理学部分为物理、地质、化学、生物四科，各科的研究人员大致 5～10 名，其中约三分之一是中国人，其余都是日本人（小宫义孝等编：《上海自然科学研究所十周年纪念志》，上海自然科学研究所，1942 年）。

⑤ 爱新觉罗·宪均的简历，请参照本书第三章有关注。

⑥ 爱新觉罗·宪均的证言（1954 年 7 月 22 日）：“就在一切准备完了之后，于七月下旬，卫生技术厂长阿部某把百斯笃菌的昆虫，散布在城里兴运路和日本桥一带的所谓贫民区之间。”（《细菌战与毒气战》，第 352 页）。

军、传染病研究所。而且,也不能忘记:陆军兽医学校在输送人材和兽医培训方面,与一〇〇部队有密切关系。据推测,“新京”一〇〇部队支援体制的形成,恐怕是东京的传染病研究所和陆军兽医学校共同作用的结果。在一〇〇部队与传染病研究所、陆军兽医学校之间,虽不能确定有石井四郎那样的强有力的媒介人物存在,但却会使人联想到陆军军医学校防疫研究室与七三一部队的那种关系,不难想象,是存在着连接“新京”与东京的组织网。

那么,一〇〇部队与本文多次提到的七三一部队是一种什么样的关系呢?在前述 1936 年 4 月 23 日的《对充实在满兵备的意见书》的“其三、驻满洲部队的新设及增强改编”部分中了解到:关东军防疫部和关东军军兽防疫厂,两个项目是并列要求新设的,并将“细菌战准备”和“对策”两种任务像车的两轮一样被置于同等重要地位。另据三友一男讲:“(一〇〇部队)曾与七三一部队共同在安达进行过细菌弹的发射实验”①,一〇〇部队第二部第一科科长井田清技师,“曾从事过与军司令部第二部及特务机关、宪兵队、七三一部队、五一六部队、陆军中野学校等的联络工作”。② 这样看来,两个部队之间似乎建立了牢不可破的伙伴关系。不过,从其他资料来看,未必是这样。例如据加地信讲:任何一方都以戒严体制竭力保守秘密,而七三一部队更严,“据我所知,除军人外被允许参观该部队的,似乎只有东京传染病研究所的宫川(米次)所长和原任所长后任东京大学总长的长与(又郎)先生二人。记得就连我们卫生技术厂厂长阿部先生似乎也终于没见过内部”。③ 说到连担任一〇〇部队嘱托的阿部俊男卫生技术厂长都未准许参观内部之事,还听到过如下传闻:“(一〇〇部队的)井田技师,有一次在兴安北省抓获一敌方特务,因为他带有可疑物品,调查结果,携带的是炭疽菌和沙门氏菌属的细菌(伤寒、副伤寒之类的细菌)。就是说,得以确定,当时在兴安北省人间流行的不可思议的痢疾和家畜间流行的炭疽病,是敌人的细菌谋略造成的。还听说因此立了大功。只是令人感到奇怪的是,传闻围绕这个问题在一〇〇部队与七三一部队之间引起了争执”。④ 更为明显的一点是,1940 年新京发生鼠疫,石井部队从哈尔滨大举前来抢夺般地担当防疫工作之际,用来作检查室的设施,不是一〇〇部队而是马疫研究处的(据加地信说:为此马疫研究处全体人员临时撤出,工作完全停止了)。提到 1940 年,一〇〇部队已经迁到“新京”郊外孟家屯的新厂

① 《细菌战の罪》,第 76 页。
② 《细菌战の罪》,第 45 页。
③ 《日帝细菌战ニ就イテ》。
④ 《日帝细菌战ニ就イテ》。

房,有大规模的设备可供使用。七三一部队在“新京”的防疫活动,故意大张旗鼓地进行以引人注目,其原因在本书第三章的论述部分中已作了详细分析。在附近虽然同样有关东军部队的设施,但却视而不见,特意借用“满洲国”的研究机构,其背后原因之一,也可能对一〇〇部队有某种对抗意识。

然而,与这种当事者间的竞争意识不同的是,作为整个陆军来说,如前所述,七三一部队和一〇〇部队不外乎是以“准备细菌战”和“对策”为目的的两个车轮。看看两个部队的沿革,都是 1932 年前后进入东北,①1936 年同时作为正式部队开始活动的,至 1938~1939 年,七三一部队迁往平房,而一〇〇部队迁往孟家屯,分别新建了大规模的设施,像这样在成为部队转折点的大事上步调完全一致,这与其说是各自的愿望,不如说是陆军上层的意志发挥作用的结果。

不过,七三一部队从设立当初就是以研究开发生物武器为目的的,这已由前述的《对充实在满兵备的意见书》弄明白了。对此,一〇〇部队又是从何时开始以细菌战为目的的呢?现在让我们回过头来探讨一下本章开头业已提到的这个问题。原关东军兽医部长高桥隆笃,在伯力审判中就一〇〇部队准备细菌战问题供述说:

> “关于准备细菌战的计划,我是在一九四一年九月的一次会议上从关东军总司令梅津口中直接听到的。
>
> “我在准备关东军进行细菌战和军事破坏方面的活动,是表现于我在领导第一〇〇部队的实际工作时,曾指令该部队大批制造细菌武器,其中包括有引起鼻疽、炭疽热、牛瘟、羊痘和斑驳病等烈性传染病的细菌。”②

高桥认为,根据 1941 年 9 月关东军下达的命令,一〇〇部队便以准备细菌战为目的了。而且,高桥还对讯问作了如下回答:

> “问:被告高桥,请你说说,你是从何时起至何时止在关东军内服务,以及你担任过一些什么职务呢?
>
> “答:我在关东军内服务是从一九四一年三月起,至一九四五年八月止,即直至我被苏军俘获时止,我所担任的职务是关东军司令部兽医处(部)长。
>
> (中略)

① 《医学者たちの组织犯罪》,第 153~157 页。

② 《伯力审判材料》,第 52 页。

“问：关东军第一〇〇部队是什么时候成立的呢？

“答：关东军马匹防疫部是在一九三五年底或一九三六年初成立的。

“问：总而言之，当你到关东军中服务时，该部已在工作么？

“答：是的，对。”①

在这里，高桥说他在关东军中服务是1941年3月以后，那时军马防疫厂已经在工作了。可是，在1934年3月5日调查的《关东军司令部将校同相当高等文官职员表》中，作为兽医部的军司令部附，载有二等兽医正高桥隆笃的名字。② 很明显，他在军马防疫厂成立以前就已在关东军内服务了，他在伯力军事法庭是作了伪证。在“一〇〇部队前史及其沿革”一节里所揭示的安达诚太郎讲的“一九三三年八月，高桥隆笃就任病马收容所所长”这个证词，虽然不能确定，但作为兽医部的军司令部附，与创立时期的一〇〇部队有关系是很可能的。那么，他为何说谎呢？

安达诚太郎在战犯管理所就病马收容所设置细菌研究室问题供述说：

> “一九三三年四月的某一天，渡边兽医部长（渡边中兽医总监——引用者）来到宽城子病马收容所，对我说：根据齐齐哈尔市日本部队的报告，在该市外流行马的炭疽病，好像是细菌战谋略，关东军也须着手研究细菌，准备细菌战。病马收容所须马上设立细菌室，你即着手计划，关于预算要多少有多少”。③

这就是承认了病马收容所在1933年4月的时候已开始研究细菌战了。如果安达的话属实，在渡边中兽医总监担任关东军司令部兽医部长期间，作为兽医部的军司令部附的高桥隆笃，不可能没参与细菌研究。这种情形下的“细菌战备”，是意味着针对敌人的细菌谋略的对策呢？还是研究自身的细菌攻击呢？安达的证词在这一点上并不明确，不过高桥也许认为，即便是前者，如果苏联方面知晓，也会生疑而对审判不利，因而作了伪证。根据高桥就自身的经历所作的伪证，反过来可以证明安达的证词恐怕是事实，即在1933年的时候，病马收容所已意识到并着手研究细菌战了。

那么，关于用细菌武器进行攻击的研究，是怎样一种情况？安达对中国方面的讯问做了如下回答：

“问：成立一〇〇部队是为了研究和准备细菌战，这事你知道吗？

---

① 《伯力审判材料》，第346页。

② 稻叶正夫等编：《现代史资料 · 续满洲事变》，みすず书房，1965年，第990页。

③ 《细菌战与毒气战》，第177页。

"答:我知道,如果不为研究和准备细菌战,是不会设立这样秘密的一〇〇部队的。

"问:你知道你供应一〇〇部队细菌苗是为了研究和准备细菌战的吗?

"答:从一九四一年一〇〇部队组成为秘密部队开始,我就知道是为研究和准备细菌战用的,但有关东军的命令,我不能不给。"①

也就是说,安达指出了军马防疫厂成为拥有"一〇〇"这个秘密代号的保密部队,原因是为了准备进行细菌战。就是说,1941 年对一〇〇部队来说是个转折点。这与前述高桥在伯力审判中所讲的证词"关于准备细菌战的计划,我是在 1941 年 9 月的一次会议上从关东军总司令梅津口中知道的"是一致的。基本可以肯定,一〇〇部队在 1941 年的时候就已经着手准备细菌战了。那是进攻珍珠港以前的事,这样看来,前面三友一男所作的说明,即"随着战局在太平洋转入守势,关东军的精锐师团接连被抽调到南方,为了加强被削弱了关东军和强化北方的防卫,大本营对关东军也下达了开发新武器的指令",接到这个指令后,"一〇〇部队才开始开发并准备扩大生产细菌武器"的这种说法并不成立。一〇〇部队在 1941 年以前是不是完全没有进行过细菌攻击研究?这在现阶段还只是怀疑。不过,看过前一年(1940 年)由石井部队在浙江省散布细菌的效果的参谋本部,其后又向一〇〇部队下达了进行同样研究的命令,这是可以充分想象得到的。

但是,还有一个耐人寻味的事实,即如前所述,一〇〇部队和七三一部队,从侵入满洲到开始成为正式部队、新建大规模的设施、迁移等,几乎都是在同时期进行的。这种"一致"意味着什么呢?这是需要莫大预算投入的事业,如果一〇〇部队只是为了单纯的家畜防疫和防卫细菌战而成立的,有必要与七三一部队采取同一步调吗?毋宁说,很自然会想到:正是由于石井四郎等人从满洲事变前后起高叫开发细菌武器的必要性,并运动说服了陆军首脑部,才使于 1932 年 8 月成立的病马收容所被赋予了准备家畜细菌战的任务。然而,这在现阶段尚未脱出推测的范畴,我想可作为今后的课题提出来供研究。

结　　语

综上所述,可以看到,作为关东军病马收容所而起步的一〇〇部队,在东

① 《细菌战与毒气战》,第 179 页。

京的陆军兽医学校、传染病研究所、“新京”的马疫研究处、卫生技术厂这些机关的支持下，于 1933 年设立细菌研究室，开始进行细菌战（对策）研究，最迟至 1941 年着手准备实施细菌战的过程。过去，关于一〇〇部队，既无系统的资料，又无人研究。本文尝试根据来自部队周边的证言，描述一下一〇〇部队的形态。应该说反映当时气氛的证言本身是有价值的，但是，作为对一〇〇部队的研究来说，不免有隔靴搔痒之感。

例如：在伯力审判过程中一〇〇部队进行人体实验的情形被说得活灵活现，可从那以后，并未发现证明它像七三一部队那样进行人体实验的资料，也没有相关证词。除苏联伯力审判材料以外，无人谈及一〇〇部队的人体实验，连本文介绍的长春市有关部门的材料也不例外。然而，看看中国方面有关人士的证言就可知道，虽然是“军马防疫厂”，但有许多内容除动物外与人也有关系。曾经在 1937 年参观过该部队展览室的“满洲国”军政部直属的某陆军军需学校学生，曾亲眼看到过感染了炭疽菌的人的照片（据说是以前在附近的公园经常看见的吉卜赛人）和浸在弗尔马林药液里的人体脏器。① 曾在一〇〇部队当过劳工的张凤鸣证明说：

> “在部队干活那时，曾在一天夜里和一个叫‘白川’的朝鲜人到‘康生院’去办事，看到了三辆罩黑帘汽车（在一〇〇部队队部西侧，几年来常停着挂黑帘的汽车。没有人看见这三台车活动——引用者）中的一个，停在‘康生院’门前，从屋绑出来四个人，被送到汽车里，一晃眼间，还看到了里边有躺床，还有像机器似的东西，这四个人在外面直哼哼，一到里面就一点声都没有了。”②

所谓“康生院”，是新京市为收容鸦片和大麻的中毒患者而设立的。③ 苏联伯力审判材料中的三友一男的证词，曾说在部队里进行过试验海洛因效果的实验，④如果与这里举出的目击者证言结合起来分析，他们很可能是将康生院的收容者作为人体实验的对象。以前日本的军医们都借口说，用作人体实

---

① 李野光：《参观关东军第一〇〇部队及有关见闻》。《吉林文史资料》，第 14 辑，1987 年。这是否与李野光参观过的是同一展室还不确定，但在一〇〇部队里有细菌战资料室，此事三友一男在《细菌战の罪》一书中（第 75~77 页）也讲过。

② 王亚晖：《孟家屯日寇细菌工厂纪实》。《长春新报》，1950 年 2 月 14 日。

③ 新京特别市公署卫生处编：《新京特别市卫生设施概要》，1933 年，第 5 页。

④ 《伯力审判材料》，第 83 页。

验和活体解剖对象的都是“俘虏”和“死囚”,①但是,如果以鸦片和麻药中毒患者作实验牺牲品的事属实,就必须重新认识。

还有,1950 年 2 月来自一〇〇部队废墟所在地的报导,如下:

> “‘牲畜掩埋场’本来是掩埋牲畜的地方,这是在距离‘一百号部队’很近,在其西北侧一带东西约半华里、南北一华里大小,附近老乡们说:‘这里从康德五、六年就开始埋牲口。’去年春天农民们以为马骨头能卖钱且能当肥料,想挖出来使用,结果挖出来的有马也有人,后来越挖发现人的尸体越多,弄得大家谁也不敢挖了。据挖出人的尸体的老乡们讲,有男有女,有穿黄衣裳,也有穿蓝劳工服的。郑洪生老乡说:‘掩埋场西边一里来地一长条,完全埋的是人’。张子斌老乡说:‘不仅上面有人,挖到六尺至一丈深还有人的尸体’”。②

这些证言是否与一〇〇部队的人体实验有直接关系,还须通过今后的研究进一步证实。

总之,对一〇〇部队的研究,经过战后五十几年后总算有了头绪。

① 《细菌战与毒气战》。吉开那津子:《消せない记忆——汤浅军医の生体解剖》,日中出版,1981 年。

② 王亚晖:《孟家屯日寇细菌工厂纪实》。《长春新报》,1950 年 2 月 14 日。

第三章 “新京”鼠疫谋略

——1940 年

解学诗

前　　言

设在中国东北的满洲第七三一部队，是众所周知的日本帝国主义对中国、苏联以及其他各国准备和实施细菌战的中心和大本营。它全面研制各种细菌武器，诸如霍乱、鼠疫、伤寒、肠伤寒、赤痢、炭疽热、出血热，等等。不过，由头号细菌战犯石井四郎领导的细菌部队，经过多方面的实验研究，已悄然地将研制和实用鼠疫细菌武器作为重点。鼠疫菌不仅繁殖快，而且在低温条件下亦可繁殖和传播，尤其是作为鼠疫主要传播媒介的跳蚤，可以在人间、猿类、鼠类以及其他许许多多啮齿动物中找到“宿主”。因此，用染有鼠疫菌的跳蚤传播鼠疫，无论是在地面上撒布，还是从上空投放，都会产生巨大的杀伤力；而如果单纯撒布鼠疫菌液，不管采取何种方法，选在什么地方，均将因鼠疫菌很快死亡而使菌液失效。第七三一部队的这种研究，是同其营区建设齐头并进的。当 40 年代初，关东军的一个特殊建筑群出现在哈尔滨南郊平房地区时，日军的“鼠疫菌是最有效的攻击武器”的结论已经得出，并于同年下半年大规模地用于中国战场。

恰值此时，中国东北发生鼠疫，这场鼠疫不仅是伪满 14 年间最为严重的一次，而且竟在伪都“新京”呈爆发性流行之势。对此，石井细菌部队纵然不能说是倾巢出动，但确也是投入了重兵，摆出大战鼠疫的架势；更发人深省的是，它们把东北的“防疫”同华中的细菌战紧密衔接，干了种种鲜为人知的勾当。既然如此，当本书考察日军对华细菌战的实态与遗患时，不能不首先捕捉 1940 年东北鼠疫与石井细菌部队这一课题，探索一下其间的奥秘，这也许是不无裨益的。

一　东北鼠疫流行史中的 1940 年鼠疫

伪满时期，东北鼠疫流行从未间断，但在疫源、传播、病型和患亡状况等方面，与既往相比，有着较明显的差异。

中国老早已沦为鼠疫区。史载：19 世纪 50 年代至世纪末，云南鼠疫曾猖獗一时，当时正值杜文秀举兵抗清时期，长期战乱，社会激荡，致使万恶的疠疫吞噬了 73 万条人命，殃及广西、广东、香港等广大地域，酿成为第三次世界性鼠疫大流行。① 此后的岁月，中国各地的鼠疫也屡有发生。但是，直到 1936 年才由伍连德博士系统地阐述了中国鼠疫流行问题。他推出的传世之作《鼠疫概论》，将中国的鼠疫区划为四类：（一）活动地区（Active Region）；（二）潜伏地区（Latent Region）；（三）静止地区（Quiescent Region）；熄灭地区（Extinct Region）。至于东北各疫区，营口一带被划为熄灭地区，而通辽则属于活动地区。伍连德既是鼠疫学的世界性权威，又是中国防疫界的泰斗，他对东北早期防疫事业的功绩是无可取代的。②

1910 年东北鼠疫，来势之猛，蔓延之快，患亡之众，中国稀有，世界罕见。在此之前，1899 年 7 月营口发生的鼠疫，是香港船只传入的，此乃东北鼠疫之滥觞。当时营口一地即死亡 1610 名，之后也继有发生，但至 1907 年以后，确已熄灭。③ 而 1910 年的鼠疫，非但使数万人死于非命，而且在东北大地上播下了祸种，许多地方的鼠疫流行史均始自此时。此外，由于中国东北当时是举世公认的东方巴尔干——国际斗争的焦点，围绕鼠疫的防治，国际间还酿成了一场微妙复杂的斗争。

1910 年 10 月 25 日，中国东北边境城市满洲里首发鼠疫，11 月 8 日即传至北满中心哈尔滨，到了 12 月 31 日在南满铁路孟家屯至范家屯间的火车上

---

① 纪树立：《鼠疫》，人民卫生出版社，1988 年，第 40～42 页。

② 伍连德，又名星联，1879～1960 年，广东台山人，英国剑桥大学毕业，先后获剑桥大学、香港大学、上海圣约翰大学、东京帝国大学博士学位，历任北洋军医学校校长、国民政府军政部陆军署军医司长、东三省防疫总处总办等职。著有《Treatise of Pneumonic Plague》和《The History of Chinese Medicine》等。

③ 据辽宁省卫生防疫站、中国医学科学院流行病学微生物学研究所：《辽宁省鼠疫流行史》，1973 年，未刊资料，第 8～9 页载，1924 年在营口以北的大石桥发生一例传染途径不明的患者。

都发现了鼠疫患者。① 当时的疫情发展犹“如江河一泻，不可遏绝”。② “黑色鬼魔”不但肆虐松辽，而且直捣冀鲁。最终波及6省区共83个县、旗，6万余人丧命。③ 为此，中东铁路曾经停运；南满铁路也一度“绝对停止中国劳动者的火车运送”；大连港则实行“戒严”，凡来自奉天以北的日本归国者，都必须在大连接受48小时的观察。④ 1911年3月18日，最后一例患者在公主岭发生后，始告终息。

按表1所示，1910~1911年鼠疫，病死者共计为43892名⑤，此系根据官方数字所作的统计，极不完全。居民群众因有恐于防疫，患亡者多隐匿不报。以长春为例：病亡者表1为3104名；按各机关报告为3849名；由城乡查出匿尸1978具、浮棺652具，所以病亡者总数实际应为6479名，占当时长春市人口的1.2%。⑥ 不过，尽管表1存有诸多缺漏，但它毕竟还是勾画出了1910~1911年东北鼠疫流行的大致轮廓，这就是：沿着铁路交通线呈爆发状的大流行。表1展示，病亡者哈尔滨为5272名，长春为3104名（实为6479名），沈阳为2571名。此外，表1所未能展现者，如哈尔滨、长春之间的榆树县，病亡者竟达11218名，该县流行最严重地区94处，病亡者占全县人口的2.4%。⑦

当时这些城市的鼠疫传播途径都是清楚的。如哈尔滨的鼠疫，它直接来自满洲里。1910年农历10月初6日（公元1910年11月7日），承德人马良、张志善为了做工谋生自满洲里来哈尔滨，寓居于傅家甸（当时为滨江厅）第一区同发街232号的有机器井的一个院内，仅仅两天，二人先后病亡，继而迅速蔓延至全滨江厅，后又扩大到哈尔滨全市及其周围的22个市县。瘟疫由哈尔滨又传至长春市。媒介者是长春市福增兴商号店员，他于1910年12月2日由哈归长，翌日暴亡，数日后同店店员四、五人也相继毙命，于是长春的鼠疫便迅猛地流行开来。⑧ 总之，1910年东北各地的鼠疫流行均非本地原发，全都是

---

① 满铁铁路总局：《康德二年（昭和十年）度ペスト防疫概况》，第135~136页。辽宁省档案馆，日文资料，文教类，2937号（以下简称《康德二年ペスト防疫概况》）。

② 中国社会科学院近代史研究所：《锡良遗稿奏稿》，中华书局，第1311页。

③ 纪树立：《鼠疫》，人民卫生出版社，1988年，第40页。

④ 满铁地方部卫生课：《防疫十年志》，大正12年3月，第8~9页。辽宁省档案馆藏，日文资料，2934。

⑤ 另据《康德二年ペスト防疫概况》第135~136页载，为43972人。

⑥ 长春卫生志编委会办公室：《长春卫生志简讯》，5，1987年9月。

⑦ 中共中央地方病防治领导小组办公室：《中国鼠疫及其防治》（1950~1980），未刊资料，1981年10月，第189页。

⑧ 韩雨澄：《榆树县近代的三次鼠疫流行》，榆树县政协供稿。

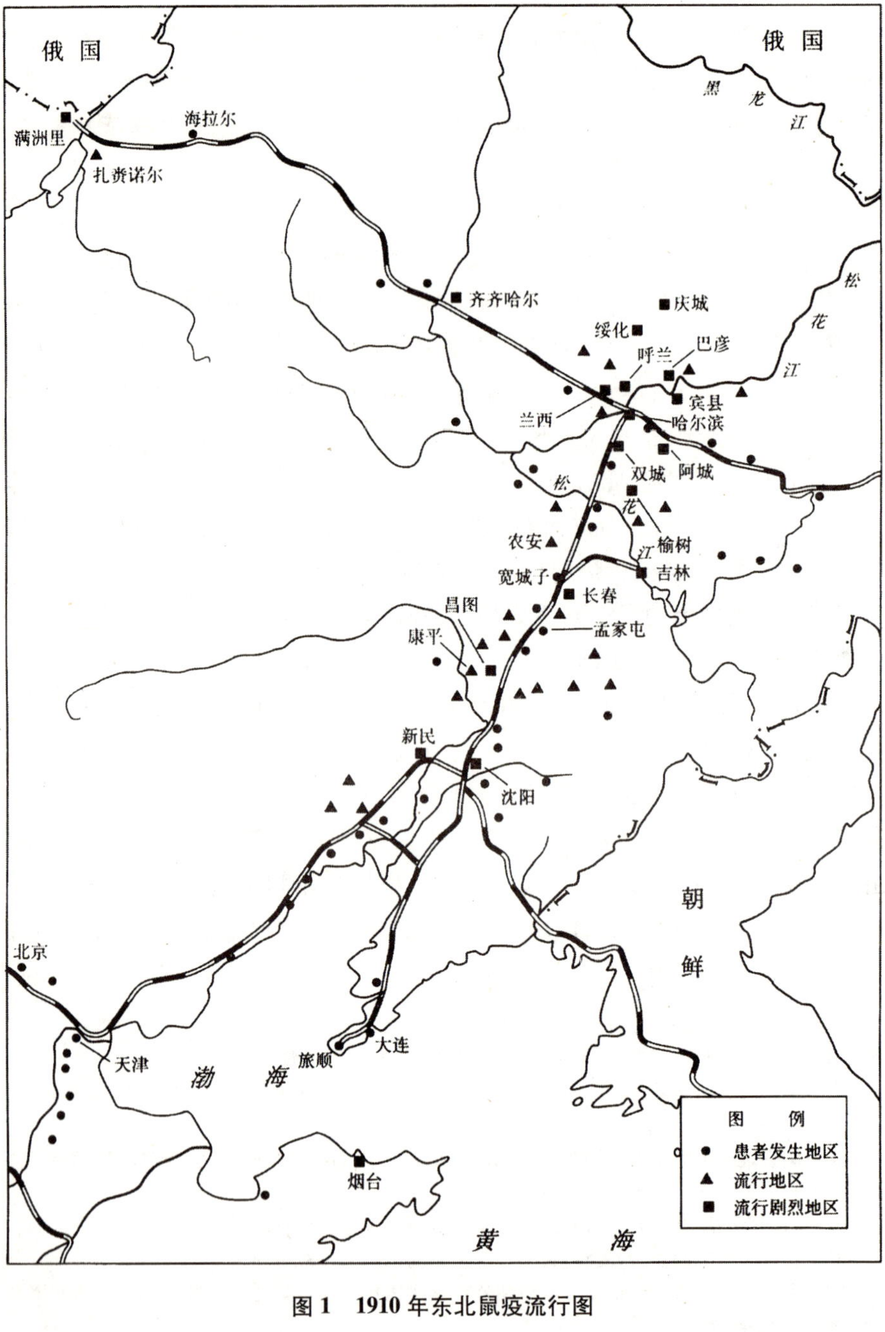

图1　1910年东北鼠疫流行图

从外地传入的,即所谓输入性流行。至于输入关口,一致认为是中俄边境上的满洲里;关于具体疫源却有些说法不一了。一说是:疫病来自距满洲里130俄里[1俄里为1.067公里]的俄境大乌拉里站,那里有招自中国的大批劳工,其中有个叫张万寿的人首先染病猝亡,继而于1910年9月初又有7人相继死去。俄国人惟恐疫势大发而不可收拾,乃断然烧毁工棚,驱散工人。两名被逐木工回到满洲里寄宿于铁路界内二道街张木匠铺后,很快暴亡,并殃及同院田家伙房的住客金志耀、郭连二人。于是,鼠疫便在满洲里猛然爆发,势如破竹,四方蔓延。① 另一说是:1910年满洲里地区有两名中国猎獭工人,受旱獭鼠疫感染,吐血而死,致使鼠疫迅速蔓延起来。② 也许两说并非对立,所以也有人将两说全视为1910年东北鼠疫流行的传染源。

科学进步日新月异。今天的传染病学不仅完全证实了鼠疫传染源主要是感染了鼠疫菌的各种啮齿动物,而且揭示了鼠疫的传播途径和感染方式,即:一、从啮齿动物到蚤再到人的传播;二、肺鼠疫的从人到人的空气飞沫传播。流行病学称前者为动物型流行,后者为人型流行。动物型流行可视为动物对人的波及,在传播上比较严格地呈现为地区性流行,并在病型表现上以腺鼠疫为主;而人型则纯属人际间的流行,传播上的地方性并不鲜明,有时会造成大流行,波及地区远远超越疫源地范围。综观1910~1911年鼠疫,显然属于第二种传播途径与感染方式;病型表现,除长春发现一名腺鼠疫患者外,东北地区的数万名患者,统通毙命于肺鼠疫。③ 肺鼠疫借助于铁路交通之便,四面传染,八方蔓延,为害人间。而且,在整整10年之后,仍是此种肺鼠疫,又在关东大地卷土重来。然而,在本世纪的10~20年代,关于人间鼠疫,不要说传播途径与传播方式,就连鼠疫疫源尚且是未解之谜。因而当时之鼠疫防治,与其说是遵循医学规律,莫如说主要是依靠行政力量。

然而,当时东北地区行政权的行使,是极其复杂的。本来是扑灭瘟灾的人类同自然之战,但却引发起一场微妙复杂的国际政治斗争。清政府虽然对东北地区拥有主权,但因日俄战争导致了日俄两强南北对峙的局面,致使中国行

---

① 韩雨澄:《榆树县近代的三次鼠疫流行》,榆树县政协供稿。

② 纪树立:《鼠疫》,人民卫生出版社,1988年,第40页。

③ 《康德二年ペスト防疫概况》,第135~136页。人间鼠疫病型有:腺鼠疫、败血症鼠疫、肺鼠疫、皮肤鼠疫、眼鼠疫、脑膜炎型鼠疫、肠鼠疫、扁桃体鼠疫、无症状咽喉鼠疫、痘鼠疫等。腺鼠疫多由染疫跳蚤叮咬所引发;败血症鼠疫多为腺鼠疫和皮肤鼠疫的续发;肺鼠疫多为腺鼠疫或败血症鼠疫的续发,或吸入含鼠疫菌粉尘以及与肺鼠疫患者接触而染疫。在各种鼠疫病型中,腺鼠疫占70%,其次是肺鼠疫,其他病型较少。

政权的行使打了很大的折扣。日俄两国各自在其霸占的南满铁路沿线和中东铁路沿线,全都非法地行使排他性的行政权。而美国又极力借日俄之争斗,坐收渔利,染指东北,攫取势力范围。对此,软弱惧外的清政府,所能施展的招法,只有“以夷制夷”政策,试图在列强角逐和抗衡的缝隙中求得生存。这就不能不使围绕争夺中国东北利权的国际关系,突出为举世关注的热点。本来在东北路权和对华借款团等问题上,日俄美英等国已经打斗得难解难分,如今又冒出个防疫问题,进行新的较量。① 自不待言,帝国主义列强在中国领土上推行各自的防疫政策,是项庄舞剑意在沛公。日俄战后被迫龟缩到北满的沙俄势力,竟把大规模鼠疫的发生视为扩展地盘的天赐良机,声称制止鼠疫的“唯一办法是俄国在中国北部中心驻扎军队”,但在防疫方面却主张采取“联合向中国政府施加压力”的政策,迫使中国采取有效措施来“对付这一共同的危险。”②而业已获得南满势力范围的日本,为防范他人染指,在关东州和南满铁路沿线,竭力表现其防疫能力,采取一系列严格检疫和隔离措施;与此同时,还极力使清国就范,实行所谓日清共同防疫。日本驻沈阳总领事还曾要求东三省总督:“中国警察与日本警察合作”,到中国居民中间“搜查病例”,但遭拒绝。③ 至于处心积虑插足中国东北的美国,之所以对防疫表现出很大兴趣,为的是在铁路权益和币制借款等问题上,迫使清政府满足其要求。面对如此错综复杂的国际关系,清政府在东北首次大规模防疫活动中,不能不倾注全部医疗力量,包括将医学权威伍连德派任为北满防疫处处长兼总医官。在长春还曾发生 166 名卫生人员全部染疫殉职的事件。④ 清政府适应列强介入防疫的要求,向疫情严重的哈尔滨傅家甸地区,还派去了来自 6 个国家的 53 名医生。及至时届这场恶疫终息之际,1911 年 11 月,清政府还在沈阳召开了国际防疫会议,11 国代表出席,历时半个月,虽然仍未能解开鼠疫疫源之谜,却给清政府规定了一系列防疫要求。

社会因素对鼠疫的发生与流行绝非是无足轻重的。继 1910~1911 年鼠疫流行之后,蒙古巴切保隆(音译)地区于 1917 年 12 月发生肺鼠疫,10 天后

---

① 日俄战后,在中国东北发生的国际利权争夺事件有:美国铁路大王哈里曼收买南满铁路和中东铁路;以美英为背景的新法铁路计划;围绕锦瑗铁路计划的矛盾斗争;诺克斯满洲铁路中立化计划;日本反对将“满蒙”路权提交给美国组织的新国际银行团,等等。

② 王学良:《1910 年东北发生鼠疫时中美与日俄间的政治斗争》。《社会科学战线》,1992 年,第 3 期,第 216~222 页。

③ 王学良:《1910 年东北发生鼠疫时中美与日俄间的政治斗争》。《社会科学战线》,1992 年,第 3 期,第 216~222 页。

④ 长春市卫生志编委会办公室:《长春卫生志简讯》,5,1987 年 9 月。

便传入绥远的归化,翌年2月蔓延到山西全省,并侵入河北,袭击京汉沿线,甚而逼近北京,山东省济南也曾发现患者,5月终息。东北地区幸免。1919年鼠疫销声匿迹。但是,时至1920年发生在北满的鼠疫,又以迅猛之势南下,1921年席卷全东北,同年6月终息。患者总数,按官方统计为7776名。① 此次鼠疫大流行,其传播途径与1910~1911年首次大流行基本相同,即自后贝加尔传入海拉尔,然后又向南蔓延的。② 如此传播蔓延是与北满政局息息相关的。伍连德在《鼠疫概论》中指出:“一九二〇年东三省第二次鼠疫流行起始时,行猎之事不甚盛。然而,外贝加尔及满洲里之状况,实甚紊乱,因外贝加尔之战争及退伍白俄军人拥挤于满洲里之故,致卫生管理,大感困难,边境之交通亦甚杂乱,而利于鼠疫之传染。一九二〇年之夏季,亦如一九一零年之时,该病非常流行于旱獭之间,及于外贝加尔造成人类病灶,至少四处。”关于在东北的传播,书中称:“首先见于中国地方之海拉尔,此处为除满洲里外最重要之皮货贸易中心。患者连续发现于十月至十一月间,初为腺疫,该病甚可望制止,不意有横逆之军人叛乱,使灭疫工作停止一星期,于此期间,该病乃散布至其他地方。”③此处所称“外贝加尔之战争”,即苏联十月革命后红军与白军的战争;而所谓“退伍白俄军人”,系指谢苗诺夫等白俄反革命军人。1920年初,苏俄红军即取得了决定性胜利,高尔查克被击溃,谢苗诺夫也节节败退。与此同时,美国等国际干涉军开始撤退。在这种形势下,中国政府对败退到东北境内的白俄军采取解除武装的政策,并于同年8月中旬起付诸实施。史载:退至中国境内的谢军全部被解除武装,“满拉各站”即收罗谢军溃兵15000人。④ 大批溃败白俄官兵充斥在北满各地,成为那里动乱的主要因素,他们骚扰防疫,在很大程度上助长了鼠疫的流传。

至于此次鼠疫从后贝加尔传入中国东北的关口,仍如1910年的第一次鼠疫大流行,也是东北门户满洲里。1920年8月30日,满洲里站以北25俄里的阿巴凯特(音译),有两名农家少女,突发高烧,两侧鼠蹊腺和腋窝隆肿,31日即暴亡。接着,9月12日,这家主人哥萨克士兵亦染病,经邻近的军医所确诊

---

① 《康德二年ペスト防疫概况》,第136页。另据满铁地方部卫生课:《防疫十年志》第32~33页载,为7786名。本章表1所示为8857名。前两者包含俄境海参崴地区的患者;表1是否包含,不详。

② 中共中央地方病防治领导小组办公室:《中国鼠疫及其防治》(1950~1980),未刊资料,第244页。

③ 转引自赵景年、徐树勋、孙希和、马文和等:《长春鼠疫流行史》,长春市政协供稿。

④ 佟冬主编:《沙俄与东北》,吉林文史出版社,1985年,第664页。

为腺鼠疫。9 月 20 日其母亦病亡。结果全家无一幸免。实际上,上述两名少女即此次鼠疫的初发患者。继其后,9 月 14 日,在阿巴凯特村以西的达乌利亚(音译)线附近,还有一名俄国士兵发病,不到一周又陆续发现 4 名患者。总之,1920 年 8 月下旬至 10 月中旬,以满洲里为中心的 7 个地方先后发生 37 名鼠疫患者(内有 19 名为疑似者)。其中 1 名(哥萨克士兵之母)症状为续发性肺鼠疫,其余均为腺鼠疫或败血性鼠疫。此后一段时间满洲里的鼠疫流行呈现暂时的终息状态,但因至 1921 年 1 月满洲里东南 29 公里的札赉诺尔煤矿发生鼠疫,采煤作业停止,大量工人流入满洲里,遂又引起满洲里的鼠疫爆发性流行。而札赉诺尔的疫情是源于海拉尔的。1920 年 9 月下旬,即在中国人旱獭猎夫中间出现疑似鼠疫患者,19 人猝亡。10 月初,又有由满洲里转入该地的俄人铁路看守很快发病并传染全家,5 口人全部暴亡。这时患者才被确认为鼠疫,而在中国人和朝鲜人中已出现许多患者,因而俄人一家不能视为初发者。11 月初,鼠疫在中国工人中间传播。1921 年 1 月 2 日,一名在海拉尔做工的工人回到札赉诺尔,很快死亡,紧接着其家中出现 12 名患者。此后鼠疫如烈火一般燃烧起来。札赉诺尔煤矿集中数千工人,却只有一名俄人医生,全无医疗卫生设备。工人杂居,卫生极差,鼠疫很快即呈爆发性流行。每日患者达数十名。同一房间内同时暴亡数名的惨况并非罕见。煤矿当局既无力医治,又惟恐工人反抗,乃停止采煤,关闭煤矿,工人四散,疫病也随之到处泛滥。札赉诺尔丧命者达居民的十分之一,达 900 多人。

海拉尔的鼠疫不仅传至札赉诺尔以至满洲里,也导致齐齐哈尔的鼠疫流行。1921 年 1 月末,齐齐哈尔市的病魔猖獗到无以复加的地步,患者发病后几小时便暴亡;甚而有的人刚出家门尚无感觉,走在路上便突然咯血而死。此种情景为时较短,2 月下旬趋缓,4 月下旬停息。全市病亡者亦逾千人。

哈尔滨的鼠疫却是由札赉诺尔的一名工人传入的,该人于 1921 年 1 月 20 日抵哈,22 日在傅家甸滨江医院附近发病,经伍连德亲自检查,24 日确诊为鼠疫。此后,1 月 26 日又有满洲里来到哈尔滨东郊马家沟的杂货零售商人罹病而亡。到了 3 月中旬至 4 月中旬,疫情发展达到高潮。最终全市染疫者达 3600 余人。

肆虐于哈尔滨的黑色病魔,还兵分两路向外侵袭:一路向东沿中东铁路急驰,最后越过边境达俄国远东港口海参崴,当时日本干涉军尚未撤退,在海参崴设有日军野战防疫部;一路向南通过中东铁路南部支线和南满铁路节节推进。两路相比,以东路为重,且时间持续较长,直到 1921 年 7 月尚有患者发生。南路因南满铁路沿线防疫措施相对严格,病魔凶锋受挫,未得无阻的蔓延。当时,满铁附属地外患者多于附属地内患者。① 如表 2 所示,1920~1921 年的东北鼠疫,随着时间的推移和气温的变化,是沿着腺鼠疫→败血型鼠疫→肺鼠疫的病型演变而流行的。如今的中国鼠疫病源学和流行病学都已科学地证实:以旱獭为疫源的人间鼠疫多为肺鼠疫;而肺鼠疫适于寒冷的冬季流行。1920~1921 年的东北鼠疫,恰是这一规律的例证。

在东北第二次鼠疫大流行的六、七年之后,以通辽为中心的若干地方,再次发生和流行鼠疫。首先,1927 年 8 月上旬,在通辽以北的唐哥庙地区发生鼠疫,8 月下旬为止即死亡二、三百名,并向邻近村庄蔓延,11 月上旬始停。其次,1928 年的鼠疫,始于通辽以北的查干套拉皋,患者约 30 名,同年 8 月 27 日波及钱家店,继而向瞻榆、突泉方向传播,前后患者总数逾 1200 人,11 月下旬终息,病型以肺鼠疫为主,夹杂一些败血型鼠疫。② 关于通辽鼠疫的起源,1917 年以来即传说有"不明恶疫流行",四洮铁路修筑、特别是通车后才引起人们的重视,1924 年以后开始有鼠疫的记录,1927~1928 年鼠疫流行时才由满铁调查班从学术上立证为鼠疫。

"九一八"事变后的伪满时期,东北鼠疫流行概况大致如表 3 所示,虽不十分完备与精确,但也基本上反映了当时的实情,这就是:(一)鼠疫连年发生,一改清末、民国时期的周期性流行;(二)每次流行规模,即患、亡者数量减少,低于清末、民国时期。实际上,除此之外还有表 3 所未能显示的两个特点,即:病型由以肺鼠疫为主,演化为腺鼠疫占主导;流行地区相对集中在中西部地区,呈现明显的地方性。

1933 年是伪满时期鼠疫流行较为严重的一年,按患、亡者数,该年度在伪满时期占第三位。主要流行地区"在农安、四洮沿线、通辽和热河等四个地区"。③ 以县、旗为单位来看,农安最重,到同年 11 月共发生患者 472 名;其次是通辽县,为 215 名;其他县或地区的情况是:开通 15 名,洮南 9 名,扶余 5 名,长岭 31 名,瞻榆 26 名,乾安 65 名,建平 49 名,克山 1 名,兴安南分省 259 名,兴安西分省 40 名。④ 1934 年鼠疫流行范围是农安(含乾安、长岭)和郑通

---

① 满铁地方部卫生课:《防疫十年志》,大正 12 年 3 月,第 23~33 页。辽宁档案馆藏,日文资料,2934。

② 《康德二年ペスト防疫概况》,第 137 页。另据内蒙古自治区流行病研究所等:《内蒙古自治区鼠疫流行史》载,通辽鼠疫,1927、1928 年,患死者分别为 138、128 和 848、730 名。

③ 同上,第 138 页。

④ 《满洲国ペスト发生及防疫措置ノ状况》,昭和 8 年 8 月 1 日~昭和 8 年 11 月 10 日。日本外务省外交史料馆资料。

线方面(含博王旗、开鲁)。由于鼠疫流行区已相对稳定,伪满防疫当局于1934年将已知鼠疫污染区的18县4旗划为特定地区。① 1935年鼠疫也主要在特定区域内流行,特定区域之外只有一县一旗流行。属于特定区域的县旗是:长岭、农安、乾安、双山、安广、前郭旗、科尔沁左翼中旗、科尔沁左翼后旗、通辽县等;特定区域之外者,是建平县和奈曼旗。② 这种情况表明,东北各地区的"地方性鼠疫中心"已经形成,故呈现着连年爆发之势。

然而,从患、亡者的数量来看,至少在伪满前半期,流行严重性是明显趋缓的。1934年,患者总数为898名,传播污染村庄94个,与1933年比,发生时间早,流行时间也较长,但患者数却为其半数。③ 1935年鼠疫患者死者继续减少,1936年达最低点。日伪当局认为,这是有效的防疫,特别是永久性防疫机构建立之所致。实际上,1927~1928年鼠疫发生后,东北鼠疫从未间断。伪满洲国政府成立后,早在1932年5月,伪满政府、满铁和关东厅的卫生机关,即在"新京"召开了第一次防疫会议,对法定传染病制定了防疫暂行办法,同年6月还决定各鼠疫流行县设立防疫委员会。如前所述,1933年是东北鼠疫流行较为严重的一年,为此,同年9月15日伪满政府特召开了鼠疫防疫委员会议;9月21日又组成日满鼠疫防疫联合委员会,为便于该组织统一管理一般防疫工作,12月改称日满防疫联合委员会。这里所称的"日满",包括伪满洲国政府、关东军、日本大使馆、关东局、满铁等方面,也就是日方的军政、外交、经济机关全都参加,这同伪满时期的其他方面的施政举措,显然是大相径庭的。1934年鼠疫发生后,同年7月10日,满铁地方部和铁路总局还在通辽设立了鼠疫调查所,从事鼠疫研究和防疫指导。与此同时,伪满政府也派出了规模相当大的临时调查班,并将现地防疫作为工作重点。可是,日伪当局认为,常设机构不完备和调查工作的临时性,达不到根绝鼠疫的目的。于是,从同年7月1日起,日满防疫联合委员会着手建立永久性防疫机构。

如上所述,1934年已将鼠疫污染区划为特定地区,永久性防疫机构的设置又将特定地区分成两大片:一片是京白(长春至白城子)铁路沿线,在那里设立了哈拉海鼠疫调查所;另一片是平齐(四平至齐齐哈尔)铁路和大郑(大虎山至郑家屯)铁路沿线,在那里设立了通辽鼠疫调查所。两个调查所的下属是在各鼠疫流行县设立的若干隔离所。1935年的鼠疫,就发生地区而言,

---

① 另一说是17县4旗。

② 《第四回日满防疫联合委员会开催之件》(部分会议录),康德3年3月3日。日本外务省外交史料馆资料。

③ 《康德二年ペスト防疫概况》,第139~140页。此处所示数字与表3稍有出入。

大部分是在特定地区之内；在特定地区以外，建平县和奈曼旗亦有发生，特别是建平县比较严重，因而也考虑在建平县设立永久性防疫机构。这些设施，包括鼠疫调查所、隔离所以及监视所，所需经费大体上由伪满政府和满铁折半负担，而主要职员却由满铁任命。① 联系其他方面的一些情况，可以看到，伪满洲国的卫生防疫主导权是掌握在日方手中的，尤其是满铁，它是处于执牛耳地位的，注意到这一点是很重要的。设在各地的永久性鼠疫防疫机构，因鼠疫流行区相对稳定，此后虽有调整，但变动不大。② 这样，便可以实施现地的严格监视、早期发现、局部性迅速处理，以及普遍性预防注射，等等。尤为重要的是：1935 年"日满防疫联合委员会证实了东北鼠疫发生泉源，乃潜在污染地区的啮齿动物。"③鼠疫疫源研究的这一重要突破，带来了鼠疫防治上的新阶段，即治标与治本，也就是防治与灭鼠结合起来。所以，伪满前半期东北鼠疫发病率持续下降，是不无缘由的。然而，应该指出，东北鼠疫疫源问题的彻底解决，是新中国成立，即 50 年代的事情。

另外，从鼠疫流行趋势来看，如表 3 所示，到 1936 年达最低点，即患者、亡者分别为 147 名和 144 名，之后患、亡者虽又逐年有所增长，但至 1939 年仍未及 1934 年，即 1939 年患、亡者分别为 657 名和 500 名，而 1934 年则为 793 名和 793 名。④ 可是，到了 40 年代情势陡然变化。首先是 1940 年发生了创纪录的鼠疫大流行，使伪满时期的鼠疫为虐达到顶峰，患者、亡者分别达到 2551 名和 2033 名。始发地为吉林省农安县，之后在龙江省、兴安南省、兴安西省、热河省等 5 省 1 市 2 旗 12 县之间广泛流行。流行地区依然是东北鼠疫源发地区，即京白铁路和平齐铁路沿线。其次，40 年代的东北鼠疫呈大流行之势。如表 3 所示，1941、1942 年患、亡者数虽有显著回落，但其绝对数仍是较高的，而且，1943、1944 年患者都接近 2000 人。日伪的鼠疫防疫不独未尝稍懈，而且是步步加紧的，在这种情况下，鼠疫的发生有增无减，且有大流行之势，这是不可思议的。

---

① 日本外务省东亚局第二课：《最近支那及满洲关系诸问题摘要》（第 68 回议会用），昭和 10 年 12 月。日本外务省档案胶卷，SP68。

② 1937 年 7 月，通辽鼠疫调查所移至郑家屯，哈拉海鼠疫调查所移至郭尔罗斯前旗。

③ 东北人民政府卫生部：《东北历次卫生工作要览》下册，1950 年，第 11 页。辽宁省档案馆藏，东北大区资料，457 号。啮齿动物是哺乳动物的一目，门齿无齿根，且终生生长，无犬齿，繁殖力极强，吃植物及杂食。

④ 另据昭和 15 年 11 月 4 日梅津大使致松冈外务大臣电，第 501 号（日本外务省外交史料馆资料）载：鼠疫患者数，1933 年 1639 名；1934 年 771 名；1935 年 342 名；1936 年 147 名；1937 年 248 名；1938 年 718 名；1939 年 657 名。与表 3 略有出入。

二　不无蹊跷的“新京”鼠疫及其防治

1940年东北鼠疫流行，非但患者数是创纪录的，而且竟然在伪都“新京”突然开始爆发性流行。“新京”的这场“黑色风暴”，无论是疫源、传播状况，还是人们主观方面所采取的所谓“防疫”措施，都令人感到有些蹊跷。

“新京”确是邻近东北中西部的鼠疫疫源地，即日伪当局圈划的特定地区，但它本身绝非是鼠疫流行区。追溯既往，1910~1911年东北第一次鼠疫流行时，如前所述，长春市（即“新京”）患、亡者数，按官方统计为3000多名，实际为6000多名；1920~1921年东北第二次鼠疫大流行时，长春市患、亡者数为77名，但这两次鼠疫都是由外地传入的。1934年“新京”虽也有1例鼠疫患者发生并死亡，但同样是从外地——郭尔罗斯前旗后瓦房传入的。① 1939年2月19日至2月26日，“新京”又有两名真性鼠疫患者死亡，可是事情是发生在“新京”西安大路3段34号伪满洲国卫生技术厂，患者是在试验室工作中感染鼠疫菌，并传染其妻，而双双（日人河岛夫妇）病亡的。② 所以，1940年“新京”竟然发生鼠疫，并呈爆发性流行之势，实属突然和反常。

对于中国东北来说，1940年是个多事之秋，各种传染病几乎同时并发。同年7月下旬起，舒兰、“新京”、哈尔滨、呼兰等地霍乱流行。为此，“新京”所进行的交通限制，至8月下旬方才解除，前后发生霍乱患者12名。发病早于霍乱而于6月下旬开始流行的伤寒，在哈尔滨最为猖獗，至7月14日罹病者已多达965名，更值得注意的是，日本人患者占绝大多数，为811名，而中国人和其他外国人患者则分别为101名和53名。③ 至于鼠疫，更早已发生，6~7月份即已广为流行，流行最晚的乾安县，8月6日也已出现首例病人。而“新京”的鼠疫的流行，如表5所示，发生时间和终息时间，比其他地方一般晚两个月和一个月左右。

1940年9月23日，“新京”东三条街42号居住的日本人军属太田安次突

---

① 景冠华：《东北的地方性鼠疫》。《东北微生物学杂志》，第1卷第1期，1948年，第49~83页。

② 日本厚生省预防局：《康德六年（昭和14年）鼠疫发生状况之件》，昭和14年10月16日。日本外务省外交史料馆资料。

③ 昭和15年9月12日梅津大使致松冈外务大臣电，第393号之2。日本外务省外交史料馆资料。

然发高烧，当即住入满铁医院，翌日又转入日本陆军医院，29 日吐血而亡①，经病理解剖验证为真性鼠疫。在此期间，太田安次的近邻田岛犬猫医院的家人和助手等前后有 7 人很快相继死亡。“新京”的鼠疫从此便流行起来，势头迅猛。② 不过，到终息时为止，按日方公布的数字，共发生 28 名患者。表 6 中的第 22 号患者后藤爱子(后藤アイ子)，后被宣布，其所患疾病并非鼠疫。③ 最终因鼠疫而死亡者共 26 名，中日人各占一半。应该指出，“新京”鼠疫流行过程中，患者、死亡者、疑似者的数量，究竟是多少，实际上是个未知数。这里所示数字是关东军防疫队正式公布的，它与其他资料所示数字均不相符，且较其他资料为少。当时，患者是否为真性鼠疫，均由关东军临时防疫队本部决定和公布。在人间鼠疫流行的同时，似乎鼠疫在鼠类中亦在流行，据统计，当时共捕获有菌鼠 70 只。④

综观 1940 年“新京”鼠疫流行状况，除其发生和终息时间显然相对滞后外，至少还有如下几点也值得注意和考究：

(一)疫源不清。根据当时日本方面资料，首例患者的发生虽然是清楚明白的，但是“直接的感染途径尚不清楚”。可是，日方资料却强调：“人间鼠疫流行之前，有鼠间鼠疫流行，这是肯定的事实，有可信的有力佐证。”⑤这里的所谓佐证，无疑是指许多有菌鼠的发现，问题在于，鼠间鼠疫的疫源又何在呢？前面说过，“新京”绝非鼠疫流行区。另外，从表 5，即“1940 年东北鼠疫流行比较表”来看，除农安外，“新京”周围并无鼠疫发生和流行。而且，迄今为止，不仅没有发现农安鼠疫向“新京”流传的记载，也不存在关于“新京”1940 年鼠疫来源的其他资料。⑥ 所以，1940 年“新京”鼠疫究竟缘何而发，确实是应

---

① 另有资料记载为 27 日。

② 昭和 15 年 10 月 19 日《日本医事新报》记述“新京”鼠疫流行的经过如下：“东三条通田岛犬猫医院佣人王某(13 岁，女)因病回到韩家屯的自家，25 日午后死亡。28 日田岛家二女 2 岁发病，继而长女 8 岁、佣人日本人男 24 岁、中国人男 25 岁发病，29 日二女死亡。当时对医生死亡诊断书感到怀疑的在附近居住的某特务机关人员向警察厅做了报告，经首都警察厅卫生科于 30 日午后 10 时确诊为鼠疫，于是立即在附近 300 百米处，切断四面的交通。”

③ 关东军临时ペスト防疫队本部：《十一月八日防疫委员会决定事项》，吉林省档案馆藏，3—7，250。

④ 吉林省地方病第一防治研究所等：《吉林鼠疫流行史》，未刊资料，第 130 页。

⑤ 新京满铁临时防疫委员会：《ペスト防疫报告书》，昭和 15 年 12 月，第 108 页。辽宁省档案馆藏，日文资料，文教 2940。

⑥ 前面注释之《日本医事新报》的报导中，将初发患者写成是田岛犬猫医院佣人王某(13 岁女)，关于“新京”鼠疫的疫源则称：“再有，此次鼠疫的来路，事实很明显是从农安侵入的，该初发患者王某，直到最近寄居于鼠疫流行地区农安县万宝山的亲戚家，这一事实就是证明。”但如表 6 所示，最先发病者不是田岛家的 13 岁的王合(男)，而是军属太田安次，因而农安传入之说不能成立。

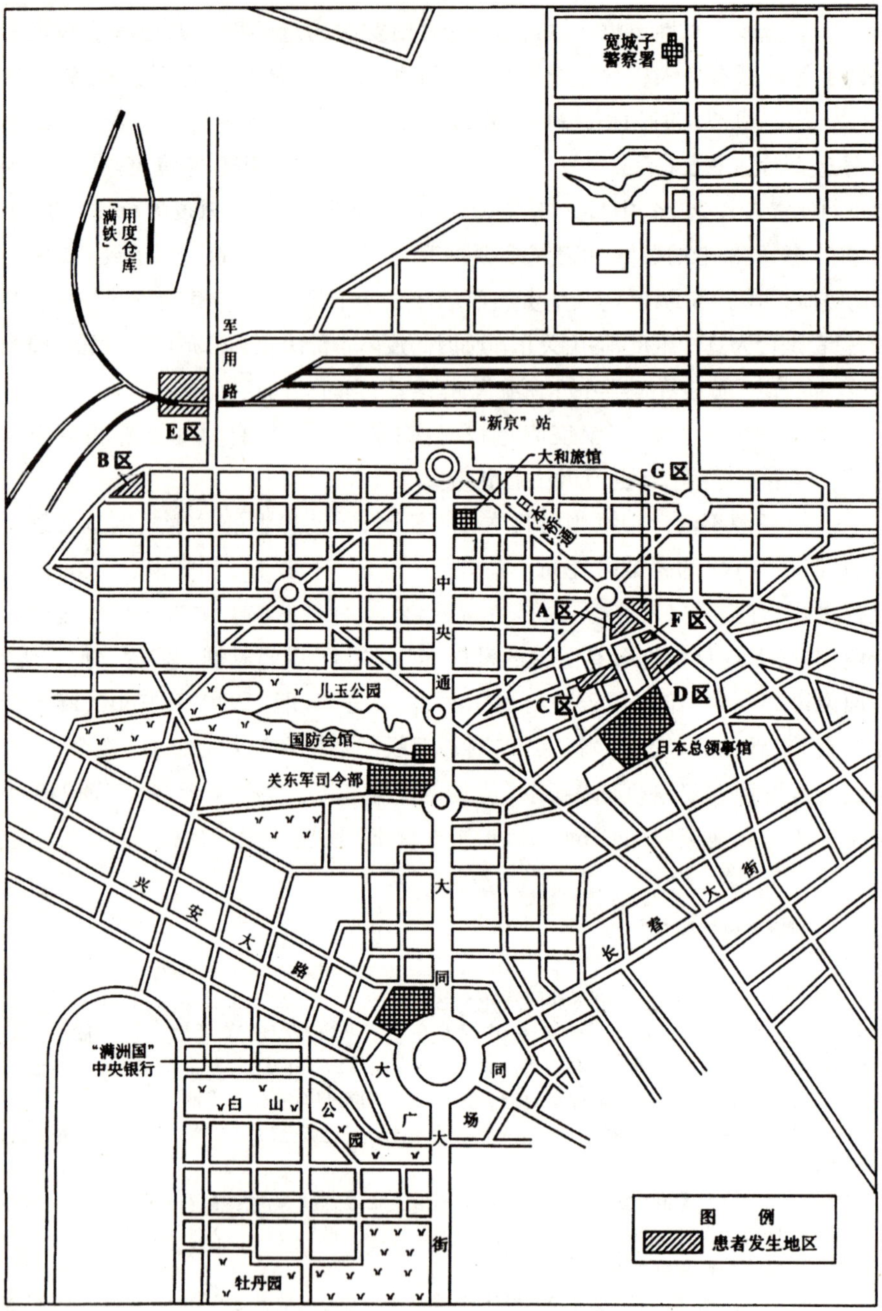

图 2 "新京"鼠疫患者发现地区图

予揭破的谜。

（二）鼠疫发病地点相对集中。无论是人间鼠疫还是鼠间鼠疫均如此，即相对集中发生在新市区，特别是原满铁附属地之内。如表 6 所示，28 名患者中，有 20 名在 A 区，即东三条町和室町，该二街区是连接着的；其他患者：1 名属于 B 区，即露月町满铁宿舍，1 名属于 C 区，即入船町，2 名在 D 区，即梅ヶ枝町，1 名在 E 区，即军用路（铁路西道口），2 名在 F 区，即日本桥通。以上 A、B、C、D、E、F 等地区全都在原铁路附属地或铁路线附近（军用路）。那里是日本人居住和从事政治经济活动比较集中的地方，设有许多日本商社和机关。而真性鼠疫患者甚至还曾出现在距日本驻“新京”总领事馆仅约有 100 米的地方。① 当时，“新京”市内中国人与日本人的人口比例是 3∶1，②而毙命于鼠疫者却是 1∶1。至于有菌鼠的分布虽然很广，在东部旧市区亦有发现，但是还是新市区，尤其原满铁附属地分布密度较大。甚至在满铁的大和旅馆和“新京”车站站台上都曾发现有菌鼠。③ 联系前面所说的疫源问题，这些情况的出现是令人费解的。

（三）爆发势头迅猛但未酿成大患。这恐怕是与当时“新京”不寻常的防疫措施有直接关系。

前面说过，自 1933 年起，东北的防疫体制即采取日、伪满“联合”制。自不待言，在“联合”中起决定作用的是日方，尤其是关东军；“日满防疫联合委员会”召开的历次鼠疫防治会议，主持者向来是关东军军医部，非其莫属。满铁的地位自然亦不容忽视，它不但垄断全东北铁路交通沿线的防疫，而且在鼠疫污染区——特别地区内的所谓永久性防疫设施体系中，占有半壁江山，这就是对鼠疫调查所、鼠疫隔离所和鼠疫监视所等，满铁既操持其人事权，又实际掌握着防疫业务。此次“新京”鼠疫发生后，满铁以“满洲国内交通网主管者”自居，经 10 月 13 日社议，决定派出以满铁新京支社长为中心的满铁在“新京”各机关的统一防疫阵营，设立满铁临时防疫委员会④，“举全社的防疫能力

① 昭和 15 年 11 月 26 日梅津大使致松冈外务大臣电，第 531 号。日本外务省外交史料馆资料。

② 越泽明：《满洲国の首都计划》，日本经济评论社，第 171 页载：当时“新京”有中国人 30.6 万、日本人 10.1 万、朝鲜人 1.3 万。

③ 据满铁奉天铁道局人事课：《新京ニ於ケルペスト防疫概况》（吉林省档案馆藏，旧字 C4162）载，10 月 30 日大和旅馆在木炭仓库和职工食堂捕到 3 只鼠，经关东军防疫队本部解剖检验，11 月 4 日确认为有菌鼠。10 月 30 日在“新京”车站中继站台中央柱附近捕到 1 只鼠，11 月 5 日经关东军防疫队确认为有菌鼠。

④ 委员长是满铁新京支社长。委员会下设总务班、检疫班、运输班。

集中于新京。”①然而，此次“新京”之“防疫”，日、伪满“联合”体制竟被撇在一边，完全采取了军事性的作战行动，由关东军司令官梅津美治郎直接指挥。为此，1940 年 10 月 5 日，关东军特下达关作命第 699 号命令。命令中规定：“关东军防疫给水部长速以所需人员和材料担任防疫”；驻“新京”的第二独立守备队负责防疫队的“宿营”；“新京”陆军病院、关东军野战汽车厂、关东军陆军仓库“协助防疫队”；哈尔滨第一陆军病院为援助诊疗业务向新京陆军病院派人。命令中的“关东军防疫给水部”实即石井细菌部队，1940 年 10 月 7 日它以关东军临时鼠疫防疫队的名义正式在“新京”亮相，并从 10 月 10 日起关东军防疫队本部直接充作“新京”的防疫总本部。② 这个关东军临时鼠疫防疫队本部长不是别人，就是细菌部队长石井四郎大佐，以他为首的细菌部队派出庞大阵营，在伪都“新京”的鼠疫防疫战中出台。为了实行“军的防疫统制”，在关东军防疫队本部长主持下，每天都在邻近关东军司令部的国防会馆举行会报会，它是“新京”“防疫战”的指挥中枢。出席会报会者，以 10 月 24 日为例，有：关东军参谋部第一课久米川好春中佐，第四课山田成则少佐，宪兵司令部总务部长长发次男宪兵大佐，“新京”宪兵队长近藤新八大佐，伪满洲国总务厅次长松木侠，关东局司政部野上敏夫，宫内府保安科长末光高义，“新京”市副市长关屋悌藏，警察副总监田村仙定，协和会首都本部事务长中村宁，“满洲国”红十字会参事小川英雄，“新京”驻军司令部清水勗中佐，满铁新京支社庶务主任吉永定一，等等。细菌部队方面，除石井本人外，还有永山中佐、小林少佐、山下大尉、饭田大尉、谷口中尉、远藤中尉等参加。在当天的会报会上，细菌部队的小林少佐还就毒气消毒问题做了说明。③ 总之，以加茂部队之名出现在“防疫”战前线的细菌部队，尤其是石井四郎本人，大出风头，石井以防疫队本部长发表的“特别讲话”，被多方面层层传达贯彻。当时受关东军临时鼠疫防疫队本部长——石井大佐区处的机构，不但有满铁临时防疫委员长，还有伪满洲国民生部保健司长、“新京”特别市卫生处长、伪满红十字会理事长等。配合细菌部队活动，关东宪兵队司令官全面承担防疫警察任务，为此他除区处伪满首都警察总监和新京铁道警护队长外，还特别抽调伪满宪兵 500 名

---

① 新京满铁临时防疫委员会：《ペスト防疫报告书》，昭和 15 年 12 月，第 2 页。辽宁省档案馆藏，日文资料，文教 2940。

② 昭和 15 年 10 月 16 日梅津大使致松冈外务大臣电，第 466 号。日本外务省外交史料馆资料。

③ 1940 年 10 月 24 日关东军防疫会报会纪要。吉林省档案馆藏，3—7，250。

和汽车 1 个中队,执行任务。①

预防注射、患者和疑似者隔离以及交通封锁等,是一切传染病防疫工作的惯行措施,概莫能外。“新京”既是伪满的中枢,又系东北交通要冲。所以,在对居民普遍实行预防注射的同时,在“新京”车站对乘降车的旅客还强行预防注射和检疫。1940 年 10 月 11 日至 12 月 24 日,在“新京”车站被强行预防注射的旅客达 207471 名,平均每日 3300 名。② 对“新京”至刘房子间铁路沿线的居民,从 10 月 11 日起还进行了巡回预防接种。在检疫方面,为便于发现“新京”车站乘车者中的鼠疫患者,采取了区别乘车的办法。车站的所谓“望诊”也始于 10 月 11 日,根据关东军防疫队本部的命令,由 8 名医师和助手组成的望诊班,全凭眼力审视乘降车的旅客,认为可疑的旅客,立即迫使其进入设在车站内的临时隔离所。至于市内鼠疫污染区的封锁与隔离,由于人间鼠疫和鼠间鼠疫都发生在繁华街区,故只在鼠疫发生点实行局部封锁和隔离。前面所说的鼠疫患者集中发生的 A 区,即东三条通 4 丁目和室町 4 丁目,地属原满铁附属地东部南广场,俗称“三不管”,那里成为主要封锁隔离区。因为直至 10 月 30 日那里尚发现有带菌鼠,所以迟迟未能解除隔离和封锁。对发生鼠疫的犬猫医院和“三不管”贫民的所谓“不清洁”地区还进行了烧毁。满铁新京医院也恰好位于那里,他们实行“自卫遮断”,即自行封锁。另一个封锁隔离区,是露月町 4 丁目满铁的中国人社员宿舍区,因住在那里的满铁社员黄清善之妻黄氏在宽城子铁路线附近死亡,被收入千早医院后,经解剖确认为真性鼠疫,③于是黄氏所住之宿舍区便成了封锁隔离区。封锁隔离的办法是,在周围置以波型镀亚铅铁板,将铁板的一段埋入土中,并使铁板向内呈 80 度倾斜,以防隔离区内鼠类向外流动。当时的隔离工程所需材料和人力,均由满铁工程事务所提供。隔离区内的居民当然是不准外出的。而出入于隔离区的防疫人员,使用木梯翻越铁板。1940 年 11 月 4 日,火车站前的满铁大和旅馆发现有菌鼠后,立即切断了同外界的交通。至同月 20 日为止,对馆内的 220 名职工和 20 名住宿者进行了所谓“健康隔离”。与此同时,全东北的大和旅馆系统的一切设施,均宣告暂停营业。

关于鼠疫患者、疑似者和健康者的隔离场所,至少有两处:其一是千早医

① 1940 年 11 月 1 日关东军司令官梅津美治郎关作命甲第 390 号命令。

② 满铁奉天铁道局人事课:《新京ニ於ケルペスト防疫概况》,昭和 15 年,第 11 页。

③ 据新京满铁临时防疫委员会:《ペスト防疫报告书》载:黄清善的邻人韩学淳(年 70 岁)系田岛犬猫医院的仆人之父,9 月 29 日曾前往田岛医院探视其子,翌日偕妻再去探望,带回病菌,传给别人,结果使黄氏染疫而亡。

院;其二是在宽城子临时建立的中间隔离所。该两处究竟共隔离了多少人,和鼠疫患、亡者数一样,也是个未知数。以 1940 年 11 月 15 日为例:前者隔离 100 人,疑似者 6 人,现患 94 人;后者隔离 248 人,其中日本人 50 人,中国人 198 人,中国人中大部分是被派参加农安防疫的某省警察队成员。① 至于“新京”陆军病院中隔离治疗的都是什么人?人数有多少?更不清楚。但有一点是明确的,即第一例患者军属太田安次,是在陆军病院里确诊为鼠疫并死亡的。另据关作命第 699 号规定,为扩大“新京”陆军病院诊疗收容力量,还在关东军军乐队内开设所谓“分室”,但具体收容情况,不详。

1940 年“新京”防疫活动的蹊跷之处,还在于它的一系列实验,这些实验是防疫之所需,还是超越了防疫而另有图谋,是不无疑问的。而且,还应该注意到,所有的实验都是由关东军临时防疫队本部,即石井部队直接实施的。

在此次“新京”鼠疫的防疫中,前后共采取了 5 种消毒方法,即:烧却消毒、毒气消毒、卡尔波放水式消毒、SK 消毒、一般消毒。其中,毒气消毒曾在鼠疫污染区、带菌鼠发现场所和公共场所等广泛使用,诸如露月町隔离区内的中国人住宅、大和旅馆、满铁新京医院及其仓库、满铁新京支社食堂、“新京”车站、生计组合、满铁各单身宿舍,等等。毒气消毒所使用的三氯硝基甲烷(Chloropicrin, Cl_3NO_2)是 1848 年由英人所合成,在第一次世界大战期间,被俄、德双方用作催泪性、窒息性毒气武器(手榴弹和炮弹)。② 由石井部队小林少佐领导的毒气消毒,在实施过程中,先后做过三氯硝基甲烷发生装置实验、灭菌实验和动物实验。关于发生装置实验,他们利用满铁单身宿舍兴安寮,做了 4 种方法,结果最优方法就是:用一中型(装入 120 瓦酒精)酒精灯,置于装有 450 瓦三氯硝基甲烷的容器底部,使灯火刚好接触到容器底部,加热到 80℃时即发生气体,127℃时开始分解,达到充分熏蒸的程度。关于灭菌和动物实验,是在毒气消毒基础上进行的。本来在毒气消毒过程中,作为鼠疫传媒的鼠类和蚤类的死灭,是已经完全确认了的,但为了查明鼠、蚤等体内外附着

① 新京市防疫本部:《防疫情况》,康德 7 年 11 月 16 日。吉林省档案馆藏,3—7,426。

② 三氯硝基甲烷现在被作为一种农药,它是一种无色透明油状液体,温度 20℃时,比重为 1.6579,沸点为 111.91℃,凝固点为-69.2℃,呈长叶针状结晶。蒸气密度与空气为 1∶5.6;挥发度为 $1m^3$ 空气中 13.6 克。水和酒精均可溶解。另外,加热到 111℃时,硝酸与甲烷分解。硝酸则发出恶臭味而气化,它对金属有腐蚀作用,温度越高腐蚀作用越大,对黄铜尤甚。三氯硝基甲烷是有效的催泪性、窒息性毒气,其毒性征数,即致死系数介于光气(Prosgene,一种毒气)和氯之间,为 2000。如果对人施放,刺激眼睛黏膜,催泪,吸入体内时,形成呼吸障碍,导致高度肺浮肿和脏器缺氧,直至死亡。

的细菌生存状况,还特别做了两次杀菌试验。结果表明,其成绩取决于室温、湿度和熏蒸的毒气量,且与室内封闭程度有关。大体上,如每立方米用3.4瓦三氯硝基甲烷进行熏蒸,不仅肠内细菌,即使是炭疽亦完全死灭。在这一基础上,又对肠伤寒、副伤寒A、副伤寒B、副伤寒C、赤痢、炭疽菌等,按不同的熏蒸时间、三氯硝基甲烷使用量、环境(室温、气容)等,实验对毒气的感应程度。这一系列实验,是在满铁单身职工宿舍敷岛寮、益济寮、兴安寮,于10月22~26日进行的。对于动物,主要实验其因毒气熏蒸而致死的情况。实验对象,除狗、鼠、鸡、鸟外,还有各种各样的鱼类,用毒气熏蒸后,还做了动物解剖。①结论是:“吸入三氯硝基甲烷而形成的疫化,是气管和肺脏的浮肿。前者因浮肿而使气管狭窄或闭塞;后者因浮肿造成浮肿液充填使大量肺胞不能活动,以致呼吸显著减少和呼吸困难。各种动物依进化程度而决定疫化程度,故对人类的作用将是最显著的。”②

鼠疫的病原研究,大约也是此次实验的重点。主持此项实验的是石井部队碇常重少佐。前已述及,患者、疑似者的隔离,都是以关东军临时防疫队之名,在千早医院进行的。同时,“新京”陆军医院也“援助”关东军临时鼠疫防疫队本部长的检疫工作。按前述关作命第699号命令,“新京”陆军医院还得到了哈尔滨第一陆军医院派遣人员的支援。此外,在关东军军乐队内还开设了所谓“分室”。这些部门病原检验的基本手段是病理解剖,关于这个问题,后面仍将述及,此处从略。参加鼠疫细菌检验的还有“新京”卫生技术厂,特别在石井部队撤离后,该厂是主要的细菌检验场所。至于以鼠、蚤为对象的防疫队病源检索班,则设在宽城子马疫研究所内。他们于1940年10月25、26日进入该所后,使用该所的病菌检索设施,建立了解剖和鼠、蚤分类两个实验室,投入的人力数以百计。③ 为进行鼠、蚤的细菌检验,石井部队通过关东军临时防疫队本部,向“日满各方面”征集土拨鼠30000只。④ 与此同时,石井部队还以侦察长春县的鼠疫为名,派出以大山中尉、石田中尉、吉田中尉、酒井少

① 三氯硝基甲烷的使用实验,此前也在七三一部队内实施过(1937年5月28日),其结果曾由该部队军医少佐池田苗夫作成报告:《“クロールピクリン”熏蒸后在一定浓度下动物生存时间等的观察》(《关东军防疫给水部研究报告》1卷5号,昭和18年11月。收入田中明、松村高夫编:《七三一部队作成资料》,1991年,不二出版。)

② 满铁奉天铁道局人事课:《新京ニ於ケルペスト防疫概况》,第63~115页。

③ 据《关东军临时ペスト防疫队对策》(吉林省档案馆藏,3—7,250)载:防疫队除向关东军经理部提出各种要求外,还要求伪“新京”市公署提供某种仪器100台、椅子100把,作业衣挂200人份。

④ 《关东军临时ペスト防疫队对策》。吉林省档案馆藏,3—7,250。

尉、柏村少尉等分别率领的5支防疫侦察队，分赴米沙子、小合隆、双城子、卡伦、大屯等地，其中，双城子远离“新京”，已邻近长岭。石井部队侦察队跑到那里的目的何在，究竟干了些什么，不得而知。

石井部队开进“新京”时，声称要防止鼠疫的“爆发流行”和“灭绝鼠疫的流行”。可是，为时仅仅两周，1940年10月下旬，即宣布准备撤离，并在行动上也做了移交“防疫”业务的准备。关东军指示的伪满洲国防疫委员会于11月2日成立。11月7日关东军临时防疫队决定撤离。代之以朝鲜、关东州和满铁等方面所派出的医务人员，在名义上他们是应伪满民政部的要求而前往“支援”的。其中，满铁所派医生145名，另有满洲医科大学专门部学生147名（全系中国人）。就在此时，11月8日和12日，“新京”又相继发生两例鼠疫患者，并于12、15日先后死亡。“防疫”空气自然又因此而紧张起来，可是却未影响石井部队的撤离。

三　兴师动众的农安防疫派遣队

日本防疫当局一方面说，此次“新京”“蒙受鼠疫之祸原因何在”，“直接感染途径不明”①；另一方面却又一口咬定“农安县城附近”是“鼠疫病源地带”②，并发动了一场大规模的农安防疫战。和“新京”的防疫一样，这场战斗是由关东军司令官梅津美治郎发令，关东军参谋长饭村穰中将部署，关东军临时防疫队农安派遣队亲临第一线的。它既是“新京”防疫的继续，又在防疫队伍的组成、出动时间安排和防疫的措施手段等方面，有别于“新京”的防疫。

农安县位于“新京”西北部61公里处，面积5200平方公里，地处东经124°32′~125°45′，北纬43°55′~44°56′，海拔145~300米，地理景观，东部属于榆树——公主岭黑土台地耕地草原区，西部属于王府——太平山红土台地耕地草原区。在交通上，农安与“新京”有京白铁路（长春至白城子）相通，并有汽车、马车频繁往来，堪称伪满首都的门户。因此，农安发生鼠疫，使“新京”担忧是可以理解的，但迄今为止，并无任何资料可以证明，1940年“新京”的鼠疫是由农安直接传入的。

新中国成立后，经过多年的调查研究，才确认农安属于中国松辽平原——

---

① 新京满铁临时防疫委员会：《ペスト防疫报告书》，第1、108页。

② 《关东军命令》，关作命甲第380号，1940年10月16日。

察哈尔丘陵达乌尔黄鼠鼠疫疫源地的组成部分。而检证农安有人间鼠疫流行,则是1933年的事情①,虽然很久以前就有类似鼠疫的疫病流行的传说。据载:农安人间鼠疫始于1910~1911年东北鼠疫大流行时期,当时有来自哈尔滨的人将病菌带入。宣统2年12月23日(1911年1月23日)农安县高家店发生鼠疫,并逐渐侵入附近村庄,死亡者约达150名,旧历2月终息。② 如表7所示,1916年~1952年,农安县有25个年头断续发生过人间鼠疫,并呈"夏季型",即经常是6月下旬开始,7、8月份达高峰,9月趋于终息。③ 至于伪满时期农安鼠疫流行情况,以1933年为最严重,其次就是1940年的鼠疫流行了。

关于1940年农安人间鼠疫的发生原因,说法不一。当地有的人士回忆称:"这年六月十二日,农安城西曹家铺屯,来了四个鱼贩子。有两个鱼贩子得病到县城李魁芳诊疗所治疗,医疗时当即死去。继而李魁芳家的保姆、弟妻以及李魁芳本人都死了。附近邻居也死了三四口人。这就轰动了农安县城。"④现年[1993]77岁的原农安县防疫站站长陈文阶也持有同样的说法。然而,日方的说法却大相径庭。当时,新京日本宪兵队长曾向关东宪兵队司令官报告称:"农安县警务科因怀疑7月1日在县城内协和饭店打工的两名中国人死于鼠疫,乃与前郭旗鼠疫调查所联系,进行尸体解剖,结果确定为真性鼠疫。另外,对附近严行调查,结果得知,其邻居农安医院院长×××30日发病,7月2日死亡,举行葬礼时,近邻和亲友多人参加。此外,据附近中国人所言,上述2人死亡前,已有20余名疑似者死亡并密葬了,认为附着在这些死亡者身上的跳蚤等,随其死亡通过鼠及家畜的媒介而传染。该县城内外到处发现死鼠。……至7月16日,在已发现的患者中死亡(含密葬后认定者7名)13名,现有患者1名,尚在蔓延中。"⑤需要指出,引文中( )内所载"密葬后认定者"是指民众秘密将死亡者埋葬后,被防疫队挖出并进行病理解剖而被确定为鼠

① 1933年9月16日以北川一等军医为首的关东军、伪满和满铁的调查班前往农安县刘家屯、岳子屯等疫区,经解剖、镜检,疑为鼠疫,又做动物培养试验后,9月18日确认为真性鼠疫。

② 《康德二年ペスト防疫概况》,第137页。

③ 另据陈文阶:《农安县鼠疫流行的概况》,1993年,(手稿)载:1916~1952年的37年间,断续流行24年,发生人间鼠疫的屯(含街)共162个,其中有85个屯分布在县境北部与前郭尔罗斯蒙古族自治县接壤的地带。162个疫屯,累计流行229次,其中流行1次的有122个屯,2次的有22个屯,3次流行的有12个屯,4次流行的有3个屯,5次的有3个屯。

④ 李继新:《一九四〇年农安鼠疫流行的惨状》,农安县政协供稿。

⑤ 昭和15年7月22日新京宪兵队长近藤新八致关东宪兵队司令官竹内宽报告,新宪警第380号。吉林省档案馆藏,3—7,338。

疫的患者。对于日伪防疫队的这种做法,农安县的老一辈人至今记忆犹新,他们说,死者都被开膛挖心了。日本宪兵队长的报告中还说,鼠疫被确认后,郭前旗鼠疫调查所"正在调查传染途径","其病源因连日降雨,鼠侵入城内,由其媒介而传染,而非谋略行为。"①但令人不解的是,日本宪兵队长的报告,不仅与迄今为止的中方资料说法不同,还明确表示称"非谋略行为",而且与关东军司令官关于此事的说法也相去甚远。1940 年 11 月 4 日,关东军司令官梅津美治郎以驻满大使身份向日本外相松冈洋右明确报告称:"进入今年后,6 月 17 日以吉林省农安县为始发地"。② 时间上与宪兵队长报告的 7 月 1 日相距两周,但明确地说 6 月 17 日农安县始发鼠疫并成为当年东北鼠疫始发地,可是关于具体情节却只字未露。

表 8 是 1940 年农安县鼠疫流行状况,从中可以看到,此次农安鼠疫,流行地区异常集中,几乎全部发生在农安县城及其附近。具体来说,16 个疫点的分布情况是这样的:县城内 5 个,也就是县城内的 5 个街;县城近郊 5 个,即山东屯、苗家屯、于家园子屯、温家园子屯、后双庙子屯等;邻近县城 3 个,即赵家屯(现属农安镇铁西村)、毕家店、迟家店屯(该二屯现属华家乡,与县城只是一条铁路之隔);距县城较远的 3 个,即横坨子屯、于家围子、后蒙古屯,它们分布在永安乡、高家店和邻近郭前旗的农安县北部。问题还在于,该 3 个疫点中的后两个疫点是否发生了鼠疫是存有争议的,确定无疑的与农安县城距离较远的疫点,只有横坨子屯,而该屯现属农安县最为偏远的永安乡,与郭前旗接壤。③

既然如此,人们自然要问:农安县城及其附近是鼠疫疫源地和鼠疫多发区吗？回答是否定的。新中国成立以来,医学科学工作者对鼠疫病原及其流行,持续多年进行了大量的调查研究工作,起自 1916 年的农安历次鼠疫的发生地点、起息时间、患亡人数、病型、传染方式等都已调查清楚。在"农安人间鼠疫流行统计"表中,在上述农安县城 5 个街的疫点和邻近县城的 8 个疫点中,除县城的宝塔街外,1940 年都是首次发生鼠疫;而宝塔街,1934 年虽曾发生一例鼠疫患者,但该人是在外地——大岗染疫后,于同年 9 月 9 日回到县城宝塔街当日死亡的。这一情况在上述统计表的"传染方式及经路"栏中,有明确记

---

① 昭和 15 年 7 月 22 日新京宪兵队长近藤新八致关东宪兵队司令官竹内宽报告,新宪警第 380 号。吉林省档案馆藏,3—7,338。

② 昭和 15 年 11 月 4 日梅津大使致松冈外务大臣电,第 501 号。日本外务省外交史料馆资料。

③ 陈文阶:《农安县鼠疫流行的概况》(手稿)附表中即无于家围子和后蒙古屯。

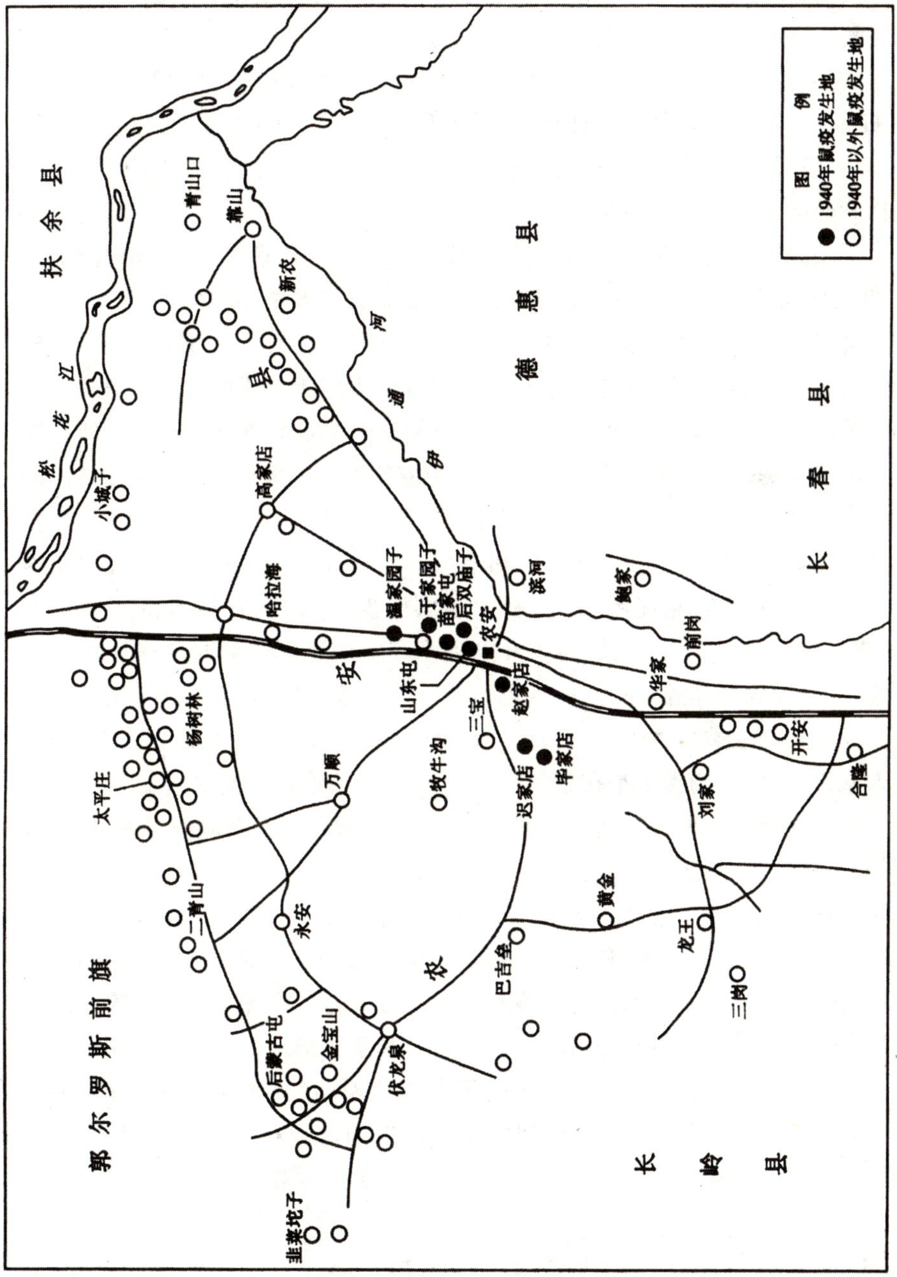
图 例
1940年鼠疫发生地
1940年以外鼠疫发生地
扶余县
松花江
德惠县
伊通河
长春县
长岭县
郭尔罗斯前旗
农安县
农安
青山口
青山
新农
小城子
高家店
哈拉海
温家园子
于家园子
苗家屯
后双庙子
滨河
鲍家
前岗
华家
山东屯
三宝
赵家店
毕家店
迟家店
牧牛沟
杨树林
太平庄
万顺
开安
合隆
刘家
二青山
永安
黄金
龙王
巴吉垒
三岗
后蒙古屯
金宝山
伏龙泉
韭菜坨子

图 3 农安县鼠疫流行图

载;其他资料,如陈文阶的《农安县鼠疫流行的概况》中的记载也是如此。1940 年以来,农安县城及其附近也都与鼠疫无缘,至今再未发生过鼠疫。

耐人寻味的不只是它的疫情,还有“防疫”。

1940 年农安鼠疫的“防疫”分为两个阶段:第一阶段是 7 月 12 日至 10 月 20 日;第二阶段是 10 月 20 日至 11 月 6 日。前一阶段是伪满政府进行的防疫;后一阶段是关东军,确切地说是石井细菌部队(当时被派往农安的石井部队称雁部队)进行的所谓“防疫”。

关于第一阶段的防疫,原农安县防疫站站长陈文阶著文称:1940 年“7 月 12 日由伪满政权首都‘新京’(即今长春)派来防疫人员 50 多人(日本人、朝鲜人各半数),协助县防疫班工作。驻扎在北关第一小学校,内设巡逻、检查、封锁、医疗和化验等班,并建立了轻重疑似鼠疫隔离所。还在南门外第二十一小学校建立一处临时隔离所。”①这里所说的来自“新京”的防疫人员,即伪满民生部卫生保健司所派防疫班。“新京”防疫班到达的翌日,7 月 13 日县城即实行大封锁,“四门紧闭,断绝交通,路无行人,工商业关闭,整个县城一片凄凉。”②县城内划分为 5 个大隔离区和十几个小隔离区。隔离区周围拦以草绳子和铁丝网,伪警察持枪看守,协和青年队昼夜“巡逻”,还设有高于民房的“望楼”,以监视居民,不准他们离开隔离区。防疫班每天对隔离区居民进行早晚检诊,逐人测体温、摸腺肿,弄得居民惶惶不可终日,既恐患病,更怕防疫,一旦体温升高便被拉去隔离,而且个人患病还要殃及全家。所以,每当防疫班逐人检诊时,居民们常常是在腋下夹上土豆或白菜疙瘩,降低体温,避免查出高体温。日伪防疫班所制造的调戏妇女、敲诈勒索和残害群众的事件,也时有所闻。人们因惧怕防疫班的迫害,一旦有人患病死亡,常常是偷偷埋葬。而日伪军警和防疫班又总是软硬兼施,千方百计,采取各种手段,将隐埋者发掘出来。例如,农安县城北街路东的洪林木局,老板高洪林的老婆高连芬、姑娘高玉珍、伙计老王头等病死后,都埋在后院木棚子里。伪警察闻风后,曾妄图借机勒索,最终到底还是被防疫班的 8 个人从木棚里把尸体挖了出来。③ 日伪防疫队挖掘密葬,目的是解剖,有的甚至在挖尸现场就地解剖,即群众所说的“剖腹挖心”,并把脏器带走。类似的举动还有抽血和注射,群众将后者称之为“定血针”或“消灭针”。借防疫之机,以普通居民为对象,大量采血,目的是

---

① 陈文阶:《农安县鼠疫流行的概况》,1993 年,手稿。

② 李继新:《一九四〇年农安鼠疫流行的惨状》,农安县政协供稿。

③ 同①。另据李继新:《一九四〇年农安鼠疫流行的惨状》载,洪林木局还有一名院心伙计崔振才,病故后尸体先用盐腌,然后偷着埋了起来。

用以制造血清、血粉,或者检验人的疫病感染性;至于注射,也不都是为了防疫。田村良雄曾供称:1940 年石井部队不仅在营区附近做了鼠疫疫苗的“试验性注射”,造成中国人的死亡,而且把疫苗“送到长春地区为‘防疫’使用,给中国人民造成很大灾害。”①例如,在农安县城郊苗家屯,当时有个男孩姜大有,只有 13 岁,就是因被注射而暴亡。②

慑于鼠疫和防疫双重恐怖的农安县居民,在 10 月 20 日关东军防疫队开进农安,开始农安的第二阶段防疫时,已逃亡三分之一。③ 同时,就疫情发展的全过程而言,最猖獗的时刻已经过去。据统计,截至 11 月 27 日,农安县鼠疫共流行 169 天,农安县城内共发生鼠疫患者 354 例,死亡 298 例;而关东军防疫队兵临城下时,已发生患者 294 例,死亡 265 例。④ 这表明,绝大部分鼠疫患者和死亡者都是在关东军防疫队到达前发生的。尽管如此,关东军防疫队还是大张旗鼓,兴师动众地开到农安。

1940 年 10 月 15 日,即石井部队接管“新京”防疫的一周后,该部队的早川少佐即要求满铁参加关东军的农安防疫工作;同一天在防疫会报会上还讨论了农安防疫队的组成问题。翌日,10 月 16 日 12 时关东军司令官梅津美治郎即下达实施农安防疫的关作命甲第 380 号命令;命令中把农安县城说成是与“新京”防疫直接有关的“鼠疫病源地带”。为此,关东军临时鼠疫防疫队本部长即石井四郎在继续执行原来任务的同时,“以一部”执行农安县城的防疫,并将伪满民生部保健司长和满铁临时防疫委员会置于自己的区处之下,进行指挥。根据关东军的命令,当时被纳入石井部队指挥之下的日军部队有:在“新京”陆军病院受短期预备教育的全部现役军医,受临时教育人员的大部分;在哈尔滨陆军病院受教育的卫生下士官的全部;安东第一陆军病院卫生大尉佐藤鹤雄;海拉尔第一陆军病院卫生中尉林田藤市;大连陆军病院卫生大尉吉冈政夫;由尾高、鹫津两部队分别编组的各为 80 人和 40 人的两个防疫班。⑤ 除此之外,开往农安参加防疫的还有,受关东宪兵队司令官区处的防疫警务部队,即日本宪兵和伪满警察。同时,驻“新京”的第二独立守备队还派出一个小队“配置”在农安县城。应征参加的还有数十名医科大学的学生。

---

① 田村良雄口供,1954 年 10 月 10 日。《细菌战与毒气战》,第 58 页。

② 李继新:《一九四〇年农安鼠疫流行的惨状》,农安县政协供稿。

③ 满铁临时防疫委员会:《ペスト防疫报告书》,第 62 页。1940 年农安县城人口为 3.3 万人。

④ 同上。

⑤ 《关东军命令》,1940 年 10 月 16 日,关作命甲第 380 号。

据统计,1940 年“新京”防疫,以石井部队为基干的防疫队伍,总人数达 2604 名。① 投入农安的防疫人员为 1100 人以上。

此次农安防疫的正式开始时间是 1940 年 10 月 20 日,前此,19~20 日由“新京”开出 3 次专门列车,将防疫队送到农安。如表 9 所示,第一、二次列车到达农安车站后,车体便被充作关东军防疫队的宿营用车和器具用车,而停靠在农安车站。② 另外,满铁铁道总局奉关东军参谋长之命,还派出 15 辆卡车和 10 辆大轿车,以供防疫队使用。顺便指出,满铁派出的火车、汽车司乘人员,以洮南铁道监理所所长、副参事高桥勋一为首共 42 名,其中中国人只有 1 名,其余全部是日本人。他们多数属于派遣汽车班,该班由两个分队组成,共 32 人,全部被作为军属而参加活动。他们出发前,不但受到满铁新京临时防疫委员会委员长的接见,而且满铁社员会新京联合会还给他们举行了“壮行会”,全然像奔赴沙场一样。

关东军的农安防疫行动,的确也是一场作战。由关东军临时鼠疫防疫队本部推出的《农安附近鼠疫防疫计划》都充斥着硝烟味,说什么“一举扫荡农安近傍鼠疫病源,以迅速终结国都新京的鼠疫灾祸。”③防疫队的前线本部设在农安县城西侧的中学(国民高等学校)。1940 年 10 月 19 日下午 6 时 02 分,受关东军司令部直接统辖的防疫队主力到达农安后,立即用满铁守备电话专用线,与关东军第一课(即作战课)保持经常联系。④ 前此,由第一次列车运送到农安的 765 名伪警察队,立即按关东军防疫队本部炮制的“在 19 日天黑前断绝农安县城和近傍毕家店、榆树坨子交通”的计划,划分 3 个大队开始行动。第二大队部署在县城;第一大队前往毕家店;第三大队分布在城郊。当晚 9 时完成封锁包围。10 月 20 日各防疫班组成,当日下午部署完毕。具体情况是这样:设在农安中学的防疫队本部下辖战斗司令部(设在县警务科)、防疫斥候班、检诊班、消毒给水班、犬鼠捕灭班、病理解剖班、检索班、宣抚班等。其中,检诊班由 12 个分队组成,按鼠疫发生状况划分了责任区;诊疗班拥有日军军医 28 名,护士 28 名;此外,还有由 7 名“指导将校”和 50 名“军属”构成的

---

① 长春市卫生志编委会办公室:《长春卫生志简讯》,5,卫生志资料(1),1987 年 5 月。

② 昭和 15 年 10 月 17 日关东军参谋长饭村穰致满铁铁道总局长佐藤应次郎函:《农安附近ペスト防疫ノ为车辆供出ニ关スル件》,关参一发第 4422 号载,将机车 1.二等卧铺车 2.三等卧铺车 5、三等客车 15、有盖货车 4、无盖货车 3 等留在农安车站,并将农安车站一部充作军用。

③ 新京满铁临时防疫委员会:《ペスト防疫报告书》,第 51 页。

④ 1940 年 10 月 25 日关东军临时防疫队还决定,自当日起,“新京军防疫队本部与农安支队每天进行一次传令交换”。

宣抚班，他们将农安车站站长、协和会长、警察署长、街长等作为所谓“细胞组织”，为其防疫作战服务。①

三四个月以来，面对猖獗的“黑色风暴”鼠疫和暴虐的日伪防疫班，农安县城及其附近的居民，早已成为惊弓之鸟，惶恐万状；如今又突然杀来整整3列火车，人员达一千数百名的庞大关东军防疫队，将给当地群众带来怎样的震撼，是不言而喻、可想而知的。小小农安县城和城郊几个小村庄，全部人口充其量只有二、三万人，竟被投放了那么多的人马和设备，闹得天翻地覆，杀气腾腾，为农安历史留下了火与血的悲惨记录。防疫队斥候班拥有4台汽车，拉着班员，鼠窜各地，探索疫情，捕抓患者。设在农安县城文庙的病理解剖班，也有3台汽车，由各区运送尸体和健康隔离者。分区活动的检诊班，逐日逐人反复“检诊”，检索班按他们提供的情报，抓捕患者和疑似者。当时曾参加农安防疫的日本宪兵军曹冈野今吾供称：“一九四〇年十月下旬起约三个星期，我以新京宪兵分队情报系军曹的资格，与部下两名，被派往吉林省农安县，与吉林省伪警察二百名，包围了农安县城，断绝了交通，协助雁部队（石井部队）的军医二百名，进行了所谓的鼠疫防疫工作，并对因患鼠疫死亡的二百名中的五十名尸体进行了解剖，破坏了五十户的民房。”②

奇怪的是：以石井细菌部队为主力的农安防疫队，突然来临，仓促而去，来去匆匆。10月20日进驻，11月7日撤离。与此同时，“新京”的关东军防疫活动，也根据1940年11月1日关作命甲第390号关东军命令，而偃旗息鼓。当时，非但所谓“一举扫荡”农安县及其附近的鼠疫病源的任务远未完成，而且如表6“新京市鼠疫患者表”和表8“1940年农安鼠疫流行状况”两表所示，两地人间鼠疫流行并未终息。因此，石井部队撤离时，将“新京”和农安的鼠疫防疫业务交给伪满洲国当局继续进行。不过，值得注意的是，他们在农安却特意保留了以加藤中佐为首的“加茂部队派出人员的主力”。③ 这些人继续留在农安干什么，干到什么时候，都不清楚。不管怎样，从此关东军对“新京”和农安的防疫转而采取“协助”的姿态；但满铁的人员和车辆等一仍其旧。11月27日，伪满洲国防疫委员会根据形势的变化，决定将派至农安的警察队一部分300名撤走；12月13日，又进一步将留在农安县的防疫队全部撤走，至此，1940年的农安防疫才宣告结束。这里的问题是：关东军防疫队何以突然收兵

① 新京满铁临时防疫委员会：《ペスト防疫报告书》，第64页。

② 冈野今吾笔供，1954年8月8日。《细菌战与毒气战》，第352~353页。

③ 关东军临时防疫队命令，昭和15年11月2日。新京满铁临时防疫委员会：《ペスト防疫报告书》，第13页。

呢？石井四郎在其发出的命令中称“部队将另转锐锋”。① 的确，1940 年下半年，石井部队一直另有任务，而且是十分重要的任务。但为期两周的农安防疫也是既定计划。② 那么，石井部队在身负重任的情况下，为什么还要抽出很大力量匆忙进行“新京”和农安的防疫呢？联系“新京”、农安的鼠疫和防疫方面的怪现象，不能不做进一步的考察。

四　石井部队当时态势与细菌谋略

如下一章所述，1940 年的对华细菌战，主要行之于浙江省，其策划始于当年 5 月末，实施终于 12 月初。在此期间，自 10 月 7 日起，穿插了一场“新京”、农安的鼠疫防疫战。南北两个战场，都是由石井四郎担任前线指挥；石井及其属下穿梭往返于浙江——“新京”之间。问题是：浙江细菌战与“新京”、农安防疫战，是不得已的偶合呢？还是既定的相关行动呢？为了回答这个问题，需要剖析如下的若干情况与事实：

（一）被纳入关东军序列的石井部队是特种部队，受双重管辖：“作为战斗单位的第七三一部队是由松冈少将所主持的关东军司令部第一部（作战部）领导和监督，同时第七三一部队又受关东军司令部医务处即梶塚中将管辖。”③前者领导细菌武器的研制和战略、战术的运用；后者则是科学技术方面的管理。由日本参谋本部和陆军省直接策划并实施的 1940 年浙江省细菌战，作为“实施部队”的石井部队，虽然暂时被划归“中国派遣军总司令部直辖”，但是对于以石井为“责任者”的首次对华大规模细菌战，关东军并非被置于旁观地位。事实表明，关东军参谋山本源一等是一直跟随石井远征队行动，始终参与战术选择和实施的。④ 本书的后面的章节还将述及，对于 1940 年的浙江细菌战，石井远征队带去了他们选定的多种细菌武器，并同时采用了用飞机从空中撒布和在地面上谋略投放的两种方法，而最后取得突破性进展和明显效

---

① 关东军临时防疫队命令，昭和 15 年 11 月 2 日。新京满铁临时防疫委员会：《ペスト防疫报告书》，第 13 页。

② 上揭：《ペスト防疫报告书》，第 68 页载：“军在农安的防疫，预定进行两周，决定 11 月 7 日撤离。”

③ 《伯力审判材料》，第 530 页。

④ 吉见义明、伊香俊哉：《日本军の细菌战——明らかになった陆军がかりの实相》。《季刊·战争责任研究》，第 2 号（1993 年冬季号），第 9 页。

果的是从空中撒布染有鼠疫菌的跳蚤。石井为了宣扬这一成果，曾命令摄制“关于那次远征的影片”。影片中，既有准备和进行细菌攻击的各个阶段，又有反映撒布细菌跳蚤的特种装置安装在飞机上的情景，还有从飞机上撒播鼠疫跳蚤的经过情况。① 根据笔者从关东宪兵队档案中所查获的资料记载，在“新京”防疫后期，以放映“防疫状况”之名放映的影片，很可能就是这个影片。地点在邻近关东军司令部的国防会馆，时间是 11 月 4 日至 7 日每晚 18 时至 24 时。当时正是浙江省细菌战第一阶段，即 9 月 18 日至 10 月 7 日完成在浙江省 6 次细菌攻击，和石井部队自认为成功的 10 月 22 日在宁波空投带菌跳蚤，宁波爆发鼠疫流行之后。② 据称，影片后来还加上了穿梭往返于浙江与东北之间的石井四郎和碇常重走下飞机的镜头，而到处大放特放。

总之，浙江细菌战是中国派遣军与关东军的共同行动，特别在后勤保障方面，关东军负有更大责任。因为，细菌作战与常规作战迥然不同。以细菌部队装备和细菌武器的运输供应为例：第一、它是作为特殊军用物资处理的，所以，在浙江细菌战准备期间，关东军司令官就向铁道线区司令部下达了重要作战命令③；第二、细菌武器的主体是生物，不允许长时间备用，所以，前述 9 月 18 日至 10 月 7 日的 6 次细菌攻击，相应地进行了由东北至浙江的 6 次细菌武器运输，其中 2 次船运，4 次空运。④

伴随细菌作战的消毒作业，也是极其艰巨而又复杂的。主宰“新京”、农安鼠疫防疫的石井部队，除了对疫区、隔离区、公共场所的各种消毒措施，和引人注目的利用剧毒气体（クロールピクリン）对鼠、蚤以及各种动物的毒气实验外，防疫末期的防疫队自身的检验消毒，也颇耐人寻味。按石井防疫队本部所编制的计划，自农安归还人员和自“新京”归还原部队人员，都必须在“新京”进行第二线检疫消毒。检疫消毒次序，先是由农安归还人员，其次是自“新京”归队人员，最后才是“加茂部队派遣队”。至于伪满方面派遣人员，则根据需要进行，也就是并非必定要检疫消毒。⑤ 与此同时，于 1940 年 11 月 3 日还特别建立了以碇常重少佐为所长的由 27 名军官、6 名下士官和 78 名列

---

① 《伯力审判材料》，第 477 页。

② 《关东军临时ペスト防疫队对策》，1940 年 11 月 4 日。吉林省档案馆藏，3—7,250。据此件载：防疫队租用国防会馆的放映设备。

③ 关东军命令，1940 年 7 月 25 日，关作命丙第 659 号。

④ 《季刊 · 战争责任研究》，第 2 号（1993 年冬季号），第 11 页。

⑤ 《第二线（新京）检疫计划》，昭和 15 年 11 月 1 日，关东军临时ペスト防疫队。吉林省档案馆藏，3—7,250。

兵组成的新京检疫所，其中占突出地位的是消毒班，班长由检疫所指挥杉本大尉兼任。① 石井防疫队还特别强调使用满铁 SK 消毒库。它是一座在吸收德国技术基础上，于 1936 年在"新京"车辆段内建造的，库房内特殊密封，装有各种消毒药物的喷发装置，是世界可数、亚洲唯一的先进设备。据满铁统计，1940 年"新京"鼠疫发生后，使用 SK 消毒库进行消毒的物品有：客车 48 辆，其中，三等卧铺车 12 辆，二等卧铺车 10 辆，一等卧铺车 1 辆，三等客车 25 辆；汽车 12 辆，其中客车 2 辆；衣物类，寝具 1865 包，衣类 2773 包，毛毯 1800 条，军服 552 套，草垫 400 件，毛皮 170 包。尤其应该注意的是，此种消毒一直持续到 1940 年 12 月 21 日。② 而且，上述被消毒的物品，单就铁路客车而言，远超过"新京"、农安防疫所使用的数量。

凡此种种，使我们有理由认为，石井部队大批人马进驻关东军司令部所在地"新京"，是一箭双雕：从积极方面说，很可能是 1940 年浙江细菌战指挥、部署和后勤保障的需要；在消极方面，说不定正是首次实施大规模细菌战，而故意掩人耳目、混淆视听的障眼法。说到这后一层意思，人们不难联想到：此次石井部队进驻"新京"，是带有大张旗鼓、赤膊上阵的公开性的。日军第七三一部队的研究者韩晓、辛培林曾经写到：1940 年"9 月下旬，伪满首都新京（今长春）发生了鼠疫。与此同时，农安县也发生了鼠疫。对此，石井四郎欣喜若狂，因为对他们到预谋的鼠疫区去进行实地研究大有好处。于是，七三一部队紧急组织了'防疫班'，石井四郎也亲赴疫区督察。为了掩人耳目，他们把'关东军防疫给水部'的牌子挂在长春街头。"③这里所说的"预谋"暂且不谈；而所谓"防疫给水部"乃是"关东军临时鼠疫防疫队本部"之误。这块牌子确实是公然挂在邻街而又靠近关东军司令部的国防会馆楼上，且其尺码之大，实属惊人，从三层楼的楼顶一直垂到底层。当时，不但石井部队数以百计的军官们公开奔忙于"新京"，而且石井本人也大出风头。负责伪满洲国事务的关东军第四课长曾宣扬称："关东军正在考虑让石井大佐充任满洲国民政部、特别市的防疫行政指导官"。④ 由此可见，石井及其部队在"新京"、农安亮相，确有"掩人耳目"之意，但不是掩盖防疫，而是转移人们对华中细菌战的注意力。

---

① 《第二线（新京）检疫计划》附件，昭和 15 年 11 月 1 日，关东军临时ペスト防疫队。吉林省档案馆藏，3—7，250。

② 满铁奉天铁道局人事课：《新京ニ於ケルペスト防疫概况》，第 134 页。

③ 韩晓、辛培林：《以活人为"材料"进行的细菌实验活动》。孙邦：《日伪暴行》，吉林人民出版社，1993 年，第 580 页。

④ 10 月 23 日军防疫会报会。吉林省档案馆藏，3—7，250。

（二）1940年前后，日本陆军中央为强化细菌作战的能力，在扩大细菌部队的同时，处心积虑使细菌部队吞噬或占用非军方的有关单位和设施。最突出的例子，就是大连满铁卫生研究所被石井部队所吞并。该所始建于1927年10月1日，是全东北的血清、菌苗、疫苗和消毒剂的供应者，相应地设有各种研究室，并从事鼠疫等传染病的研究。① 它被石井部队兼并后，承担了大量的细菌武器的研制与生产任务；所长安东洪次博士和所员真子宪治博士等，也由堂堂的科学家沦为推行细菌战的罪人。特别是安东洪次是石井部队头目们的重要搭档。

1940年10月，石井部队介入“新京”、农安的防疫后，更赢得了绝好的机会。因而，石井部队提出了旨在“新京”建立研究、实验基地的宏大计划②，并将一系列非军卫生机构，拴在推行细菌战的战车上。当时，以关东军临时鼠疫防疫队面目出现的石井部队，根据关东军司令官授予它的对伪满各防疫机关业务的区处权，先后将千早医院、卫生技术厂和马疫研究所等，置于自己的控制之下。千早医院始建于1933年，原属满铁地方部，是传染病专科医院，地址在“新京”兴安大路（今西安大路），1937年末，随着治外法权废除和满铁附属地行政权转让，而被移交给了伪满洲国。1940年“新京”鼠疫发生后，它成为鼠疫患者治疗、健康者隔离观察和病理解剖的中心。卫生技术厂原属伪满洲国民政部（后为民生部），是传染病与其他疫病的病原检查、预防及治疗研究，和疫苗、血清及疫病预防医疗器械的生产、检验与贮藏的专业机构。1938年12月20日，被纳入伪满洲国大陆科学院，为其属下的一个部门。该厂原设两个血清研究室和两个细菌研究室，1941年9月13日又增设了鼠疫研究室，由第一细菌研究室主任加地信兼任主任。③ 卫生技术厂与石井部队关系密切。厂长、传染病专家阿部还兼任满洲第一〇〇部队嘱托。卫生技术厂不仅在细菌的生产制造上是石井部队的伙伴，而且是实施细菌谋略的重要据点之一。1940年“新京”鼠疫流行时，石井部队撤离后，许多业务由该厂继承。至于马

---

① 《南满洲铁道株式会社·卫生研究所要览》，昭和13年3月。辽宁省档案馆藏，日文资料，文教2700。

② 据《昭和15年10月22日经理部长面谈时要望对策案》（吉林省档案馆藏，3—7，250）载：当时，石井部队提出建立鼠疫尸体解剖室、鼠疫尸体收容所、解剖后脏器贮藏所、鼠疫患者收容所、鼠疫解剖室、疫蚤解剖室、鼠疫菌检室，以及从材料存放到浴室等多达17处的附属设施。

③ 加地信，伪满民政部技佐，卫生技术厂细菌科长。明治41年6月生，本籍东京市，昭和7年庆应义塾大学医学部毕业。昭和7年3月任传染病研究所技手，后转入伪满洲国，康德2年12月，任民政部卫生技术厂技佐、细菌科长、荐任六等。住卫生技术厂。《满洲绅士录》，昭和12年版，满蒙资料协会藏版，第164页。

疫研究所，实即隶属于伪满洲国大陆科学院的马疫研究处，与满洲第一〇〇部队同时建立，即 1936 年着手筹建，1937 年 2 月 18 日公布编制，1938 年 2 月 8 日位于“新京”宽城子的新所落成，是以马的传染病病原检查、预防和治疗方法的研究，和各种血清的生产、研究为目的的专业机构。在业务上，却始终与第一〇〇部队联手合作。首任所长安达诚太郎①与关东军兽医部长高桥隆笃、第一〇〇部队长若松有次郎等，都是同窗。1940 年“新京”鼠疫发生后，该所被石井部队充作病理解剖和鼠、蚤的分类场所。当时，该所把细菌研究室和病理研究室全部都提供给了石井部队；石井部队的 50 名军医进驻该所，“进行鼠疫的研究”。②

后来的情况表明，这一类非军机构已沦为细菌部队的外围组织和后备力量，甚至在很大程度上已成为准细菌部队。因此，在考察、研究日军细菌战问题时，不可以把它们置之度外。特别在细菌谋略的实施上不着军装的非军职人员，可以起到细菌部队难以起到的作用。从这个意义上说，在 1940 年“新京”、农安的鼠疫防疫过程中，石井部队充分利用上述机构，实质上是为推行细菌战而构筑的军与非军的统一战线。

（三）1940 年“新京”、农安鼠疫发生和流行期间，防疫队的病理解剖是骇人听闻的，成为防疫恐怖之一。至今，经历过那次防疫的年长者仍心有余悸。在伪都“新京”，除防疫队在千早医院和马疫研究所从事鼠疫患者和疑似者的解剖外，被临时抽调力量而大大加强的日军“新京”陆军医院都干了些什么，鲜为人知；与此同时，在关东军军乐队驻地内还特别设立了“分室”，它随着防疫的终结而消失。石井部队农安防疫支队病理解剖班干得更加明火执仗，他们奔走各处收罗尸体和“隔离收容者”。在文庙的解剖室进行解剖时，还曾允许当地医务工作者参观。这里的要害是：当时的病理解剖，是单纯的防疫之需，还是另有图谋？回答应该是后者。

石井部队在其内部进行人体细菌传染实验时，有解剖观察之举，而解剖观察，不独做尸体解剖，也进行人的活体解剖。1940 年“新京”、农安防疫期间的病理解剖，有无活体解剖，请看如下两人的供词。一是铃木元之的供词，他当

---

① 安达诚太郎，从五位，勋四等，勋三位，兽医中佐，满洲马事公会理事。明治 19 年生于三重县三重郡朝日村。本籍同上。继陆军兽医学校教官之后，任陆军兽医中佐，伪满时历任关东军司令部附，参与马政计划，大同 2 年任伪满军政部理事官和马政局第一科长。康德 4 年 2 月，任马疫研究处处长兼马政局技正。同年 7 月兼任“新京”畜产兽医大学教授。康德 9 年辞官，任马事公会理事兼总务部长。《满洲绅士录》第 4 版，满蒙资料协会藏版，昭和 18 年，第 121 页。

② 1954 年 8 月 16 日安达诚太郎口供。《细菌战与毒气战》，第 351 页。

时是“新京”畜产兽医大学的学生，被抽调参加学生防疫班，担当监视队队员，曾监视焚烧“三不管”地段中国居民住房，还从事过鼠疫患者的隔离工作。他供称：“在此期间，近一百三十名的中国人被强制隔离收容，送到了新京特别市市立传染病病院。以后听关东军兽医部部员林铁雄说，其中有近三十名的中国人被作为鼠疫的活体实验而杀死。”①二是川户武的供词，他当时是日本“新京”宪兵队思想对策班军曹，任务是搜集鼠疫情报。他供称：“石井部队的人员曾将一百五十名中国人称为‘鼠疫患者’，监禁在千早医院，并将其中三十名称为‘真性鼠疫患者’虐杀了（听说解剖实验了）”。②

诚然，对于上述两人的供词，至今尚无当时的档案文献可资印证；但是，却有确凿的证据证明，1940 年“新京”、农安防疫期间所进行的病理解剖，确系石井部队所进行的一次极其重要的人体细菌传染实验，这便无法排除活体解剖的极大可能性了。证据就是：《关于 Q 的报告》（The Report of“Q”）。报告的撰写者是原第七三一部队队员，他从中国东北逃回日本时带回了这些报告，后来将其译成英文提交给了占领日本的美军。显然，他也是受美国继续利用的原日本细菌战犯之一。报告是日本朋友从美国达格威实验场发现的。应该指出，报告上有一点讹误，这就是将报告由日文译成英文时，在报告的前言中，将 1940 年误写成 1943 年。1943 年不仅“新京”未曾发生鼠疫，农安亦无发生鼠疫的记录，“新京”与农安同时发生鼠疫只有 1940 年；而报告中所显示的月日却与 1940 年石井部队参与防疫的时间完全相符（即 9 月 25 日至 11 月 7 日）。因此，该报告是 1940 年石井部队在“新京”、农安活动期间所做的解剖报告，是确定无疑的。报告共 179 页，除字数极其有限的前言和二、三统计表外，其余全是总数为 57 名的每人解剖报告。其中，农安 39 人，“新京”18 人。③ 每个人的解剖报告内容记载都相当详细，诸如心脏、大动脉、扁桃腺、咽喉、气管、会厌（软骨）、肝、胃、小肠、大肠、肾、脾、胰腺、甲状腺、脑垂体、淋巴结、睾丸或卵巢、皮肤等器官或部位都有病变记载。而且，报告对病型做了总结性分类，它完全证实了一般所说的 1940 年“新京”、农安鼠疫，是各种病型并存的复合性鼠疫流行。报告的作者在报告前言中写道：“我调查了两个地区的鼠疫流

---

① 1954 年 11 月 21 日铃木元之笔供。《细菌战与毒气战》，第 354 页。

② 1954 年 10 月 9 日川户武供词。同上，第 352 页。

③ 在七三一部队第一部从事病理研究的石川太刀雄丸，归国后曾写道：“[1940 年的]满洲国农安地区鼠疫流行时，发表者中的一名（石川）进行 57 具尸体解剖。这个数字是世界记录……。”（常石敬一：《医学者たちの组织犯罪》，朝日新闻社，1994 年，第 211 页）该数目与“Q”报告的合计数一致，但两者的具体关系，有待于今后弄清。

行状况(新京市和满洲的农安县)……高桥大夫和其他人共同进行了流行病学和细菌学的研究。……这些用日文写成的报告,于 1948 年 7 月送交美军。我和其他人研究了所有的病理解剖,研究了那些在 9 月 29 日至 10 月 5 日那两个地区死去的病人。"这里值得注意的是,"Q 报告"中所收录的被解剖者名单(表 11)与前面所示之表 6"新京市鼠疫患者表"对照,前者中有 8 名姓名字头、年龄、性别、发病时间,与后者完全一致,而且还有 4 名只是发病时间有些差异,因而前者的 18 名中有 12 名可以认定与后者一致。但是,该二表人数有差异。"新京市鼠疫患者表"揭示的死者为 26 名;而"Q 报告"的新京被解剖者名单是 18 名,而最后番号却是 38。从这个差异中可以判断,新京鼠疫死者远多于发表的 26 名。更为重要的是,"Q 报告"中的 6 名,在发表的 26 名死亡者名单中没有相当者。这未发表的 6 名被解剖者的存在,意味着什么呢?考虑到 1940 年"新京"、农安鼠疫所谓防疫活动的各个方面,对他们的病理解剖,难道不是配合华中细菌战,验证所撒布的鼠疫细菌武器的极为重要的活体细菌感染标本的病理解剖吗?唯其如此,这批解剖资料变成了"宝贝",让原第七三一部队成员当作投靠美军的敲门砖。

(四)1940 年日军对浙江的细菌战,使用了业已选定的各种细菌武器,采用了各种作战方法,包括利用特工人员进行地面的谋略投放。但是,同年 9 月以霍乱和伤寒细菌武器为主的用飞机对宁波、金华、玉山、温州、台州等地所进行的细菌进攻,并未取得预期效果。进入 10 月,改以鼠疫细菌武器为主进行攻击,其效果却被确认。而鼠疫细菌武器攻击的成功,也是从空中用飞机撒布染疫跳蚤以传播鼠疫方法的成功;至于其他单纯的鼠疫菌液撒布,以及鼠疫干菌的投放,都是收效甚微的。① 不管怎样,鼠疫细菌武器攻击的成功,使石井部队终于露了脸。而石井率其部下进入"新京"、农安的防疫舞台,进行表演,正是其踌躇满志之时。对于宁波鼠疫,他们组成专门班子,借用南京荣字第一六四四部队为基地,继续调查研究细菌战经验。与此同时,石井部队又抓住时机,趁热打铁,加紧鼠疫细菌武器的进一步研制和作战使用。其间,关键问题是染疫跳蚤的生产;而制约着染疫跳蚤生产的关键,是鼠类的供应。因为,无论是繁殖跳蚤,还是使跳蚤染疫,都必须有鼠。并且,实验用鼠、繁殖跳蚤用鼠和使跳蚤染疫用鼠,都有其选择性。当时,日军以"饼"作为鼠类的代号,而"饼"的供应成为困扰细菌武器生产的最大问题。光是石井部队当时就拥有繁殖跳蚤的孵育器 4500 台,而作为生物的鼠类,其可使用的周期又是极其短

① 参考《季刊·战争责任研究》,第 2 号(1993 年冬季号),第 12~13 页。

促的。

在一般情况下，鼠疫防疫过程都伴以灭鼠活动，它是消灭人间鼠疫必由之路。然而，在 1940 年“新京”、农安鼠疫防疫过程中，从捕鼠的规模、办法，和对鼠、蚤等所进行的分类研究来看，远远超过了防疫的需要。从这个角度说，1940 年“新京”、农安的鼠疫防疫活动，也是一场大规模的捕鼠运动。当时石井的防疫队本部估计，“新京”市内栖息的鼠类约有 50 万只。而防疫队本部前后“受理的捕鼠数为近 9 万只。”①这还不包括防疫队本部要求“日满各方面”搜集、提供的土拨鼠，即白鼠或天竺鼠。② 这两项数目并未达到石井部队的要求，它们曾计划对“新京”的 45 万只鼠进行细菌检索和解剖。③ 石井的防疫队主要征集活鼠，同时对鼠的来源，不知依据何种标准，还划成第一地区和第二地区，此外，还有所谓“特殊捕鼠”。石井的防疫队对征集到的鼠，还要求明确记载如下事项：“捕的鼠，是用笼，还是用药？捕鼠笼的饵是什么？”④农安的捕鼠也引人瞩目。当时，“新京”业已向各方面发放捕鼠器 1.7 万多个，用以捕 45 万只鼠显然不够。尽管如此，石井的防疫队还要求拨给农安一部分。石井的防疫队以调查长春县疫情的名义，曾派出如表 13 的长春县防疫队，其首要任务也是捕鼠。他们于 1940 年 10 月 25 日分别到位后，立即捕鼠和征集鼠。邻近农安的第二班（小合隆）到达任地后，立即将 435 只老鼠送交“新京”防疫队本部。在档案中没有捕鼠、交鼠记载的只有第三班，可是，如前所述，他们却跑到远离“新京”数十公里的双城堡（今属怀德），不知目的何在。据某些回忆录载，1940 年夏秋，大规模捕鼠、征鼠活动，不只是发生在“新京”和农安，例如奉天也有类似情况。⑤

综合上述种种情况，可以判明，1940 年秋石井四郎率其细菌部队进军“新京”和农安，绝不是为了“防止鼠疫的爆发性流行于未然”和“灭绝其根基”，而

---

① 满铁新京工事事务所：《ペスト防疫作业报告书》，昭和 15 年。吉林省档案馆藏，旧字，C4164。另据“市防疫本部资料”，康德 7 年 11 月 16 日，（吉林省档案馆藏，3—7，426）载：1940 年 10 月 18 日至 11 月 16 日“新京”共捕鼠 83286 只，其中活鼠 54967 只，死鼠 28319 只。

② 《关东军临时ペスト防疫队本部记事》，1940 年 10 月 26 日。吉林省档案馆藏，3—7，250。

③ 《经理部长面谈时要望对策案》，昭和 15 年 10 月 22 日。吉林省档案馆藏，3—7，250。

④ 《关东军临时ペスト防疫队对策》，昭和 15 年 11 月 1 日。吉林省档案馆藏，3—7，250。

⑤ 据马恕知：《日本侵略者在沈阳市收购老鼠与细菌战活动》（见孙邦：《日伪暴行》，伪满史料丛书。吉林人民出版社，1993 年 10 月，第 641 页。）文称，1940 年夏，日本特务机关和宪兵队命令奉天市伪警察署征集老鼠，结果 23 个派出所，共征集老鼠 10 万只，送给日军细菌部队（白城子地区）。作者当时任奉天市南市交通中队长。

是当年对华细菌战的作战行动的一部分。石井部队全然是“借题做文章”，这是勿庸置疑的。剩下的问题只是：导致石井部队开进“新京”和农安的鼠疫，究竟是自然发生的，还是人为制造的？答案是后者。

过去的农安鼠疫史研究者，基于当时鼠疫和防疫方面的诸多奇特现象，和某些历史线索，不约而同地推断，1940 年农安鼠疫是日本细菌谋略的结果。如今这种正确推断已为确凿的历史文献所证实。1993 年 12 月日本出版发行的《季刊·战争责任研究》第 2 号刊载的吉见义明·伊香俊哉《日军的细菌战》一文，曾援引原日本陆军省医务局医事课长大冢文郎大佐的《业务日志》，其中有这样一段记载：1943 年 11 月 1 日，当时已转任日本陆军军医学校附的石井四郎在陆军省医务局的会报会上报告称：“既往事实：农安县，由田中技师以下 6 名投放，据密探报告，最有效果。”对这段文字，文章作者解释其意思是：石井说过“在中国东北的吉林省农安县曾进行了鼠疫跳蚤的撒布实验，而且有效。”①这里的问题是，石井所说的“既往”是指何时？中国医学界经过多年调查证明：1942～1945 年，农安县并未发生过鼠疫。1941 年实施细菌谋略的可能性，尤其是在靠近东北的中枢地区，又为“关特演”即对苏备战的关东军大规模军事调动所排除。而征诸 1940 年农安鼠疫的特点、流行范围集中、病型呈综合性、官方对疫源解释含混不清等情况，所谓“既往”无疑是 1940 年。现已查明：细菌谋略执行者田中技师就是田中英雄，他当时任石井部队第二部田中班、即昆虫研究班班长，是专门研究鼠疫媒介物的。田中出身于满铁，1942 年曾伙同碇常重等赴华中浙赣地区进行细菌谋略。②

关于“新京”鼠疫的发生，日方当局讳莫如深，从未公布发病原因。揭破秘密的是爱新觉罗·宪均，他身为伪满军医当局高级领导职务，与日方过从极密，深谙日军细菌部队内幕。③ 他于 1954 年 7 月 22 日供称：

> “一九三八年[系 1940 年之误]七月，在新京日满军人会馆开了第二次会议(新京地区百斯笃[鼠疫]防疫委员会)。梶塚隆二[关东军军医部长]指示说，预想今年可能有百斯笃的发生，希望各委员在作防疫当中充

---

① 《季刊·战争责任研究》第 2 号(1993 年冬季号)，第 22 页。

② 田中英雄，日本长野县人，1905 年生，1931 年日本九州帝国大学毕业后，先后在本校和八幡市立诊所妇科工作，1934 年入满铁四平医院工作，后任满铁辽阳医院院长。《满洲绅士录》，昭和 12 年版，满蒙资料协会藏版，第 982 页。

③ 爱新觉罗·宪均，又名复之，1902 年生，北京人，清皇族善耆之子，满洲医科大学毕业。曾赴日本陆军军医学校学习。历任伪满军政部卫生股长、医务科长、恩赐医院院长，第一军管区军医处长。1945 年任第二军管区少将军医处长。

分掌握近代医术。后由梶塚隆二向各委员分配了防疫业务。关东军方面由梶塚隆二担任,伪满军方面由宪均担任,伪满各机关由大平得二担任,患者的收容由张继有、温乃即担任,病理研究由安部担任。就在一切准备完了之后,于七月下旬,卫生技术厂长阿部某把百斯笃菌的昆虫,散布在城里兴运路和日本桥一带的所谓贫民区之间。于是在该地带首先在小孩中感染了三名,继而蔓延,至八月下旬,共发现八十余名百斯笃患者。发生患者处的房屋皆被烧坏。该八十余名患者和四百余疑似患者,皆被收容在千早病院,患者死亡在百分之九十以上,疑者于九月中释放回家。这一次的新京百斯笃流行,是日寇关东军在大都市密居的地方,试验感染情况的罪恶行为,我是该委员会的委员,是有责任的。”①

宪均的这一供词,在时间、数字和个别情节上未免有些出入,因为他完全是靠记忆作供的,但是,他明确揭发卫生技术厂厂长阿部某是1940年“新京”鼠疫的细菌谋略执行者。这是可信的。因为,事实证明,不仅阿部本人②,而且他所领导的卫生技术厂,在某种程度上也是受石井部队节制的推行细菌谋略的别动队,他们不止一次地参与石井部队施放细菌的实验活动。用卫生技术厂鼠疫研究室主任加地信的话说就是,技术厂在“细菌处理和实际的防疫方面,是不允许对细菌战、细菌谋略漠不关心的。”③而且,下面即将述及,阿部后来不仅成为第一〇〇部队的嘱托,还和加地信一道担任由关东防卫军主持的特殊防疫委员会的委员。④ 当然,在伪满首都引发起烈性传染病是不无风险的,一旦失控后果不堪设想。正因为如此,关东军司令官梅津美治郎当时以驻满大使名义接连致电日本政府,⑤报告疫情和防疫上的“最佳措施”,⑥报告还曾强调“并无蔓延之势”,“流行地带是与满洲特产大豆无关的地区。”⑦但

---

① 1954年7月22日爱新觉罗·宪均笔供。《细菌战与毒气战》,第351~352页。

② 阿部俊男,1892年生,日本宫城县仙台市人,东京帝国大学毕业,医学博士。历任传染病研究所技手,陆军、内务两省嘱托,长崎医科大学教授,长崎税关医官、传染病研究所技师等。《满洲绅士录》,昭和12年版,满蒙资料协会藏版,第50页。

③ 加地信:《日帝细菌战ニ就イテ》(对1950.2.16吉林省日本人管理委员会长春支会询问的回答),1950年2月18日。长春市档案,94—69,第6号。

④ 加地信:《日帝细菌战ニ就イテ》(对1950.2.16吉林省日本人管理委员会长春支会询问的回答),1950年2月18日。长春市档案,94—69,第6号。

⑤ 1940年10月9日、16日,11月4日(两次)、5日、26日,12月6日等均为“新京”鼠疫致电日本政府。

⑥ 昭和15年10月9日梅津大使致松冈外相电,第451号。日本外务省外交史料馆资料。

⑦ 昭和15年11月5日梅津大使致松冈外相电,第504号。日本外务省外交史料馆资料。

却缄口不谈关东军、特别是石井部队进驻“新京”这一重要事实，也不谈疫病的来源。真是所谓“此地无银三百两”。

日军在农安、“新京”人为地制造鼠疫的流行，打破了一些好心人的“日本人无论如何不会在它控制下的伪满洲国投放细菌”的天真想法。事实证明，石井部队实施细菌谋略、人为制造传染病流行的行径，不是个别行动，也不仅于鼠疫。且举一例：1941 年夏，北安省德都县红花基屯（又称红霍尔基）和在红花基屯西南 10 公里的克山县王会屯发生霍乱。前者于同年 7 月 28 日出现首例患者后，续发患者达 124 名，其中死亡 78 名；后者首例患者出现于 8 月 22 日，之后患者达 21 名，死亡 11 名。① 对此，伪北安省当局派去某技师等 3 名；日军第四军防疫班派去近藤军医大尉等 12 名；第七三一部队先后派去濑户少佐等 9 名和山本参谋、菅原中尉等 11 名，进行所谓调查。关于霍乱发生的原因，日本宪兵队的结论是：“是否基于苏联方面的谋略工作，因未把握实体，故不能断定，但很值得怀疑。”②其他资料则称：“其传染途径……特别”。③ 说得具体的，还是被派去参加所谓调查的卫生技术厂的细菌科长加地信，他的话可以说是泄露了天机。他说：

> “1941 年夏，德都县的一个极其偏僻的小村发生了霍乱，而此次霍乱流行的原因至今也不清楚。我个人也受民生部的委托参加了此次调查。当时，七三一部队（哈尔滨和孙吴支队）也参加了，一同进行。我们携带了最少限度所需检查器械，达到了检查目的。而七三一部队则带去了大量的各种器械，在现地还设置了齐备的实验室，就连培养基都是现地做成的，并做了种种检查。当时我们想：说不定有着某种不同的目的，否则用不着如此大动干戈。……此次流行，如前所述，是很奇怪的一次流行，无论如何都不能说是自然发生的，有点让人感到是人为的。日军的结论是‘共匪的作业’。而我们对此都半信半疑。如今回想起来，说不定是日军方面为了某种目的而进行的实验（但这只是设想，无具体根据，只是从军方对此次流行如此关心，七三一部队大规模地在现地进行检查作业，推断它无论如何不是自然发生的）。”④

---

① 《满洲国ニ於ケル“コレラ”ノ疫史》，特防议案，康德 9 年 7 月 15 日。

② 关东宪兵队档案。吉林省档案馆藏，3—7，446。

③ 同①。

④ 加地信：《日帝细菌战ニ就イテ》（对 1950. 12. 16. 吉林省日本人管理委员会长春支会询问的回答），1950 年 2 月 18 日。长春市档案，94—69，第 6 号。

加地信对要害之点说得还有些模棱两可,但他毕竟是道出了真情。当时,第七三一部队为了实验霍乱菌在人间的传染规律,对每名患者的感染途径都逐一做了详尽调查,并经过分析做成了一系列图表与统计。这些资料至今俱在。①

然而,惯于贼喊捉贼的日本帝国主义硬是妄图将德都和克山两县的两个小小山村发生的一场霍乱流行,嫁祸于苏联谋略。1942 年,他们还开始实行以关东防卫军为中枢的所谓细菌谋略防卫紧急对策,简称“特防”。② 为此,日伪宪警机关,例如铁路警护队还曾进行细菌谋略防卫演习。③ 实际上,这一切都不过是太平洋战争爆发后日军加紧研制细菌武器和推进细菌战的障眼法。而不管是细菌武器的研制,还是细菌武器用于实战,都离不开细菌谋略。细菌谋略还有其专管部门,在中国东北,就是关东军第二部,亦即情报部。

结　语

话题还是转回鼠疫细菌武器。1940 年的浙江细菌战后,1941 年日军在湖南常德和 1942 年在浙赣,虽都大规模实施细菌战,但就鼠疫细菌武器而言,其最终完善,即改善鼠疫跳蚤使用法,也就是“从飞机上借助特种装置来散布跳蚤或投掷特种细菌弹的方法”,是在 1944 年 7 月至 1945 年 8 月山田乙三充任关东军司令官的时期。④ 石井四郎曾一再强调:“鼠疫流行病在自然条件下是容易发生的,但要用人工办法来造成流行病就不很容易了。”所以,须做种种实验,特别是人的生理特点实验。这种实验要用活人来做。至于如何来做,石井却半吞半吐:“进行这种实验时用的是中国人,并说这种实验是既在部队内即实验室条件下进行,又在野外条件下进行的”。而“野外”,是指靶场,还是一般居民区;所用的活人,是指在押者,还是老百姓?石井就缄口不言了。他说这是部队“秘密中的秘密”。⑤ 实际上,石井已经话到嘴边,不言而喻了。原七三一部队第四部部长川岛清少将在供述细菌部队设在“满洲”的原因时曾

---

① 见于关东宪兵队档案。吉林省档案馆藏,3—7,446。

② 《细菌谋略防卫紧急对策》,昭和 17 年。吉林省档案馆藏,3—9,114。

③ 1954 年 8 月 30 日板元善藏供称:1942 年夏,哈尔滨、三棵树、水上等 3 个警护队,在哈尔滨车站,以苏联为假想敌,演习在车站内撒布鼠疫菌、发现患者、进行急救等。《细菌战与毒气战》,第 354 页。

④ 《伯力审判材料》,第 101 页。

⑤ 同上,第 314~315 页。

称:“在满洲境内有可能获得大量非日籍的活人来做进行细菌实验的材料,并且满洲地域也很辽阔……。”①这是日军将细菌武器研制中心迁移中国东北的实质所在。所以,石井的第七三一部队,不单是在部队内对囚禁者进行残酷的活人实验,而且对于广大的居民区也肆无忌惮地实施细菌谋略,人为制造疫病,残害无辜百姓。当然,在这方面,非军组织与个人的活动,其作用亦不可低估,他们常常打着防疫或研究的旗号,鬼鬼祟祟,充当细菌部队的走卒,干着穿着军服不便干的罪恶勾当。而且,不管是采用什么方法,凡是细菌战和细菌谋略“所使用过的某些病菌在自然环境内的一定条件下,可能形成多少强固的传染病策源地”。② 这就给我们提供了一个思路,并有助于我们弄清这样一个事实:在伪满时期为什么“防疫”日益加强,而传染病却有增无减,甚至在伪满洲国垮台后更有大的发作。

表1　1932年前东北鼠疫流行情况统计

	1888~1898		1910~1911		1920~1921		1928		1929~1932	
	患	亡	患	亡	患	亡	患	亡	患	亡
合计	560	?	?	43892	?	8557	1265	?	?	559
各地:										
通辽							430	?		
开鲁							27			
科尔沁左翼中旗							402			
突泉							50			
扎赉诺尔					?	1067				
满洲里			?	522	?	1044				
农安			?	449	?	50			?	559
长春			?	3104	?	77				
瞻榆							163	?		
双辽			?	26			15	?		
康平			?	191						
哈尔滨			?	5272	?	3125				
沈阳			?	2571						
其他	560	?	?	31757	?	3194	178	?		

资料来源:东北人民政府卫生部《东北防治鼠疫工作总结》,1949年度。辽宁省档案馆藏,东北大区资料,485。

① 《伯力审判材料》,第123页。
② 同上,第439页。

表 2　1920～1921 年东北鼠疫流行概况

地区	人数	合计
腺鼠疫:(8 月下旬至 10 月末)		
满洲里及其附近	18	37
海拉尔	19	
败血型鼠疫:(11 月上旬至 12 月下旬)		
满洲里	1	39
札赉诺尔	3	
海拉尔	35	
肺鼠疫:(12 月 25 日至翌年 6 月末)		
中东路沿线	6887	7710
中东路南线	59	
海参崴及其附近	640	
吉林	30	
长春城内	29	
满铁附属地	30	
满铁附属地外	35	

资料来源:满铁地方部卫生课《防疫十年志》,大正 12 年 3 月,第 23～25 页。辽宁省档案馆藏,日文资料,文教类,2934。

表 3　1933～1944 年东北鼠疫流行状况

年　度	患　者	死 亡 者
1933	1644	1644
1934	793	793
1935	435	430
1936	147	144
1937	247	238
1938	718	687
1939	657	500
1940	2551	2033
1941	704	550
1942	878	681
1943	1961	1280
	(1968)	(1287)
1944	1161	917
	(1960)	(?)

资料来源:全国防疫联合办事处《近年国内鼠疫流行概况》,中国第二历史档案馆藏,371—764。( )内为东北人民政府卫生部《东北防治鼠疫工作总结》所示数字。

表 4　伪满鼠疫防疫机构系统

- 日满防疫联合委员会
  - 满洲国{民政部、蒙政部}
  - 满　铁{地方部、总　局、建设局}
    - 哈拉海调查所
      - 关系{省公署、县旗公署}
      - 农安隔离所—前郭旗监视所 ／ 哈拉海隔离所—高家店监视所 —— 农安、长岭(一部) ／ 前郭、乾安(一部)
      - 前郭旗隔离所—长岭监视所 —— 扶余、长岭(一部) ／ 前郭(一部)
      - 大赉隔离所—乾安监视所 —— 大赉、乾安、安广
      - 窑门隔离所 —— 德惠
      - 陶赖昭隔离所 —— 扶余、德惠
    - 通辽调查所
      - 白城子隔离所 —— 洮安
      - 洮南隔离所 —— 洮南、突泉
      - 太平川隔离所—瞻榆监视所 —— 开鲁、瞻榆
      - 郑家屯隔离所—[双山监视所 ／ 博王府监视所] —— 辽源、双山、科左后旗 ／ 前郭(一部)、中旗(一部)
      - 通辽隔离所—[温都鲁王府监视所 ／ 开鲁监视所] —— 通辽、科左前旗 ／ 开鲁、科左中旗

资料来源:满铁铁路总局《康德二年(昭和十年)度防疫概况》,第 1~2 页。辽宁省档案馆藏,文教类,2937。

表 5 1940 年东北鼠疫流行比较表

县市名	发生日期	终息日期	发生处所	患 者	亡 者
扶余	7. 20	10. 8	4	57	56
郭前旗	7. 3	10. 26	42	543	509
大赉	7	10	6	114	102
安广	7. 28	9. 9	3	46	43
镇赉	—	—	—	—	—
白城	—	—	—	—	—
洮南	—	—	—	—	—
开通	7	11. 9	25	402	347
乾安	8. 6	11. 20	15	174	136
长岭	6	11. 6	18	343	291
双辽	7	11	8	166	158
梨树	—	—	—	—	—
农安	6	11. 27	16	551	471
榆树	—	—	—	—	—
长春	9. 23	12. 7 *	12	27	26

注：* 1940 年 12 月 7 日在长春车站发现 1 例患者。日方资料无此记载。

资料来源：吉林省地方病第一防治研究所、中国医学科学院流行病学微生物学研究所《吉林鼠疫流行史》，未刊资料，1973 年，有关资料与统计。

表 6 1940 年“新京”市鼠疫患者表

编号	住 所	区域	姓 名	年龄	性别	发病日期	生死	
							日期	结果
1	东三条通 42 号	A	太田安次	23	男	9. 23	9. 29	死
2	东三条通 42 号田岛家	A	王 合	13	男	9. 24	9. 25	死
3	室町 4 丁目 7 号宝昌楼	A	藤田君香	8	女	9. 25	10. 2	死
4	室町 4 丁目 7 号宝昌楼	A	藤田キヌ子	5	女	9. 25	9. 30	死
5	东三条通 田岛的三女	A	田岛忠子	2	女	9. 28	9. 29	死
6	东三条通 田岛家	A	宋丕德	22	男	9. 27	10. 1	死
7	东三条通 田岛家	A	韩秀臣	25	男	9. 28	10. 2	死
8	东三条通 田岛的二女	A	田岛天津子	9	女	9. 25	10. 3	死
9	东三条通 田岛家	A	井上一夫	24	男	9. 30	10. 2	死

续表

编号	住所	区域	姓名	年龄	性别	发病日期	生死	
							日期	结果
10	东三条通　田岛家	A	松原正次	23	男	9.30	10.4	死
11	室町4丁目　宝昌楼	A	福田铁夫	17	男	9.29	10.1	死
12	金城公寓	A	矢野正光	21	男	10.2	10.4	死
13	室町4丁目7号	A	德本富美子	12	女	10.1	10.7	死
14	金城公寓	A	李德金	10	男	10.6	10.8	死
15	东三条通　田岛家	A	宋言山	56	男	10.5	10.10	死
16	室町4丁目7号水成馆	A	福良勉	27	男	10.10	10.11	死
17	露月町4丁目满铁宿舍	B	黄　氏	40	女	10.10	10.11	死
18	入船町2丁目23号双成泰	C	陈宝玉	55	男	9.24	10.11	死
19	梅ヶ枝町4丁目21号温华梁家	D	苏云田	37	男	不明	10.13	死
20	室町4丁目金城公寓	A	甯德源	18	男	10.10	10.13	死
21	室町4丁目金城公寓	A	高松マサ子	3	女	10.2	10.20	死
22	室町4丁目金城公寓	A	后藤アイ子	17	女	10.5		生(愈)
23	军用路行路病者	E	王振东	36	男	10.5		生
24	室町4丁目金城公寓	A	土屋ヨシ	58	女	10.12	10.17	死
25	日本桥国华旅社投宿者	F	梶尾春夫	38	男	10.17	10.22	死
26	同上之邻　广本洋行	F	宋福林	44	男	10.21	10.22	死
27	日本桥通63号	G	张孝俊	46	女	11.8	11.12	死
28	梅ヶ枝町4丁目14号	D	尹福模	19	男	11.12	11.15	死

资料来源：满铁新京工事事务所《ペスト防疫作业报告书》，昭和15年。吉林省档案馆藏，旧C4164。

表7　1916~1952年农安县人间鼠疫流行统计

年度	疫点		初发月日	终息月日	发病人数	死亡人数
1916	梁家窝堡	1处	8月	初冬	70	70
1918	花园屯等	3处	8月中旬	9月下旬	63	63
1920	牛尾巴山屯等	6处	8月中旬	10月上旬	116	116
1921	长春岭屯等	10处	8月中旬	晚秋	约300	约300
1924	于家围子屯	1处	7月	秋	40	40
1928	高家店屯等	2处	12.3		2	2

续表

年度	疫点		初发月日	终息月日	发病人数	死亡人数
1929	牛尾巴山屯等	5 处	6 月末	9 月上旬	200	200
1930	杨风岭屯等	8 处	7 月中旬	10 月上旬	246	246
1931	五里坨子屯等	6 处	7 月上旬	10 月下旬	98	98
1932	张三月窝棚屯等	6 处	7 月	10 月下旬	123	123
1933	五里坨子屯等	64 处	6. 20	11. 10	1087	1079
		(62)			(710)	(710)
1934	大白蒿山屯等	33 处	6. 29	12. 16	296	296
		(35)			(301)	(301)
1935	东花园屯等	5 处	6. 23	9. 30	20	19
1936	陈家屯等	2 处	6. 13	8. 21	19	19
1937	二青山屯	1 处	8. 12	9. 19	9	8
1938	太平庄屯等	4 处	8. 8	10. 27	34	33
1939	金宝山屯等	5 处	7. 26	9. 23	9	9
		(4)				
1940	农安县城等	16 处	6 月	11. 27	551	471
		(14)			(521)	(441)
1941	放牛沟屯等	12 处	6. 17	9. 14	722	722
		(10)			(716)	(716)
1946	韭菜坨子屯等	6 处			67	67
		(4)			(54)	(54)
1947	阎家屯等	4 处			47	44
1950	鞠家园子屯等	30 处	6. 27	10. 18	120	47
		(26)			(112)	(44)
1951	蔡家屯等	8 处	7. 13	9. 27	23	10
		(6)			(11)	(7)
1952	伏龙泉等	3 处	6. 17	8. 16	9	6
合计		173 处			4271	4088
		(160)			(3829)	(3667)

注:( )内数字见陈文阶(原农安县卫生防疫站站长)《农安县鼠疫流行的概况》,1993 年,手稿。
资料来源:吉林省地方病第一防治研究所等《吉林省鼠疫流行史》,1973 年,未刊资料,第 115~123 页。

表 8　1940 年农安县鼠疫流行状况

疫　　点	现所属乡(镇)村	初发月日	终息月日	发病人数	死亡人数
县城 5 个街	农安县农安镇	6 月	11. 27	354	298
山东屯	农安镇站前村	8. 27	10. 3	19	16
苗家屯	农安镇站前村	7. 14	8. 27	25	17
于家园子屯	农安镇站前村	7. 20	8. 15	15	15
		(8. 30)	(9. 11)	(12)	(10)
温家园子屯	农安镇站前村			5	4
后双庙子屯	农安镇站前村	8. 20		4	4
毕家店屯	华家乡	9. 16	10. 18	78	70
迟家店屯	华家乡	7. 14	9. 20	5	5
赵家店屯	农安镇铁西村	7 月	7 月	6	6
横坨子屯(蒋三爷窝堡)	永安乡民主村	9. 10	10. 3	13	11
于家围子屯		8. 30	9. 11	12	10
				(0)	(0)
后蒙古屯				15	15
				(0)	(0)
合　　计	16	6 月	11. 27	551	471
				(521)	(441)

注:( )内数字见陈文阶:《农安县鼠疫流行的概况》,1993 年,手稿。

资料来源:吉林省地方病第一防治研究所等《吉林省鼠疫流行史》,1973 年,未刊资料,第 120 页。

表 9　"新京"农安间铁道输送计划

<table>
<tr><th>列车编号</th><th colspan="2">输　送　数　量</th><th>输　送　时　间</th><th>摘　　要</th></tr>
<tr><td>第一列车</td><td colspan="2">"满洲国"警察队
765 名</td><td>"新京"发:19 日 14 时 20 分
农安着:19 日 16 时 20 分</td><td>宿营用车</td></tr>
<tr><td rowspan="2">第二列车</td><td>客车</td><td>防疫队主力 200 名
警备部队 30 名
满　赤 26 名
满　铁 40 名
民生部 100 名
电　电 10 名
电　业 10 名</td><td rowspan="2">"新京"发:19 日 15 时 40 分
农安着:19 日 18 时 02 分</td><td rowspan="2">一、客车充作宿营车
二、货车主要装载粮秣、宿营用具、消毒器具等</td></tr>
<tr><td>货车</td><td>有盖车　11 辆
(内 1 辆为警察部队)
平板车　2 辆</td></tr>
<tr><td>第三列车</td><td colspan="2">第一及第二防疫队 128 名</td><td>"新京"发:20 日 7 时 15 分</td><td>普通列车</td></tr>
</table>

资料来源:"新京"满铁临时防疫委员会《ペスト防疫报告书》,昭和 15 年 12 月,第 53~54 页。

表 10 病型分类 The classification of diseaseform

	S-district（新京地区）	N-district（农安地区）	Total cases 合计
	Cases（例）	Cases（例）	Cases（例）
Glandular plague（腺鼠疫）	11＊	22	33
inguinal（腹股沟）	7	13	20
axillaris（腋下）	2	9	11
submaxillaris（腭下）	2	0	2
Cutaneous plague（皮肤鼠疫）	2	5	7
Septicamic plague（败血症鼠疫）	4	12	16
Lung plague（primary）肺鼠疫（初期）	1＊＊	0	1

＊ 其中 2 例兼为败血症鼠疫。

＊＊ 系护理病人时传染。

资料来源：The Report of "Q".

表 11 解剖例概要 Brief out-line of all investigated cases

No.	Name（氏名）	years（年龄）	sex（性别）	day of course（发病期间）	Disease form（病型）	Entrance port（感染部位）
1.	K F	8	♀	8	G（腺）	l-inguinal（左鼠径）
2.	T T	8	♀	5	G-S	r-submaxillaris（右下颚）
3.	S K	25	♂	5	G	r-inguinal
4.	M M	23	♂	5	G	l-axillaris（左腋窝）
5.	M Y	21	♂	3	G	r-inguinal
6.	F T	12	♀	6	G-S	r-axillaris
8.	T L	10	♂	3	S（败血症）	
9.	G S	56	♂	6	L（肺）	
10.	K K	45	♀	?	S	
11.	H C	55	♂	18	G	r-inguinal
12.	T F	27	♂	3	G	l-inguinal
14.	T N	37	♂	4	C（皮肤）	phlegmon
15.	U S	18	♂	?	G	l-inguial
19.	Y T	58	♀	12	S	
22.	M T	3	♀	21	G	l-submaxillaris

续表

No.	Name (氏名)	years (年龄)	sex (性别)	day of course (发病期间)	Disease form (病型)	Entrance port (感染部位)
26.	H K	31	♂	7	C	phlegmon
28.	F S	44	♂	2	G	r-inguinal
38.	Y O	33	♂	7	S	

资料来源:The Report of "Q".

表 12 Q 报告与 1940 年"新京"市鼠疫患者表(表 6)对照表

患者编号·姓名字头		年 龄		性 别		发病日数(期间)	
Q 报告	表 6	Q 报告	表 6	Q 报告	表 6	Q 报告	表 6
1.K F	3.Kimika Fujita (藤田君香)	8	8	♀	女	8	9. 25—10. 2
3.S K	7.Syusin Kan (韩秀臣)	25	25	♂	男	5	9. 28—10. 2
4.M M	10.Masaji Matubara (松原正次)	23	23	♂	男	5	9. 30—10. 4
5.M Y	12.Masamitu Yano (矢野正光)	21	21	♂	男	3	10. 2—10. 4
8.T L	14.Tokukin Li (李德金)	10	10	♂	男	3	10. 6—10. 8
9.G S	15.Genzan So (宋言山)	56	56	♂	男	6	10. 5—10. 10
11.H C	18.Hougyoku Chin (陈宝玉)	55	55	♂	男	18	9. 24—10. 11
28.F S	26.Fukulin So (宋福林)	44	44	♂	男	2	10. 21—10. 22
6.F T	13.Fumiko Tokumoto (德本富美子)	12	12	♀	女	6	10. 1—10. 7
12.T F	16.Tutomu Fukura (福良勉)	27	27	♂	男	3	10. 10—10. 11
19.Y T	24.Yosi Tuchiya (土屋ヨシ)	58	58	♀	女	12	10. 12—10. 17
22.M T	21.Masako Takamatu (高松マサ子)	3	3	♀	女	21	10. 2—10. 21

资料来源:据表 6 和"Q 报告"编制。

表 13 长春县防疫队

班　长	姓　名	任　地	到达时间	摘　　要
第一班	大山中尉	米沙子	16. 10	10 月 24 日因雨道路破坏交通困难
第二班	石田中尉	小合隆	12. 00	
第三班	吉田中尉	双城堡	14. 55	
第四班	酒井少尉	卡　伦	11. 55	
第五班	柏村少尉	大　屯	11. 50	

资料来源:关东军临时鼠疫防疫队本部《速报》,昭和 15 年 10 月 26 日。吉林省档案馆藏,3—7,250。

第四章　浙赣细菌战

——1940～1944 年

李　力

前　　言

近几年，我们为了进一步揭示日军对华细菌战的实况及其对中国人民造成的危害——以鼠疫流行为中心，在日军进行细菌战的主要地区之一的浙赣地区进行了多次深入而又广泛的调查。在当地各级档案馆和卫生防疫站等机关的大力支持下，获得了反映日军细菌战实况及其造成的浙赣鼠疫流行状况的许多官方文书档案和有关当事人回忆资料等。① 与此同时，我们也得到日本学者关于此项研究的最新突破性成果，如吉见义明、伊香俊哉：《日军的细菌战——陆军方面真相大白》（以下简称《日军的细菌战》）等论著。② 综合中日双方资料，充分表明：一、日军对浙赣的细菌战，在地域上是广阔的，攻击目标不是仅局限于一两个城镇，而是针对从沿海到浙赣交通线的广大地区；在时间上是长期的，从 1940 年到 1944 年在浙赣一些地区曾反复进行；使用了多种细菌，包括鼠疫、霍乱、伤寒、副伤寒等，并采取多种方式，从飞机撒布、地面散播到谋略投放等。二、正是日军的这种细菌战和日本侵华战争所造成的动乱，使浙赣从一个非疫区变成鼠疫疫源地，致使当地居民多年遭受鼠疫疾病侵袭，蒙受了巨大的人员和物资损失，直到新中国成立后才最终消灭了鼠疫的流行。

---

① 调查中提供材料的有：中国第二历史档案馆、浙江省档案馆、江西省档案馆、湖南省档案馆、宁波市档案馆、衢州市档案馆、金华市档案馆、丽水市档案馆、义乌市档案馆、常山县档案馆、上饶地区鼠疫防治所、衢州地区卫生防疫站、丽水地区卫生防疫站、金华地区卫生防疫站、义乌市卫生防疫站以及有关各地区的政协文史资料办公室等机构和个人。

② 《季刊·战争责任研究》第 2 号（1993 年冬季号）。

一　日军浙赣细菌战的背景与概况

（一）1940年日军对华细菌战的背景与经过

在抗日战争进入持久战阶段的1940年，国际形势发生巨大变化，希特勒德国在欧洲发动了全面进攻。对于陷入侵华战争不能自拔，感到战争资源严重不足的日本来说，由于英、法因欧洲大战无暇东顾，为其向南洋侵略扩张，夺取那里的战略资源提供了机会。于是，日军统帅部决定减少在中国战场上的兵力，把战略重点转向南方。对中国，则制定了“帝国要更加使政略、战略、谋略一体化，尽全力迅速使重庆政权屈服”的方针；同时，还具体制定了“关于到昭和十五年（1940年）末为止的对华武力战指导，大体上应以保持现态势，积极支援政略及谋略的完成为重点；在确保治安区内重要地区安全的同时，适时对集中之敌加以反击，挫其战意，摧毁敌人继续战斗的企图”的要领。① 同样，在日本大本营陆军部1940年7月3日决定的《伴随世界形势发展的时局处理要纲》中，也提出“要在解决支那事变的同时，努力改善内外环境，继而捕捉时机解决南方问题”的方针。② 根据上述方针，1940年5月到9月，中国派遣军代表今井武夫在香港重新开始了与蒋介石代表宋子良的秘密谈判，即进行所谓“桐工作”。日军统帅部为了配合这次谈判，在军事上向中国政府施加压力，采取了一系列的军事行动：5~6月，驻武汉地区的日军第十一军向中国第五战区发动了“宜昌作战”；5月18日到9月4日，日军陆海军航空队集中近300架作战飞机进行“101号作战”，连续轰炸了以重庆、成都为中心的中国大后方城镇。同时，派飞机轰炸浙江沿海城镇和交通线，配合海军舰艇封锁浙江沿海；7月中旬“陆海军开始联合行动”，封闭了“华中唯一的援蒋通道”——宁波港③，断绝了当时国际援华的主要海上交通线。

就是在这种情势下，日军统帅部决定在华中的浙江、江西等地进行“保号

---

① 日本陆军省、部会议决定：《昭和十五、六年を目标とする对支处理方策》，1940年5月18日。防卫厅防卫研修所战史室编：《战史丛书·支那事变陆军作战（3）》，朝云新闻社，1975年，第239页。

② 防卫厅防卫研修所战史室编：《战史丛书·支那事变陆军作战（3）》，朝云新闻社，1975年，第269页。

③ 中支警务部：《管内治安月报》，昭和15年7月。中国第二历史档案馆藏，787—159。

作战”，实验在实战条件下用飞机撒布各种传染病菌的有效方法，把细菌战也作为向中国政府施加压力的一个手段。根据当时担任中国派遣军作战主任参谋的井本熊男中佐的业务日志（以下简称《井本日志》）第7卷5月31日记载，在“保号作战”中需要联络的人员包括：参谋本部的参谋次长泽田茂，第一部长富永恭次，作战课长冈田重一，作战课作战班长高月保，航空班长谷川一男，作战课员荒尾兴功、松前未曾雄，编成动员课长那须义雄，编成动员课编成班长美山要藏；陆军省的陆军次官阿南惟几，军务局长武藤章，军务局军事课长岩畔豪雄，军事课高级课员西浦进，军事课编成班长松谷诚，军事课预算班长松下勇三；中国派遣军的司令官西尾寿造，总参谋长板垣征四郎，总参谋副长本多政材，高级参谋公平匡武，作战主任参谋井本熊男；关东军的司令官梅津美治郎，参谋长饭村穰，参谋副长秦彦三郎，高级参谋有末次，作战主任参谋中山源夫等。

6月5日，井本熊男与参谋本部的荒尾、增田等人就细菌战进行了协商。初步计划在“7月份”实施细菌战，攻击目标定为“浙赣沿线城市”。同时，决定参战部队由中国派遣军司令部直接指挥，“负责人为石井大佐”；具体攻击方法是使用飞机在“4000米以上高空”采取“雨下法”①或撒布鼠疫跳蚤；作战使用的机场为邻近南京的“句容”机场。

6月28日，井本熊男“为了与中央联络‘保号作战’”，从南京飞抵东京。7月2日，“在军医学校同石井大佐等就已决定之事项进行了进一步的协商”。

7月21日，井本熊男飞到哈尔滨与“石井部队协商‘保号作战’”；7月22日，从哈尔滨飞抵杭州进行侦察，“决定使用原中央航空学校”作为前线进攻基地，并决定由石井部队人员编成的“加茂部队”进驻该地。② 另一方面，石井四郎接到准备实施细菌战的指示后，立即返回哈尔滨平房的七三一部队本部，一面组织远征队，一面集中人力生产供这次作战使用的各种病菌。远征队由七三一部队副官、总务部长大田澄中佐、航空班长增田美保大尉等40人组成；关东军司令部方面派参谋山本源一参加远征队的指挥。作战期间，石井四郎及七三一部队研究部长碇常重少佐也曾亲临前线。根据当时在七三一部队生产部任职的柄泽十三夫供认：“一九四〇年下半年，我奉直接长官铃木少佐的命令，要准备七十公斤伤寒菌和五十公斤霍乱菌。当时铃木少佐向我解释说，

① 雨下法：是将雨下器置于飞机上，该器是具有数千小孔之圆筒，可间断地降落水滴，适用于撒布霍乱、赤痢、伤寒等细菌。

② 《季刊·战争责任研究》，1993年第2号，第9页。

准备细菌一事，是该部队长官石井将军命令他作的，因为石井将军正准备率领一个特别远征队去用细菌反对中国军队……我执行了这个命令。同时，我从第二部人员方面听到，第二部内为石井将军远征队培养了五公斤染有鼠疫的跳蚤，以便用去散布鼠疫。”①原七三一部队的雇员田村良雄也证实：“一九四〇年七月初旬至九月下旬，十月下旬至十一月中旬，编制了临时大量生产细菌队，从各部召集了约一百二十名人员，……在两个细菌工厂里制造了约二百七十公斤伤寒、霍乱、副伤寒、鼠疫、脾脱疽菌。这些细菌都由航空班送往南京及华中地区的‘远征队’使用了。”②

1940 年 8 月初，参加“保号作战”的人员由陆路和水路陆续抵达浙江前线基地杭州。此前的 7 月 25 日，关东军司令部下达了“关作命丙第 659 号”运输令。根据此令，关东军野战铁道司令部于 7 月 26 日发出了“后勤命令第 178 号”，在该命令的附件上，明确标明了运输远征队的路线和时间。

而且，在该命令的说明中还写明：“依据关东军作战命令丙字第 659 号所拟定的输送一览表，所输送的是驻在哈尔滨的奈良部队（平房石井部队之一部）校级以下官兵共四十名及其所携带的武器（秘密器材）；行程是山海关——天津——上海。”③

另外，据参加过这次运输行动的石桥直方的日记记载，按该项命令编组的载有“航空炸弹七百发、汽车二十辆”等的列车，8 月 4 日抵达南京对岸的浦口。器材用船运入南京后，8 月 6 日运抵目的地杭州笕桥的原中国中央航校。④

8 月 16 日，支那派遣军司令部派作战主任参谋井本熊男到杭州，就细菌战准备的细节同七三一部队远征队进行联络。据《井本日志》第 8 卷记载，双方联络的具体内容包括：命令的传达；经费的支付（是哈尔滨还是南京？由总司令部研究）；目标的空中摄影；消毒药品的请领；兵要地志（至攻击目标为止）等，共 17 项。

8 月末，细菌战的战前准备完成。8 月 28 日，井本熊男到东京会见了参谋本部第一部长富永恭次，编成动员课编成班长美山要藏，作战课作战班员荒尾兴功。30 日，与华中防疫给水部的增田知贞中佐就“奈良部队经费”和“上报

---

① 《伯利审判材料》，第 24 页。

② 1954 年 10 月 10 日田村良雄口供。《细菌战与毒气战》，第 57~58 页。

③ 同①，第 218 页。

④ 高杉晋吾：《七三一部队细菌战の医师を追え》，德间书店，1982 年，第 20~21 页。

奈良部队编成表”等问题进行了联络。①

9月，浙赣细菌战正式开始。日军在作战期间，大量增加了在浙赣地区的飞机侦察活动，对攻击目标做战前侦察和对作战效果进行事后观察。根据中国军令部一厅二处编的《民国29年1月至30年3月全国敌机空袭次数统计表》统计，1940年9~10月份日军飞机在浙江的侦察飞行比平时了增加一倍。(参见表1)

经过对攻击目标的侦察，远征队决定首次攻击在9月中旬进行，但由于运输等原因被推迟到9月18日以后。据《井本日志》9月10日记载："10/9，一、与奈良部队的大田中佐、增田大尉联络：1.目标10/9搜索，宁波和衢县作为目标是否适当。(金华?)航空摄影(城市)。2.10/9，第一回弹药输送推迟，预计几日内可以到达。第一回C〔霍乱〕改为T〔伤寒〕。"日军细菌战的首批攻击目标选择了重要港口城市宁波和浙赣铁路线上的战略要地衢州和金华。关于首次攻击的情况，在9月18日的《井本日志》中有更详细的记述："18/9，星期三，一、(略)；二、与奈良部队联络：1.推迟开始的原因；2.弹药除空运外，同时实行陆上运输；3.福岛雇员战死情况；4.生产量，每日10公斤(C)，(T)在其以上；5.目标，宁波良好(附近村庄每平方公里1.5公斤)，金华、玉山每平方公里2公斤(附近村庄每平方公里0.7~0.8公斤)。"同时还记述了关东军山本参谋对细菌战有关事项的说明："1.(细菌散布方式)分为大面积撒布低浓度弹药和集中投放高浓度弹药两种，后者的目标选定温州(台州、温州、丽水)；2.决定采用雨下法，需要使用降落伞，宁波海上方案；3.借航空摄影机一架；4.关于使用笕桥机场，应考虑其他部队的使用及联络事宜；5.地图的提供；6.有关谋略事项及其用法。"其中值得注意的是，攻击目标被进一步扩大到浙南的温州、丽水一带；作战手段也从单一的空中撒布扩大到使用谋略手段，即派遣特务到攻击目标地区投放。

《井本日志》再次记载细菌战进展状况是在10月7日："一、听取奈良部队的状况(山本参谋、福森大佐、大田中佐、金子大尉、增田大尉)：1.运输，迄今为止共6回(其中船运2回)，空运当日到达，船运约需6日，以后使用空运为宜；2.迄今为止攻击次数，共6次，跳蚤1G约1700只；3.效果尚待判定，通过秘密侦察；4.气象诸元的测定，已由杭州移至现地，没有使用降落伞(仅指宁波)；5.温州作为雨下目标良好，台州等不适合，但在攻击温州时因气象诸元素决定，如不使用伞将很困难；6.(山本参谋提出)目标及攻击法可以灵活，(决

① 《季刊·战争责任研究》，1993年第2号，第10页。

定)攻击法可以重复;7.人事;8.兵要地志;9.'保号作战'的将来(显而易见要继续下去)。"①从这段记载可以看出,日军从9月18日到10月7日这一期间内共进行了6次细菌攻击,其中至少有1次散布的是鼠疫跳蚤。从运输所需时间及运输次数与攻击次数相同,大致可以推定每次攻击所用的细菌都是从哈尔滨平房细菌工厂专门运到杭州前线的。

关于这6次细菌攻击的具体时间和地点,《日志》中没有记载。但从9月18日的记载中可以看到,宁波、金华、玉山、温州、丽水等地都在攻击之列。另外,据中方的文件记载:10月4日,敌机一架在衢县城区撒布了谷物和跳蚤等。② 10月5日,敌轰炸机一架在诸暨县城郊区撒布白色丝状物。③

10月8日,井本熊男被调到了参谋本部第一部作战课,临行前与其后任吉桥戒三及增田知贞中佐等人,就"保号作战"交换了意见,提出了"在12月份"结束"实验"的方针;对于正在进行的细菌战,则认为"C〔霍乱〕不行了,P〔鼠疫〕也许可以成功",把希望寄托在撒布鼠疫细菌上。④

鉴于霍乱、伤寒等细菌的攻击未能达到预期的效果,日军从10月中旬以后把攻击重点放在撒布鼠疫细菌方面。10月下旬,两次在宁波城区投掷染有鼠疫细菌的跳蚤,致使宁波出现了突发性鼠疫流行。

11月下旬,日军统帅部为了贯彻细菌战的"突击性"原则,下达了"大陆指690号"命令,决定"试验在本月末结束"。据《井本日志》第10卷记载:石井四郎于11月20日左右抵达南京,与中国派遣军司令部就结束此次作战进行了协商。石井四郎同意在11月末结束作战,并对最后一次攻击的目标提出建议:"为了详细了解实施的结果,应在杭州——上海之间"进行,在作战地区"除进行空中摄影外,我军可以在该地进行讨伐。"但该建议被派遣军司令部所拒绝。接着,他又提出绍兴、诸暨等地点,最后双方"就攻击金华达成协议"。对金华"22日进行了空中观察"⑤。27日和28日,日军飞机连续在金华城区上空撒布鼠疫菌,完成了1940年浙赣细菌战的最后一次攻击。

---

① 《井本日志》第9卷。《季刊·战争责任研究》,1993年第2号,第10~11页。

② 军政部第二防疫大队:《衢县、宁波鼠疫发生经过及防治情形》,民国30年1月。湖南省档案馆藏,74—4—200。

③ 浙江全省防空司令部电,防消字1016号,民国30年7月。宁波市档案馆藏,5—1—209。

④ 《井本日志》第9卷。《季刊·战争责任研究》,1993年第2号,第11页。

⑤ 《季刊·战争责任研究》,1993年第2号,第12页。

(二)“保号作战”的影响与中国的反细菌战措施

1940年浙赣细菌战结束后,七三一部队马上派人调查细菌攻击的效果,特别是对成功的战例(例如宁波)进行了详细的调查。据柄泽十三夫供认:“当时为了搜集关于此次动作效果的情报,特留下了一个由野崎少佐带领的专门小队,结果野崎少佐弄到了几份记载有关于宁波一带瘟疫流行消息的报纸。”①在1941年4月15日《井本日志》第11卷中记载:在日军攻占宁波前夕,“为研究宁波的P〔鼠疫〕,关东军向华中防疫给水部增派了5名”研究人员。② 据当地居民回忆:“一九四一年四月十九日,日寇侵入宁波。五月初,十一个日本高级将官(并非驻在本市的敌军部队,而由其他地方特派而来。)到疫区附近找寻当时办事人员金体熔,详细探寻宁波鼠疫发生经过,‘何时发生?’‘发生何地?’‘最初发生于哪一家?’‘当时有否飞机散发小麦?’‘人民是否说这是皇军干的?’‘你担任什么工作?’‘一共死了多少人?’‘怎样防治的?’……问长问短,问了二小时,均被详细记录。”③

其次,日军为进一步进行细菌战,对1940年“保号作战”作了总结。据《井本日志》第10卷记载:就细菌战中“媒介物的获取”,“补给手段”,“适当容器”的准备,以及在“实战时使用空军还是特种部队”,“应该使用重型轰炸机进行奇袭性夜袭”等问题,有关方面进行了协商。1941年2月5日,还召开了研究“保号作战”的讨论会。参加会议的有:陆军省医务局的卫生课长渡边甲一,医事课长镰田调,课员中留金藏、金原节三;七三一部队的石井四郎、大田澄、碇常重、金子顺一、山本参谋、福森、野崎;华中防疫给水部的增田知贞、小野寺义男;华北防疫给水部的西村英二、板仓等人。会议重点讨论了1940年“保号作战”的“作战经过”;细菌战“将来的运用方法”,“假想作战方针”,以及“由谁承担遭受外国批评的责任”等问题。④

第三,利用1940年细菌战中的成功范例在日军内部大肆宣传细菌战的作用。细菌战的主谋石井四郎对于此次“保号作战”的效果甚为满意。据1941年初就任七三一部队总务部长的川岛清供称:石井曾将一份记述1940年间宁波一带发生鼠疫流行的杂志给我看,并声称宁波鼠疫流行是日军远征队空投

① 《伯力审判材料》,第281页。
② 《季刊·战争责任研究》,1993年第2号,第13页。
③ 全一毛:《一连串铁的事实证明日寇作细菌战》。《当代日报》,1950年2月12日。
④ 《季刊·战争责任研究》,1993年第2号,第13~14页。

鼠疫跳蚤的结果,还说“这次远征是有成效的”①。他还供称:“一九四一年六月,当石井将军从东京转回来后,他把本部队各部部长召集到自己办公室内开会,当时他通知我们说,他向日军参谋本部报告过,说第七三一部队已研究好了用染有鼠疫跳蚤作为细菌武器的方法,说这方面所达到的成绩可以大规模地实际用去达到战争目的。”②另外,石井四郎还把其亲自参加细菌作战的镜头和细菌战的成功战例联系在一起,拍成纪录片,以宣传自己的功绩。据看过这部影片的原七三一部队训练部长西俊英供称:“我看见过一部说明第七三一部队所派远征队于一九四〇年间在华中一带动作情形的纪实影片。起初在银幕上映演的,是装有染上鼠疫跳蚤的器皿怎样安置到机身下面去。随后映演的,是撒放器怎样安置到飞机翅膀上去。接着就是一段解释,说明这一器皿内盛有鼠疫细菌。然后就表明有四五个人坐上飞机,但究竟这几个人是谁,我却不知道。接着飞机就飞向空中,随后又是一段解释,说明飞机向敌人方面飞行。然后那架飞机就飞到了敌军上空。随后几副镜头是表示飞机动作、中国军队移动及中国村庄情景的。接着就出现有一股烟气脱离飞机翅膀向下坠去。随后就有一段解释,说明这股烟气乃是撒放到敌军头上的鼠疫跳蚤。然后飞机就飞回机场。银幕上出现了‘作战完毕’几字。随后就是飞机降落,消毒人员来到飞机跟前,接着就是表明飞机消毒的情形。随后有数人下机:首先下机的是石井中将,跟随在他后面的是碇常重少佐,其余的人我不认识。随后出现了‘战果’二字,映出一份中文报纸以及从这份报纸上译成日文的一段消息。解释文上说道,在宁波一带忽然间发生了强烈的鼠疫流行病。”③

第四,通过 1940 年“保号作战”,七三一部队从几种传染病菌中选出鼠疫菌作为以后进行大规模细菌战的主要武器;把撒布染有鼠疫菌的跳蚤作为今后作战的主要方法。据关东军军医部长梶塚隆二供称:1941 年 2 月,石井四郎在向其汇报 1940 年细菌战时说,“效力更大得多的细菌投掷法是不把细菌‘赤裸裸’投掷下去,而是把它同媒介物一块,即同虫类,特别是同跳蚤一块投掷下去。跳蚤是最富有生命力的虫子,把跳蚤染上鼠疫后,就从飞机上投掷下去,而寄存在跳蚤体内的鼠疫菌,便能顺利地同跳蚤一起落到地面上。”④1941 年以后,七三一部队不断扩大鼠疫跳蚤的生产能力,把其作为细菌生产的重

---

① 《伯力审判材料》,第 271~272 页。

② 同上,第 119 页。

③ 《伯力审判材料》,第 300~301 页。

④ 同上,第 105 页。

点。1941 年 11 月，在对湖南常德的细菌战中再次使用了鼠疫跳蚤，进一步验证它的攻击力。① 1941 年底，关内各细菌部队也开始进行生产细菌跳蚤的准备，据《井本日志》第 14 卷 1941 年 12 月 22 日记载："在华北有石油桶 2 万个，如果有人力和资金可生产 10～20 公斤；在华中，鼠的来源困难；在华南，亦有种鼠。"②

另一方面，日军对浙江的细菌攻击也引起中国政府对防御细菌战的重视。在 1940 年日军"保号作战"开始后的一段时间里，中国方面对日军的细菌攻击一无所知，以致当宁波城内突然流行鼠疫后，有人认为可能"为敌机散毒所致"③时，也未能引起中国官方的注意。再加上当时中国卫生检验设备匮乏，例如在浙江省能够进行细菌培养的，只有设在丽水的省卫生试验所，这就极大地妨碍了及时发现日军的细菌战阴谋。

中国方面正式发现日军在浙江撒布细菌、进行细菌战是在 1940 年 11 月 28 日日军对金华进行细菌攻击，当地卫生机构在日军空投物中检验出鼠疫杆菌以后。由此开始对宁波、衢州突然流行鼠疫的来源加以重视。"据第二防疫大队戌陷金电报称：连日敌机飞袭金华，散布颗粒状物，经镜检为鼠疫杆菌。……此次鄞、衢两县鼠疫发生原因，实系敌机投布鼠疫病菌而起。"④

1940 年 12 月，中国政府开始采取措施，防备日军的细菌攻击。12 月初，浙江省省长黄绍竑紧急电告各县："各县县长均鉴，密奉第三战区司令长官顾戌艳垓电开，查甬、衢先后发生鼠疫，据报病菌由敌机传播，虽未经切实证明，但事有可能。嗣后，遇有敌机散布传单或任何物品，应立即焚毁以资防范，并饬属遵照，等因。奉此，以后各县如发现传单及其他物品，除妥慎保存样品一份，以待检查及化验外，应即与焚毁。"⑤同时，浙江省政府还制订并颁布了《指示各县办理防制鼠疫要点》、《浙江省鼠疫疫情报告办法》、《浙江省防制鼠疫紧急处置办法》、《浙江省敌机空掷物品紧急处置办法》等文件。⑥ 12 月 5 日，国民政府卫生署奉军委会、行政院的指示，"会同军政部军医署，并邀请国联

① 参见第五章。

② 《季刊·战争责任研究》，1993 年第 2 号，第 15 页。

③ 宁波《时事公报》，1940 年 11 月 4 日。

④ 《后方勤务部卫生处 29 年 12 月份大事记》。中国第二历史档案馆藏，805—553。

⑤ 衢州市档案馆藏，13—1—46。

⑥ 永康县政府致各区乡镇长代电第 1137 号，民国 29 年 12 月 20 日。义乌市档案馆藏，334—1—353。

防疫专家伯力士博士①举行紧急会议拟具《防治敌机散播鼠疫菌实施方案——卫生技术部分》",决定立即采取下列措施:"1.由卫生署、军医署、红十字会总会救护总队派员会同国联防疫专家赴浙江调查;2.制备预防用鼠疫疫苗;3.制备治疗用鼠疫血清;4.充实检验设备;5.准备防鼠器材;6.中央及各地设专人负责应负(付)细菌战;7.进行防疫宣传;8.指定人员研究细菌兵器之防制方法;9.制定厉行疫情报告等章程;10.筹拨经费。"②

上述规定颁布后,中国各地方政府开始重视日军利用飞机等方法撒布细菌的阴谋,加强了对日军细菌战的防范。例如,1941 年 2 月 26 日,浙江省永嘉县县长曾向浙江省政府主席致电报告:"皓[19]日,敌机十八架在芜湖编成扬子江海军特务机队,由船田仁礼中佐负责指挥。闻将在我赣鄂皖浙苏鲁战区后方施放细菌等。"③

另外,中国政府为了揭露日军在浙江进行细菌战的罪行,1940 年 12 月下旬,决定派遣卫生署"容处长、祝专员、叶墨博士,日内自筑赴浙调查疫情"④。对日军在浙江实施的细菌战实况及宁波、衢县鼠疫流行状况和发病原因进行"彻查研究"。⑤ 1941 年 1 月 15 日,卫生署防疫处长容启荣一行抵达浙江,开始赴各地调查。1941 年 3 月 6 日,容启荣通过浙江省卫生处长陈万里分别致函鄞、衢、金华各县长,指示:"上年十月间,敌机袭甬(衢)散布小麦、跳蚤情形需要详细报告,并鼠疫病例详细记录一并呈报。"⑥但由于距离日军散布鼠疫细菌已经时隔数月,未能取得日军在浙江进行细菌战的直接物证。

(三)1942 年浙赣战役前后日军的细菌战

1941 年末,设在南京的华中防疫给水部(荣字一六四四部队)已经能够生产一定数量的各种细菌,和独立在华中进行细菌战的实验。对此,中方文件报

---

① 伯力士(Robert Pollitzer),奥地利人,著名鼠疫专家,毕业于维也纳大学医学系。1921 年到中国东北从事鼠疫研究。抗日战争期间,作为美国红十字会的志愿人员活跃于抗战前线,先后参加过浙江、湖南等地的鼠疫防治工作。

② 卫生署致浙江省卫生处电,防字 2109 号,民国 30 年 1 月。浙江省档案馆藏,36—58—10。

③ 浙江省档案馆藏,36—58—10。

④ 贵阳朱家赓致浙江省卫生处电,民国 29 年 12 月 27 日。浙江省档案馆藏,36—61—93。

⑤ 军政部第二防疫大队长刘经邦致浙江省卫生处长陈万里电,民国 29 年 12 月 30 日。浙江省档案馆藏,36—61—93。

⑥ 浙江省档案馆藏,36—61—93。

刊屡有记载。如 1941 年 12 月 3 日,浙江省第四区公署在第 5733 号电中称:"前据密报,绍[兴]敌运到百斯笃[鼠疫]及肠窒扶斯[伤寒]两种烈性传染病菌,并派男女汉奸携带赴我后方散放。"①太平洋战争爆发后,日军把对华细菌战的重点放在浙赣前线各机场和西南国际交通线。据《井本日志》第 18 卷 1942 年 4 月 12 日记载的《昭和十七年"保号"指导计划》,1942 年日军细菌战的"攻击目标:1.昆明;2.丽水、玉山、衢县、桂林、南宁(沿岸飞行基地);3. SAMOA(撤退时);4.DH、AD、AK;5.澳洲要点;6.加尔各答。"②实施时间为"6 月以后,8 月或 10 月。"③

1942 年 4 月 18 日,从航空母舰起飞,以浙江衢州机场为降落基地的美军 B—25 轰炸机对日本的东京、名古屋等城市进行了首次空袭。此举极大地震动了日本朝野。日军统帅部决定立即发动"浙赣作战",妄图彻底摧毁浙江前线的衢州、丽水、玉山各机场。4 月 30 日,日军大本营正式下达"大陆命第 621 号"命令,明确指出这次作战的目的"主要是击溃浙江省方面之敌,摧毁其主要航空基地,粉碎敌利用该地区轰炸帝国本土之企图。"④

为了贯彻日军大本营的这一作战方针,日本陆军参谋本部决定把 1942 年度对浙江的细菌战与陆军的地面进攻相结合,利用日军占领浙赣前线各机场之机,进行大规模的地面撒布细菌实验,以期达到在日军撤退后,使各机场所在地区变为传染病流行区的目的,阻碍中国方面修复和再次使用这些机场。为了进行此次细菌作战,在日军第十三军发动"浙赣作战"的前一天——5 月 14 日,日本陆军军医学校校长桃井直干向陆军大臣提出"希望整备作战资材"的报告,申请建造简易房舍,使老鼠的收容量从现在的 2000 只扩大到 10000 只。⑤

5 月 15 日,华东日军开始发动进攻,分三路围攻浙赣铁路线要冲金华,与中国军队发生激烈战斗。随着战局的迅速发展,在日军攻占金华的前一天——5 月 27 日,日军参谋本部召开了有关细菌战的协商会议。据《井本日志》第 18 卷记载,参加会议的有:石井四郎少将、村上隆中佐、增田知贞中佐、小野寺义男中佐、增田美保少佐。会议确认了下列事项:1.要注意保密;2.编

---

① 浙江省档案馆藏,334—1—364。

② 《季刊·战争责任研究》,1993 年第 2 号,第 17 页。

③ 同上,第 15 页。

④ 防卫厅防卫研修所战史室编:《战史丛书·昭和十七·八年の支那派遣军》,朝云新闻社,第 111 页。

⑤ 《井本日志》第 18 卷。《季刊·战争责任研究》,1993 年第 2 号,第 17 页。

成装备要有具体的计划;3.飞机要使用“装有新撒布器”的九九式双引擎飞机;4.本年可使用的细菌有霍乱、伤寒、副伤寒、鼠疫;5.鼠疫菌现有量:平房2公斤,南京1公斤,其他1公斤,合计4公斤;6.为防止友军感染和保持机密,需派遣二个班。同时,石井四郎在会上建议:1.增强七三一部队的细菌制造部门;2.为进行细菌战需要编成中央机构(如果不能,或在医务局医事课设专人,或由七三一部队长管理全军的防疫给水部);3.在华中派遣军内配属军医学校或七三一部队的要员,等。5月30日,参谋本部第一部部长田中新一少将召见石井四郎、村上中佐、增田中佐、小野寺中佐、增田少佐等细菌战指挥官,正式向他们传达了关于细菌战的“大本营陆军部指示及注意事项”①。

6月,在日军第十三军先后攻占浙赣铁路沿线主要城市及机场所在地衢县(7日)、江山(11日)、玉山(12日)、广丰(14日)、上饶(14日)、丽水(24日)等地的同时,石井四郎返回了哈尔滨平房的七三一部队本部,着手组织参加细菌战的远征队和集中力量生产作战所需的各种细菌。

据当时担任七三一部队生产部长的川岛清供称:

> “在一九四二年六月间,第七三一部队长石井中将召集部队全体指挥人员会议,当时他向我们宣布,说很快就要派遣远征队到华中去,以其探究使用细菌武器的最好方法。这个远征队是遵照日军参谋本部所下命令组织起来而派走的,其主要任务是要研究所谓地面传染方法,即在地面上施放细菌的方法。随后关东军总司令就下令责成专门派遣一个远征队到华中去。”
>
> “根据这一命令,第七三一部队长石井中将又召集本部队全体指挥人员会议,当时他向我们说明应怎样具体举行这次远征,并责成第二部部长村上中佐去拟定进行这次远征的计划。这个远征队的人数规定为一百至三百人。决定要采用的细菌,是鼠疫菌、霍乱菌及副伤寒症菌三种。”②

川岛清还供称:“参加这次远征的,有第一部、第二部和第四部工作人员。我从生产部内派去了八个人。根据石井将军命令,我叫生产部制备了约一百三十公斤副伤寒菌和炭疽热菌供远征队之用。此外,第一部人员还带有由他们培制的若干罐霍乱菌和鼠疫菌,其必要数量则由他们在南京‘荣’字部队内就地培养。第二部人员携带有充分数量染有鼠疫的跳蚤。”③

---

① 《季刊·战争责任研究》,1993年第2号,第17~18页。

② 《伯力审判材料》,第270页。

③ 同上,第61页。

关于细菌生产,原七三一部队雇员田村良雄也证实:“一九四二年六月中旬至九月中旬,于第四部一课,奉班长命令,约三十名班员及其他部门来帮助的十五名,共同制造了霍乱菌、副伤寒菌、伤寒菌,推定约有一百四十公斤。……生产的细菌逐次由航空班用飞机运往中国关内去,为细菌战使用。”①

另一方面,在南京的中支那防疫给水部(荣字一六四四部队)也紧急生产细菌,在浙赣战线后方撒布。据当时在荣字一六四四部队工作的榛叶修在1946年4月17日证明:“昭和十七年六月制造下列细菌是事实:一、霍乱,二、伤寒,三、鼠疫,四、赤痢。制造有关者为防疫科全部人员。撒布时间是昭和十七年六月至七月,次数、数量等不详。撒布地区为以浙江省金华为中心的一带。结果,由于中国军迅速撤退,日军进入撒布地区,休息、住宿时使用附近的水作为饮料或烧饭,发生许多传染病患者。”②

另据1942年度《浙江省卫生处第一科工作报告》称:“六、七月间,战事正在进行,鄞县、海宁等县即有霍乱发生。八、九月间,蔓延至临海、黄岩、昌岭、仙居、天台等地。此后,温属各县如永嘉、瑞安、乐清、平阳、玉环等相继传播,更由青田、丽水而至龙泉,势颇猖,死亡甚多。”③

日军对浙江的细菌攻击,不仅给中国人民造成极大的危害,也搬起石头砸自己的脚,给在疫区作战的日军本身造成相当大的伤亡。据当时在荣字一六四四部队服役的日本士兵供认:“在对金华的作战中,日本地面部队进入了由飞机撒布细菌而污染的地区,这次进军显然比计划在这一地区实行细菌战者的预计提前了。其结果,日方出现相当多的病人。”④另一日军士兵也供认:“患者在万人以上,仅据在南京的防疫给水部看到的统计,死者就达1700人以上。死因主要为霍乱,也有赤痢和鼠疫。”⑤在负责浙赣作战浙江方面进攻的日军第十三军司令部提出的《浙赣第四期作战经过概要》中,也可以明显看出,在浙赣作战期间因病减员人数远远超过了因战斗死亡负伤的人数。(参见表2)

这次细菌战的主力——第七三一部队远征队到6月下旬才做好准备,“从六月底到七月初的期间,该远征队分成好几个小队乘坐飞机和火车抵达

① 田村良雄口供,1954年10月10日。《细菌战与毒气战》,第60页。

② 《细菌战与毒气战》,第236页。

③ 浙江省档案馆藏,36—0—86。

④ 常石敬一编译:《目标 · 石井》,大月书店,1984年,第131页。

⑤ 同上,第141~142页。

驻屯在南京的‘荣’字部队。”①参加过这次作战行动的第七三一部队第一部雇员古都证实:“一九四二年七月间,第七三一部队所派由一百二十名官佐及雇员编成的一个队伍,乘火车从哈尔滨开走。我们首先开到了日本驻华中远征军防疫给水司令部驻屯的南京市,当时有该司令部中一部分官佐[派遣]和士兵加入了我们的队伍。结果我们那个远征队人员名额就增到了一百五、六十人。”②远征队抵达南京后,迅速做好了战斗准备。据《井本日志》第19卷记载:7月6日,第七三一部队的碇常重中佐飞抵东京,向参谋本部报告:“中国‘保号’已准备就绪,如天气许可随时可以出动。”但是,这时由于日军地面部队在浙赣作战中因病减员激增,在中国派遣军内部对进行细菌战出现了意见分歧。7月15日,井上中佐在给参谋本部的报告中称,在中国派遣军内,总参谋长后宫淳对进行细菌战可能危害日军自身“特别担心”;总司令官畑俊六则提出改变细菌战的攻击目标,提出“攻击桂林、衡州如何?”;指挥浙赣作战的第十三军司令官泽田茂对在浙赣作战中进行细菌战也“不甚积极”。针对这种状况,经过协商,日军最后决定采取于日军撤退时在居民已逃亡地区撒布细菌的方法,“以返回居民为目标,造成无人地带。”另外,由于“鼠不足”,“实施攻击预定在8月中旬以后。”③

此外,由于浙赣铁路沿线洪水泛滥,使日军原定于7月末完成的破坏机场、拆除铁路、运走缴获的战略物资等项任务都不得不推迟到8月中旬。据《井本日志》第19卷7月26日记载:鉴于上述情况,参谋本部作战课“与石井少将联络”,通报了中国派遣军司令部的决定,指出实施细菌战的开始时间,极有可能是8月20日;如果能于8月10日开始,可以进行“二次强化”。对此,石井表示“使用Px〔鼠疫〕、C〔霍乱〕、T〔伤寒〕等很难达到无人清野”的目标。④

日军大本营在与各方面协商后,7月28日下达了“大陆命666号”及“大陆指1217号”命令:浙赣作战于8月中旬末结束,并开始从作战地区撤退。除准备长期占领的金华地区外,撤离浙赣沿线各地。⑤ 8月下旬,日军按预定计划先后撤离上饶(19日)、广丰(19日)、玉山(20日)、江山(21日)、常山(21

① 川岛受审经过,1949年12月15日晚庭。《伯力审判材料》,第270页。

② 《伯力审判材料》,第379页。

③ 《季刊·战争责任研究》,1993年第2号,第18页。

④ 同上。

⑤ 防卫厅防卫研修所战史室编:《战史丛书·昭和十七·八年の支那派遣军》,朝云新闻社,第238~239页。

日)等地,向衢县一带集结。与此同时,第七三一部队远征队开始实行"保号作战",在上述地区撒布细菌。

据当时担任日军第十三军司令部情报主任参谋的三品隆证实:"石井少将是于八月二十四日或二十五日到达战斗动作地区的。当石井少将到达之后,十三军团[十三军]司令部召集过一次秘密会议,到会者除了石井四郎之外,还有十三军团长[十三军司令官]、该军团[军]参谋长及该军团作战科科长[军作战主任参谋]参加。……石井少将当天吃过午饭后就乘飞机到南京去了。"8月27日,细菌战部队在日军主力撤离衢县、丽水的同时,按计划在两地撒布了细菌。"(与石井一同来的)官佐曾与先头部队的防疫队一起在战线上撒播过鼠疫细菌。"①

关于这次细菌作战的细节,在《井本日志》第19卷8月28日记载的长尾参谋提出的《"保号"实施现状》中,具体记述如下:

1.广信〔上饶〕 Px〔鼠疫〕(1)毒化跳蚤 (2)施放经过注射的鼠

广丰 (1)

玉山 (1) (2) (3)把P〔鼠疫〕干燥菌②混入米中;目的:鼠—蚤—人

江山 C〔霍乱〕(a)直接投入井中 (b)撒布在食物上 (c)注射于水果中

常山 (a) (b) (c)

衢县 T〔伤寒〕 PA跳蚤③

丽水 T PA跳蚤

2.弹药在南京集中,〔飞机〕衢州——〔汽车〕——目的地。

3.为进行攻击,约110名人员中的1/3乘飞机,其余乘汽车从杭州出发,(8月3日)前展开。

4.与地面作战的关系

① 《伯力审判材料》,第421~422页。

② 1954年10月10日,田村良雄口供:"一九四二年四月初至五月初间,制造了供给第四部三谷班的脾脱疽菌、鼠疫菌约二十四公斤。……三谷班将这些细菌制成了干燥细菌"。《细菌战与毒气战》,第60页。

③ 关于PA,《日军的细菌战》的作者认为是副伤寒。笔者认为因副伤寒不能经跳蚤传染,故通过跳蚤传染者应为鼠疫。

衢 ┌ 32D　22D ┐ 这两个师团与实施地区有关，撤退开始后攻击。
　 └ 河野(B)　15D ┘

此外，在 10 月 5 日的《日志》中还记载：增田大佐在报告细菌战“有关地面实施实态”时，提到“衢县 T 投入井中”；并提及在这次细菌战中准备使用空中撒布，说飞机用 6 公斤细菌将“按使用方针处理。”①

1942 年日军的细菌战虽然没有达到在浙赣铁路沿线制造无人区的目的，但给当地居民带来了极大的危害。在上饶、广丰、丽水等地都爆发了鼠疫，并形成新的鼠疫疫区。当然，也有许多地区由于当地政府的积极预防，才免遭传染病菌的危害。浙赣战役刚一结束，地处战区的浙江省卫生处立即“设置卫生巡回督导团，分赴劫后各县，办理消毒救护及预防工作。”②一些县卫生院也在日军撤退后，积极采取消毒预防措施，在居民返回城内之前清除了日军所撒布的细菌。如常山县，“8 月 23 日敌退后，越日即派员返城，雇夫掩埋城郊尸体百余具；并检查重要水井十余处，加以消毒。复会同警察局、城区两镇公所督导清除焚毁街弄垃圾至 9 月初。”③

1943 年以后，日军第七三一部队没有再派遣远征队到浙赣地区，在该地区进行细菌战的任务交由驻南京的荣字一六四四部队独立承担。到 1943 年初，南京华中防疫给水部（即荣字一六四四部队）的细菌生产量已达到相当大的规模。据日本陆军省军医局医事课长金原节三大佐在《陆军省业务日记摘录（后编 7—2）》中记载：1943 年 4 月，在参谋本部召开了有关方面参加的“保号”协商会。在会上，华中防疫给水部报告称：“关于粟[跳蚤]的生产，正在进行毒化研究；现在的产量为 5 公斤（如能补给 20000 只饼[鼠]，二个月后可达 15 公斤）。”会议决定从日本国内向华中补给 20000 只鼠。同时，会议强调在使用细菌武器时，“其指导方针，或以战果为主，或以保密为主；并应注意选择最适合作战地区的菌种。”④

据中文资料记载，1943 年以后日军在浙赣地区利用飞机空投或在地面人工撒布细菌的事实屡见不鲜。例如：“民国 32 年，日军荣字一六四四细菌部

---

① 《季刊·战争责任研究》，1993 年第 2 号，第 19 页。

② 浙江省情报处：《五月战情——浙赣战役浙境部分》，1942 年 10 月 10 日。浙江省档案馆藏，29—1—1069。

③ 常山卫生院：《应变工作经过及卫生院概况》，1943 年 1 月。常山县档案馆藏，413—2—8。

④ 《季刊·战争责任研究》，1993 年第 2 号，第 29 页。

队用飞机在金华、兰溪等地空投赤痢、伤寒等细菌，造成大批军民死亡。”①1944年初，“敌大本营于亥梗起以运输机陆续载伤寒、白喉、鼠疫各细菌炸弹三万枚来华，准备投用。”②1944年9月，“盘据日寇，则自十一日开始由岩泉、太平等地经原路向北撤退，并撒下大量带有各种病菌的毒饼后，十六日全部撤出丽水县境。”③

鉴于日军在各地不断使用细菌武器，1943年10月，中国国民政府召开了第二次全国防疫会议。会议通过了《敌人施用细菌战术应如何严密防范》的文件，针对日军的细菌战采取“（一）收集敌机投掷之物以资研究；（二）增设研究设备并设置专员负责研究”等对策。④

二　浙赣地区遭受日军细菌战攻击后的鼠疫流行状况

日军在1940年和1942年两次大规模细菌战中，通过使用飞机投放、地面人工撒布等多种方法，使鼠疫、霍乱、伤寒等烈性传染病在浙赣各地流行蔓延。其中，尤以鼠疫危害最为严重。日军人为地在宁波、金华、衢县、上饶、丽水等地制造了鼠疫流行，并使其中大部分地区成为人间鼠疫疫源地，连续多年威胁着当地居民的生命安全，并导致巨大的经济损失。

（一）1940年的宁波鼠疫流行

宁波，亦称鄞县，是浙江东北部的重要港口城市，城区地处甬江下游西南岸，江北和江东亦有街道；四十年代初，人口约有26万人，江北为外国租借地。宁波水陆交通发达，位于浙东交通网的中心，有甬杭铁路连接杭州。城北的宁波港是中国近代最早向外国开放的港口之一；在日军占领上海、广州等地之后，该港又成为中国连接海外的主要海上通道，战略地位极为重要。在疫病方面，1940年以前宁波一带从未发生过鼠疫流行。

1940年初，日军为了断绝国际上对中国的海路物资援助，派遣军舰封锁

---

① 《金华市志》，浙江人民出版社，1992年，第1048页。

② 湖南省政府电，民秘字第21564号，民国33年2月21日。湖南省档案馆藏，74—4—201。

③ 《丽水县志·政治志资料》，1965年，第116页。丽水市档案馆藏。

④ 浙江省卫生处代电，第2343号，民国32年11月。义乌市档案馆藏，334—1—377。

宁波沿海,不断出动飞机轰炸宁波。1940 年 4 月,还从海上向宁波发动进攻,但被中国军队所击退。中国方面为了保卫宁波,在该地除驻有地方武装外,还驻有陆军第一九四师等正规军。

1940 年 9 月,日军对浙赣细菌战开始后,宁波被列入首批攻击目标之一。为了观察细菌攻击的效果,日军加强了对宁波的空中侦察,并从 9 月 13 日开始,停止了对宁波的轰炸。①

现有材料表明:在 1940 年 10 月,日军为了在宁波城区制造鼠疫流行,曾两次在城内同一地点用飞机撒布染有鼠疫的跳蚤。② 第一次是在 10 月 22 日。据 1940 年 12 月浙江省卫生处长陈万里等《陈万里等对于敌机在金华空掷物品检验结果的说明》中记载:"鄞县在疫区中心即开明街、东后街等处,于第一例病人发病[10 月 29 日]前七天,曾有敌机散播小麦甚多"③。当时担任浙江省卫生处防疫科长的王毓榛也证实:"一九四〇年十月二十二日,有日机一架侵入宁波县上空,低空盘旋,撒下麦子、棉花很多。约一星期后,十月二十九日,宁波县发现第一个鼠疫嫌疑病人"。④ 另外,1940 年宁波鼠疫的两个幸存者之一钱贵法也回忆称:"一九四〇年十月二十二日,有一架单翼日机从东北方很低地飞来,在开明街、东后街一带扔下许多小麦、面粉和粟子,同时还散发画着日、德、意国旗和两手相握表示'中日亲善'的传单。传单大意是说重庆正在闹饥荒,民不聊生,日本人民则丰衣足食,尚有余粮来接济你们。……第二天下了一阵大雨,落在屋顶上的面粉等都被冲了下来。"⑤

第二次是在 10 月 27 日。1941 年 3 月 5 日,为调查宁波 1940 年鼠疫发生原因,陈万里致电鄞县俞县长:"上年十月廿七日,敌机一架空袭该县,低飞盘旋,在东大路、开明街一带散布小麦等物品,经过情形仰迅作一详细报告,并将

---

① 浙江全省防空司令部:《为调查 1938 至 1940 年度敌机空袭被损害与投弹率情况统计表》。浙江省档案馆藏,17—61。

② 关于攻击的时间存在不同看法,有人认为是 22 日,有人认为是 27 日。根据现有资料,笔者认为应为两次,22 日是首次攻击,27 日是在同一地点进行的加强细菌传染性的补充性攻击。其理由有三:(一)10 月 7 日,日军决定"攻击法可以重复"(参见前文),而两次用一种细菌攻击同一地点正是这一决定的实施。(二)宁波鼠疫是 29 日开始发生,从潜伏期看应为 22 日攻击的结果,而 27 日亦有可靠之证据表明日军进行过攻击。(三)主要当事人之一的浙江省卫生处长陈万里在事后的两份公文中先后明确提出 22 日和 27 日这两个攻击日期。

③ 《细菌战与毒气战》,第 272 页。

④ 同上,第 280 页。

⑤ 同上,第 281 页。

小麦照片呈缴，以凭汇转中央核备。至要。”①另据宁波《时事公报》1940 年 10 月 28 日记载：“昨晨六时四十七分，龙山发现敌机一架，本埠当发空袭紧急警报。旋该敌机侵入本埠上空盘旋，并散发荒谬传单后，向慈溪经观海卫、余姚、浒山、百官，向西北逸去。”“昨日下午二时廿分，海门由南至北发现敌机一架，至二时廿七分，该机经宁海时，本埠发紧急警报，旋该敌机经本埠上空，过慈溪、向龙山出海而逸。”当时担任鄞县卫生院内科主任的孙金铭也回忆称：“1940 年 10 月 27 日的早晨六、七点钟，一架日本飞机侵入宁波市空盘旋一周而去。到了中午十二时许，又一架日机低飞于市区上空。当时，在市中心东大路、开明街拐角一带商店住户发现屋瓦上、天井里有麦子和粟米之类散着，拐角处更多。有人在飞机越过时听到屋瓦上啦啦有声，大家感到惊异。”②

在谷物等的掩护下，大批染有鼠疫的跳蚤被投到地面。当时担任宁波临时防疫处消毒队副队长的钟辉证实：“当鼠疫发生后，那些在隔离室里的病人对我说，当日机飞来时，只见有许多麦子和粟子一起落下来，还有许多跳动的小东西。后来我穿了白色防蚤衣和油布短统靴在疫区里工作后出来时，下半身爬着很多颜色红红的、比平常较小的跳蚤。凡是落麦最多的人家，就死人最多。”③

宁波发生人间鼠疫是在 10 月 29 日，两天后开始出现死者。据《时事公报》11 月 2 日报道：“鄞县县东镇开明街暨唐塔镇东后街一段，于上月卅日起，发现流行性疾病，蔓延甚烈，三日内，不治身死者已达十人以上。”在疫病发生后的第四天——11 月 1 日，县东镇镇长毛稼生向县卫生院报告管内有疫病发生，卫生院当即派人赴疫区了解情况，并择患病较轻者到卫生院检查。11 月 4 日，经检验确定为鼠疫。

鄞县政府接到发生鼠疫流行的报告后，立即采取防疫措施，11 月 2 日划定并封锁了疫区；6 日成立临时防疫处，并在疫区周围修筑防护墙，在疫区内设立了隔离医院。此时，疫区内鼠疫传染迅速，因病死亡人数已达 55 人，疫区居民开始纷纷逃离，疫情有扩大之虞。为防止疫情蔓延，防疫处除了把疫区内尚存的 40 余人全部隔离观察诊治外，还布告全县举报从疫区外逃者，并派搜索队进行搜捕。同时，对死者尸体统一进行消毒，并深葬于西南郊外的老龙

---

① 浙江省档案馆藏，36—61—93。

② 孙金铭、倪维熊：《宁波鼠疫的发生和经过》。《宁波文史资料》第 2 辑，1984 年 10 月，第 175 页。

③ 《细菌战与毒气战》，第 281 页。

湾;对疫区及因鼠疫死亡者的发现地点进行反复消毒;还用药物毒死疫区内猫狗之类,以免传播疫菌。

浙江省政府接到宁波发生鼠疫流行的报告后非常重视,11 月 5 日,派省卫生处防疫科长王毓榛抵宁波指导防疫;10 日,省卫生处长陈万里和卫生署医疗防疫队第 17 队也携带大量防疫用疫苗抵达宁波,协助防疫。

鼠疫的流行引起当地居民极大恐慌,学校停课,公共场所及旅馆、饭店等纷纷停业。

经过一个月的紧张防治,到 11 月末疫情已被控制。为了根除鼠疫隐患,防疫处决定焚毁疫区内的全部房屋,11 月 30 日上午疫区被全部焚毁。(参见图 1)至此,宁波防疫告一段落。从疫情发生到 12 月 2 日最后一例病人在医院死亡为止,共流行 35 天,死亡 109 人。(参见表 3)

1940 年宁波的鼠疫流行,有明显的人为传播的特点:一、宁波不是鼠疫疫源地,历史上从无流行过鼠疫的记录,且远离鼠疫流行区,无从外地传入的迹象;此次鼠疫流行地点又位于县城中心,死者发病前无远离家门外出者。二、鼠疫流行期间没有发现疫鼠,而是蚤——人直接传染;患者所感染鼠疫类型基本上都是由疫蚤传染的腺鼠疫。据容启荣《浙江鼠疫调查报告书》中有病情记录的 61 例病人统计:腺鼠疫 58 例、败血鼠疫 3 例。① 三、鼠疫流行区域与日军撒布疫蚤的地点相同,在因病死亡者中,除一人是在医院感染外,全部是在疫区内感染的;而且,除 5 人外全部是在疫区封锁消毒前受感染的。此外,死亡者多集中于疫区西北角,与日军撒布物的集中点相一致。四、发病和死亡率高,疫区内发病户数占总户数的 42. 8%;在全部患者中,除陈和尚和宝昌祥学徒钱贵法二人幸存外全部死亡,死亡率达 98. 2%。

1940 年宁波鼠疫流行期间,由于有染疫者外逃,严重威胁邻近各县,受波及的县份有奉化、慈溪、象山等,幸而迅速采取防疫措施,没有造成大流行。据容启荣《浙江鼠疫调查报告书》记载:疫区中心东大路 262 号振昌祥服装店学徒蒋阿华,10 月 31 日染病后逃回奉化县石安冰家中,11 月 4 日死亡。② 又,《时事公报》11 月 18 日报道:疫区中心东大路 260 号宝昌祥西服店学徒蒋康昌染病后逃回奉化,11 月 2 日死于奉化孔峙家中。

另据 1941 年 2 月 10 日浙江省卫生处长陈万里致卫生署防疫处长容启荣的电报称:1940 年鄞县鼠疫流行时,住疫区东后街 141 号的徐鸿水、徐长水兄

---

① 《细菌战与毒气战》,第 257 页。

② 同上,第 269 页。

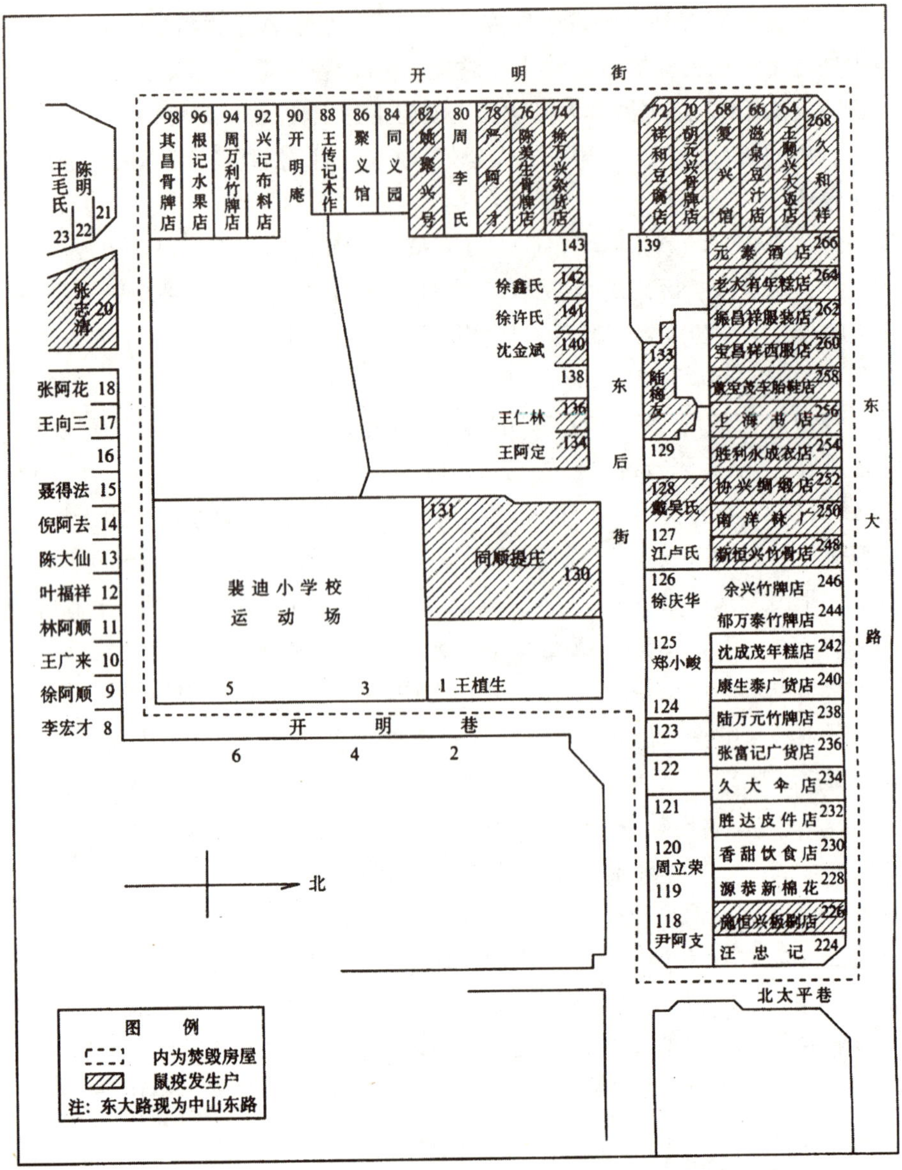

图 1　宁波鼠疫发生地区图

资料来源：军政部第四防疫分队《宁波衢县鼠疫防治经过》附图。参照《时事公报》1940 年 12 月 1 日所载疫区被焚住房调查补充。

弟染病后逃至慈溪县，在孝西镇第6保6甲永明路6号（永明寺）内卧床不起，11月9日清查户口时被发现，当日徐鸿水死亡，翌日徐长水亦死亡。①

因日军细菌战造成的1940年宁波鼠疫，由于地方当局果断采取“立即断绝疫区之交通，一面将病人迁出，一面将一切房屋等物件焚毁”②等措施，防治彻底，1940年以后宁波一带再未发生鼠疫流行。

（二）日军细菌战后衢州地区鼠疫流行概况

衢县又称衢州，是浙江连接江西的战略要地，水陆交通发达，铁路有浙赣线贯穿境内；公路经江山、常山到江西上饶，经龙游至金华；衢江可通航，是江山、常山、兰溪连接杭州的水路要道。县城内设有峥嵘、鹿鸣两镇，1941年共有户数7754户、人口35483人。③ 在疫情方面，1940年以前未发生过鼠疫流行。

1935年，国民政府在衢县城东建成衢州机场，经过1941年和1942年初的两次扩建，机场跑道被加长到长1000米，宽70米，成为当时中国东南各省中最大的军用机场。抗日战争爆发后，国民政府航空委员会在衢县设立空军第十三总站，下辖丽水、玉山、建瓯等机场。此外，衢县县城附近建有永久性军事工事，驻有重兵，经常保持一个军的兵力。

衢县始终是日军细菌战的主要攻击目标之一。第一次遭受攻击是在1940年10月4日。据中方档案记载：“十月四日晨五时，敌机一架低飞盘旋，掠屋而过。待敌机去后，柴家巷一带发现麦子、黑麦、粟米、跳蚤甚多。”④“柴家巷王学林家、罗汉井三号及五号院内均发现敌机所掷下的小麦、乌麦（较普通小麦小，而其色黑紫）、粟米等物品，并于柴家巷王学林家及罗汉井五号两处金鱼缸内及三号水池内发现跳蚤甚多。”⑤

---

① 浙江省档案馆藏，36—69—93。

② 军政部：《关于防治鼠疫应行改进各点的代电》，民国31年1月。宁波市档案馆藏，5—1—209。

③ 《衢县城区户口及防疫设施总检查统计表》，民国30年11月1日。衢州市档案馆藏，13—1—53。

④ 军政部第二防疫大队：《衢县宁波鼠疫发现经过及防治情形》，民国30年1月。湖南省档案馆藏，74—4—200。

⑤ 《陈万里等对敌机在金华空掷物品检验结果的说明》，1940年12月。《细菌战与毒气战》，第272~273页。

在日军进行细菌攻击的"17天后,衢城发现大量死鼠。"①至11月上旬,在日军撒布鼠疫跳蚤的地点,人间鼠疫突呈爆发性流行之势。② 11月12日,柴家巷三号的吴士英首先发病,15日死亡。随后,在柴家巷四号、罗汉井五号、七号、水亭街五十四号、五十五号及宁绍巷十四号陆续出现患者。

11月18日,驻防衢县的军政部第四防疫分队接到发生疫病的报告,立即派人赴疫区调查。第二天,警察局也接到报告,并派人到疫区进行了调查。③20日,县卫生院从患者的发病症状断定其为腺鼠疫。④

11月22日,驻衢县的浙江省第五区专员公署奉第三战区司令部和浙江省政府的指示,和第四防疫分队一起召集在衢各机关团体代表举行紧急会议,成立了防治鼠疫委员会。同日,派警察封锁了疫区。23日,防疫委员会召开第一次会议,决定采取设立隔离医院,在疫区内用硫磺、石灰等消毒,注射防疫疫苗等措施;并在县城内实施大扫除,开展防疫宣传运动。在浙江省卫生处和军政部第二防疫大队的帮助下,到12月7日最后一例病人死亡为止,控制了疫病的流行。

为肃清鼠疫流行的隐患,12月16日防疫委员会决定焚毁疫户住房,并结合城区改造在疫区改筑马路、拓宽原有路面,路边店铺限期自行拆除。12月22日至24日,由防疫委员会分片焚毁了疫户住房,共10户37间。(参见图2、表4)

1940年衢县鼠疫共流行了26天,患者人数25人,其中除夤序巷周氏一人治愈外,死亡24人,死亡率高达96%。(参见表5)

虽然衢县防疫委员会在防疫期间采取了一系列严厉措施,但由于防疫工作开始较晚,疫病已在鼠类中流行。据《衢州鼠疫流行状况和防治工作》一文记载:1940年防疫期间,共"解剖家鼠1588只,检得带鼠疫杆菌病鼠133只。"⑤留下了鼠疫再度流行的隐患。

1941年3月上旬,鼠疫在衢县城区坊门街再度流行,并很快在城内十余

---

① 衢州市卫生志办公室:《衢州鼠疫流行状况和防治工作》。《衢州文史资料》,第9辑,1991年12月,第185页。

② 据原七三一部队人员所提供材料写成的费尔报告(1947年6月20日)记载:"鼠疫跳蚤在最好的条件下,可存活约30天。在此期间有感染能力,一个人被一只跳蚤叮咬,即可被感染。"(松村高夫编《论争·731部队》,晚声社,1994年4月,第293页。)

③ 军政部第二防疫大队:《衢县宁波鼠疫发现经过及防治情形》,民国30年1月。湖南省档案馆藏,74—4—200。

④ 参见《细菌战与毒气战》,第257~259页。

⑤ 《衢州文史资料》,第9辑,1991年,第188页。

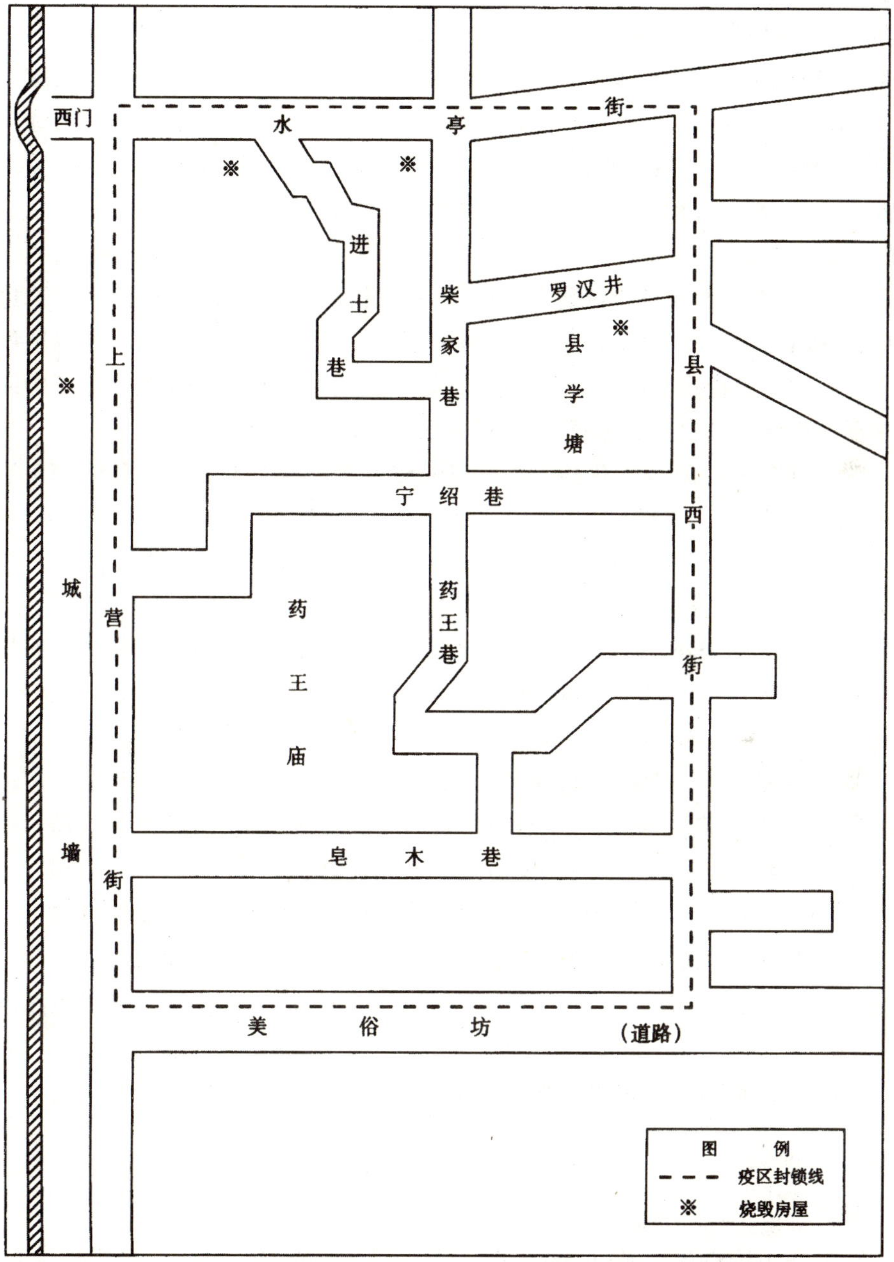

图 2　1940 年衢县县城鼠疫发生地区图

条街巷同时发生。虽然中国当地政府迅速成立了衢县临时防疫处,并派遣防疫队赴衢县参加防疫,但"衢县鼠疫因浙赣战况及空袭关系,转趋严重。"① "城厢病例散发十处,无法封锁,疫情渐趋严重。"②为扑灭衢县鼠疫,同年6月卫生署派遣防疫顾问、鼠疫专家伯力士到衢县,亲自担任临时防疫处检验科长,指导防疫工作。衢县鼠疫流行直到12月才告终息,城区共有37条街巷流行,疫区遍及全城;城郊亦有二处发生。据官方统计,1941年衢县城区共发现鼠疫患者281人,其中死亡274人;同时,在各处均发现大量死鼠。(参见表6)

另外,在衢县鼠疫流行期间,由于日军飞机频繁轰炸城区,城内居民被迫向农村疏散,致使疫情扩大到广大农村。因为当时农村无医疗机构,所以鼠疫在当地农村流行状况没有统计数字。据当时担任衢县临时防疫处副主任的邱如昆医生估计:"这次大流行,衢县城乡死于鼠疫者至少有1200人。"③

1941年衢县鼠疫波及甚广。战时防疫联合办事处《疫情旬报》第29号(民国30年4月10日)在谈及衢县疫情时,曾记载:"闻该地工人万余,染病死亡者十余人,因食米困难已遣散三千余,均未经留验,难免波及他县及部队。"④据现有材料看,受此次鼠疫波及者有义乌、江山、上饶等县市。

1942年上半年,衢县城内仍有个别鼠疫患者发生。据《浙江省卫生处第一科工作报告》(民国31年度)记载:"衢县1~2月间,仅发现死鼠;3~5月,每月各发现鼠疫患者一例。"⑤

1942年5月,浙赣战役开始。6月7日,日军攻占衢县。据中方材料记载,日军占领衢县期间,城中仍有鼠疫流行。浙江省情报处编《五月战情——浙赣战役浙境部分》(民国31年10月10日)记载:"7月22日:近日衢城发生瘟疫,死敌马二十余匹,敌兵四五十名。"⑥1942年11月25日,浙江省卫生处致卫生署电中也称:"衢县本年敌寇窜扰县城,曾闻从事鼠疫防治工作。"⑦当地居民也回忆说:"1942年5月(旧历),日军占领衢州,驻衢城之日军也相继

① 《后方勤务部卫生处民国30年5月份大事记》。中国第二历史档案馆藏,805—853。

② 战时防疫联合办事处《疫情旬报》第29号,民国30年4月10日。中国第二历史档案馆藏,476—195。

③ 邱明轩:《衢州鼠疫流行的片断回忆》,1993年,手稿。

④ 中国第二历史档案馆藏,476—195。

⑤ 浙江省档案馆藏,36—0—86。

⑥ 同上,29—1—1069。

⑦ 《鼠疫疫情报紧急报告第38号》,民国31年12月21日。中国第二历史档案馆藏,372—706。

患鼠疫，日军曾贴出‘××有鼠疫’的告示，禁止官兵进入。”①“在衢城坊门街一带，日军传染鼠疫死亡很多，所以日军离开城内驻在城郊，同时在坊门街拆烧房屋。日军曾发布‘鼠疫拆烧……’的告示。”②

1942年8月28日，日军撤离衢县。在撤退的同时，按计划在衢县城内撒布了伤寒菌和鼠疫跳蚤。日军撤退后，“省卫生处乃派医疗队队长柯主光前往勘查”，并在“专员公署所在地发现死鼠，经卫生院镜检有可疑鼠疫杆菌。”③《鼠疫疫情紧急报告第37号》（民国31年12月4日）记载：“军委会军令部转下派往第三战区联络参谋王征洋戌马辰电：‘衢州、广丰、玉菟［玉山?］、上饶等处有鼠疫流行。’”④当地民众也回忆：“1942年9月，政府军进驻衢城时曾贴出‘日寇在地面撒过鼠疫细菌，民众必须注意预防清毒’的告示。”10~12月，衢县城乡再次发生鼠疫流行。据邱如昆医生说：“全县有大洲、樟纭、双桥、云阡、万田、石梁、航阜、姜家山、廿里、石室、黄家等十多个乡（镇）及县城都有鼠疫发生，死亡人数在千人以上。”⑤

1943年以后至1947年为止，衢县鼠疫年年发生，但规模已较小。根据官方统计：1943年发生6例（死亡6例）；1944年发生1例（死亡1例）；1945年发生2例（死亡2例）；1946年发生12例（死亡11例）；1947年发生18例（死亡16例）。1947年以后，衢县未再发生鼠疫流行。

衢县成为鼠疫疫区后，严重威胁邻近各县，衢州地区内的江山、龙游两县都曾多次受到波及。

江山县位于衢县西南40公里，有铁路、公路及水路与衢县相连，曾数次受衢州鼠疫波及。该县共发生过3次鼠疫流行：最早在1941年5月，据《后方勤务部卫生处民国30年6月份大事记》记载：“据报江山发现鼠疫二例，均死亡。”⑥在国民政府防疫联合办事处《近年国内鼠疫流行概况》（民国37年10月11日）中也记载：江山县发生鼠疫3例，死亡3例。⑦ 另外，“1944年衢州疫情蔓延到江山县城，发病49人，死亡44人。1948年，江山县城再次发生鼠

① 《衢州鼠疫流行状况和防治工作》。《衢州文史资料》，第9辑，1991年12月，第190页。

② 李克全：《巨县鼠疫流行史》，1958年。现存衢州市档案馆。

③ 《鼠疫疫情紧急报告第38号》，民国31年12月21日。中国第二历史档案馆藏，372—706。

④ 同上，372—706。

⑤ 邱明轩：《衢州鼠疫流行之片断回忆》，1993年，手稿。

⑥ 中国第二历史档案馆藏，805—553。

⑦ 同上，372—764。

疫，发病 20 人，死亡 20 人。”①

龙游县位于衢县与金华之间的浙赣铁路线上，距衢县约 30 公里。据李克全《巨县鼠疫流行史》（1958 年）记载：龙游 1946 年发生鼠疫 2 例，死亡 2 例；1947 年发生 3 例，死亡 3 例。② 又据《浙江省鼠疫流行史》（1973 年）记载：1948 年 10~11 月间，在龙游县城区发生 3 例鼠疫病例，皆不治而亡。

日军在 1940 年、1942 年两次使用鼠疫细菌攻击衢县，使本无鼠疫的衢县变成鼠疫疫源地。鼠疫在衢州地区流行前后达 8 年之久，死亡民众数以千计，造成的财产损失更是无法估计的。

（三）金华遭受日军细菌攻击与义乌、东阳等县的鼠疫流行

金华是浙赣铁路线上的重要城镇，浙江中部的交通枢纽，金兰铁路和金温公路的起点，战略地位十分重要。在 1942 年日军占领该地以前，一直是浙江省防空司令部的所在地。

金华是日军 1940 年浙赣细菌战的主要目标之一，也是此次细菌作战的最后一个攻击目标。在攻击前，11 月 22 日日军飞机对金华进行了空中侦察。据 11 月 23 日《温州日报》报道：“（22 日金华讯）上午 9 时，兰溪发现敌机三架自北来，窜入金华上空盘旋数周，并散发荒谬传单，旋即向北逸去。”

11 月 27 日，日军正式开始对金华进行细菌攻击，利用飞机在高空撒布鼠疫细菌。当时，恰逢浙江省卫生处长陈万里“于二十七日赴衢县视察该县鼠疫防治情形，途经金华，见敌机一架散布白色物品，且有白雾一缕随之，当请许县长搜集备检，并电呈在案。”③“十一月二十八日上午十时许，敌机三架又犯县境，除在城郊投弹二枚并散发荒谬传单外，其中两架又放白烟，落于溪下街溪滩上，经三四小时不散。”④“敌机去后，有南郊外五里牌广合顺皮革厂职员沈伯葵者，于警报尚未解除时返厂，在厂外公路上行走时，见天空飘飘如云随风吹下，在衣服上发现有状如鱼子、具黏性、色微黄之小颗粒。自警报解除后，该厂职工均先后返店，又在天井内停放之合记车行新黄包车黑色篷顶上，发现

---

① 《衢州市卫生志》（草稿），1992 年。现存衢州市档案馆。

② 现存衢州市档案馆。

③ 《陈万里、刘经邦、柯主光给浙江省主席黄绍竑的报告》，1940 年 12 月。《细菌战与毒气战》，第 251 页。

④ 《东南日报》（金华版），1940 年 11 月 29 日。

细黄颗粒甚多。同时又见屋顶之明瓦上亦粘有不少。因恐系敌机散播毒物，乃以电话向该地民众医院报告，当由该院检验科主任沙士升前往取集该项细粒五十余颗回院检验。"另外，当日目睹日机散布毒菌的还有驻扎在广合顺皮革厂附近的陆军第八十六军补充部队督练处少将主任黄焕新。该人"正在郊外躲避阅报之际，忽见天空落下似雨点之黄色液体，适中其身及手面等部，其味甚臭。该军官因此不无可疑，心中恐惧，待警报解除后，即赴城内福音医院报告经过情形，请求检查。"①(参见图 3)

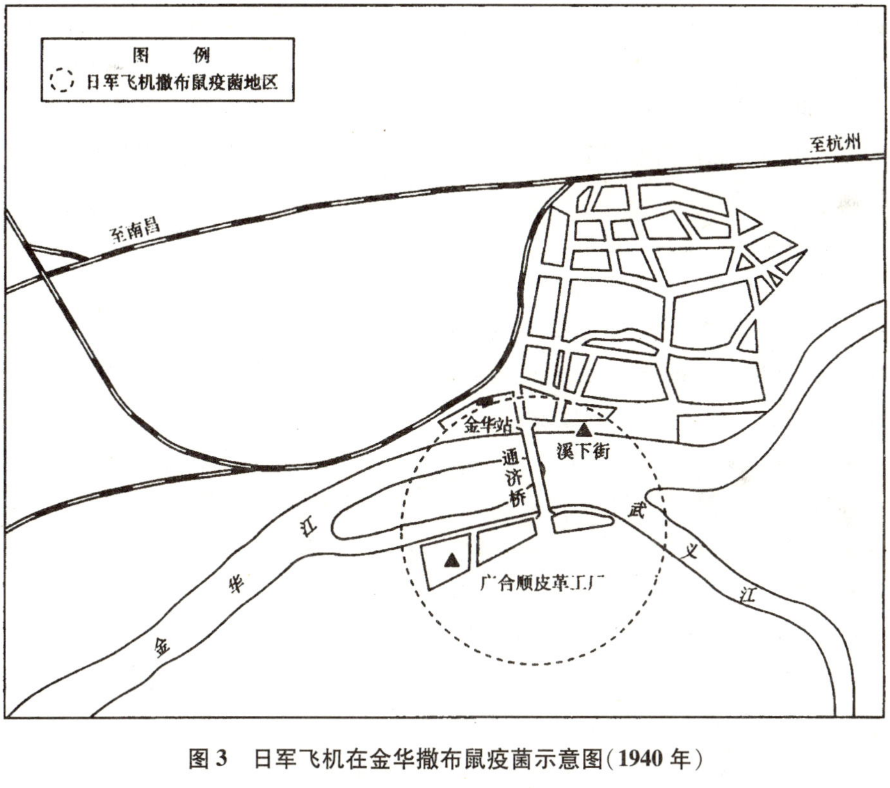

图 3　日军飞机在金华撒布鼠疫菌示意图(1940 年)

当日，民众医院就对收集到的颗粒进行了初步检验，发现颗粒内含有革兰姆染色法阴性杆菌，怀疑其为鼠疫杆菌，当即通报县府和省卫生处。29 日，浙江省卫生试验所技正吴昌丰奉命赶到金华。30 日，正在衢县视察和协助防疫的浙江省卫生处长陈万里、军政部第二防疫大队长刘经邦、福建省卫生处防疫专员柯主光、浙江省卫生处第二科科长郑介安、军医署闽浙办事处一等军医正

① 容启荣:《浙江鼠疫调查报告书》,1941 年。《细菌战与毒气战》,第 260~261 页。

舒琦等人,一同乘车抵达金华,在民众医院再次对该项颗粒进行了检验;同时,由吴昌丰携带部分颗粒返回丽水省卫生试验所进行培养,证实日军28日在金华空投之物确系鼠疫杆菌,但该项鼠疫菌已失去繁殖能力。①

这一检验结果,使中国卫生当局认识到在浙江鄞、衢两地的突发性鼠疫流行,都可能与日军空投细菌有关。所以,专门派人对两地鼠疫流行的原因进行了调查,发现在上述两地鼠疫发生前均有日军飞机撒布过异物。

1940年,日军对金华的细菌攻击,采用了从高空直接投放鼠疫原菌的方法,由于鼠疫菌死亡,所以在官方的记载中金华并未发生鼠疫流行。但据《新编浙江百年大事记》载:"日机散播鼠疫菌后,不久,金华一带鼠疫开始流行。据统计:至年底金华因患鼠疫死亡人数达160人。"②

1940年日军对浙赣细菌战的遗患对金华地区影响甚大。金华地区所属的义乌、东阳、浦江等县都曾遭受衢县鼠疫的波及,其中义乌县成为新的鼠疫疫源地。

义乌县位于金华东北40公里,是浙赣铁路线上的重要城镇。日军占领杭州后,该地成为抗日的前哨阵地。

1941年以前,义乌并无鼠疫发生的记录。首次鼠疫流行始于1941年9月,据现有材料记载,这次鼠疫流行是衢县鼠疫传染所致。1941年9月2日,浙赣铁路员工郦冠明在衢县疫区染上鼠疫,发病后于9月5日乘火车逃回义乌县城(稠城镇)北门街5号家中,翌日9月6日,因病重不治死亡。该人死后,在其住宅内外发现死鼠30余只,并相继在其四邻发现大量死鼠。一个月后的10月6日,北门街一带开始陆续出现鼠疫患者。由于该地区居民畏惧传染,纷纷逃离疫区,致使疫情迅速扩大。③

当地政府于10月9日成立防疫委员会,决定采取封锁疫区、设立隔离医院、注射鼠疫疫苗等措施;并函请诊治过首例病人郦冠明的浙赣铁路局驻义乌医务所的陈医师答复诊疗经过以资预防。④义乌县城区"自寒(14)日起封锁疫区,内有民众约三百人。"⑤由于"疫区现在居民极少,拒绝防疫注射"⑥,收

---

① 《陈万里等对于敌机在金华空掷物品检验结果的说明》。同上,第270页。

② 《浙江文史资料选辑》,第42辑,1990年2月,附录。

③ 《浙江省鼠疫流行史》(未刊资料),浙江省鼠疫防治所,1973年,第42页。

④ 《义乌县防疫委员会各组工作第一次会报》,民国30年10月12日。义乌市档案馆藏,334—1—400。

⑤ 《后方勤务部卫生处30年10月份大事纪要》。中国第二历史档馆藏,805—553。

⑥ 《义乌县防疫委员会第三次会报》,民国30年10月14日。义乌市档案馆藏,334—1—400。

效甚微。

鉴于义乌县城附近驻有陆军第四十九军、八十六军等大量部队,国民政府对义乌流行鼠疫相当重视。民国30年11月25日《义乌县防疫委员会医务组提案》中声称:“义乌当浙东战线之前冲,驻军若偶一传及,影响抗战,实为重大。”①先后派遣“卫生署医防队第十六队、医防队工程队第四分队、军政部第四防疫分队、浙江省临时第二防疫队、红十字会第三一二队等单位”抵达义乌,协助防疫。② 在防疫过程中,12月30日红十字会第三一二队队长刘宗歆因感染肺鼠疫而殉职。③ 11月下旬,防疫专家伯力士博士从衢县赶到义乌指导防疫。11月29日,第三战区司令长官顾祝同致电浙江省主席黄绍竑:“密奉委座电,略。以浙东鼠疫,仰督导防治,迅予扑灭,并查酌情恢复浙赣路交通等因,兹派本部卫生处长杨济民于本月陷(30)日前往金华一带,督导防治。”④但“因经费稀少,防疫计划不能切实执行,民众知识浅陋,不知注意防疫,以致疫区日见扩大。”⑤加之日军飞机不断侵扰轰炸,城内居民多迁乡间避难,到12月底疫情不仅遍及全城,还蔓延至城郊和江湾乡,以及邻近的东阳县。

直到1942年2月,通过采取消毒、捕鼠、注射疫苗、焚毁疫户住房以及“拆除天花板、重壁、地板”⑥等措施,义乌县城区鼠疫才得以控制。但是,在乡村鼠疫仍在继续蔓延,陆续扩大到苏溪、义东、东河等乡。1942年5月,日军占领义乌县城后,防疫工作被迫中断,义乌疫情再度转烈,尤以江湾乡一带为最。1942年11月15日,义乌县佛堂区长报告称:“职区崇山江湾一带,于本年九月廿九日起发生鼠疫,蔓延甚剧,现在疫势猖獗,有增无减,总计死亡不下三百余人。”⑦义乌疫情一直持续到1943年5月方告平息。义乌县第一次鼠疫流行历时20个月,据官方不完全统计,其间共发生患者613人,死亡563人。(参见图4)

义乌县第二次鼠疫流行,是从1943年10月到1944年1月,在义乌城郊的大水畈、张村发生患者65人(死亡59人),江湾乡的官塘下发生患者42人

---

① 义乌市档案馆藏,334—1—364。

② 浙江省第四区公署呈文,民国31年1月12日。浙江省档案馆藏,36—58—10。

③ 《后方勤务部卫生处31年1月份大事记》。中国第二历史档案馆藏,805—553。

④ 浙江省档案馆藏,36—58—10。

⑤ 浙江省第四区公署呈文,民国31年1月23日。浙江省档案馆藏,36—58—10。

⑥ 《义乌县城拆除天花板地板重壁实施办法》,民国31年1月15日。义乌市档案馆藏,334—1—364。

⑦ 陈东、蒋斌:《崇山·1942》。《金华日报》,1991年10月19日。

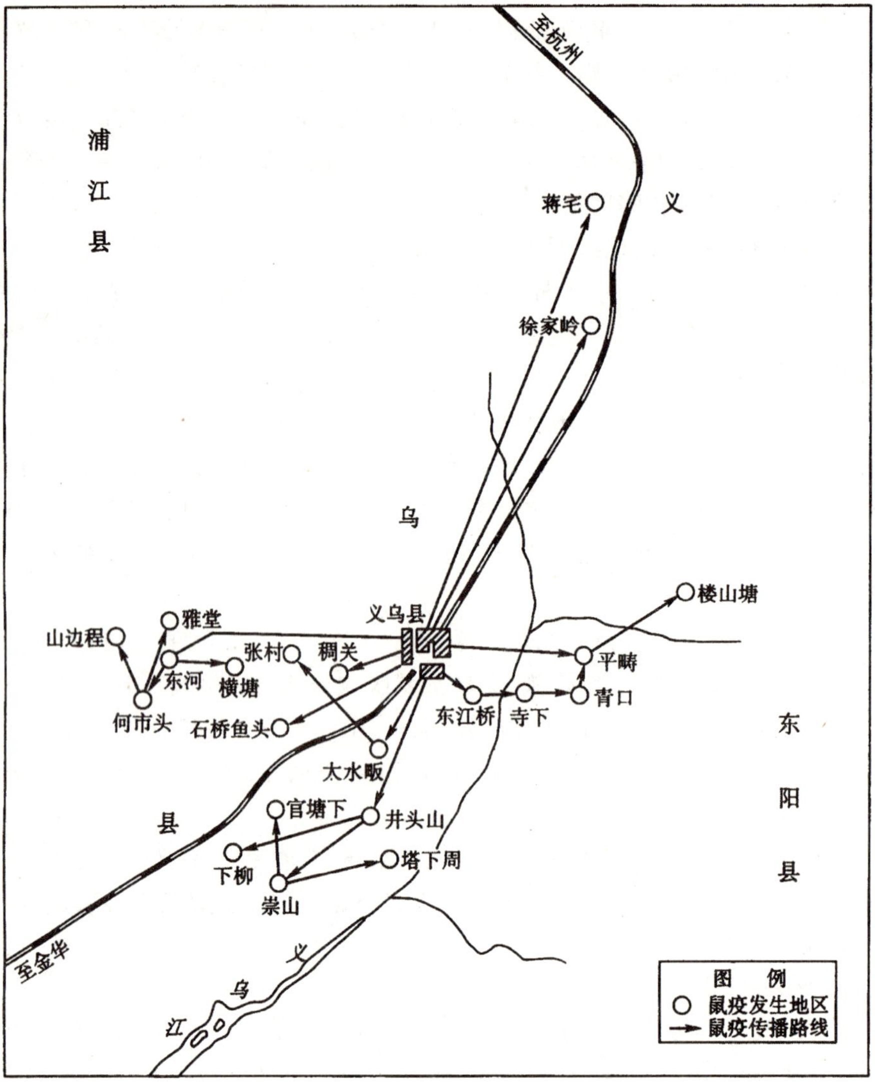

图 4　1941～1943 年义乌鼠疫流行示意图

（死亡 39 人）。此外，据《义乌卫生志》（1989 年）记载：在 1944 年 4 月，江湾乡下柳村发生鼠疫流行，患者 12 人，死亡 9 人。此后，义乌县再无人间鼠疫流行。

鼠疫流行给义乌人民带来了极大的灾难，除疫病本身造成的人员死亡和财产损失外，一些疫区还被日军作为活体解剖的实验场。例如，1942 年 11 月 18 日上午 10 时，日军 100 多人以“防鼠疫蔓延”为名，包围了疫情最严重的江湾乡崇山村，放火焚烧村庄，当场烧死病人 9 名，使 700 余人无家可归。据《义乌县江湾乡战时房屋损失调查表》（民国 36 年 6 月 6 日）统计：共烧毁 176 户村民的 535 间房屋。① 同时，日军还把一些鼠疫病人带到附近庙中，进行活体解剖。据 1959 年已 79 岁的崇山村民朱凤珠回忆："十七年前，父子二人生了鼠疫躺在床上，活活的被烧死在屋里，连骨灰也没有找到。女儿生了鼠疫还没有死，就被医生拖到南山上的破庙里，剖了肚子作试验。"②

东阳县位于浙江中部，西邻义乌。该县历史上唯一一次鼠疫流行发生在 1941 年 10 月至 1942 年 4 月上旬。来源是在义乌打工的东阳农民，感染鼠疫后逃回家乡八担头村，使鼠疫蔓延至东阳县。鼠疫首先在临近义乌县的八担头村、歌山村爆发，并很快转化为肺鼠疫，通过探亲等途径迅速蔓延。共流行了 14 个自然村，发生患者 117 人，死亡 113 人。

浦江县东邻义乌县，县城距义乌 30 公里。抗日战争前无鼠疫发生的记录。据 1942 年 5 月 27 日《鼠疫疫情紧急报告》第 33 号记载浙江省卫生处 5 月 15 日电："浦江城区发现鼠疫。"③当时正处于浙赣战役期间，日军已迫近浦江。在《浙江省卫生处第一科工作报告》（民国 31 年度）中也写道："浦江县在将沦陷时，曾报有类似鼠疫死亡三人，经即派员前往调查，以战事未能进行鉴定工作。"④其后日军占领该县直至抗战胜利，疫情不详。

兰溪县位于富春江上游，有金兰铁路和公路连接金华，与杭州、上饶等地水运频繁，是浙闽皖赣的通商要镇。据当地居民回忆：日军在 1940 年对浙赣进行细菌战期间，曾用飞机在兰溪县城内投掷过毒饼。在《兰溪县三十年度施政计划》中也曾记载："上年（1940 年）八月中旬至十月中旬发现霍乱，未至蔓延。"⑤

关于鼠疫，据官方文献记载兰溪县唯一一次流行是在 1947 年 11 月中旬至 12 月上旬。《浙江省医疗防疫大队第二医疗防疫队防治兰溪鼠疫工作报告摘要》（民国 37 年 1 月）记载："鼠疫来源，兰溪发现鼠疫最早者为朱万兴过塘行，该行常有上饶来客居住。上饶为疫区，疫鼠或疫蚤隐匿于货物中带兰，传染于人，致酿成该县此次之鼠疫。"⑥在浙江省第五区专员《视导兰溪县鼠疫

① 义乌市档案馆藏，330—1—141。

② 刘书臣：《今日崇山》。《浙江卫生报》，1959 年 10 月 24 日。

③ 中国第二历史档案馆藏，372—706。

④ 浙江省档案馆藏，36—86—26。

⑤ 同上，29—1—995。

⑥ 同上，29—4—261。

报告》(民国 36 年 11 月 26 日)中,记述了疫情发生的状况:"兰溪县城区本月 16 日起,许金氏一名发生鼠疫,经镜检证实确系鼠疫病症死亡;17 日,在南门塔下殿地方有住户许顺田、许玉琪二名亦患鼠疫病症;19 日,又有附近住户张千香、王子义、王子汝、俞廉丰等四名亦患鼠疫病症;20 日,续有许金氏、许树新患疫。至目前为止,已死亡八人。发现死鼠甚多。"①鉴于"上饶、兰溪二地为浙赣铁路之主要车站,兰溪并为富春江上游要阜",国民政府非常重视这次鼠疫流行,专门召开会议防止其蔓延。"疫情发生后,浙江省卫生处立即派遣省医防大队前往防治,迅速控制了疫情蔓延。"②兰溪县鼠疫共流行了 20 余天,从"11 月 15 日发生至 12 月 9 日,病 31 人,死亡 11 人。"③另据《浙江省鼠疫流行史》记载为"病 23 人,死亡 15 人。"

(四)丽水鼠疫的发生与流行状况

丽水位于浙江南部山区,有金温公路和瓯江支流——大溪贯穿全境。1941 年日军占领宁波后,温州港成为东南诸省唯一的出海口,丽水的地位日趋重要。由于湘赣物资需经丽水转运至温州出口,海外援华物资亦经瓯江水运至丽水,再由陆路运入内地,使丽水成为东南各省的主要交通枢纽之一。此外,丽水还有一个 1934 年建成的小型军用机场。

由于丽水战略位置重要,从 1940 年开始,一直是日军细菌战攻击的主要目标之一。现有资料证明,在 1940 年、1942 年、1944 年丽水曾多次遭受日军细菌武器的攻击,引起并加剧了鼠疫在丽水的流行。

丽水历史上的第一次鼠疫流行是在 1942 年。1942 年浙赣战役期间,日军侵占丽水县城;8 月 28 日,日军在撤退的同时,按计划在丽水撒布了大量的伤寒菌和鼠疫跳蚤。当地居民返回后,虽然在井边贴有"此井有毒,不可饮!"等告示,但因"整个丽水城没有一家医院一个医生,也没有一个打防疫针的地方,生了病也只能任他自生自灭。听说这几天,丽水天天有人病死。"④

关于 1942 年丽水鼠疫流行的具体情况,由于当时丽水没有医疗卫生机构,未能留下具体的资料和统计,仅能通过一些回忆略知一二。洪省三在《回

① 衢州市档案馆藏,13—1—48。

② 《浙赣线鼠疫紧急联防会议记录》,民国 36 年 12 月 13 日。义乌市档案馆藏,334—1—368。

③ 《浙江省卫生处报告第 7351 号》,民国 36 年 12 月。浙江省档案馆藏,29—4—261。

④ 夏阳:《回到劫后丽水》。《东南日报》,1942 年 10 月 12 日。

忆三十二集团军第二突击队在雅溪》一文中写道，当日军“被迫撤离丽水时，还撒下鼠疫菌，使许多同胞染上鼠疫病死亡。”①吴贤在《青林浩劫》一文中也具体回忆称，青林村“吴于森一家四口就全死在日寇施放的鼠毒之下。”②

丽水第二次鼠疫流行，是从 1943 年下半年开始的。浙赣战役后，由于战乱浙南人口流动加剧，使原在浙闽边境的鼠疫疫区迅速扩大，到 1943 年初，疫区已扩大到邻近丽水的云和县。1943 年 6 月，鼠疫沿瓯江支流传入丽水南部的碧湖镇，在碧湖镇瓦窑阜码头发现自毙鼠。10 月 20 日，碧湖镇发生第一例鼠疫病人，24 日死亡。继而鼠疫在镇内流行，并蔓延到镇南的保定村，发展为肺鼠疫。到年底为止，丽水县共发生鼠疫患者 60 人，死亡 34 人。③

1944 年，鼠疫继续在丽水南部流行，并于 7 月传入丽水县城。当地政府“当时即召集军政党各界，合组防疫处，封锁疫区，设立隔离病院，强迫预防注射，挨户消毒等紧急措施，故疫势为之顿挫。”④但至 8 月中旬，战局突变；8 月 25 日，日军再度侵占丽水县城，城内居民撤退一空，防疫工作亦为之中断。

9 月 16 日，日军在撤出丽水时再度实施细菌战，沿途“撒下大量带有各种病菌的毒饼”⑤，并在撤退后，用飞机在丽水城区撒布鼠疫跳蚤。据唐国俊《丽水城鼠疫病流行的回忆》记载：“一九四四年八月（旧历），日寇刚从丽水撤退。一天，有敌机多次在城郊一带低空俯冲。敌机过后，三坊口一家锦春祥布店后院金鱼缸水面上发现有跳蚤，在同一时间，其他地方也出现这种奇怪的现象。数日后，多处街道里弄下水道、阴沟等处有鼠尸发现。数日之后，在水南、三坊口、营房弄东岳宫前……三个疫区出现疫病大流行。”⑥据《丽水县卫生行政及其业务工作之概述》（民国 34 年）记载：“敌退后，又以原有防疫人员裁撤，加之药商疏散未返，故疫焰一冲千丈，死亡相继。至十一月，先波及城外士兵，后驻地附近之民众，染者亦众。士兵以医药缺乏，死亡率颇多，……据本院统计，患者总数当达千人左右。”⑦

丽水鼠疫迅速传播至乡村，在乡村引起大流行。有些村庄疫情严重，如吴圩一村共 80 余户，染疫死亡者就达 80 余人。据统计，丽水县 1944 年共有 45

① 《丽水文史资料》，第 2 辑，1985 年 10 月，第 129 页。

② 同上，第 161 页。

③ 《浙江省三十二年度鼠疫防治工作报告》。浙江省档案馆藏，36—0—219。

④ 《丽水县卫生行政及其业务工作概述》，民国 34 年。浙江省档案馆藏，36—0—167。

⑤ 《丽水县志 · 政治志资料》，1965 年。现存丽水市档案馆。

⑥ 《丽水文史资料》，第 2 辑，1985 年 10 月，第 189 页。

⑦ 浙江省档案馆藏，36—0—167。

个村镇发生鼠疫流行，仅当地居民就发生患者926人，死亡784人。1945年仅在城区、小山、概头等地发生个别患者，死亡7人。1946年10月，城区再度发生鼠疫大流行，发生患者170人，死亡57人。1947年，疫情明显减弱，仅在城区发生患者5人，死亡3人。此后，丽水未再发生鼠疫流行。①（参见图5）

丽水在日军多次细菌攻击的直接影响，和因战争造成人口大量流动致使原有疫区扩大等间接影响下，成为人间鼠疫流行区。在长达6年的流行期间内，据不完全统计，仅当地居民死于鼠疫者就达890人。另外，丽水鼠疫还通过物资流通、探病等途径，先后波及松阳、青田等县。

（五）上饶地区鼠疫的发生与流行状况

上饶地区位于江西省东北部，东邻浙江，北接安徽，东南与福建相连；浙赣铁路贯穿全境，信江横贯东西，水陆交通发达。抗日战争时期，上饶（又名广信）是国民政府第三战区司令部所在地，是赣东的政治、经济、文化中心。疫情方面，1942年以前除在1941年有3例鼠疫病人于衢县疫区染病后逃至上饶死亡外②，从未发生过鼠疫流行。

1942年浙赣战役期间，日军攻占了浙赣铁路沿线各城镇。8月20日，日军在撤离上饶地区时，按照预先制订的细菌战计划，在上饶、广丰、玉山等城镇散布了大量的鼠疫菌、鼠疫跳蚤和染有鼠疫的老鼠，留下了鼠疫流行的祸根。据当地居民回忆：日军撤退后，到乡村避难的居民陆续返回城内，到处废墟一片，老鼠、跳蚤随处可见，多的怕人。几周后，上饶和广丰城内开始出现大量死鼠。③ 60天后，人间鼠疫开始在两地流行。1942年10月20日，鼠疫首先在上饶发生。城内马皇庙一徐姓农民的6岁男孩首先发病，次日死亡。其后，鼠疫在邻里间迅速蔓延，至12月初共死亡36人。在马皇庙鼠疫流行的同时，距马皇庙约600米的太子庙从11月10日也开始流行鼠疫。首例病人是叶姓铁匠的5岁女孩，第二天死亡。到12月中旬，共传染15户，死亡30人。④（参见图6）

当地政府在11月中旬发现鼠疫流行后，立即派遣军队封锁了上述两个地点，采取隔离措施。国民政府对上饶地区发生鼠疫流行非常重视，据《战时防

① 《浙江省鼠疫流行史》，1973年。第18~19页。

② 《后方勤务部卫生处30年6月份大事记》。中国第二历史档案馆藏，805—553。

③ 《上饶专区鼠疫流行资料》，1964年2月，未刊资料。

④ 同上。

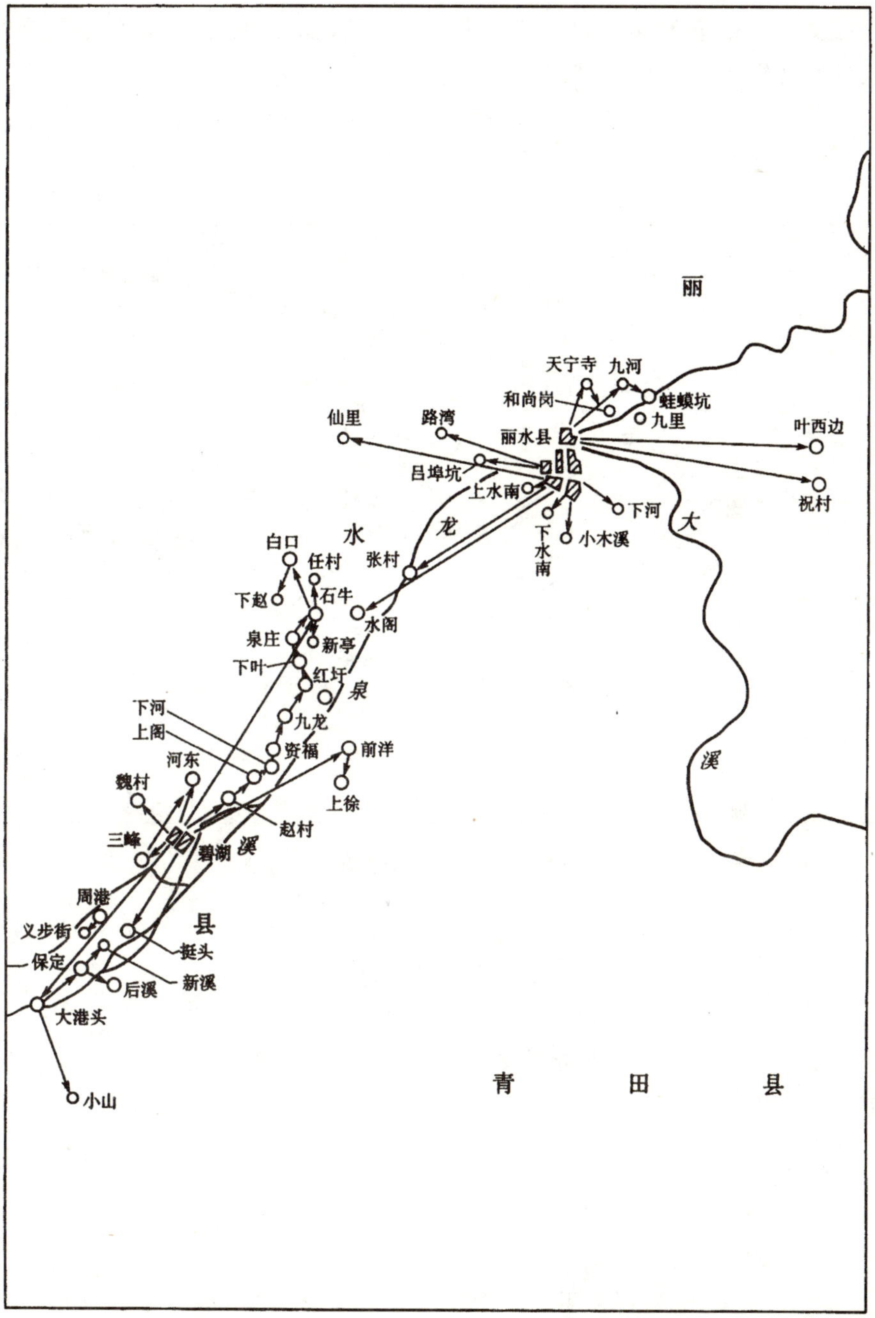

图5　1943~1944年丽水鼠疫流行示意图

疫联合办事处 31 年 12 月份工作报告》记载:“鉴于上饶、广丰等地鼠疫流行情势发展严重,防治孔亟,卫生署派防疫处科长蔡谦赴上饶、广丰等疫区,视察流行状况及指导防疫。”战时防疫联合办事处并专门召开会议,决议加强该地防疫。① 请“卫生医疗防疫总队电调第六巡回医疗队驰往上饶”,参加防疫。②经过努力,至 12 月中旬,控制了鼠疫在上饶的流行。

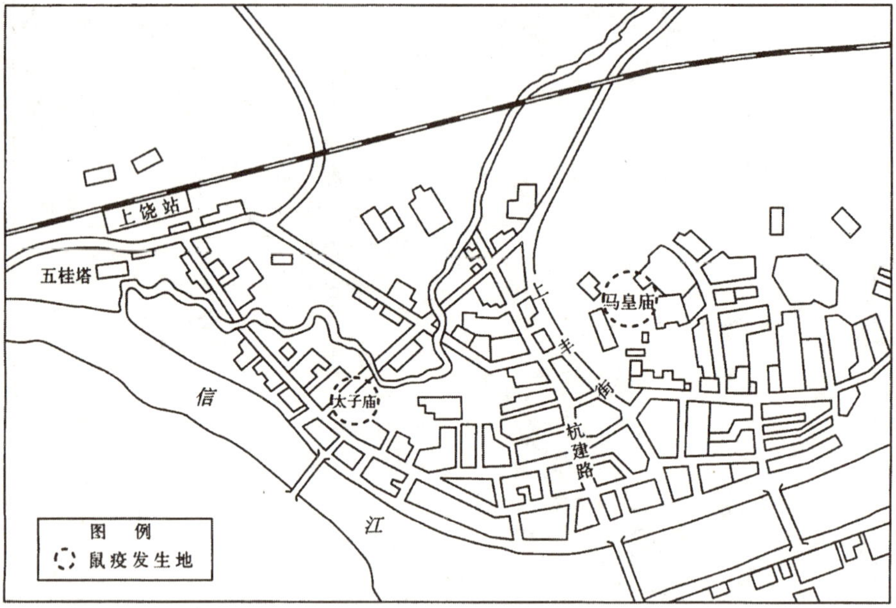

图 6　1942 年上饶鼠疫发生地区示意图

在上饶发生鼠疫流行的同时,距离上饶约 28 公里的广丰县城区也突然爆发了鼠疫。10 月 22 日,居住于东大街的制绳工人周祖根(36 岁)首先发病,三日后死亡。到 11 月初,在城区共有 4 个地区同时流行鼠疫。江西省卫生处接到疫情报告后,立即采取措施派员前往广丰进行防疫。并于 11 月 8 日电告战时防疫联合办事处:“广丰疫势严重,城内外交通已封锁,已调第六中心医院及省防疫总队人员前往防治。”③经过一个多月的防治,广丰疫情到 12 月底

① 中国第二历史档案馆藏,372—704。

② 《鼠疫疫情紧急报告第 37 号》,民国 31 年 12 月 4 日。中国第二历史档案馆藏,372—706。

③ 《鼠疫疫情紧急报告第 37 号》,民国 31 年 12 月 4 日。中国第二历史档案馆藏,372—706。

被最后控制，共发生鼠疫患者 42 人，全部死亡。（参见图 7）

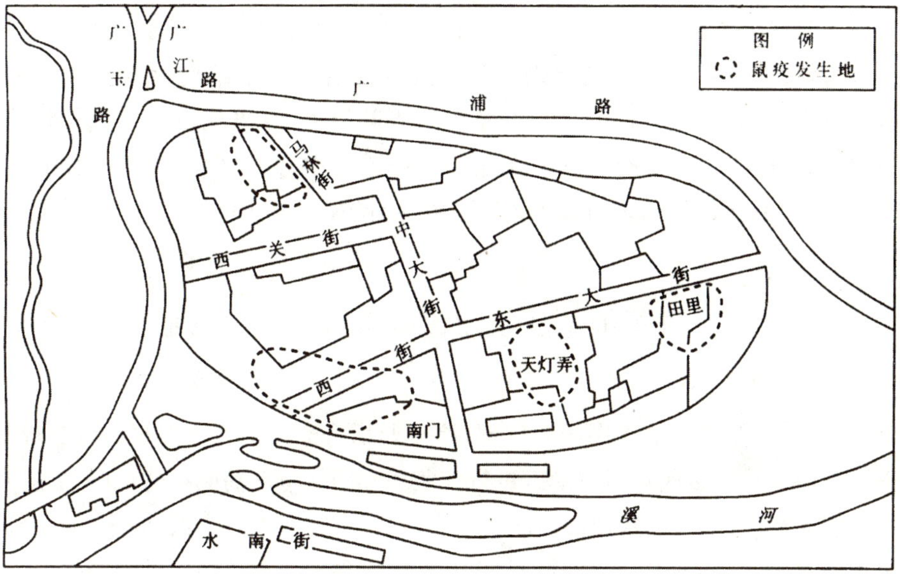

图 7　1942 年广丰鼠疫发生地区示意图

另外，在上饶鼠疫流行期间，由于疫区住户张桂炎染病后到距上饶 21 公里的沙溪镇岳父家中养病，翌日死亡，致使鼠疫蔓延到沙溪镇。该人死亡后在其住处附近发现死鼠，数日后，其岳父家里人及邻居、为其看病的医生等共 12 人，相继发病死亡。其后，当地驻军对疫户进行了消毒。

1942 年上饶、广丰鼠疫流行是日军细菌战的直接结果。这次鼠疫流行特点是：1. 病型均为由疫蚤传染的腺鼠疫；在发病前均发现大量死鼠。2. 首例病人均未到过外地，无外地传入的迹象。3. 死亡率高达 100%，这与日军人为强化鼠疫菌不无关系。对此，当地医疗机构在防疫过程中经过调查，也明确指出：此次鼠疫流行“揆其发生原因，乃敌人撤退时所留布。”①

由于时处浙赣战役刚刚结束之际，当地卫生防疫机构极不健全，对疫区没有采取彻底的消毒措施，为鼠疫再度发生留下了后患。据调查，沙溪镇自 1942 年发生人间鼠疫流行后，每年均有病死鼠发现。1946 年 8 月，该镇再度流行人间鼠疫，共发生患者 13 人，全部死亡。1947 年，鼠疫再度流行，并蔓延全镇，据江西省卫生处报告：“防疫第一大队十二月九日抵沙溪镇，病人为散

① 第六行政区中心卫生院致军政部防疫第二中队函，民国 31 年 12 月。上饶地区档案馆藏，3—1—5。

在性，几遍及全镇之每一街道。”①另据江西省防疫总队《上饶县沙溪镇自十月廿七日至十二月十五日鼠疫患者清册》（民国 36 年 12 月 31 日）统计：发生病人地点共有 18 条街道。② 该年，沙溪镇共发生鼠疫患者 53 人，死亡 45 人。

另外，1947 年 10 月，在上饶市区内的五桂山和火车站附近发现大量死鼠。11 月~12 月，上述两个地点开始流行人间鼠疫，在当地政府的积极防治下，短期内控制了疫情的发展。在这次鼠疫流行中，共发生患者 60 人，死亡 22 人。此后，上饶地区未再发生人间鼠疫流行。③

三　日军细菌战与浙赣鼠疫疫源地的形成

浙江、江西两省地处中国东南部，原本非鼠疫流行地区。但是，在抗日战争期间由于日军多次在浙赣地区进行细菌战和因战争动荡间接造成的福建原有鼠疫流行区的扩大，致使浙赣两省先后形成了宁波、浙赣沿线、浙南、赣东等鼠疫流行区。（参见图 8）流行时间长者达十余年；波及地区多达 38 个县（市）；据官方不完全统计，当地居民因鼠疫直接死亡人数达 7679 人。（参见表 7、表 8）直到新中国成立后，才在浙赣地区最终消灭了鼠疫疫源地。

（一）浙赣各疫区的形成及疫情概况

抗日战争期间，在浙赣地区形成的鼠疫流行区，按其形成原因大体可以分为两类，即：因日军细菌战形成的疫区，包括宁波疫区和浙赣铁路沿线疫区；和因福建疫区扩大传染为主形成的疫区，包括浙南疫区和赣东疫区。

在浙赣地区各鼠疫流行区中，宁波疫区的流行时间最短，死亡人数最少，流行区域也最小。1940 年 9~11 月，日军在浙赣进行的细菌战直接导致了宁波疫区的形成。1940 年 10 月下旬，日军在宁波城区空投鼠疫跳蚤后，10 月 29 日宁波突然发生鼠疫流行，在中国地方政府的全力防治下，共流行了 34 天，发生患者 111 人，死亡 109 人。其中，有 6 名患者分别逃至邻近的象山县、

① 江西省防疫第一大队：《上饶县十一月五日至十二月七日鼠疫患者调查清册》（民国 36 年 12 月 8 日）。江西省档案馆藏，48—2—81。

② 江西省档案馆藏，48—2—81。

③ 《上饶专区鼠疫流行资料》，1964 年，未刊资料。

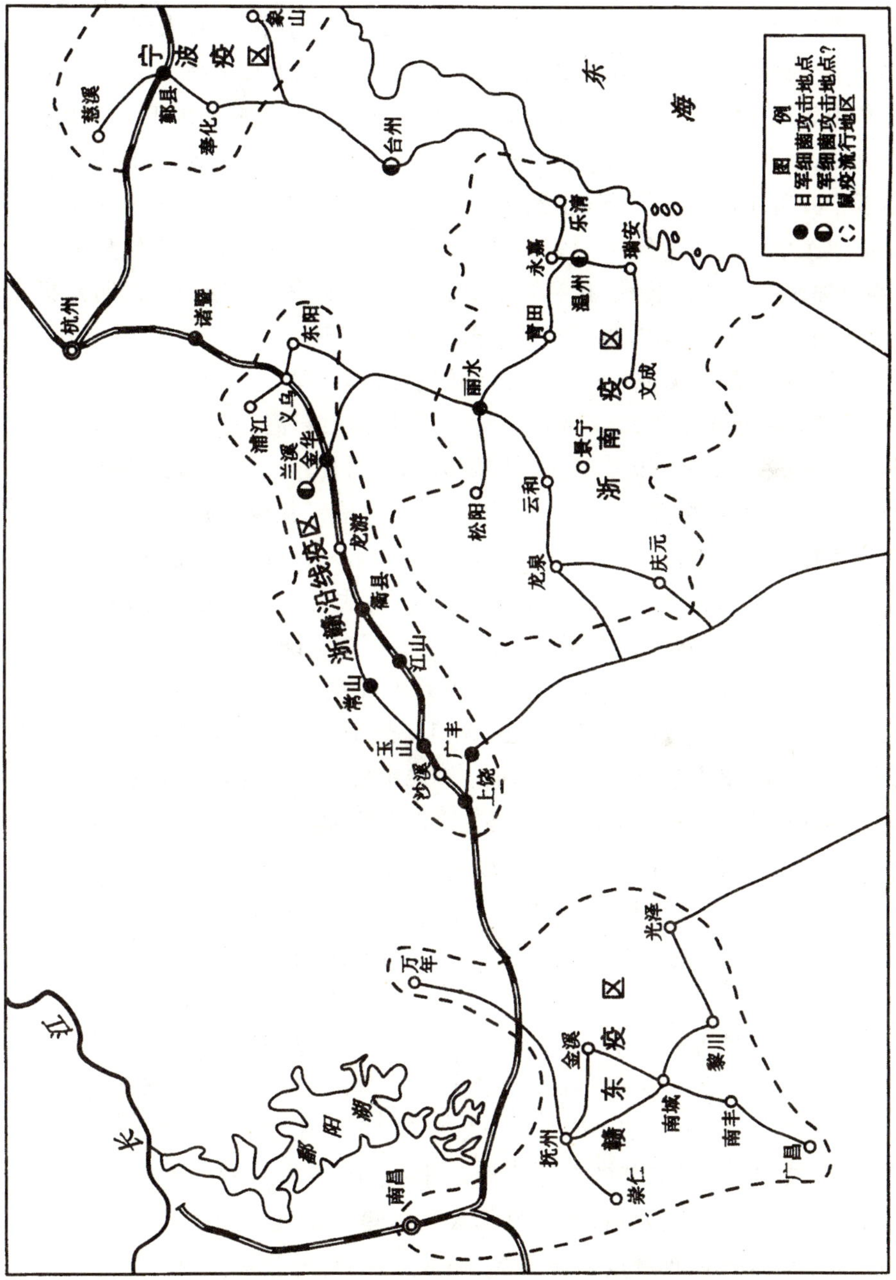

图 8　浙赣鼠疫疫区与日军细菌战攻击地点示意图

奉化县、慈溪县死亡,但未引起流行。这次鼠疫流行,有明显的人为迹象,例如:首先,病人所患均为腺鼠疫,但在鼠疫发生前疫区内没有发现死鼠,明显是由人为撒布的鼠疫跳蚤直接感染所致;其次,发病地点集中,多数人同时发病,且多集中于日军撒布鼠疫跳蚤之地点;第三,传染性强、死亡率高,患者发病时间多集中于发生疫情后的 10 天以内,死亡率达 98%。宁波鼠疫由于防疫措施及时彻底,未在鼠间蔓延,所以被扑灭后没有形成疫源地。虽然在 1941 年日军占领宁波后尚有个别关于发生鼠疫的记载,如当时担任宁波华美医院院长的丁立成医生曾回忆:"同年[1941 年]五月,西北街西北村有一王姓病人求治,当时抽血进行动物接种,接种后的天竺鼠不久即发作病死,乃证明是鼠疫。"①但未得到证实,官方也没有鼠疫再度发生的记录。

因日军细菌战而形成的另一个鼠疫流行区,是以衢县为中心的浙赣沿线疫区。日军在 1940 年和 1942 年两次对浙赣铁路沿线城镇进行细菌战,是该疫区形成的直接原因。1940 年 11 月,衢县城区因日军飞机撒布鼠疫跳蚤发生鼠疫流行,历时一个月,死亡 24 人,并在衢县形成了鼠疫疫源地。1941 年,鼠疫再度在衢县大流行,仅城区死亡人数就达 274 人。同年,鼠疫经浙赣铁路向东传入义乌、东阳,造成 320 人死亡,并使义乌成为新的疫源地。1942 年,鼠疫继续在义乌、东阳一带流行。同年 8 月,日军在上饶、广丰、衢县等地大量撒布鼠疫菌,造成上述地区鼠疫流行,使浙赣沿线疫区向西扩大到上饶一带。1943~1944 年,鼠疫继续在义乌、江山、衢县等地流行。该疫区最后一次鼠疫流行是 1947 年,集中于上饶、兰溪两地。浙赣沿线疫区鼠疫流行共波及 10 个县;从 1940 年至 1947 年,先后流行 8 年;死亡人数,据官方不完全统计为 1459 人,也有人认为可达 4000 人以上。(参见表 7、表 8)该疫区鼠疫流行的特点是,突发性强,与日军进行细菌战的时间、地点相符;死亡率高,根据官方统计数字达 89.6%,远远高于鼠疫自然流行造成的浙南疫区(59%)和赣东疫区(44.7%)。

在浙赣各鼠疫流行区中,浙南疫区是波及面积最大(13 个县)、流行时间最长(13 年)、死亡人数最多(4621 人)的疫区。与其他疫区不同,浙南疫区是由于福建鼠疫自然传播和日军细菌战人为传播共同形成的。在抗日战争以前,在浙南仅有与福建相邻的庆元县的个别村庄在 1929~1931 年间曾发生过鼠疫流行。抗日战争爆发后,由于日军攻占福建沿海,迫使沿海疫区居民内迁,1938 年 2 月鼠疫再度侵入庆元县,造成大流行;并使庆元成为鼠疫疫源

① 《细菌战与毒气战》,第 282 页。

地，到 1950 年为止年年有人间鼠疫流行。1940 年，庆元鼠疫传入龙泉县，形成新的疫源地。1942 年浙赣战役期间，日军在丽水县城撒布鼠疫菌，造成丽水鼠疫流行。同一时期，因浙赣战役，浙江省政府迁至浙南云和县，使鼠疫传入云和。如伯力士博士在《浙江鼠疫调查报告》（民国 33 年 2 月）中所述："本城（云和）鼠疫发生之先，适有大批军米由庆元一带用千名以上民夫运往龙泉抵省。似此大批米谷之运输，诚为疫蚤输入之良机，故云和之疫尚起始于此，亦即因此而扩大矣。"①1943 年，由于"浙南局势动荡，鼠疫遂乘机激起极大流行，沿瓯江流域各县如龙泉、云和、丽水、永嘉与碧湖先后流行。"②鼠疫一路由云和传入丽水南部，波及松阳、青田；一路由龙泉传入温州、永嘉等地形成新的疫源地。1944 年日军再次进犯浙南，造成人口大量流动，加上日军在丽水等地进行细菌战，加剧了浙南疫区鼠疫流行，使疫区进一步扩大到缙云、瑞安等县，因病死亡人数也达到浙南疫区历年的顶点，达 2057 人。抗日战争胜利前后，由于复员等原因使人口流动再度增大，疫区也进而扩大到文城县。1947 年以后，浙南疫情逐年减弱，疫区范围也仅局限于庆元、温州、瑞安、乐清、文城一带。直到 1950 年，浙南的人间鼠疫才被最后消灭。

在浙赣鼠疫流行区中，赣东疫区是唯一单纯由于福建鼠疫自然传播形成的疫区。在赣东疫区中，最先发生鼠疫流行的是地处闽赣边境的光泽县（现划归福建省），该县城区于 1941 年"三月间，发现死鼠甚多；至四月初，死鼠四百余头，而有病人发生，而居民漠然置之。至四月中旬续有病人发生，始疑为鼠疫。故最初发现日期无法确定，自四月十二日至六月十七日"共发生患者 45 人，死亡 28 人。③ 对光泽鼠疫发生的原因，如江西省卫生处在 1946 年 9 月 14 日《江西省鼠疫流行概况》中所述："抗战时期，闽海告急，海边居民纷纷内移来光泽，而闽盐赣米之交换亦以光泽为冲道，故江西之鼠疫发生实亦因战时而致云。"④又，容启荣在《抗战六年来全国防疫工作概况》（民国 32 年 5 月）中写道："鼠疫之蔓延，尤为严重。闽省原为地方性疫区，因人口之移动，交通之发展，而沿海各地敌人屡次登陆滋扰，以是多向内地转移，易于附带疫原，使疫区渐形扩大。卅一年间，浙赣战争发生，军民颇多退闽，嗣后我军规复，鼠疫遂亦次第传入。计新增疫区有浦城、寿宁、连江、罗栾、顺昌、永安、邵武、长汀；

① 浙江省档案馆藏，29—4—260。

② 《浙江省卫生处工作报告》，民国 35 年 11 月 1 日。浙江省档案馆藏，36—0—167。

③ 江西省卫生处：《江西省鼠疫流行概况》，民国 35 年 9 月 14 日。江西省档案馆藏，48—2—88。

④ 江西省档案馆藏，48—2—88。

并由松溪传入浙之庆元，由邵武传入赣之光泽。”①1942 年浙赣战役期间，日军占领并破坏了浙赣铁路，江西省的政治经济中心移至赣东抚州、南城一带，闽赣公路货物运输量激增，这些因素增加了闽地鼠疫传入赣东，使赣东疫区扩大的危险性。1943 年 10 月，光泽再度发生鼠疫流行；在“赣东冲镇，人口稠密之”南城、南丰两县城区也发现大量病死鼠。1944 年 4 月，南城爆发鼠疫流行，“一时甚为凶猛，死亡亦多”，据官方统计，全年共发生鼠疫患者 720 人，死亡 355 人。② 同年发生鼠疫流行的还有光泽、南丰、临川等县。抗日战争胜利前后，随着政治经济中心的转移，疫区进一步扩大到黎川、抚州、金溪、崇仁、广昌、南昌等地；经过当地政府大力防治，1948 年以后赣东疫情明显减弱，至 1950 年赣东人间鼠疫才得以最后消灭。赣东疫区先后共流行了近 10 年，波及 11 个县(市)，因病死亡人数达 1632 人。(参见表 8)

(二)浙赣防疫和鼠疫疫源地的消灭

浙赣疫区形成后，中国政府对其极为重视，采取了积极的防疫措施。以 1949 年新中国成立为期，浙赣防疫工作可以分为两个阶段，前一阶段基本上以控制蔓延、扑灭疫情为主；后一阶段则主要以预防发生、消灭疫源为主。

抗战初期，浙赣地区专门防疫机构甚少，各地防疫工作由各县卫生院兼管，由于缺乏医疗设备，能够进行细菌培养检验者仅有几处而已。当鼠疫陆续在浙赣发生后，当地政府采取在疫区成立临时防疫处或临时防疫委员会的办法，负责组织力量扑灭当地疫情。1941～1942 年，浙赣两省先后成立省防疫大队，派赴疫情严重地区；军政部、卫生署及中国红十字总会亦分别派遣医疗防疫队常驻浙赣，协助防治鼠疫。1944 年，鉴于东南各省疫情严重，鼠疫疫区不断扩大，又专门成立了东南防疫处，统一负责协调闽浙赣三省的防疫工作。

在鼠疫流行区，各防疫队主要采取控制鼠疫蔓延的方针，通过建筑防疫墙封锁疫区，设立隔离医院防止传染，在疫区及附近注射防疫疫苗，利用石灰等填塞鼠洞消灭蚤类，焚毁疫户的房屋及物品等办法，控制鼠疫的蔓延。但由于日军不断在浙赣地区进行细菌战，制造新的疫源，以及广大农村缺医少药，百姓更不知防疫为何物，致使浙赣疫区日渐扩大。直到抗日战争胜利后，人口流

---

① 中国第二历史档案馆藏，372—124。

② 江西省卫生处：《江西省鼠疫流行概况》，民国 35 年 9 月 14 日。江西省档案馆藏，48—2—88。

动减少，疫情才日见减弱，但仍在部分地区流行，未能根除。

新中国成立后，政府十分重视对鼠疫的防治工作，除在各县设立防疫站外，还在疫情严重的温州、丽水、金华、上饶、南城等地区专门设立了鼠疫防治所，负责鼠疫疫情的调查与防治工作。防疫工作的重点也放在消灭人间鼠疫和鼠间鼠疫，彻底铲除鼠疫疫源地上。各地除了在发现疫情时，及时派遣防疫队防治，防止鼠疫蔓延外，还经常组织专业人员和广大城乡居民大力灭鼠，消灭鼠疫来源。据统计，在 1951～1960 年十年间，浙江省共灭鼠 1550.9 万只，江西省共灭鼠 96.9 万只。各地鼠疫防治所还每年定期检验各地鼠类，以掌握鼠间的疫情。经过十余年连续不断的灭鼠，到 60 年代初，浙赣地区的鼠类密度从每公顷 10～20 只下降到每公顷 5 只以下；在个别地区，如上饶、广丰等旧疫点已达到基本上无鼠。另外，每个鼠疫防治所平均每年检验鼠量都达万只以上。经过各方面努力，浙赣地区 1951 年以后，未再发生人间鼠疫；1953 年以后的十余年间，在捕获的十余万只鼠中未发现疫鼠。从而，基本上消灭了浙赣鼠疫疫源地。①

结　语

通过对日军在浙赣进行细菌战实况以及由此而引起的鼠疫流行状况的调查，使我们清楚地了解日军细菌战给浙赣地区居民造成了数以千计的人员死亡和巨大的财产损失。另外，值得提出的是，浙赣地区仅仅是日军在中国进行过细菌战的若干地区中的一个；鼠疫也仅仅是日军用于屠杀中国人民的多种细菌中的一种，当然是很重要的一种。要揭露日军细菌部队在中国犯下的全部罪行，还有待于从更多方面进行更深入的调查和研究。

表 1　1940 年敌机空袭浙江省次数统计表

月份	1	2	3	4	5	6	7	8	9	10	11	12
前方作战	8											
轰炸	10	29	2	12	11		6	29	21	25	1	3
侦察	25	46	32	39	35	23	20	33	65	63	14	2

① 中共中央地方病防治领导小组办公室：《中国鼠疫及其防治（1950～1980）》，1981 年 10 月，未刊资料。

续表

月份	1	2	3	4	5	6	7	8	9	10	11	12
其他		2		5	3			8	13	9	1	17
合计	43	77	34	56	49	23	26	70	99	97	16	22

资料来源：军令部一厅二处编《全国敌机空袭次数统计表》。中国第二历史档案馆藏，787—16952，第5～19页。

表2　浙赣作战期间日军第十三军人员损失表

	第一阶段（5月15日～5月29日）	第二阶段（5月30日～6月15日）	第三阶段（6月16日～8月14日）	第四阶段（8月15日～9月30日）	计
战死	281	484	442	77	1284
战伤	723	1350	609	85	2767
战病	829	983	5291	4709	11812

资料来源：防卫厅防卫研修所战史室编《战史丛书·昭和十七·八年の支那派遣军》，朝云新闻社，第264页。

表3　1940年宁波鼠疫死亡者名单

姓名	性别	年龄	籍贯	发病时间	死亡时间	现住址	备注
王正行	男	36	鄞县	10.29	10.31	开明街16号	印刷店
杨镜海	男	15	江苏	10.31	11.2	开明街64号	学徒
王领弟	女	5	通州	11.1	11.3	开明街64号	
赖福生	男	32	象山	10.30	11.1	开明街66号	该户5人全部死亡
赖朱氏	女	21	象山	10.30	11.1	开明街66号	
赖阿德	男	25	象山	11.1	11.3	开明街66号	逃至象山死亡
赖明文	男	15	象山	11.1	11.3	开明街66号	伙计、逃至象山死亡
无名小孩	男	6	不详	不详	11.7	开明街66号	
王阿菊	女	9	河南	11.1	11.3	开明街68号	该户2人全部死亡
王李氏	女	56	河南	11.4	11.7	开明街68号	
胡菊仙	女	5	鄞县	11.1	11.2	开明街70号	死于义和乡、该户4人全部死亡
胡世桂	男	56	鄞县	10.31	11.6	开明街70号	
胡贡庆	男	7	鄞县	11.1	11.6	开明街70号	死于义和乡

续表

姓名	性别	年龄	籍贯	发病时间	死亡时间	现住址	备注
胡陈氏	女	47	鄞县	11.4	11.11	开明街70号	
俞元德	男	16	象山	10.29	11.6	开明街72号	
俞阿生（俞阿根）	男	34	象山	11.4	11.8	开明街72号	
徐李氏（李阿萃）	女	60	鄞县	11.1	11.3	开明街74号	
陈积荣	男	61	鄞县	10.30	11.1	开明街76号	该户2人全部死亡
陈周氏	女	51	鄞县	11.1	11.6	开明街76号	
姚小娥	女	13	鄞县	11.7	11.8	开明街82号	
应全兴	男	17	鄞县	11.10	11.15	开明街82号	
沈金氏	女	48	奉化	不详	11.14	开明街140号	
郭惠林	男	47	鄞县	11.9	11.10	东大路226号	
无名小孩	男	不详	鄞县	不详	11.17	东大路226号	郭惠林之子、死于风皋市
胡陈氏	女	51	鄞县	11.3	11.7	东大路248号	
袁梅信（袁梅生）	男	31	鄞县	10.30	11.6	东大路252号	死于南门恒丰布厂
茅当甫（茅树福）	男	20	鄞县	11.3	11.6	东大路252号	死于上茅巷王富弄19号
卢桂生	男	39	鄞县	11.27	11.27	东大路254号	该户4人全部死亡
卢潘氏	女	40	定海	11.27	11.27	东大路254号	死于华美医院
卢夏娣	女	9	鄞县	11.27	11.27	东大路254号	
卢英娣	女	17	鄞县	11.29	12.2	东大路254号	死于传染病院
张逵荣	男	41	鄞县	不详	11.6	东大路256号	
武菊妹	女	15	鄞县	11.5	11.9	东大路256号	
武元春	男	67	鄞县	11.9	11.11	东大路256号	
董阿康	男	17	鄞县	11.8	11.13	东大路258号	
陆金友	男	28	鄞县	10.30	11.1	东大路260号	学徒
范富康	男	17	鄞县	10.30	11.1	东大路260号	学徒
吴瑞堂	男	17	鄞县	11.1	11.2	东大路260号	学徒、死于彩虹桥状元坊41号
蒋康昌	男	不详	奉化	不详	11.2	东大路260号	学徒、逃至奉化孔峙死亡

续表

姓名	性别	年龄	籍贯	发病时间	死亡时间	现住址	备注
葛顺官	男	25	鄞县	11.1	11.5	东大路260号	学徒、死于百鹘桥王隘村
林小狗	男	18	鄞县	11.1	11.6	东大路260号	学徒、死于中营巷44号
毛史氏	女	35	奉化	11.2	11.6	东大路260号	死于西门外源源里35号
陈英根	男	18	鄞县	11.3	11.7	东大路260号	学徒
蒋阿宝	男	47	定海	11.7	11.10	东大路260号	店主
蒋徐氏（徐阿香）	女	36	定海	11.8	11.12	东大路260号	
孔阿兴	男	16	慈溪	11.8	11.14	东大路260号	学徒
蒋信发（蒋小毛）	男	17	定海	11.1	11.16	东大路260号	
蒋阿华	男	17	奉化	10.31	11.4	东大路262号	学徒、逃至奉化石安冰死亡
陈兴庄	男	16	鄞县	11.2	11.6	东大路262号	
赵意心	男	28	不详	不详	11.10	东大路264号	
梁其林	男	30	绍兴	11.7	11.11	东大路264号	
王长有	男	36	绍兴	11.8	11.11	东大路264号	
梁如荣	男	23	不详	11.3	11.12	东大路264号	
王招生	男	22	绍兴	11.7	11.20	东大路264号	
何福林（夏福林）	男	25	绍兴	10.30	11.1	东大路266号	
丁文章	男	23	绍兴	11.1	11.3	东大路266号	伙计
徐家林	男	34	不详	不详	11.6	东大路266号	
陈福水	男	46	镇海	11.1	11.6	东大路266号	伙计
高阿宝	男	51	绍兴	11.4	11.9	东大路266号	伙计
冯云生	男	18	镇海	11.6	11.12	东大路266号	
陈达贞（陈莲生）	女	9	鄞县	11.1	11.4	东大路268号	
韩雪蛟	男	24	鄞县	10.30	11.4	东大路268号	死于善卫乡六寸察家漕
柴定祥	男	20	鄞县	11.4	11.8	东大路梅龙镇小吃店	
孙阿三	男	25	鄞县	11.3	11.8	东后街101号	

续表

姓名	性别	年龄	籍贯	发病时间	死亡时间	现住址	备注
戴吴氏（吴春兰）	女	25	天台	11.1	11.3	东后街128号	死于上茅巷
王厂台（王召氏）	男	不详	鄞县	10.30	11.1	东后街130号	
李元为（李之会）	男	18	鄞县	11.5	11.8	东后街130号	
陆　氏	女	67	镇海	不详	11.4	东后街133号	该户5人全部死亡
陆美英	女	不详	镇海	10.30	11.6	东后街133号	
陆梅园（陆梅友）	男	48	镇海	10.30	11.6	东后街133号	
陆朱氏	女	30	镇海	不详	11.6	东后街133号	
陆可安	男	13	鄞县	11.7	11.16	东后街133号	
王姣弟	女	5	镇海	10.30	11.1	东后街134号	该户3人全部死亡
王贺氏（贺阿菊）	女	27	镇海	10.30	11.6	东后街134号	
王阿定	男	39	鄞县	11.5	11.11	东后街134号	
王仁林	男	47	江苏	10.31	11.2	东后街136号	死于东乡云龙阡、该户6人全部死亡
王小宝	男	9	鄞县	11.1	11.4	东后街136号	
王月宝	男	11	鄞县	11.1	11.4	东后街136号	
周徐氏	女	50	鄞县	11.2	11.8	东后街136号	
王月仙	女	13	鄞县	11.7	11.10	东后街136号	
张阿定	男	27	鄞县	11.6	11.11	东后街136号	
沈俞氏	女	48	奉化	11.10	11.15	东后街140号	
徐许氏	女	43	江苏	10.30	11.2	东后街141号	该户6人全部死亡
徐长夫	男	7	余姚	11.3	11.8	东后街141号	
徐鸿水	男	不详	余姚	11.3	11.9	东后街141号	死于慈溪县孝西镇
徐长水	男	11	余姚	11.3	11.10	东后街141号	死于慈溪县孝西镇
徐翠琴	女	18	余姚	11.3	11.11	东后街141号	
徐生来	男	55	余姚	11.8	11.14	东后街141号	

续表

姓名	性别	年龄	籍贯	发病时间	死亡时间	现住址	备注
徐朱氏	女	23	鄞县	11.2	11.7	东后街142号	该户5人全部死亡
徐小春	男	7	鄞县	11.3	11.8	东后街142号	
徐吴氏	女	44	鄞县	11.4	11.10	东后街142号	
徐鑫林	男	49	鄞县	11.7	11.13	东后街142号	
徐正春	男	8	鄞县	10.31	11.14	东后街142号	
徐阿花	女	16	江苏	10.30	11.2	东后街142号	该户3人全部死亡
朱英侠	男	14	江苏	10.31	11.2	东后街142号	
朱雨生	男	28	鄞县	11.3	11.11	东后街142号	
陈阿四	男	65	鄞县	11.7	11.12	开明巷13号	
陈忠瑞	男	不详	不详	不详	11.6	开明巷20号	死于张大猷诊所
陈炳元	男	39	鄞县	10.30	11.3	东渡路91号中华袜厂	死于张大猷诊所
陈康阳	男	20	鄞县	11.1	11.3	东渡路91号中华袜厂	学徒
周洪生	男	14	鄞县	10.30	11.4	太平巷63号	
于周氏	女	46	鄞县	11.1	11.6	南门外于家塘21号	
陆德友	男	18	鄞县	11.8	11.27	不详	发病于方桥公益医院死于渡船上
陈周氏	女	56	鄞县	10.30	11.16	走马塘	
徐安行	男	49	鄞县	12.1	12.2	不详	华美医院勤工
周林生	男	42	不详	不详	11.21	不详	
无名氏	男	不详	不详	不详	11.6	不详	死于西门外单家弄
无名氏	男	40	不详	不详	11.6	不详	死于北门马家桥弄
无名氏	不详	不详	不详	不详	11.6	不详	死于孙家桥20保蒋家岩

注:(　)内为曾用名。

资料来源:1. 容启荣《浙江鼠疫调查报告书》(1941年)。《细菌战与毒气战》,第263~270页。

2. 1940年10月~11月份宁波《时事公报》。

表 4　衢县焚毁疫户房屋估价调查表

户主姓名	死亡人姓名	住址门牌号数	租屋或自屋	屋别及间数	估计价值	房东姓名	要否补偿	焚毁日期
李清芳	李炳坤	水亭街 57 号	租	店面 2 间	250 元	开源纸店	要	12. 22
江清林	徐　氏	水亭街 55 号	租	平屋 3 间	300 元	叶太兴	否	12. 22
王庆元	俞小珊	水亭街 51 号	租	平屋 2 间	250 元	锦太丰	否	12. 22
詹正福	蔡金楚	水亭街 52 号	租	店面 3 间	200 元	德有兴	要	12. 22
郑根发	郑宏富	水亭街 54 号	租	店面 3 间	300 元	下村王立大	否	12. 22
黄　权	廖　氏 郑　氏	罗汉井 5 号	自屋	平房 3 间 搭厢 6 间 楼房 3 间	600 元	黄石林黄权黄建平等共有，内黄石林居 5/6	要 否	12. 23
陈平生	陈隆森	柴家巷 5 号	租	店面 2 间	100 元	永青当	否	12. 23
周春禄	吴凤娥	罗汉井 7 号	租	楼房 5 间	500 元	叶老圃	否	12. 23
郑昌桓	冬　弟	柴家巷 4 号	租	平屋 2 间	80 元	永青当	否	12. 23
程绍周	程凤娜	上营街 22 号	租	楼房 3 间	400 元	黎根清	否	12. 24

调查人：张秉权、郑宗瑞、郑根泉

资料来源：衢州市档案馆藏，13—1—47。

表 5　1940 年衢县鼠疫死亡者名单

姓名	性别	年龄	籍贯	发病时间	死亡时间	住址	备考
吴士英	女	8	江山	11. 12	11. 15	柴家巷 3 号	吴仁佑之女
郑冬弟	女	12	衢县	11. 13	11. 17	柴家巷 4 号	郑昌桓之女 * 罗汉井 7 号叶江氏侍女
陈隆森（陈龙生）	男	15	江西	11. 21	11. 21	柴家巷 5 号	陈平生之弟
黄廖氏	女	40	绍兴	11. 13	11. 17	罗汉井 5 号	黄权之妻
黄　氏	女	不详	不详	不详	11. 20	罗汉井 5 号	*
冯轶轩	男	20	绍兴	11. 17	11. 20	罗汉井 5 号	黄权之外甥
冯　妹	女	不详	不详	不详	11. 20	罗汉井 5 号	*

续表

姓名	性别	年龄	籍贯	发病时间	死亡时间	住址	备考
廖望国	男	46	衢县	11.21	11.24	罗汉井5号	冯铁轩之姐夫、死于下村乡第2保沙湾村家中
黄郑氏	女	29	绍兴	11.23	11.24	罗汉井5号	黄权之妾、因染病小产亡
朱冯氏	女	61	衢县	11.29	11.30	罗汉井5号	廖望国之岳母、死于岭头家中
周冯氏	女	51	衢县	11.21	11.22	罗汉井5号	周毛毛之妻
周毛毛	男	54	衢县	11.27	11.29	罗汉井5号	死于黄坛乡第8保太平桥家中
吴凤娥	女	25	衢县	11.16	11.17	罗汉井7号	周春禄之妻
余少山（余小珊）	男	33	衢县	11.25	11.28	水亭街51号	王大同桂元行
蔡金初（蔡金楚）	男	18	萧山	12.1	12.2	水亭街52号	户主詹顺兴（詹正福）
许秋香（许立志）	男	16	徽州	11.16	11.21	水亭街54号	死于疫区外小狮子巷16号
郑恒富（郑宏富）	男	9	徽州	11.21	11.23	水亭街54号	郑文祯之子
江春梅	女	22	衢县	11.18	11.19	水亭街55号	江清霖之女
江许氏	女	70	衢县	11.19	11.22	水亭街55号	
江清霖	男	54	衢县	11.23	11.26	水亭街55号	
李炳坤	男	16	衢县	11.29	12.1	水亭街57号	户主李清芳
程凤娜	女	19	衢县	12.5	12.7	上营街22号	元康米行内
江柏林	男	16	徽州	11.25	11.25	美俗坊13号	郑茂林的学徒、死于疫区外
无名氏	女	不详	不详	不详	11.20	宁绍巷14号	*陈芳林之小姨

资料来源：1. 容启荣《浙江鼠疫调查报告书》，1941年，附表。《细菌战与毒气战》，第263~264页。

2. 有*号者，为根据《衢县警察局长崔参给衢县县长崔殿堃的报告》，（民国29年11月22日）所补充。衢州市档案馆藏，13—1—46。

表 6　1941 年衢县城区鼠疫流行表

发生地区	流行时间	发生人数	死亡人数	流行情况	发生地区	流行时间	发生人数	死亡人数	流行情况
天皇巷	3—12 月	17	16	有病死鼠	马站底	3—12 月	9	9	有病死鼠
大西门	3—12 月	17	17	有病死鼠	陆家巷	3—12 月	6	6	有病死鼠
新驿巷	3—12 月	12	12	有病死鼠	小西门	3—12 月	2	2	有病死鼠
县学街	3—12 月	10	10	有病死鼠	西河沿	3—12 月	1	1	有病死鼠
皂木巷	3—12 月	9	9	有病死鼠	狮子巷	3—12 月	4	3	有病死鼠
美俗坊	3—12 月	12	12	有病死鼠	坊门街	3—12 月	10	9	有病死鼠
五圣巷	3—12 月	8	8	有病死鼠	童家巷	3—12 月	1	1	有病死鼠
祝家巷	3—12 月	1	1	不明	衣锦坊	3—12 月	3	3	有病死鼠
天宫桥	3—12 月	6	6	有病死鼠	礼贤街	3—12 月	9	8	有病死鼠
道贯巷	3—12 月	5	4	有病死鼠	百岁坊	3—12 月	10	10	有病死鼠
荷花巷	3—12 月	5	5	有病死鼠	花厅巷	3—12 月	9	9	有病死鼠
费家巷	3—12 月	14	14	有病死鼠	狮桥街	3—12 月	3	3	有病死鼠
仁德路	3—12 月	4	4	有病死鼠	柯山门	3—12 月	2	2	有病死鼠
蛟池街	3—12 月	1	1	有病死鼠	府学前	3—12 月	14	14	有病死鼠
馒首巷	3—12 月	2	2	有病死鼠	蝴蝶路	3—12 月	11	11	有病死鼠
中河沿	3—12 月	1	1	有病死鼠	下　街	3—12 月	15	15	有病死鼠
裱背巷	3—12 月	4	4	有病死鼠	化龙巷	3—12 月	8	6	有病死鼠
钞　库	3—12 月	7	6	有病死鼠	新桥街	3—12 月	6	6	有病死鼠
北门街	3—12 月	8	7	有病死鼠	古铜塔	3—12 月	5	5	有病死鼠
姜家山	3—12 月	10	10	有病死鼠	计 39		281	274	

资料来源：浙江省鼠疫防治所、中国医学科学院流行病学微生物学研究所《浙江省鼠疫流行史》，1973 年，未刊资料，第 39~40 页。

表 7　1938~1950 年浙江省鼠疫流行统计表

流行县(市)		1938	1939	1940	1941	1942	1943	1944	1945	1946	1947	1948	1949	1950	合计
庆元	发生	235	188	159	141	143	209	335	64	97		10	71	5	1657
	死亡	198	111	147	137	113	163	251	50	70		4	66	5	1315
龙泉	发生			15	46	90	625	135	99						1010
	死亡			12	36	69	133	73	47						370

续表

流行县(市)		1938	1939	1940	1941	1942	1943	1944	1945	1946	1947	1948	1949	1950	合计
云和	发生					7	346	146	224	25					748
	死亡					7	268	129	148	17					569
丽水	发生					不详	60	926	19	170	5				1180
	死亡					不详	34	784	12	57	3				890
松阳	发生						2	4							6
	死亡						2	2							4
青田	发生						5	3							8
	死亡						5	3							8
永嘉	发生						4	712	9	424	117				1266
	死亡						1	257	7	140	42				447
温州	发生						4	976		410	116	21	6	50	1583
	死亡						1	539		123	42	11	2	12	730
缙云	发生							2							2
	死亡							2							2
瑞安	发生							2	不详	12	60	6	1	1	82
	死亡							2	不详	12	27	4	1	0	46
乐清	发生						8	16	20	4	4	23		1	76
	死亡						7	15	7	4	3	10		1	47
文城	发生									8		13	37	2	60
	死亡									8		13	29	0	50
景宁	发生						1								1
	死亡						1								1
宁波	发生			105											105
	死亡			103											103
象山	发生			2											2
	死亡			2											2
奉化	发生			2											2
	死亡			2											2
慈溪	发生			2											2
	死亡			2											2

续表

流行县(市)		1938	1939	1940	1941	1942	1943	1944	1945	1946	1947	1948	1949	1950	合计
衢县	发生			25	281	不详	6	1	2	12	18				345
	死亡			24	274	不详	6	1	2	11	16				334
常山	发生									1					1
	死亡									0					0
江山	发生				3			49		20					72
	死亡				3			44		20					67
义乌	发生				255	342	122	20							739
	死亡				223	325	111	13							672
东阳	发生				101	54									155
	死亡				97	52									149
浦江	发生					3									3
	死亡					3									3
兰溪	发生										36				36
	死亡										17				17
龙游	发生									2	3	3			8
	死亡									2	3	3			8
总计	发生	235	188	310	827	639	1392	3327	437	1185	359	76	115	59	9149
	死亡	198	111	292	770	569	732	2115	273	464	153	45	98	18	5838

注:本表内数字仅为官方统计,因战争等原因极不完全。如衢县农村无统计数字,有人估计在1941～1942年间该县农村因鼠疫死亡者达2500人以上。又如伯力士在《浙江鼠疫调查报告书》(1944年)中也曾提到:1943年"龙泉鼠疫病人最少当在一千以上。"(浙江省档案馆藏,29—4—260)而本表中的统计数字仅为625人。

资料来源:《浙江省各县疫情报告统计表》、《近年鼠疫流行概况》等。

表8　1941～1950年江西省鼠疫流行统计表

流行县(市)		1941	1942	1943	1944	1945	1946	1947	1948	1949	1950	合计
光泽	发生	45		515	10	58	24	10			2	664
	死亡	28		182	4	24	12	7			0	257
南城	发生				720	425	385	36	6			1572
	死亡				355	230	171	12	5			773
南丰	发生				5	50	123	43	29	40		290
	死亡				3	23	62	19	12	19		138

续表

流行县(市)		1941	1942	1943	1944	1945	1946	1947	1948	1949	1950	合计
临川	发生				2		168	53				223
	死亡				0		43	14				57
黎川	发生					172	91	119	7			389
	死亡					97	47	25	不详			169
抚州	发生						187	58				245
	死亡						55	16				71
金溪	发生						76	15				91
	死亡						24	6				30
广昌	发生						1	2				3
	死亡						1	不详				1
崇仁	发生							107				107
	死亡							79				79
南昌	发生							31				31
	死亡							17				17
万年	发生								47			47
	死亡								40			40
上饶	发生	3	78				17	129				227
	死亡	3	78				17	69				167
广丰	发生		42									42
	死亡		42									42
总计	发生	48	120	515	737	705	1072	603	89	40	2	3931
	死亡	31	120	182	362	374	432	264	57	19	0	1841

资料来源:《江西省鼠疫流行史》、《福建省鼠疫流行史》、《近年鼠疫流行概况》等。

第五章 湖南常德细菌战

——1941 年

松村高夫

前 言

1952 年,就美国在朝鲜战争中向朝鲜和中国撒布细菌一事进行调查的国际科学委员会,即 ISC①,在其报告书(同年 8 月 31 日)中,谈及日本在第二次世界大战中所实施的细菌战时指出,从 1940 年至 1944 年期间曾向中国的 11 个城市发动了细菌攻击。其中最为其重视的是 1941 年 11 月对湖南省常德县的攻击。在 ISC 到达中国后的 6 月 27 日北京调查团会议(第二次)上,"中国卫生署的史料中有关日本在湖南常德人为地空投鼠疫菌的原报告书之一,被提交给委员会。"于是,ISC 便将这份有关常德鼠疫的陈文贵报告(下文详述)作为附录收录在调查报告中,并指出:"这一史料在今日看来也极有价值,并吸引人们对历史的关注"。② ISC 的报告记述如下:

> "以下收录的是一份引起人们对历史关注的史料。据所知,中国卫生署署长当时曾向驻重庆的各大使馆散发 10 份。同时,据著名的 1946 年 1 月的马克报告(Merck Report),美国关于细菌战各种方法的大规模研究正是开始于同样的 1941 年,这或许是超出了偶然的巧合。委员会在朝鲜进行调查期间,有幸会见了曾经根据常德情况写出具有独创见解的卓越专家,并有机会聆听了他的如下意见,即国民党政府在第二次世界大战结束之前,对已经获得的证据进行追查,但这项工作以失败而告终。众所周知,他的结论已被日后举行的伯力审判时被告的供述完全证实。"

---

① International Scientific Commission.

② Report of the International Scientific Commission for the Investigation of the Facts concerning Bacterial Warfare in Korea and China, Peking, 1952, p. 13.

ISC 在朝鲜会见的鼠疫专家,就是在常德进行现场调查并写出报告的陈文贵本人。陈文贵为了调查美国所使用的细菌弹,被派往平壤协助“朝鲜的防疫工作”。陈就日军在第二次世界大战中所实施的细菌战,向 ISC 进行简要说明之后,又指出:目前美国在朝鲜战争中使用的细菌武器的技术和日本曾在中国使用过的“极其相似,而且规模更大”,证实了同一疫蚤技术也用于朝鲜,并断言目前所获得的“各项结果,说明了美国为什么有意地将日本细菌战犯庇护起来的理由。”①同时,他还揭露,战后美国不追究七三一部队有关人员的战犯责任,而作为交换条件,为了将来使用细菌武器,将该部队的“研究成果”悉数归为己有的意义。

引自 ISC 报告的部分中,有如下内容:“他(陈文贵)的报告结论,被日后伯力审判中被告的供述所完全证实”。这意味着对 1949 年 12 月在苏联法庭上,七三一部队队员和一六四四部队队员关于日本撒布细菌的供述内容表示同意。在伯力法院,由 6 人组成的就有关细菌学和医学作出鉴定的检验委员会②的主任,是苏联医学学会会员尼古拉 · 茹科夫 · 费勒什尼科夫。他也是调查团成员,在抵达北京后的第一次会议上,为了揭示细菌战的历史背景,他向调查团提供了在伯力审判中所获得的有关七三一部队的证据。③ 茹科夫 · 费勒什尼科夫本人曾在伯力审判的鉴定书中指出:关于对常德的细菌攻击,“一九四一年间在常德一带也有这样一个远征队行动过,当时从飞机上用鼠疫跳蚤传染过这个地区。这次远征队的危险性是与前次远征队的危险性同样巨大的”。④ 对此本章首先将具体地揭示七三一部队和一六四四部队是如何通过共同作战向常德撒布细菌的,结果造成怎样的危害;并力求对当时的各种报告加以比较和分析,以弄清楚当时中国方面是怎样论证鼠疫流行是日军飞机从空中撒布细菌的结果这一“因果关系”的;以及中国是如何将日本进行细菌攻击传达给各国,并控诉于全世界的。同时也想弄清英美方面对这些问题的反应。经过这样的探讨和研究,将会查明中国为何向朝鲜战争时的 ISC 调查团提交日军在常德撒布细菌的报告,并得到 ISC 的重视,甚至将这份报告作为附录收在其调查报告之中。

---

① Peter Williams and David Wallace, Unit 731, The Japanese Army's Secret of Secrets, Hodder & Stoughton, 1989, pp. 249~250.

② 《伯力审判材料》,第 430 页。

③ Williams & Wallace, op. cit, pp. 240~241.作为 ISC 的成员参加该组织时的茹科夫 · 费勒什尼科夫,是苏联医学学会的教授兼副会长。

④ 《伯力审判材料》,第 437 页。

一　从日军史料和苏联史料来看对常德地区的细菌撒布

现在因已发现关于日军细菌战的史料，日军在常德从飞机上撒布鼠疫菌的事实业已辨明。1941 年 8 月 11 日到南京的井本熊男中佐，根据杉本参谋的指示，下令于 9 月 16 日发动向常德撒布细菌的作战。① 担任此次作战指挥的大田澄，曾担任七三一部队的细菌实战部部长（第二部），1941 年 7 月刚被调任华中防疫给水部（一六四四部队）部长。从石井部队派来 40 至 50 人，而参加作战的总人数约为 100 人。从当年 11 月 25 日中国派遣军参谋长尾正夫向井本提交的有关对常德进行细菌攻击的报告来看，石井部队的增田美保少佐驾驶九七式轻型轰炸机是在 11 月 4 日 5 时 30 分从机场起飞，6 时 50 分抵达常德的。报告指出："大雾，降低 H（高度）搜索，在 H800 附近有层云，故在 1000 米以下实施（由增田少佐驾驶），一侧盒子未完全打开，在洞庭湖上将盒子投下。谷子 36 公斤，其后，由岛村参谋进行搜索。"谷子是疫蚤的代号。这就是说，将 36 公斤的疫蚤装在两侧的盒子里，在常德上空 1000 米以下的高空投下，但一侧的盒子未打开，将其连同盒子一起丢在洞庭湖里。其后由岛村参谋进行搜索，报告指出："6/11（11 月 6 日）常德附近出现中毒流行（一架日军飞机在常德附近撒布，凡触及者均引起严重中毒）。20/11 前后，出现来势迅猛的'鼠疫'流行，从各战区调集卫生材料。判定'如果命中，肯定发病'"。12 月 2 日，中国派遣军高级参谋宫野正年大佐向井本提出报告："以常德为中心的湖南省'鼠疫'极为猖獗"。对于上述鼠疫流行的观察，如下文所述，是不准确的，是出于主观愿望的夸大其词，但对于发生在 12 月 20 日前后的鼠疫流行却掌握得相当准确。11 月 22 日增田少佐报告井本称："一、部队士气高涨，对谷子有信心；二、主要武器，首选谷子"，说明疫蚤在细菌武器中最为优秀。此外，增田还计划在 1942 年 6 月以后撒布鼠疫菌。"四、人员条件具备。有希望获得 30 万只老鼠。设备基本可以"。

其次是苏联方面的伯力（1949 年 12 月）公审文件。

在 1949 年 12 月 25 日的公审中，川岛清（第四部细菌制造部部长）供称：

---

① 以下有关日军对常德的细菌攻击，见《井本日志》（吉见义明、伊香俊哉著：《七三一部队と天皇 · 陆军中央》，岩波小册子 No. 389，1995 年，第 28~34 页）。

1941年夏,于七三一部队的安达实验场,在实验场负责人大田澄的指导下,将15名“被实验者”绑在柱子上,从飞机上投下充填疫蚤的炸弹,进行实验。随后,他又说:“当时第七三一部队在一九四一年间有一次而在一九四二年又有一次派队伍到华中去过,在那里用致命细菌武器反对过中国军队”,他作出如下证言:

“我已说过,第一次远征是在一九四一年夏季举行的。第二部部长太田[即大田,下同]大佐有次通知我说,他要到华中去,并且他当即与我告别。过后不久,他回来时又对我说过,在华中洞庭湖附近的常德城一带,曾用飞机向中国人投放过鼠疫跳蚤。这样,据他所说,就算是举行了一次细菌攻击。此后太田大佐向第七三一部队长石井做过一次报告,他做报告时有我在场。据他报告说,第七三一部队派出的远征队在常德一带用飞机投放过鼠疫跳蚤,结果发生了鼠疫流行病,有相当数量的人染上了鼠疫病,但究竟有多少人,我却不知道。”

“问:第七三一部队内有多少工作人员参加过这次远征呢?

“答:约有四五十人。

“问:在一九四一年举行这次远征时,是用什么办法把鼠疫传染到地面上的呢?

“答:当时用的是从高飞的飞机上撒放鼠疫跳蚤的办法。

“问:究竟是用的投掷细菌炸弹的办法,还是用的从飞机上撒放跳蚤的办法呢?

“答:是用撒放跳蚤的办法。”①

这份证言同日本方面的史料之间,除证言中称常德因撒布细菌出现“若干”鼠疫患者之外,并无不同之处。

苏联国家检察官斯米尔诺夫在演词中,就常德作战检举如下:

“一九四一年夏季派出了第二次远征队到中国内地去,领导人是该部队里一个部长太田大佐。这次远征队是专门派去散播鼠疫流行病的。日军司令部给予该远征队的基本任务,是要破坏中国军队的交通线,其重要枢纽是常德城,所以要在常德城居民中间引起鼠疫流行病。该远征队内曾有三十个细菌学专家参加,全队人员总数达一百人。在远征队转回后,太田大佐曾向石井作过报告,当时有该部队总务部长即被告川岛列

① 《伯力审判材料》,第269页。

席。太田向石井报告说，该远征队在常德城及洞庭湖一带居民点上空，撒播过大量染有鼠疫的跳蚤。太田和石井都非常称赞这次远征的成绩，因为当时在常德一带的居民中间引起了强烈的鼠疫症。”①

上述苏联检察官的演词虽未指出具体问题，但同日本军方的史料综合起来，可以说已正确地掌握其主要内容。

二　常德的鼠疫流行

日本飞机在常德撒布鼠疫菌的结果引发了什么事情，让我们看一下以下的经过：

1941年11月4日晨5时许（日本军方的上述史料称，到达常德的时间为6时50分，时间上有出入），一架日军飞机在常德上空的大雾中进行低空飞行，投下谷物、棉纸、真相不明的颗粒物。投下地点为常德城中心的关庙街、鸡鹅巷以及东门附近。下午5时警报解除。部分投下物被送至广德医院（长老派教会医院），进行显微镜检查。当时常德的医疗防疫机关，只有这座美国人教会办的拥有100张床位的广德医院和有门诊部而没有住院设施的县卫生院；此外，还有红十字会救护总队的第二中队驻在此地。最早接触到这一事件的是一位叫谭学华（H.H.Tang）的中国人医生和检查技师汪正宇。谭已经在广德医院工作7年，当时是副院长。院长是美国人乔治·图特尔（德采George Tootell），他在这间医院已经工作了近30年，但在常德被撒布细菌时，他正回美国休假，同年12月26日才回到常德。

检查技师汪正宇于1942年曾这样写道：

“民国三十年十一月四日清晨，敌机一架飞到常德市空，往返低飞——投下谷麦等物甚多，后来由防空指挥部、警察局和乡镇公所各送来由敌机投下的谷麦等物少许——并无跳蚤在内——来院请求检验。当时我们就想到除敌人用一种神经战术，使吾人恐怖外，那最可能的便是撒布传染性的细菌了。若是撒布细菌，那么便是鼠疫杆菌。其理由很简明：（一）鼠疫为一种最可怕的传染病，其传染甚速，并且死亡率高；（二）所投下的谷麦等物，均为鼠类的食料；（三）本地之鼠甚多，便于鼠疫的传播；（四）根据报载，敌人曾在浙江衢州等处投掷过鼠疫杆菌，所以此次亦有

① 《伯力审判材料》，第478页。

可能。”

于是，汪正宇详细地记录了对投下物的检查方法，记录指出：

“第一步将敌机所投下的谷麦少许浸泡于无菌生理盐水中，十五分钟后，以纱布数层过滤——滤去谷物等。滤液以离心器使其沉淀，取其沉渣作涂抹片，固定后以革兰氏染色法染色，在显微镜下检查之，除大多数革兰氏阳性杆菌外，并间有少数两极着色阴性杆菌，所以我们起先所揣想的，至此益增疑虑。但是为求确实起见，第二步的方法就是细菌培养。”

经过细菌培养之后：

“在显微镜下发现多数革兰氏阴性两极着色之杆菌，乃用测微器测量其大小，平均为 1.5×0.5 兆分。……因此我们的疑虑更深。”①

谭学华不仅对空投物进行了检查，而且还诊察了鼠疫患者，做了尸体解剖。现已查明，他留下了 4 份记录，即：1942 年 3 月载于《湘雅医学院院刊》的《湖南常德鼠疫发现经过》②；1945 年美国调查团的访问录；1950 年 2 月 5 日《人民日报》的报道③；1972 年的亲笔回忆录。作为最早接触该事件的当地医生，他的记录无疑是重要的。④

谭学华于 1945 年接待了美国调查团，并对当年发生的事件提出了详细证言。美国的这次调查，是美国陆军军医官于 1945 年 5 月 28、29 日随同“化学战部（Chemical Warfare Service-CWS）”的使节团一起访问中国湖南常德的，目的是调查 1941 年 11 月 4 日日军撒布细菌事件，文件的标题为《在华中——湖南常德日本使用细菌武器》，报告人是吉登斯（J.R.Giddes）。⑤ 在常德，谭学华

---

① 收录在汪正宇：《敌机于常德首次投掷物品检验经过》，原载重庆医药技术专科学校《医技通讯》，1942 年 12 月。邢祁、陈大雅编：《辛巳劫难——1941 年常德细菌战纪实》（中共中央党校出版社，1995 年）。

② 《湖南常德发现鼠疫经过》（谭学华医师来函摘要），《湘雅医学院院刊》，1942 年 3 月。湖南省档案馆藏，67—333。

③ “湖南常德华德医院院长证明，日寇曾用飞机撒布鼠疫，常德地区很多同胞因此死亡。”《人民日报》，1950 年 2 月 5 日。

④ 谭学华：《关于日本帝国主义强盗在常德施放鼠疫的滔天罪行经过情形》，1972 年。常德市档案馆藏，5—13，249—57。在上述谭学华关于常德鼠疫的记录中，1942 年的信件摘要和 1950 年接受报社采访时的谈话，分量不多，内容也略嫌简略。1972 年的亲笔回忆录对于防疫活动开始以后的情况叙述详细，相比之下，1945 年接受访谈时则对发生初期的情况叙述得更为详尽。

⑤ JJCA CHINA REPORT，（Subject：Japanese Use of BW at CH'ANGTE，Hunan Province），from J.R.Giddes to Harold Pride，1945. 6. 28，Kunming R-713-CH-45，Secret，copy 4 of 5.Public Record Office（London）.WO 188/680，该报告全文共 5 页。关于谭学华等人的引文全部引自该报告。

和图特尔二人接受了采访。美国之所以特地派出调查团,是因为有关日本对常德进行细菌攻击的大量报告“存在许多自相矛盾的主张、疑点和不确定因素。有鉴于此,经有关当局暗示,为对该事件作出评价,应前去常德,以获取第一手情报”。时至1945年3月,对于美国来说,日本向常德撒布细菌的情报仍然是不确定的,而当时美国怀疑日本在南方战线使用了细菌武器。美国对其作战情况究竟掌握到何种程度虽然不详,但不论怎样,它们企图就日本使用细菌武器的能力进行调查则是确凿无疑的。

美国调查团认为,谭学华“是最早调查该事件的人,无论在鼠疫流行之前或流行期间及其以后都住在常德”,作为有关撒布鼠疫细菌的“第一手情报来源”予以重视,在其报告中有如下记载:

> “1941年11月4日,一架日本飞机在常德投下谷类,将样品收集,交由该医生在医院进行检查。结果从上述谷类中发现细菌,且形态上具有鼠疫菌特征,经着色仍有上述特征。几日内常德便有大批死鼠,继而在居民中出现鼠疫病例,常德的长老派教会医院对其中的死者确诊为死于鼠疫。而在1941年以前,常德附近从未发生过鼠疫。”

调查团根据对谭学华医生的采访录,又补充了如下说明:

> “必须承认,谭博士未能从最初的谷类培养中做出鼠疫菌试验的完全的细菌学证明。尽管如此,这项检查作业明确指出谷类中存在鼠疫杆菌。在评价上最重要的是对兔子进行鼠疫菌试验的效果。但具体情况不详,目前又无法获得这方面的为作出评价所需的专门资料,因此无法表明意见。”

如上所述,没有作出判断,留下若干疑点,但报告却又指出:

> “尽管如此,在投下谷类之前当地未曾发生鼠疫;出现形态上与鼠疫菌类似的细菌;谭博士对鼠疫流行的预测和谷类投下七天后出现鼠疫患者,这些都证实了病例的可靠性。这是迄今为止中国所拥有的日本使用细菌武器的最有力证据。这可能是有真实的病例,大约也进行了实验性试验(an experimental trial)。因为对于这些战术,后来没有进行过观察,也没有提出报告。”

于是便作出了“1941年11月日本在常德利用含有鼠疫菌的谷类扩散鼠疫的可能性是极大的”这一结论。对于引文中所指出的“实验性试验”之说,恐有注意之必要。

另一名医生图特尔曾向美国调查团指出,1941年11月基本上没有难民从常德经过,大约一年前曾经过,但在数月前已经停止。他又说,当时隔着洞庭湖,在岳州驻有日军,从岳州到常德,步行需 8 至 10 天,所以很难想象鼠疫是由难民带至常德的。并申明“图特尔滞留当地约 30 年,其间,在该事件发生之前未曾遇到一件鼠疫病例,也从未听说过”。

我们再来听一下谭学华的证言(在以下证言记录中,谭学华是以第三人称的“谭博士”出现的)。

“1941 年 11 月 4 日清晨,在黎明到日出之间,一架日本飞机(不能确定机型)以超低空在常德上空盘旋三次(事件发生前和以后,常德经常遭到日本飞机轰炸,但都是在傍晚,而且都是三架以上,在清晨并只有一架的情况这是仅有的一次。)当时全市笼罩在浓雾之中。这种大雾天气,在每年的这一季节是司空见惯的。飞机没有投下炸弹,但有许多米、麦等谷物从飞机上投落在县城的北门和西门附近。城里的官吏将大量谷类收集起来,送至长老派教会医院‘广德医院’,由谭博士进行检查。

“在粮食中没有找到跳蚤,在粮食的附着物上也未发现跳蚤。将谷类样品用灭菌盐水洗净,再进行离心分离,用沉淀物制成涂片标本。这些涂片标本用革兰氏染色法染色时呈革兰氏阳性,极少数两端染色菌呈革兰氏阴性。鉴于很难得到培养基的实际情况,从住院的肝硬化病人身上取出 30CC 腹水,在无菌状态下分别装入 3 个试管内,每个试管内装入 10CC。在进行了上述准备的两个试管内装入在路上收集来的粮食,在其余一个试管中装入普通粮店出售的粮食。经过 24 小时培养后再对三个试管进行观察,并准备涂片标本。装有从路上收集粮食的试管比装有普通粮食的试管显示出更大的混浊度。用从街上收集来的粮食准备的、用革兰氏染色法染色的涂片标本呈革兰氏阳性,少量呈革兰氏阴性,两极染色的杆菌 1.5×0.6 微米;用装有普通粮食的试管取样制成的涂片标本,只呈现革兰氏阳性细菌。

“鉴于当地缺少豚鼠,当地的老鼠作为实验动物又不理想,于是便使用了两只兔子。从装有从街上收集到的粮食试管中取出 1CC 培养液,接种在一只兔子的腹膜内。第二只兔子作为对照,将 1CC 普通盐水接种在腹膜内。接种的两三天后,接种培养液的兔子出现发烧反应,但恢复了健康。对照用的兔子是健康的。”

使用兔子进行的检查没有获得明确的结果。又找不到实验用的鼷鼠和豚鼠,在有限的医疗设备条件下,谭学华医生尽其所能进行了检查。尽管他没有能肯定是鼠疫菌,但是他判断认为是由日军撒布的嫌疑极大。对此,图特尔评价说:"对于谭博士所述的可靠性不能怀疑。他在检查病例方面完成了极其出色的工作。"

撒布细菌的次日早上,即11月5日,常德县卫生院、防护团、国民党军警机关和广德医院召开了联席会议,"会上,谭医生提出意见:病例可能是鼠疫,必须立即采取控制措施。他还提出了如下建议:(1)必须收集并销毁日本飞机投下的粮食;(2)必须致电省政府,请求派来鼠疫专家;(3)必须加强鼠疫防疫措施;(4)必须准备鼠疫患者用的隔离医院。"这是一个惊人的准确判断;是关于对策的建议。但是,上述提案虽然被传达给省卫生处,但是省里未准确地把握事态,因而未作出任何反应。"此次会议结束后,虽然向设在耒阳的省卫生处进行了传达,但没有得到答复"。这一早期行动迟缓的现象是不容否定的。①

随后开始出现鼠疫患者。"1941年11月10日接到报告,街道上发现大量死鼠,有数人患病,发高烧。"在有投下物的两个地点发现大量死鼠,但当时尚未对老鼠进行检查。

11月12日,住在细菌投下地点关庙街的一名少女在母亲的陪同下来到广德医院。这名患者叫蔡桃儿,发病36小时后死亡,死因为疑似腺鼠疫。

据谭医师的证言:

> "11月12日,一名12岁的少女,怀疑是鼠疫的第一个患者被带至广德医院,该少女从前一天夜间开始出现恶寒高烧等症状。主诉头痛,全身不适。经诊察,体温105度(40.5℃),脉搏115。看上去她患有急症,处于神志不清状态。脉弱,可以触诊到肝脏和脾脏,疟疾的血液涂片标本为阴性,白血球12050,中性多核细胞88%,在血液标本中发现少量细菌。用革兰氏染色法染色时呈革兰氏阴性,细菌两极有少量着色。
>
> "对该名患者实行隔离,每隔4小时投以0.5克磺胺。深夜体温为106度(41℃),脉搏116,呼吸数47。次日晨(13日)皮肤发绀,全面陷于危重状态。这时采取的血液标本多数出现两极着色性,8时患者死亡"。②

---

① 关于日本飞机向常德投下物体问题虽向重庆政府提出报告,但谭学华等提出要求派遣防疫人员问题却被忽视。根据谭学华1972年的回忆,卫生署的防疫部队于11月16日才到达常德,湖南省的医疗防疫队到达常德已是18日。关于常德的防疫活动情况,请参照第六章。

② 5名腺鼠疫患者的临床记录和尸体解剖记录,在陈文贵报告(1941年12月12日)的正文和附录中有详细记载(《细菌战与毒气战》,第293~304页),其英译本藏于南京中国第二历史档案馆和伦敦的国家档案馆(PRO)。

最初的患者尸体解剖由谭学华和钱保康(红十字救护第二中队中队长)共同执刀。

> “解剖时,腹腔内没有积液。肝脏肿大,少部分有出血。肠内有若干出血。脾脏相当于正常大小的两倍,有出血部分。肾脏呈红色,骨盆有出血部分。心脏和肺未经检查。脾脏标本呈现革兰氏阴性,两极有着色细菌。两人均诊断为鼠疫,同时向重庆的卫生署发出电报。”

11 月 13 日和 14 日两天,共有 3 名鼠疫患者死亡,死后进行了解剖。即:第二名患者是于 11 月 14 日住院的 25 岁工人徐老三,他 12 日开始突然发烧、头痛、神志不清。入院时右侧鼠蹊腺肿大柔软。革兰氏阴性。入院当日下午死亡。由谭学华医生和方德成(常德卫生院院长)共同进行检查。第三名 58 岁的患者,名聂述生。13 日鼠蹊腺肿大,13 日傍晚死亡。检查医生为钱保康。

继而是第四名叫蔡玉贞的 27 岁患者,家住东门内常清街。11 日发高烧,13 日死亡。该患者未运至医院,群众企图将因鼠疫而死亡的人私自埋葬。这是一个偶然发生的事例。该人死亡的第二天,即 14 日晨,红十字会医生肯特(Heinrich Kent)队长在去德山(常德县城南 5 公里)的路上拦住棺材,询问死因,因有鼠疫嫌疑,便开棺检查,查明为鼠疫。解剖尸体的结果,从肝脏和脾脏的涂片染色检查中发现鼠疫菌。①

有报告说街头有死亡者,并传闻开始在常德市内蔓延。于是再次致电省卫生处。结果几名鼠疫专家被派往常德。陈文贵奉命组织湖南常德鼠疫调查队,11 月 20 日从设有红十字会总会救护总队部的贵州省贵阳出发,同月 24 日到达常德。陈文贵曾于 1936 年应国际联盟卫生部的邀请,赴印度的哈夫金研究所从事鼠疫研究,他是一位细菌学家,1941 年当时,是中国军政部战时卫生人员训练总所检验学组主任和红十字会总会救护总队部检验指导员。此次常德之行,还有教官兼医生的刘培、薛阴奎,助手兼检验技师朱全纶、丁景兰等,携带实验器材、疫苗,以及鼠疫特效药磺胺噻唑随同前往。磺胺噻唑曾在印度使用,颇有效果。

11 月 24 日晚 8 时,陈文贵一行抵达常德,这时,第六名患者、28 岁的男性龚操胜已死亡。次日晨,陈文贵在东门外用徐家(地主)大院改建的隔离医院

---

① 肯特在路上开棺检查,判定死者死于鼠疫一事,在上述美国报告(1945 年)中无记载。该部分引自陈文贵报告附录中的第二例(《细菌战与毒气战》,第 304 页)。肯特为奥地利人,1933 年维也纳大学毕业,作为伦敦医药助华会组织的国际援华医疗队的成员,1940 年来华。中国第二历史档案馆藏,476—533,535。

解剖了死者尸体，并进行了细菌培养和动物接种等实验，结果证明患者是因患真性腺鼠疫，由鼠疫菌引起败血性感染而死亡。该患者于 11 月 19 日来到常德，4 天后于 23 日发病，高烧，四肢无力，继而右侧鼠蹊淋巴腺肿大，于 24 日死亡。陈文贵等还对以前 5 名死者的临床记录进行了研究，结果得出了均为疑似腺鼠疫的结论，并下令以后出现病人和死者必须报告和接受检查。陈文贵等人同驻常德的各防疫机关就鼠疫的处理方法进行了磋商，将鼠疫疫苗和磺胺噻唑分发给领导机关。其后由于未再发生鼠疫患者，陈文贵一行于 12 月 2 日离开常德，同月 6 日返回贵阳。当时将用于研究的染色标本和从因鼠疫死亡的病人培养的鼠疫菌的纯菌种，以及飞机投下的粮食等带回进行分析。12 月 12 日提出了《陈文贵报告》，这份报告提交给军政部战时卫生人员训练总所主任和中国红十字会总会救护总队长林可胜。这时距第一个鼠疫患者被送至广德医院恰好是一个月。

三　陈文贵报告和伯力士报告

陈文贵报告是关于向常德撒布细菌问题的详细报告。① 报告在结论中概括出以下两点：

（1）从 1941 年 11 月 11 日至 24 日，在常德确实流行了腺鼠疫。

（2）鼠疫的传染源是 11 月 4 日晨敌机（日本飞机）投下的鼠疫传染物体中存有的鼠疫传染性跳蚤。

陈文贵对 11 月 11 日至 24 日间发生的上述 6 个病例，是否同 11 月 4 日晨日本飞机投下的谷类有关进行了核查，分析了当时可能发生鼠疫的三个原因。即：

（1）在敌机投下谷类等物之前，常德是否发生鼠疫。

（2）常德发生的鼠疫是否有可能是国内附近的流行地区传染而来的。

（3）常德鼠疫是否是因敌机投下的被鼠疫菌污染的谷类引起的。

根据上述情况证据，首先，（1）“据了解，常德未曾被鼠疫污染”；其次，关于（2）“距常德最近的鼠疫污染区”也有“约 2000 公里”，而予以否定；结果按

① 中文版未记入报告者姓名，英文版在标题下写有“by Dr.Chen Wen Kwei”，由此可见报告人为陈文贵。如上所述，此份报告，后来收录在朝鲜战争时的上述国际调查委员会（ISC）报告（1952 年）中作为附录（Appendix K，pp 195～221）。

照消去法确定为(3),其理由如下:

(1)全部病例都是发生在投下谷类最多的地区。

(2)可以推论,在投下的谷类中藏有能够传染鼠疫的疫蚤。当时之所以未发现跳蚤,是因为:第一,市民对于鼠疫传染没有常识,未予以注意;第二,当天常德整日处于警报状态之下(从上午5时至下午5时),因警报解除后收集和清扫谷类等物,跳蚤已经逃跑,藏到住户家中去了。

(3)假设传染性物体导致鼠疫发生的途径是,敌机投下的部分跳蚤直接叮咬人,致使鼠疫流行,那就是事前用鼠疫菌污染谷类→老鼠吃了谷类而感染→老鼠传染给跳蚤→跳蚤传染给人的这一途径被否定;同时,将疫蚤和谷类一起投下→跳蚤附在老鼠身上→在老鼠间流行鼠疫→老鼠传染给跳蚤→跳蚤再传染给人的这一途径也将被否定。因为腺鼠疫的潜伏期(从被跳蚤叮咬感染之日起到发病为止)为3至7天,有时甚至为8天或14天。①

陈文贵报告中还收录了详细的由陈文贵本人执刀进行的龚操胜的解剖记录和5名死者的临床记录,以及"敌机在常德投掷谷麦等物检验记录",作为附录。其中指出:"标本系敌机于11月4日上午5时在常德上空低飞投掷之物,于次晨从街面收集保存,由投下之日至检查时已34天矣"。② 所谓"至检查时已34天",是指陈文贵于12月6日从常德回到贵阳总部,并和涂片染色标本、鼠疫菌纯菌株等一起"带回了敌机投掷之谷麦等物"的时间而言。通过肉眼检查,"检查物为大麦、米谷及不知名之植物种子";通过培养检查,只发现有"污染杂菌,未检出类似鼠疫杆菌之细菌",在动物接种试验中也未发现鼠疫菌。因此,作为结论,认为"据细菌培养及动物接种试验,该项麦谷等标本中未发现鼠疫杆菌"。而从标本中未发现鼠疫菌,这一点成了英美等国得知日军在常德撒布细菌这一情报时,提出鼠疫的流行不能确定为因日军投下细菌所致的意见的原因之一。再加上陈文贵报告认为"常德人口现约5万余,其死亡率向无确实统计";报告还指出,发生鼠疫的关庙街和鸡鹅巷一带"地处市中心区,房宇栉比,街衢狭隘而不洁,曾视察鼠疫死亡[者]寓所,发现

① 6个病例中的4例潜伏期为7或8天。说明他们在11月4日或5日前后,受到投入跳蚤的叮咬。即第一、二个病例均在11月11日发病,为飞机投下的第七天,第三、四病例是在11月12日发病,是投下的第8天;第五例于11月18日发病,是投下的第14天,第六例已被证实是腺鼠疫。

② 据谭学华称,投下物在投下之后立即被收集起来。而陈文贵报告却记载为下午5时以后或次日清晨,二者有出入。有必要注意的是,一般来说在陈文贵的报告中对谭学华的检查结果采取轻视态度。

室内阴暗，空气阻塞，无地板设置，垃圾散积屋隅，鼠洞随处可见”，又说：“解剖检查了捕到的约 200 只老鼠，但未发现感染鼠疫的病理变化”。这一说法起到了使英国等国更加确信其自身主张的作用。关于包括英国在内的国际方面是如何领会常德鼠疫流行问题的，下面将进行详述。

总之，陈文贵认为常德的鼠疫流行已经结束而离开常德，是一个错误估计。

卫生署外籍专员伯力士代替陈文贵于 1941 年 12 月 21 日到达常德，开始进行调查研究，此后，伯力士在常德滞留了大约一年，为控制鼠疫流行而献身。伯力士到达后，立即确信鼠疫流行是由日军撒布细菌所引起的。1941 年 12 月 30 日向卫生署署长金宝善（Dr. P. Z. King）提出报告，以下不吝冗长，加以引用。①

“敬启者

我就常德的鼠疫情况作如下报告：

（1）常德居民一致称，1941 年 11 月 4 日晨出现并反常地进行低空飞行的飞机，在县城内一定地区撒布了如下文所述及的混有某种物质的相当大量的谷物。

（2）11 月 12 日，一名 12 岁的少女因高烧呓语，病情危重，住进当地的教会医院，于次日死亡。死后经解剖，发现颈部左侧淋巴肿大，但是由于当地多有人患湿疹，因此认为或许是由于地方流行的皮肤病导致淋巴肿大。尽管如此，反映鼠疫菌少量存在的大量革兰氏阴性杆菌，确实在用少女生前的血液和死后的脾脏所制成的涂片标本中有所发现。

（3）在上述首次病例之后，又相继出现 6 个病例。6 个病例都经过显微镜检查得到确认，还有 1 个病例是通过培养和动物实验得到确认的。最后 1 个病例记录为 12 月 20 日。6 名患者中的 5 人均患有鼠蹊部淋巴腺肿大，第六人估计是败血性鼠疫。上述全部病例说明，共有 7 人感染，他们全都是常德居民。

（4）此外，记录中还有许多可疑的病例，进行追踪调查结果，于 11 月 19 日死亡的一名患者实际上似乎是死于鼠疫（败血性）。

（5）检查了从飞机投下的谷物中收集到的少量谷物，未得出肯定结

① The Report from Dr. R. Pollitzer, Epidemiologist, National Health Administration, to Dr. P. Z. King, Director-General, National Health Administration, Chungking, December 30 1941, (Confidential).

论(大部谷物被尽快收集并烧毁)。12 月 23 日,我以个人名义看到了用上述物质制成的两个肉浸汤培养液。在我的监督下,用上述培养液和二次培养液制成涂片标本,其中革兰氏阳性杆菌和球菌占优势。另一方面,革兰氏阴性杆菌未明确显示鼠疫菌的特征。12 月 23 日使用此类培养液和二次培养液合成的物体,感染的豚鼠至今仍然存活。

(6)然而,应该强调指出,这些否定性的调查结果,决非排除 11 月 4 日的一系列攻击同继而在常德流行鼠疫之间的因果关系。关于这一因果关系必须注意以下诸点:

a、鼠疫菌在人们确认其存在以前,一般难以在非生物上存活,而且和从该病例中发现的微生物一起培养后,也难以成长存活。我们不能因为在该培养液中未曾发现鼠疫菌,便排除了鼠疫菌本来就附着在谷物上的可能。

b、此外,必须注意的是,飞机投下的谷物是否原来已被鼠疫菌污染,这看起来很重要,但实际并非具有决定意义的重要问题。印度的鼠疫调查团和其后的其他调查研究人员,曾对豚鼠等极其易于感染的啮齿类进行感染实验,这项实验尽管是在条件最好的实验室内,使被鼠疫菌污染的非生物同动物长时间接触,或用大量被鼠疫菌污染的物质喂食动物所进行的,大部甚至全部也都未获成功。利用由飞机投下的被鼠疫菌污染的物质,如果对人也采取同样的方法,则似乎不会获得更好的结果。

另一方面,必须承认如果飞机投下的物质起到了媒介疫蚤的作用,人将更加易于感染。因此,后者的过程(通过跳蚤传播),对于专家而言,参加细菌战无疑是更为理想的。于是我本人也倾向于该病例就是通过这一方法导致发病的。作为这一推论的支持者,有几名证人曾说,飞机除谷物之外,还投下棉花、碎布,以及纸和木片等各种其他物质。其中尤其是前两种,最能对跳蚤起到保护作用。

(7)关于最近流行的鼠疫是因敌方行为引起的推论,如果再考虑到以下诸点,将更加受到支持。

a、对于流行的时间和地点的观察与上述推论一致。

如上所述,最早出现的患者于 11 月 12 日住院。这是在一系列进攻的 8 天以后,尤其是如果含有疫蚤,那么它首先要叮咬人,这是一个令人信服的期间。另一方面,疫蚤甚至在数周或数月间仍有感染之可能,这已为人所知。

最早确认的6个鼠疫感染病例，分散居住在两个地区的人们中间，在这一地区散布着大量从飞机投下的物质。只有第七名患者生活在距上述地区有若干距离的地方。

b、如果为了进行辩论，否定常德最近流行的鼠疫是由敌人行为引起的假设，那么，我们在说明此次流行的起因时将会感到困惑。关于这一点应该考虑下列问题：

1. 近年来，在此次之前，湖南没有流行鼠疫的记录。自1937年末以来这一地区开展了彻底的防疫活动，不存在导致鼠疫发生的任何依据。

2. 能够设想感染鼠疫的最近地点是浙江省东部和江西省南部，从其中的任何一地到达常德最少需要10天。因此无论从哪里来，在到达常德之前都将会发病。这样外出的人反复换乘交通工具，途中还要在各种旅店住宿。他们至少在旅途中的某一时期必将使用他们自己的卧具。他们似乎不可能和疫蚤一同、或在其影响下移动。

3. 常德和浙江或江西处于完全不同的河川交通线上的地点，所以不存在感染的老鼠或跳蚤有可能随着船只移动的直接交通问题。

4. 常德地区生产大米和棉花，所以认为感染的老鼠和跳蚤是随着上述商品从其他地区运进的想法是不合道理的。

c、根据我们在浙江和江西的观察，最近确认，腺鼠疫在中国的流行，尽管不是全部，但其中大半在流行之前都曾出现过极其明显的当地老鼠死亡现象，而在常德却未发现老鼠减少。我们无论如何也没有获得当地老鼠感染鼠疫的确凿证据。

(8)根据上述所有观察和考察，对于最近常德的鼠疫流行同11月4日飞机进攻的关联，几乎已无怀疑的余地。

(9)虽然再次确认，最近10天间没有再接到有关新感染病例的报告，然而，却并未排除或者已发生更多病例的可能性。

(10)如上所述，既然没有发现有关疫鼠的确凿证据，在当前的情况下，便不能确定老鼠是否同鼠疫流行有关。'印度'鼠蚤似乎被认为目前已罕见。另一方面，对于以下诸点必须注意。(a)鼠间鼠疫的病例——即便存在——目前罕见。(b)由于情况棘手(天候恶劣和空袭警报)，我们只能检查数目极为有限的老鼠。为了对这一至关重要的关键问题做出决定,必须进一步延长时间,继续调查。

谨此报告。

署名　Dr.伯力士

卫生署　传染病学家”

伯力士的报告显然是以陈文贵报告为基础,内容也类似,但也补充了不同意见。重要之处在于除情况证据外,还阐明了直接传染鼠疫的途径。他认为“被投下的传染性物体引起鼠疫的三个途径”之一,是投下的被鼠疫菌污染的谷物等,被老鼠吃后而感染,老鼠传染给跳蚤,跳蚤又传染给人。在陈文贵的报告中,他认为“这种可能性很小或者未获成功”,他举出两点理由:“(1)将收集到的谷物等进行了培养或动物实验,但结果未发现鼠疫菌。(2)在敌机投下谷物等之后,在常德没有死亡鼠类激增的确凿证据。”在伯力士报告中,关于陈文贵提出的第一点理由,他认为,12 月 23 日,用投下的谷物制成两个肉浸汤培养液,再以培养液制成涂片标本,再次进行检查,但未发现鼠疫菌特征。关于第二点理由,他也同样认为没有死鼠激增的现象。对上述两点,其意见内容没有区别,但伯力士进一步指出:投下的谷物等即便受到鼠疫菌污染,但鼠疫菌不可能在非生物上长时间存活,即或老鼠或人吃了这些谷物也不会感染。这一点已为印度调查团的实验所证实。他认为不可能有来自鼠疫菌自身的感染。

其余的两个感染途径都是由于疫蚤的投下。事实上,正如日军史料所揭示,由于向常德投下了疫蚤,所以,这一推论可以说是正确的。其中,第二种途径是鼠类为谷物所吸引,鼠类接触谷物,跳蚤转移到老鼠身上,在老鼠间引起鼠疫流行,再传染给人。陈文贵报告认为:“这在理论上是存在可能性的,但同调查时所发现的各种事实却全然不同”,6 名鼠疫病例都是在投下后 15 天内发病,在老鼠间的鼠疫流行约需经过两周,人间的鼠疫流行通常发生在鼠类流行的两周之后,所以它不是通过老鼠的鼠疫流行所导致的。这样一来,剩下的第三个感染途径就是疫蚤直接叮咬人,从而引起鼠疫流行。根据鼠疫的潜伏期为 3 至 14 天,以及 6 个病例患者都住在日军飞机撒布谷物最多的地方,从而得出结论,认为鼠疫的流行是通过第三种感染途径引起的。关于第二和第三种途径,伯力士也做出同样的解释,但伯力士认识到第二种途径具有今后仍将流行的潜在危险,在这一问题上,他们确定重点的方法有所不同。伯力士在其报告的最后指出:“既然没有发现有关疫蚤的确凿证据,在当前的情况下,便不能确定老鼠是否同鼠疫流行有关”。关于第二种感染途径,他附加了保留条件:“目前只能检查为数有限的老鼠。为了对这一至关重要的关键问题作出决定,必须进一步延长时间继续调查。”

事实果真如此，在伯力士于 1941 年 12 月 21 日到达常德之前没有对疫蚤进行检查一事，日后成为批判的靶子。他到达常德时未曾发现感染鼠疫菌的老鼠，后来由于战局紧张，他曾一度离开常德，但 1942 年 1 月中旬，他又返回常德再次进行检查时发现了感染鼠疫菌的老鼠，其数字逐月不断增加。

鼠疫患者及可疑者被收容在设于东门外的隔离医院中。最初的 6 名鼠疫患者死后全部被解剖，而后来却改变了这一作法，只解剖了部分患者尸体。这是因为全部解剖，对于医生而言不仅有感染的危险，而且会“引起众怒”。① 鼠疫患者的尸体最初是全部烧掉，后来“由于这种方法遭到人们的强烈反对而放弃，这类尸体不再焚烧，埋葬在为此而特别修建的公立墓地中。”

在最初的数月之内未成立检疫所，情报网也不够健全，估计有大量死者未被发现。红十字会医生肯特在路上发现的病例便是其中之一。“人们都逃避检疫和死后检查。为此，试图以一切手段将病人和死者隐藏起来。12 月只发现两例。”其后，1942 年 1 月为 1 人，2 月没有发现，鼠疫患者虽然仅限于少数，但准确数字则不得而知。② 其间，携带鼠疫菌的老鼠确实在不断增加，从而导致 3 月末以后的鼠疫的爆发性流行。

1942 年 3 月末，有报告说发生两名患者，均死亡。1942 年 4 月检查了 39 名患者，其中明确显示为阳性者有 20 人，有怀疑者 3 人。自 3 月以来获得磺胺噻唑，开始为患者服用。在此之前，凡来到医院的患者全部死亡。这一情况使患者犹豫不决，迟迟不肯来医院就诊。4 月 11 日以后，由于使用磺胺噻唑进行治疗，有 5 人痊愈出院。常德的鼠疫患者再次开始减少，5 月有 6 人，6 月有 2 人，7 月只有 1 人。这样，第二次流行共有 31 名患者（包括疑似患者在内有 36 名，其中 28 名死亡）。③ 7 月 1 日以后再未出现第二次流行的患者。由

---

① 关于民众对解剖鼠疫患者气愤问题，引自 S.H.Wang（王诗恒），Report of Plague in Changteh and Measures for its Control，July 20 1942。中国第二历史档案馆藏，372（2）—16。王诗恒在该报告（英文）开头处，对于曾引用伯力士和陈文贵的资料写出献词致谢。未记页数。

② 据国民政府卫生署防疫处长容启荣的《防治湘西鼠疫经过报告书》（战时防疫联合办事处。《细菌战与毒气战》，第 283～289 页），常德第一次鼠疫流行的受害者，11 月 5 人，12 月 2 人，1 月 1 人，共计 8 人。此处 11 月为 5 人，系因上述陈文贵报告中提出的 6 例患者中，通过检查未发现第 5 例（胡钟发）有疑似鼠疫菌，故未计算在内。此外，上述容启荣报告中的统计数字与后来的全国防疫联合办事处的《近年国内鼠疫流行概况》（1948 年 10 月 11 日）[中国第二历史档案馆藏，372—764]的统计是一致的，但湖南省卫生处的《湖南省防治常桃鼠疫工作报告》（1943 年 4 月）[湖南省档案馆藏，74—3—6（2）]所载《常德鼠疫逐月疫情统计表》，提出 1941 年 11 月的患者为 21 名，死者 18 名（但是，同容启荣报告不同的是未附上患者的姓名和病例）。

③ 引自王诗恒报告。

于将一旦发生病人必须报告规定为一项义务,因而留下了相当详细的病例记录(表 1)。①

上述的鼠疫第二次流行,是由带菌老鼠的增加所引起的。对于鼠疫来说,尽管必须对啮齿类、尤其是老鼠进行检查,而在 1941 年 12 月伯力士来此地之前,常德未曾充分进行过研究。伯力士于 1942 年 2 月在常德检查了 168 只老鼠和 339 只鼠蚤,报告称:“疫鼠发现地点,在城区各地实际均已波及”。② 根据 1942 年 7 月 20 日常德第二次流行结束后不久王诗恒写出的报告,从 1941 年 12 月 24 日至 1942 年 6 月 30 日期间,共检查 1879 只老鼠,3536 只跳蚤(12 月和 1 月 106 只,2 月 339 只,3 月 1722 只,4 月 1099 只,5 月 219 只,6 月 51 只)。③

在被检查的 1879 只老鼠中,有 415 只呈阳性,139 只疑似阳性。按月来看(表 2,见后),从 1941 年 12 月 24 日至 1942 年 1 月 31 日共检查 59 只,1 月只发现 5 只疫鼠;2 月检查 168 只,发现疫鼠 32 只(感染率为 19.0%);而 3 月却急剧增加,在被检查的 810 只中,发现疫鼠 181 只;4 月为 159 只,感染率达 44.3%。其后疫鼠迅速减少,5 月发现 29 只,感染率为 13.7%;6 月为 9 只,感染率下降至 3.5%。这表明了防疫活动的效果。但是,现在再让我们看一下显示老鼠的鼠疫感染率和鼠疫患者发生数相互关系的图表(图 1),从中可以发现,1942 年 4 月感染率上升,鼠疫患者也急剧增加。

其次,再看一下常德县城内各地区鼠疫患者的发生情况。表 3 显示了从 1941 年 11 月至次年 6 月 15 日各地区每月发生鼠疫患者的人数。试看在地图上以符号●表示鼠疫患者发生地点和以符号○表示染疫老鼠发现地点的图 2,从中可以看出,1941 年 11 月和 12 月的患者是以日本军飞机投下鼠疫菌的关庙街、鸡鹅巷和东门为中心发生的,而翌年 4 月发生的患者却集中地出现在同关庙街、鸡鹅巷相邻的法院西街(4 人)和东门以东的五铺街(10 人),并呈火星迸发式分散状态。日军飞机投下鼠疫菌,第一批患者死亡后,约 4 个月基本未发生患者,在此期间,从空投地点开始,感染老鼠增加,估计是它们通过火

---

① 据表 1,从 1941 年 11 月至 1942 年 7 月为止的鼠疫患者,男 23 名,女 19 名,在性别上没有很大差别。就年龄而言,10 岁以下和 60 岁以上各有 2 名、3 名,其余,十几岁的有 8 名,二十几岁的有 8 名,三十几岁的有 7 名,四十几岁的有 4 名,五十几岁的有 9 名,年龄不明者 1 名。基本上分布在所有的年龄段。

② 战时防疫联合办事处:《疫情旬报》,1942 年 3 月中旬,第 2 号。《细菌战与毒气战》,第 305~306 页。陈文贵检查了捕捉的 200 只老鼠,但这些并非“死鼠”,没有加算在表 2 的数字中。

③ 上述王诗恒报告。

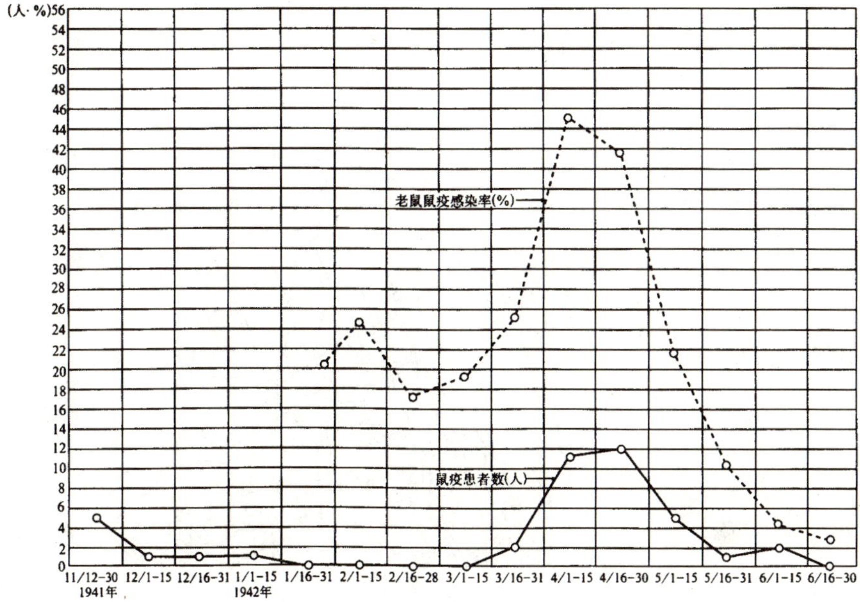

图1　常德鼠疫患者数与老鼠感染率的关系

资料来源:Wang,Report of Plague in Changteh,Chart V.

星式的扩散传播开来的。① 感染老鼠的发现地区(表4)有足以确认这一推断的数值,即感染的老鼠已于1942年1月末在关庙街和鸡鹅巷发现,2月为24只,2月下旬在其他各地也发现1至2只,以此为开端,到了3月,关庙街和鸡鹅巷多达96只,其他各地区也在急剧增加。3月的感染老鼠共有181只,这是反映上述感染老鼠达到顶峰的数值,从而从4月开始导致大量鼠疫患者发生(遗憾的是没有反映4月感染老鼠的地区分布史料)。如上所述,在感染鼠疫的老鼠和鼠疫患者之间,在时间和地区上可以看出非偶然的相互关系;并可以判断,在日军空投的地点发生的第一次鼠疫感染,以感染老鼠为媒介,导致翌年4月第二次感染。

1942年5月,肺鼠疫蔓延至距常德县城西北22公里的桃源县漆家河莫林乡。前来卖猪的农民李佑生,在常德县城感染了鼠疫,潜返故乡,于10日死去。由于肺鼠疫是人与人传染的疾病,所以李佑生之妻于5月13日发病,19

① 此外,关于飞机投下污染物质的地点,陈文贵报告认为是"鸡鹅巷、关庙街和东门一带"。根据陈文贵报告,国际调查委员会(ISC)刊登了常德的地图,认为投下地点有A区(关庙街和鸡鹅巷)和B区(东门一带)两处。A区的位置也不正确。关庙街和鸡鹅巷不在城区西部,而是位于县城中央。

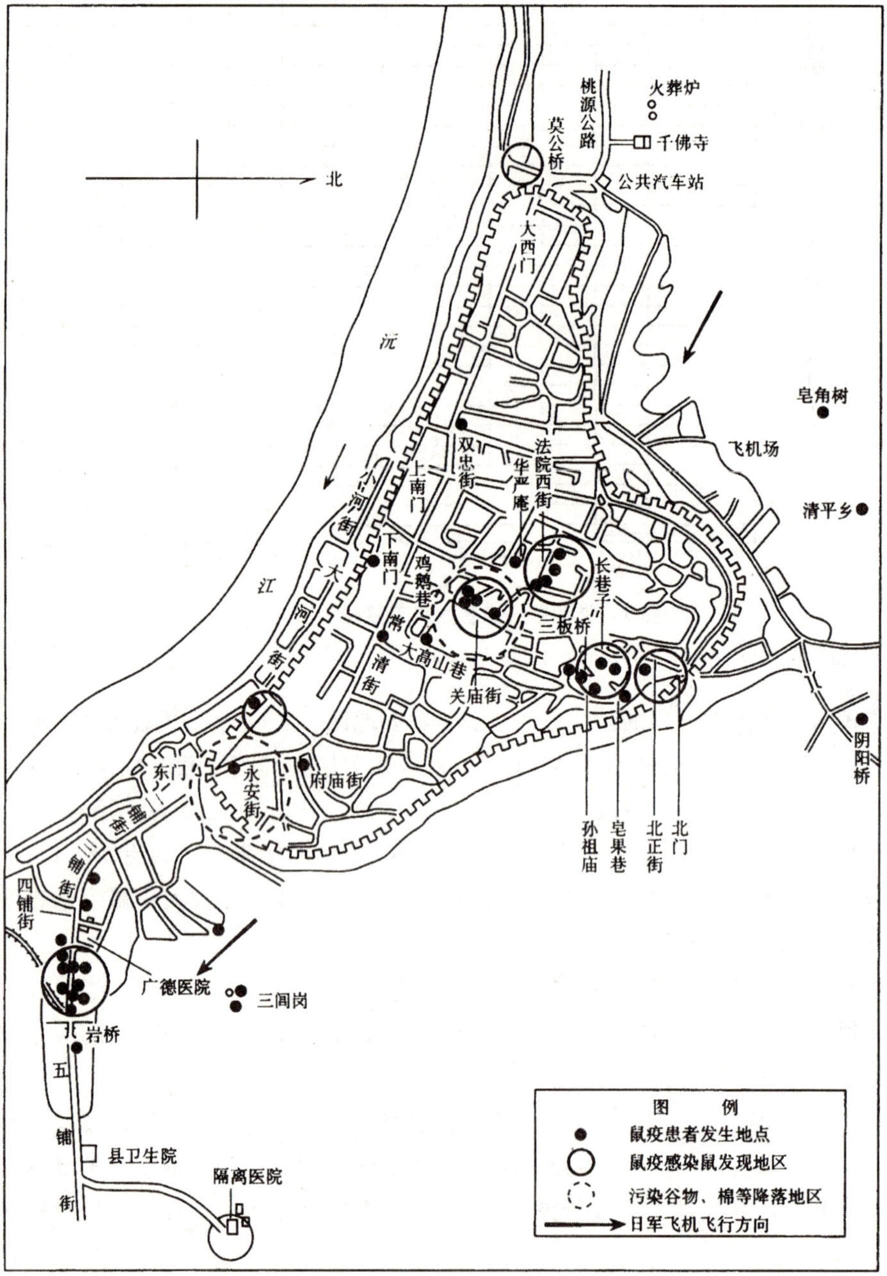

图 2 常德的污染物降落地区、鼠疫感染鼠发现地区和患者发生地点图

资料来源:据容启荣编:《防治湘西鼠疫经过报告书》,Wang,Report of Plague in Changteh 附图制作。

日死亡。以此为开端，护理他们的家属、来访的亲戚、邻居，以及护理后者的家属、探视者、参加葬礼的僧道等相继感染，共死亡 17 人（表 5）。① 5 月下旬，另外出现 10 名患者，但由于迅速采取防疫措施，又因时值夏日，5 月 27 日出现最后一名患者，此次流行宣告结束。

距常德县城 30 公里的该县新德乡石公桥，1942 年 1 月有两人从县城感染后死亡，此后没有再次发生。但 10 月 27 日又发现鼠疫患者，其后，截至 11 月 24 日共有 35 人发病，其中 31 人死亡。距石公桥 5 公里的广德乡镇德桥于 11 月 20 日发现两名死者，至 25 日共有 9 人死亡。② 此外，根据其他资料记载，石公桥的第一名患者是在 10 月 15 日发病，石公桥有 29 名、镇德桥有 14 名（包括疑似患者 7 名）死亡（表 6）。

其后，鼠疫流行的危险也未消失，直到 1942 年 12 月上旬仍有报告称："按自 7 月以后常德城区过去之疫区，近月来疫鼠虽渐增多，但尚无病例发现之报告，唯乡间已告流行，得知疫区已呈逐渐向外扩大之势"。尽管常德县城内没有发生患者，但可以看出感染鼠疫的老鼠再次增加。

在该报告中所说"乡间已告流行"，系指石公桥和镇德桥而言。自从投掷鼠疫菌约一年之内，包括上述第二次和第三次流行，常德县城区和该县以及桃源县的农村，已确认的至少有 100 人死于鼠疫。③

由于疫鼠的增加，伯力士担心 1942 年春将再次流行。因常德是水路交通要冲，印度跳蚤易于携带鼠疫菌移动，他指出，不仅常德县城，其邻近地区也十

---

① 如表 5 所示，除李佑生之外，桃源感染肺鼠疫的原因如下：在 16 人中参与护理者 5 人、探病者 5 人、家庭内部传染 3 人、传染给邻居者 2 人、参加葬礼者 1 人。上述情况说明肺鼠疫是由人再传染给人的。老鼠的鼠疫传染率，从 1942 年 4 月至 9 月，桃源只有 4%，其比例远远小于常德（表 2）。此外，上述容启荣报告也列出了桃源鼠疫的患者表（《细菌战与毒气战》，第 290～291 页），该表除有关感染及死亡情况不甚详尽外，未将道士计入，患者人数为 16 人。

② 战时防疫联合办事处：《疫情旬报》，1942 年 12 月上旬，第 26 号。《细菌战与毒气战》，第 307 页。

③ 根据记载有患者姓名、病例、感染原因等情况的患者名单，常德和桃源死于鼠疫的人数如下：常德县城内 36 名（表 1），桃源县莫林乡 17 名（表 5），常德县石公桥、镇德桥为 43 名（表 6，包括死于疑似鼠疫者），共计 96 名。此外，上述全国防疫联合办事处：《近年国内鼠疫流行概况》的统计表，将常德和桃源的死者统计为 89 名，如果再加上镇德桥的 7 名疑似鼠疫死者，也是 96 名（但每月的数字有出入）。还有，中国医学科学院流行病学微生物学研究所：《湖南省鼠疫流行资料》（1973 年），认为死者有 100 名，根据上述《湖南省防治常桃鼠疫工作报告》的统计表和本文记载，死者人数达 117 名（根据表 1，县城内死者，1941 年 11 月多 13 名，3～6 月多 8 名，数字有所增加）。如上所述，根据不同资料，牺牲者人数也略有差异。总之，任何一种资料都未能掌握实际牺牲者的全部人数，这一点将是必须予以重视的。

分重要，并在防疫计划中提出下列三条对策：(1)群众性卫生宣传；(2)群众接种；(3)捕鼠。① 关于(1)群众性卫生宣传，他认为“鼠疫主要是流行于贫苦群众间的疾病，因此通过报纸、宣传画、小册子、在群众集会上演说等手段，采取通常的宣传方法是不够的，因为贫民大都不识字，忙于工作糊口，没有余暇时间参加集会，为了达到宣传目的，最受推崇的方法应该是选择人们最方便的时间进行逐户宣传。”

(2)关于群众接种，鼠疫疫苗虽然未必有效，但接种后不会轻易感染，即便感染，症状也较轻，所以应该进行预防接种，而且必须进行两次接种。逐户接种最为有效，否则人们不会再来接受第二次接种。本来应该对所有人接种，但“为了减少来自群众的抵制”，将以下三种人排除在外：(a)两岁以下的幼儿；(b)结核病、心脏病和肾病的重症患者；(c)孕妇。值得注意的是当时的民众对孕妇接种的偏见。那就是“孕妇也不幸地被列入三种人之中。因为当地人对为孕妇接种持有强烈的传统偏见。如果这类妇女发生问题，可能性最大的就是因注射以外的原因而堕胎或发生流产，这时我们就将会受到人们的谴责。假如家属不反对给孕妇接种，我们一定试以各种手段为她们接种。”还指出，疫苗的有效期为 3 至 6 个月，有必要反复进行，对于鼠疫而言，疫苗并非是万能的。

实际上，在常德接受疫苗接种的不到人口的 30%。1942 年常德人口为 62510 人，军队 4000 人，共计 66510 人。其中，从 1941 年 11 月 24 日至翌年 1942 年 5 月接种的为 19022 人，占人口的 28.6%。为了生效进行二次接种者为 9403 人，不足其半数。1942 年 3 月有 4568 人接种，但未能防止 4 月的流行。于是，在所有的医疗机构、县城的六个城门、水路两个地点注射疫苗，到 5 月为止，也只不过达到 28.6%(表 7)。从 8 月开始逐户接种疫苗。因为“只有人口的极少部分受到保护，估计秋季仍将爆发，决定从 8 月上旬开始进行逐户接种。此项工作必须同消灭老鼠的积极宣传活动结合起来。”

(3)关于捕鼠，伯力士曾于 1941 年 3 月中旬提出警告说：“疫鼠发现地点，实际已波及城区各地”。“卫生署饬所属医疗防疫总队组织第二卫生工程队，积极筹备，携带各项应用器材，于 3 月 17 日启程，前往常德办理灭鼠工作。”

针对 1942 年 4 月常德县城鼠疫的再次流行，卫生署防疫处长容启荣为参加湖南西部的鼠疫防治工作，于 1942 年 4 月 26 日离开重庆，5 月 10 日到达常

① 伯力士计划引自上述王诗恒报告第二部。

德视察了常德和桃源，在常德召开了防疫工作座谈会，参加者有有关机关和包括伯力士在内的20余人。容启荣5月下旬参加桃源的防疫工作，6月上旬湖南西部的鼠疫流行总算过去，他为参加广东、广西两省的霍乱防疫工作而离去，8月19日回到重庆。湖南西部的鼠疫防治工作记录，就是本书多次引用的容启荣报告。

四　美英等国对常德传染病流行的反应

包括美、英等国在内的各国，早在1942年3月31日金宝善提出报告（后述）和中国政府据此发表声明之前，就已利用独自的情报网，获得了关于常德鼠疫发生原因及其经过的相当准确的情报。但是，英国以国防部和波顿细菌研究所为首的机构，对于鼠疫是因日本飞机撒布细菌而发生一事始终持怀疑态度。美国也是如此，向本国提供报告的人表示怀疑，其他各国莫不如此。①

1941年12月5日，重庆美国大使馆陆军武官威廉·梅亚致函中国湖南有关人员，索取关于常德鼠疫的情报。12月19日湖南常德的"基督教教徒及传教士联盟"的索瓦尔德森答复重庆的梅亚称：将"提供目前可能获得的全部情报"。并称："11月4日清晨，日本飞机撒布脱壳的谷物，是没有怀疑余地的。"回信中列举了如下内容：11月4日清晨，飞机曾在县城上空盘旋三次；投下大米等；大米被送至长老派医院（广德医院），进行细菌检查；检查结果发现类似鼠疫的细菌，将获得的培养液注射到两只老鼠体内，反应不明显；最初的少女患者已死亡等。回信指出："某外国人红十字会医生及其同事曾在该地滞留数周。该医生同我们进行了个人间的谈话，他说：有20至25名死者有记录，究竟还有多少无记录死者就难以得知了。日前还有一名男子死去。迄今为止尚未发展至流行的阶段。当地医生一致认为有可能继续蔓延"。② 认为鼠疫流行的危险已不复存在而离开常德的陈文贵，于12月12日提出报告，但当地医生却一致认为鼠疫"有可能继续蔓延"。翌年春，常德发生了第二次

---

① 根据肯特于1950年1月在威恩发表的手记，他从日军飞机投下的大米中曾检出鼠疫菌，确定了污染源，并将这一情况报告给重庆和英国的有关机关，但无人对日本的暴行予以注意（"奥国医生肯特证明，日寇曾在常德使用细菌武器。"《人民日报》，1950年1月8日）。

② From E. Thorvaldson, Christian and Missionary Alliance, Changteh, Hunan, to William Mayer, Military Attache, Embassy of the U. S. A, Chungking, China, December 19 1941.(Public Record Office, London)

鼠疫流行，由此看来，他们是极为准确地指出了流行的危险性。

12 月 19 日，重庆将"根据常德的美国长老会医院的分析，证实了上月日本对常德的细菌攻击"的报告，用电报发给悉尼，用作新闻报道。其中指出："在投下粮食和衣料的包裹后，发生了腺鼠疫。现已查明在落下时破坏的圆筒中似乎充填着鼠疫杆菌。有 22 名市民感染，但由于及时采取措施，迅速地控制了继续感染"。① 英国战时内阁局的亨利·埃瓦利特将上述电报内容转达给英国的波顿细菌研究所实验部的费尔兹博士，这已是 12 月 27 日以后；而且埃瓦利特还在信中附带指出："我们未收到以官方资料证实此事的报告"。②

对于 12 月 5 日重庆的 W.梅亚提出的要求，还有长沙的耶鲁协会（Yale Association）的 W.W.佩塔斯也予以答复。佩塔斯收到 12 月 5 日信件当天，恰巧伯力士在赴常德进行调查途中拜访了佩塔斯（伯力士于 12 月 21 日到达常德）。伯力士以不许暴露情报来源为条件，向佩塔斯说出了他所知道的全部情况。他之所以提出这一附加条件，是因为上文引用的伯力士报告必须正式通过中国的卫生署。佩塔斯在信中写道："疾病无疑是鼠疫。此事已为伯力士博士和长沙的湘雅医院细菌部双方所证实。共有 30 个病例已呈报给湖南省卫生处。最近 10 天间未发现新的病例，这是将传染病置于控制之下的绝好机会。伯力士博士称，鼠疫不可能是通过自然渠道进入常德的"。信中又指出："常德的某长老派传教士曾看到投下数个大米和其他物体的包裹的日军飞机，8 天后出现第一例鼠疫患者。从落下物中再生出在形态上同鼠疫菌相似的细菌。这虽然是有力的证据，但它并非绝对的具有决定作用的证据。因为，为了绝对地证明组织的确定，动物注射是必不可少的。因此，目前认为事件是由日本制造的看法虽极为有力，但并非是绝对'准确'（"in the bag"）的"。③

伯力士正式提出调查报告是 1941 年 12 月 30 日。这样，因日军空投而导致鼠疫流行的"极为有力"的这一报告内容，作为索瓦尔德森和佩塔斯的信件于 1942 年 1 月 6 日传到美国陆军部。如下文所述，美国从情报中舍弃了"极为有力"的字样，只采纳了"并非绝对'准确'"的部分。

英国陆军部也获得了同样情报。那是由于华盛顿的英国联合调查团根据重庆的美国大使馆 12 月 31 日的情报，于 1942 年 1 月 1 日向英国陆军部和驻

---

① From Evans, M.I. 10 to Dr.Fildes, Porton, December 27 1941(M.I. 10/B/2491 Secret).

② 同上。

③ From W.W.Pettus.MD.Yale in China Association, Changsha, China, to Willam Mayer, Military Attache, Embassy of the U.S.A, Chungking, Szechwan, December 20 1941.

新加坡的英国机构(DDMI)提出了报告。报告指出:"虽然不是决定性的,但以前的报告在一定程度上证实了日本在中国开始实施了细菌战";报告还称:"常德的一不知姓名的传教士看到投下包括大米在内的若干物质的飞机,8天后出现第一例腺鼠疫患者,从投下物中发现类似鼠疫菌的病菌,正在继续调查"。① 之所以向新加坡的英国机构报告,是因为对于英国来说,日本是否在中国撒布过细菌将是至关重要的。这正是新加坡遭到日本进攻约一个月以前的事。

英国战时内阁局的亨利·埃瓦利特接到情报后,委托有关机构分析情报的真伪,接受委托的伦敦卫生学校医学研究评议会的A.兰茨伯拉·汤姆森在1月6日的回信中指出:"简直是无稽之谈。情况证据似乎并不充分。存在于大米或其他物质中的鼠疫菌可以说确实无害。只有投下疫蚤或已感染鼠疫的老鼠会导致病例的出现,但那也只能是在最佳条件下才可能发生"。② 对于常德鼠疫的发生是因日军飞机撒布鼠疫菌而引起的判断,予以否定。

H.埃瓦利特将兰茨伯拉·汤姆森的回信复印件和华盛顿的英国联合调查团来电的复印件寄给波顿研究所的费尔兹博士征求意见。波顿研究所是设在索尔兹伯里的英国的生物化学武器研究所,该所自1941年12月27日以后,收到了大量有关因日军撒布细菌导致鼠疫发生的非专业性报告。当时,埃瓦利特在备注中指出:"关于这一问题,在未获得兰茨伯拉·汤姆森的专门性见解之前,我认为这一事件看起来是一大发现,而实际并无价值(mare's nest)"。③ 埃瓦利特也持否定意见。

然而,1月10日波顿研究所给埃瓦利特的回信对于否定一事持慎重态度。信中指出,关于常德的报告"我认为不应轻率地予以拒绝。我想,认为由于给当地的老鼠投下被污染的粮食从而导致鼠疫发生的想法是有论据的。不管怎样,关键是继续进行调查,查明是否存在鼠疫菌,追踪事态的发展,作出决定性的断言。如能查明,即或不起作用,也可以得出确切的结论,证明是敌人

---

① From British Joint Staff Mission, Washington, to D.D.M.I.Far East Singapore, Reptd.The War Office, Desp, 2100 January 1 1942, Recd. 1410 January 2 1942 (G(I)56 cipher 1/1 Most Secret).

② From A.Landsborough Thomson, Medical Research Council, c/o London School of Hygiene, to Dr.Everett, Offices of the War Cabinet, January 6 1942(2128, Most Secret).

对于从飞机上投下鼠疫菌的效果持否定态度,似乎是当时英国生化学界的常识。约瑟夫·尼达姆于1992年3月在剑桥接待笔者(松村)的访问时曾说,根据作为生化学者在剑桥的研究经验看来,认为即便从飞机上撒布鼠疫菌,细菌也将会全部死亡。

③ From Henry Everett, Offices of the War Cabinet, to Dr.Paul Fildes, Experimental Station, Porton, Nr.Salisbury, Wilts., January 7 1942(Most Secret).

制造的阴谋,"①即波顿研究所的信指出了鼠疫菌→当地的老鼠→人的感染这一传染途径存在的可能性。这一见解同中国方面调查当时所能得出的结论是一致的。然而,具有决定意义的证据是投下物中是否有鼠疫菌,所以波顿研究所对这一点仍然表示怀疑。1 月 10 日研究所想索取专门报告(对此 3 月 21 日终于收到陈文贵的报告,见下文)。此后,在英国的战时内阁局、陆军部和波顿研究所之间,就常德的鼠疫问题不断地进行联系。

英国陆军部为了证实来自华盛顿的传教士关于"在常德,当敌机投下大米等物质的 8 天之后发生了鼠疫"的谈话,要求重庆的英国大使馆武官予以证实。重庆的武官于 2 月 3 日以绝密的密码电报报告陆军部:"该人的谈话虽然根据有力,但非决定性的。飞机虽然投下了带壳的米和纱布,但在至今所了解的范围内没有投下老鼠,其后确实至少有 30 名鼠疫患者发病,投下纱布的目的不详。派遣医师团实际并不知道在此之前常德曾发生过鼠疫,同时它确实也不是浙江那种地方病"。② 陆军省于 2 月 5 日将上述结果寄给波顿研究所,再次请求做出解释。

1942 年 1 月 22 日湖南省中部邵阳的卫理公会教会医院的 G.H.帕森博士向上述的佩塔斯等四人作为从常德的巴南处获得的情报,通告了伯力士的如下调查结果:"他(伯力士)认为,跳蚤和谷物一起被投下,被人拾到的脱脂棉和纱布的碎片是上述投下物的容器。对于疫蚤的排泄物能否引起疾病尚有争论,有必要做进一步的研究(印度研究人员的意见认为有可能引起——帕森)。"此外,"伯力士认为,11 月 4 日敌机投下的疫蚤引起了鼠疫患者的发生,最后的患者出现于两周之前(12 月 28 日前后)。伯力士认为冬季可能不会再有患者出现,但当春天临近时,有可能再次发生。伯力士在当地捕到的老鼠身上发现了印度跳蚤。人们一直认为湖南不存在这种印度跳蚤"。③ 伯力士在此还指出了由于疫蚤的增加而发生鼠疫第二次流行的危险性。根据这份经过美国获得的情报,英国也应该知道了伯力士的调查结果。然而,重庆的英国大使馆武官尽管不仅从美国武官那里得到了帕森的信件,而且也知道了佩塔斯和索尔瓦尔德森的信件内容,但却直到 3 月 2 日才迟迟地将这些信件寄往伦

---

① From(Fildes) Biology Section, Experimental Station, Porton, Salesbury, to H. Everett, Offices of the War Cabinet, January 10 1942 (Most Secret).

② From Evans, The War Office, to Dr.Fildes, 5 February 1942 (Most Secret, handwritten).

③ From Geroge H.Pearson, Methodist Hospital, Shaoyang, Hunan, to Drs.Stringham, Pettus, Willoughby and Moore, January 22 1942.

敦的陆军部。①

其间,日本撒布细菌的行动已通过报纸传播到全世界。2月28日的英国报纸《每日电讯报》刊登了纽约特派员以《日本发动的细菌战》为标题的报道。其中报道了下列情况:日本实施细菌战;11月4日飞机在常德投下大米等物;其中发现了鼠疫的培养菌;一周内发现鼠疫患者;12月日本飞机在浙江省的金华、宁波投下了被鼠疫和伤寒菌污染的含有跳蚤的鱼卵;企图使传播疾病的老鼠受其感染。② 3月2日的《旗帜晚报》报道,伯力士解剖了感染鼠疫的老鼠。

3月21日波顿收到陈文贵报告。两天后,即3月23日波顿提出了分析结果。陈的报告是1941年12月12日向林博士提出的,此时已过去三个多月。波顿的分析虽承认日本飞机曾向常德投下物质和发生过鼠疫的事实,但认为两者之间的因果关系未经证实(后来连飞机的投下物也视为疑问)。这一分析的特点在于,将上述陈文贵报告中的常德没有关于死亡率的统计、鼠疫流行的常德县城中心不清洁等文字均以引号加以引用,企图推翻陈文贵的报告逻辑。时至今日,否定细菌撒布这一史实者,仍利用同样的"逻辑",因此,引文虽略嫌冗长,但仍拟就波顿细菌化学武器研究所否定日军撒布细菌史实的逻辑试加探讨。

波顿研究所对陈文贵报告的诠释由以下四点组成:③

"一、一架飞机飞至常德,没有投下炸弹,落下某些物质,这是勿容置疑的。

a、事件发生在上午5时,是一个大雾的寒冷早晨,大约几乎没有目击

---

① From G.E.Grimsdale, Brigadier, Military Attache, Chungking, to D.M.I (2.c), The War Office, London, March 2 1942(Secret).

② Daily Telegraph, February 28 1942.

③ 这份1942年3月23日波顿发出的文件,当尼达姆通过英国外交部的图书馆馆员E.J. Passant于1953年2月获得时,在原来标题The alleged B.W.Incident at Changteh之上,又增加了两行文字Memorandum by a British bacteriologist, 25th March 1952,并用钢笔将1952年改为1942年。这份文件是将原件用打字机重新打印的,附在陈文贵报告之后。当时正是尼达姆在英国下院围绕尼达姆于1944年就日军的细菌战问题向英国外交部呈送的报告,受到保守党的J.Baker White谴责的时候。这是保守党涉及对尼达姆等人参加的国际调查团(ISC)的谴责而试图对尼达姆进行的攻击。尼达姆由于发言人的姓名被抹掉,不知道这份文件是波顿发出的,所以他曾追问过,英国的某细菌学家究竟是谁(以上据The Papers of Dr. Joseph Needham at the Imperial War Museum, London)。1992年笔者(松村)在剑桥访问尼达姆时,尼达姆曾说:"虚幻的1944年报告"肯定保存在某地。

者(根据当时气象方面的证据,天色昏暗,能见度可能为0)[括号内的字用钢笔书写,是后加的]。

b、没有特定的目击者看到物体从飞机落到地面的路线。

c、这些物体(谷类、纸、'棉花充填物'或'烂棉花')是在飞机离去12小时后,于住宅地区(其'多数'已被炸弹炸毁)的屋内(据报告记载'既窄又脏')收集到的,这些房屋内'经常是垃圾堆积如山'。

d、进行细菌学检查的唯一物体是第二天早上收集到的米谷类,但在34天后才进行检查。当时,调查团已离开常德,没有发现鼠疫菌。

如上所述,收集到的物质并非是从飞机落下的,这种可能性确实存在,即或是落下的,也没有直接证据证明这些物质是有害的。

二、飞机离去七天后,发生鼠疫已被证实。其他病例也被认为是鼠疫,这或许是合理的。

由于常德从未发生过鼠疫,所以上述情况的出现是值得注意的。然而,这一断言是否具有决定意义尚属疑问。加上有'据目前所知'的注释,这便是当然的了。常德确实有拥有一百张床位的教会医院,但是'没有得到死亡率的统计数字',这说明医疗事业尚处于不完善状态,表明突发性的鼠疫患者在以前也有发生的可能。

三、然而,(陈文贵)调查团接受了不知有鼠疫的这一断言,做出结论:鼠疫不可能是(从其他地区)传入的根据合理。这样,调查团便面对着必须作出某种说明的课题。当然,他们熟知飞机事件,他们写道,'衢县的鼠疫也是由1940年敌机投下的物质所引起的'。他们的结论是,投下的物质'可能是携带有传播传染性病原菌的昆虫,可能是跳蚤';认为跳蚤在发布空袭警报的12小时期间逃入附近的房屋。但设在受害房屋中的捕蚤器未能捕到跳蚤。在200只老鼠身上都未发现鼠疫杆菌。

调查团的最终结论是:'传染病是因1941年11月4日敌机撒布鼠疫传染性物质、可能是传染性跳蚤所引起的'。

林博士在致加尔各答的约翰·B.格兰特博士的信中写道:'敌人正在向我们实施细菌战是确凿无疑的'。

四、根据对这一证据的分析,对于飞机曾投下某种物体并发生过鼠疫患者的事实不再怀疑。然而,从据称为投下的但未经证明的物质中,以及土著的老鼠中,都未曾发现鼠疫杆菌,而且也未发现跳蚤,所以在飞机和鼠疫病例之间显然不存在已经被证实了的关系。还有,看来证据也不使人确信附近没有自然发生的鼠疫。在上述情况下,虽承认其说明的可能性及其宣传价值(请参照林博士的夸大说法),但公正的读者将难以承认该报告会构成足以成为采取行动依据的事例。

波顿,实验局生物学部

1942 年 3 月 23 日”

上述诠释之一指出:没有飞机投下物的直接目击者;投下的物体经过 34 天并未检查;从中未发现鼠疫菌。从报告中引用街道不清洁,暗示属于自然发生。主张“收集到的物质并非从飞机落下的可能性确实存在,而且即便是落下的,也没有证实其确属有害物质的直接证据”。其二,利用报告中未获得死亡统计数字的说法,认为由于医疗事业不完善,不能否定以前也曾发生过鼠疫的可能性。换言之,认为鼠疫的流行,也有可能不是因飞机撒布物质而引起的。其三,以未曾发现投下的跳蚤为理由,引用了陈文贵报告中的如下文字:“设在受害房屋中的捕蚤器未能捕到跳蚤。在 200 只老鼠身上都未发现鼠疫杆菌”。其四,认为从投下物和老鼠身上未发现鼠疫菌,也未发现跳蚤,所以未能证明飞机投下物同鼠疫发生之间的因果关系。结果断言陈文贵报告是为了宣传的目的而写出的。

1942 年 3 月 31 日卫生署署长金宝善就日军向中国撒布细菌事件整理成报告,于 4 月上旬向全世界公布。① 该报告书报告的包括常德在内的五种情况,将在最后一章中详加叙述。关于常德事件,根据陈文贵和伯力士的报告,认为“常德的鼠疫流行是由敌军的行动引起的”,以较大的篇幅详细地从上述两份报告中引用根据。之所以同其他四种情况相比记述得更为详细,是因为日军在常德撒布细菌同鼠疫发生间的因果关系可能更为明了的缘故。其中,1941 年 11 月和 12 月虽然捕到 200 只老鼠,但未发现鼠疫的证据,而 1 月末和 2 月初发现在 78 只老鼠中有 18 只受到感染。根据这一情况,报告指出:“敌机投下的疫蚤肯定是开始袭击人,稍后又袭击老鼠”;报告还指出:“从‘空投’后的 15 天内发病的 6 人全部感染上鼠疫,而且,疫蚤在没有食物的情况下,只要条件适当,有可能生存数周,这已是众所周知的事。鼠疫通常的潜伏期为 3 至 7 天,经常达到 8 天,甚至或许延至 14 天。时间因素确实也是一个强有力的情况证据。”

1942 年 4 月 6 日,中国外交部根据金宝善报告,正式向英国政府申明,只

---

① 金宝善报告是 P.Z.King Director-General, National Health Administration, Japanese Attempt at Bacterial Warfare in China, March 31, 1942, WO 188/680。

有通过同盟国的共同奋斗，击败日本帝国主义，才能制止这种屠杀和野蛮行为。① 4 月 11 日，重庆的英国大使馆塞默向外交大臣伊丹送交了中国外交部长就日本细菌战问题提出的备忘录②（因为金宝善报告包括了全部情况，因此塞默未送交五个附录），“他（金）的报告书所依据的情报，在过去数月间，金博士只要能够得到便立即直接全部送交给我。同时，本大使馆自 1941 年 12 月以来，一直将这些情报以各种各样的加急电报提供给印度和缅甸的总督。”如上所述，英国的外交大臣收到了中国正式提出的有关日本以常德为首对中国的细菌攻击的报告。

尽管如此，4 月 21 日军需部向波顿研究所送交中国大使馆提出的备忘录时，注明：“看不出是可完全信赖的东西”。③ 埃瓦利特于 6 月 24 日向波顿的生物部门报告了印度的卫生病理研究所长对于金宝善报告的意见：“我（印度卫生病理研究所所长）对于读过的报告没有留下印象。因为我认为它缺乏得出结论的科学依据。当然，对于记录的事件的正确性也有很多疑问。根据我的意见，以该项报告中所记述的方法传播疾病的机会几乎可以说是不屑一顾的。”④这说明英国仍然不相信金宝善报告。

另一方面，美国也于 1942 年 4 月 11 日从重庆的 C.E.高斯那里收到了金宝善报告和中国外交部的备忘录，当时还附有高斯致华盛顿国务卿的信件，信中提出，对日本向常德投下被鼠疫菌污染的物质，并构成鼠疫发生原因的说法持有异议。⑤ 理由是，因为无论是（金宝善作为证人举出的）巴南夫人的目击，还是常德索瓦尔德森的信件，都“不是决定性的证据；由于对主张是空投的物质进行培养或给实验动物接种，都认为没有发病”。C.E.高斯的意见是，就巴南夫人而言，“据记载，夫人曾‘目击’所说的小麦、大米、碎纸、棉花团等投下的情况。然而‘空袭’发生在大雾的 11 月的清晨 5 时，从光线和视角的状态而言，对于上述物质投下的情况，实际上肯定是难以观察到的。巴南夫人在信中说，自己看到的是飞机，并未认为从飞机上投下什么东西”。关于 1942 年 2

① Memorandum from the Ministry of Foreign Affairs, April 6 1942, from L.C.Cross.The War Office, to Dr.Fildes, Biological Dept, Porton, June 22 1942(M.I. 10/B/3495 Secret).

② From H.Seymour. British Embassy, Chugking.to Robert Anthony Eden, Foreign Office, London, April 14 1942(W 7468/117/49).

③ From Ministry of Supply, to J.F.S.Stone, Biology Section, Experimental Station, Porton, April 21 1942(W. 1232(C.D.R. 3) Secret).

④ From Captain Evans, to Biological Dept, Porton, June 24 1941 (M.I. 10/B/MS/119).

⑤ C.E.高斯（重庆）致国务卿（华盛顿 D.C.），“主题——关于日本在中国实施细菌战的几点意见”，1942 年 4 月 11 日（常石敬一编译：《目标 · 石井》，大月书店，1984 年，第 32~33 页）。

月22日湖南省邵阳的卫理公会教会医院的G.H.帕森的来信,他在报告中指出:“该信件只引用了卫生署的流行病学家伯力士的说明”,即“关于常德发生鼠疫的唯一‘合理’解释就是11月4日日本飞机曾投下被污染的跳蚤,除此之外别无其他”。尽管如此,该信件又未将上述说明视为具有决定性意义的证据,未提出任何理由而置之不理。作为结论,又提出了此次于4月初获得的金宝善报告,曾指出高斯已向美国陆军部提出的意见,即“该信件并未对此提出足够的新的事实,以改变我们原来的见解。也就是,认为没有将常德发生鼠疫的原因归咎于日本的决定性证据”。

然而,美国本国却针对日本对常德的细菌攻击开展大规模的细菌战研究。1941年末,美国为了研究细菌战创立了“战争研究军务委员会”(War Research Service Committee-WRSC),该委员会于1942年2月提出报告,其中指出:“从各种视角研究此类(细菌)战争爆发的可能性,并做好一切准备,以削弱其效果和减少使用的可能性,并对其进行追究,是唯一的逻辑路线。”根据上述建议,1942年夏,在联邦防卫机关下,设“战争研究部”(WRS);又于同年11月,WRS要求“化学战部”(CWS)准备大规模的研究开发计划。同年由3名专家(Theodor Rosebury, Elvin Kabat, Martin Boldt)独立地就细菌战问题写出90页的报告,并提交国家调查协议会。报告的结论是“看来日本对中国实施的细菌战……即便是暂时的,它已不是仅限于业余爱好的行动了”。1943年在迪特里克堡和加利福尼亚大学两处实施大规模的研究计划。迪特里克堡在西奥多·罗兹伯里的指导下,“化学战部”为了生产细菌武器而扩充了设施。1944年在密西西比州的霍恩·爱兰和犹他州的达格威实验场开设数个细菌战研究基地。截至1943年末,“化学战部”开发了炭疽菌和肉毒杆菌的小型炸弹。① 如上所述,1945年5月对日本军向常德投下细菌一事进行调查的也是这一“化学战部”。同原子弹开发一样,直至战争结束,这些设施都是绝对保密的。

结　语

如上所述,现已查明,因日军向常德撒布细菌,而出现鼠疫患者,不仅限于

① Barton J.Bernstein, America's Biological Warfare Program in the Second World War, Journal of Strategic Studies, Vol, 11, no, 3, September 1988.

第一次感染，又发生第二次和第三次感染，共死亡约 100 人。本来，即使鼠疫患者是因人为地利用细菌炸弹而出现的，要查明其因果关系也是极为困难的。

本章将各种报告加以比较，分析了 1941 年 11 月 4 日因日军飞机撒布细菌而导致常德流行鼠疫，当时的中国对此是如何论证的；同时，还就美英等同盟国是怎样认识和对待中国关于因日军投下细菌而导致鼠疫流行的说明，进行了探索。值得注意的是，英国的波顿细菌研究所对陈文贵报告的批判是以否定细菌撒布事实的“逻辑”进行的。因为，完全同样的“逻辑”至今仍在被沿用。这就是“也不能否定其他可能性”的“不可知论”。在常德，从日军飞机投下的物质中未查出鼠疫菌，由于没有进行动物接种试验，所以也未能得出直接论证。结果，从“逻辑”上便认为有可能鼠疫的流行不能排除是地方病的可能性。实际上，英国的波顿研究所就是这样主张的，否认常德的鼠疫流行是因日军投下细菌而引起的。在陈文贵报告中，确实有“街道狭窄而肮脏”、“死者室内放有捕蚤器，但未捉到跳蚤”等字样。但是，那是在涉及死亡统计和环境卫生时提到的。后来，陈文贵又在报告的后文中考察了可能导致鼠疫发生的三个原因，利用消去法，最后认为“不能不考虑敌机投下的物体引起鼠疫流行的说法最为有力”，它是记载在同波顿研究所的诠释完全不同的脉络之中的。波顿研究所却利用这些引文主张以前也有可能流行过鼠疫，这不能不说是完全无视陈文贵报告的逻辑关系。1942 年 3 月 3 日，陆军部根据重庆武官的报告，致函波顿研究所，“当地最近的见解是，投下疫蚤、大米被当地老鼠吃掉”。尽管如此，仍以否认撒布细菌为前提，写出了对陈文贵报告的批判，正因为如此，才错过了把握日军撒布细菌这一历史事实的时机。

关于细菌撒布和疾病流行的关系，大多难以作出直接论证。大部分只能以消去法获得情况证据。关于常德的情况，根据战后伯力审判时日本人战犯的证言，在一定程度已查明了其因果关系，尽管如此，仍然狡辩称没有直接证据足以证明日军撒布细菌，这作为逻辑推理是可以的。然而，当反映日军撒布细菌作战行动的日志之类的文献被发现之后，其因果关系便被完全证实了。这种事实，只要情况证据充分，即使无法论证其直接的因果关系，也必定能用所谓（通常用于公害审判）流行病学证明，予以判定。当然，这并非说情况证据可以判定一切。常德的经验清楚地表明，正如常德当时的报告所反映的情况证据有很大的盖然性，在这种情况下，必须判定日军的投下物是导致传染病流行的原因，并采取相应的对策。因为提出“不可知论”，说什么有可能是地方病，事实上，这只能带来对日军投下细菌采取默认的后果。

最后，关于日本投下细菌的受害者（包括死者），不仅出现于第一次流行。

细菌战的可怕就在于它可以在数月或数年后仍继续蔓延，造成第二次、第三次流行。同时，值得注意的是，受害者的规模不仅取决于日本细菌弹的性能和投下的技术，而且同中国方面的防疫体制也有密切的关系，对此将在第六章中详加分析。

表1　常德鼠疫患者一览表

序号	姓名	性别	年龄	职业	住址	发病报告日期	发病日期	入院日期	死亡日期	鼠疫种类
1	蔡桃儿	女	12		关庙街	1941. 11. 12	11. 11	11. 12	11. 13	败血性
2	徐老三	男	25	工人	皂果巷	1941. 11. 14	11. 12	11. 14	11. 14	腺鼠疫
3	聂述生	男	58	商人	府庙街	1941. 11. 13	11. 12		11. 13	同上
4	蔡玉珍（玉贞）	女	27	主妇	常清街	1941. 11. 14	11. 11		11. 13	败血性
5	龚超胜（操胜）	男	28	佣工	关庙街	1941. 11. 24	11. 23		11. 24	腺鼠疫
6	王瑞生	男	38	铸铜工	永安街	1941. 12. 14	12. 13	* 12. 14	12. 14	同上
7	王贵秀	女	15	行商	三板桥	1941. 12. 19	12. 18	* 12. 19	12. 20	同上
8	胡嫂	女	30	佣工	关庙街	1942. 1. 13	1. 11		1. 13	同上
9	向玉新	男	50	行商	华严庵	1942. 3. 26	3. 20		3. 24	败血性
10	陈孔绍	男	52	商人	关庙街	1942. 3. 28	3. 22	* 3. 28	3. 28	腺鼠疫
11	陈维礼	男	5		皂角树	1942. 4. 2	3. 30	4. 2	4. 5	败血性
12	蒋家祖	男	45	行商	长巷子	1942. 4. 3	4. 1		4. 2	腺鼠疫
13	邓乐群	男	32	记者	法院西街	1942. 4. 6	4. 5	* 4. 6	4. 12	同上
14	杨梅青	男	8	学生	五铺街	1942. 4. 7	4. 1		4. 6	同上
15	张金斗	男	15	佣工	府坪街	1942. 4. 7	4. 1		4. 6	败血性
16	陈刘云	女	33	主妇	法院西街	1942. 4. 9	4. 6	* 4. 9	4. 11	腺鼠疫 肺鼠疫
17	陈淑钧	女	14		法院西街	1942. 4. 9	4. 6	* 4. 9	4. 11	败血性 腺鼠疫
18	葛大亮	男	27	记者	三闾岗	1942. 4. 11	4. 9	* 4. 11	出院 5. 19	肺鼠疫
19	金罗氏	女	26	主妇	三板桥	1942. 4. 13	4. 10		4. 12	肺鼠疫
20	毛仁山	男	60	工人	五铺街	1942. 4. 14	4. 11		4. 12	败血性

续表

序号	姓名	性别	年龄	职业	住址	发病报告日期	发病日期	入院日期	死亡日期	鼠疫种类
21	周黄氏	女	74	主妇	法院西街	1942. 4. 15	4. 11		4. 14	同上
22	马保林	男	54	石工	五铺街	1942. 4. 17	4. 15		4. 17	腺鼠疫
23	杨彼得	男	13	学生	同上	1942. 4. 17	4. 13	4. 17	出院 5. 14	同上
24	杨珍珠	女	20	学生	同上	1942. 4. 17	4. 14	4. 17	出院 5. 18	同上
25	陈华山	男	51	商人	同上	1942. 4. 17	4. 14		4. 17	肺鼠疫
26	袁罗氏	女	17	主妇	清平乡	1942. 4. 18	1. 30 ?		4. 18	肺鼠疫
27	谢建隆	男	32	记者	三间岗	1942. 4. 18	4. 16	* 4. 18	出院 5. 21	腺鼠疫
28	唐珍秀	女	17	佣工	长巷子	1942. 4. 19	4. 13		4. 19	肺鼠疫
29	李祝氏	女	68	主妇	北正街	1942. 4. 19	1. 30 (?)		4. 19	败血性
30	黄周氏	女	47	主妇	大河街	1942. 4. 20	4. 13		4. 19	同上
31	杜玉甫	男	26	商人	下南门	1942. 4. 25	4. 24	* 4. 25	出院 5. 16	腺鼠疫
32	梅张氏	女	49	主妇	岩桥	1942. 4. 25	4. 17		4. 24	败血性肺鼠疫
33	李泉婆	女	53	农民	五铺街	1942. 4. 30	4. 21		4. 29	败血性
34	李刘氏	女	37	主妇	同上	1942. 5. 2	4. 30	* 5. 2	5. 2	腺鼠疫败血性
35	陈正陆	男	46	木工	同上	1942. 5. 2	4. 22		5. 2	败血性
36	王保元	男	56	行商	阴阳桥	1942. 5. 7	5. 4		5. 7	同上
37	李丁氏	女	26	主妇	双忠街	1942. 5. 9	5. 5		5. 7	同上
38	顾卢氏	女	51	主妇	孙祖庙	1942. 5. 10	5. 4		5. 7	同上
39	戴　氏	女	33	主妇	五铺街	1942. 5. 17	5. 15	5. 17	5. 18	肺鼠疫
40	龙春生	男	51	商人	四铺街	1942. 6. 3	5. 22		6. 2	腺鼠疫
41	赵丁生	男	13	徒工	三铺街	1942. 6. 15	6. 13	* 6. 15	6. 15	败血性
42	赖世芳	女		护士	不详	1942. 7. 9				肺鼠疫

符号 * 表示收容在隔离医院者。

资料来源：S.H.Wang(王诗恒)Report of plague in Changteh and Measures for its Control, July 1942, Table I.
容启荣编：《防治湘西鼠疫经过报告书》(1942 年)收录之《常德鼠疫患者经过情形一览表》。

表 2　常德和桃源的鼠疫患者和感染鼠疫的老鼠

	鼠疫患者数 ( )内为死亡者		检查老鼠数		感染老鼠数		老鼠的感染率	
	常德	桃源	常德	桃源	常德	桃源	常德	桃源
1941. 11	5(5)		0	/	0	/	0	/
12	2(2)		[35]	/	0	/	0	/
1942. 1	1(1)		24	/	5	/	20. 8	/
2	0(0)		168	/	32	/	19. 0	/
3	2(2)		810	/	181	/	22. 4	/
4	23(18)		359	84	159	1	44. 3	1. 2
5	6(6)	17(17)	212	204	29	5	13. 7	2. 5
6	2(2)	0	259[271]	227	9	8	3. 5 [3. 3]	3. 5
7	1(?)	0	128	83	1	1	0. 8	1. 2
8	0		337	56	4	0	1. 2	0. 0
9			440	30	8	1	1. 8	3. 3

(1)常德的数字,1941 年 12 月是 1941 年 12 月 24~31 日和 1942 年 1 月 1~3 日的数字;1942 年 1 月是 30~31 日的数字。桃源的数字,1942 年 4 月,是同月 17~30 日的数字。

(2)所谓老鼠数字系指啮齿类而言,其中包括 Rattus Rattus,Mice,Rattus Norregious 等三种。

资料来源:容启荣编:《防治湘西鼠疫经过报告书》附录中的表 1 和表 2([　]内是王诗恒报告中数字)。

表 3　常德县城鼠疫患者发生区域

街名		1941 11	12	1942 1	2	3	4	5	6	计
城区中心	关庙街	2		1		1				4
	常清街	1								1
	华严庵					1				1
	府坪街						1			1
	法院西街						4			4

续表

街名		1941 11	12	1942 1	2	3	4	5	6	计
城东区	府庙街	1								1
	永安街		1							1
	五铺街						7	3		10
	岩　桥						1			1
	三铺街								1	1
	四铺街								1	1
城南区	大河街						1			1
	下南门						1			1
	双忠街							1		1
城北区	皂果巷	1								1
	三板桥		1				1			2
	长巷子						2			2
	北正街						1			1
	孙祖庙							1		1
	阴阳桥							1		1
郊外	皂角树						1			1
	三间岗						2			2
	清平乡						1			1
	计	5	2	1	0	2	23	6	2	41

资料来源:Wang,Report of Plague in Changteh,Table Ⅱ C.

表 4　常德县城感染老鼠的地区分布

	1942 年 2 月	1942 年 3 月
关庙街、鸡鹅巷	24 只(1 月 30 日)	96 只
大河街(城东区)	1　(2 月 20 日)	23
救急院(城西区)	2　(2 月 26 日)	14
北门	2　(2 月 27 日)	26
广德医院附近	1　(2 月 27 日)	21
西门	2　(2 月 28 日)	1

续表

	1942 年 2 月	1942 年 3 月
城外		0
计	32	181

(　)内表示最初发现感染老鼠的日期。

资料来源：Wang，Report of Plague in Changteh，Table Ⅴ.

表 5　桃源县莫林乡肺鼠疫患者名单

姓名	性别	年龄	发病	死亡	备注
李佑生	男	40 余	?	5. 10	5 月 4 日自常德回莫林乡十保李家湾家中。
陈梅姑	女	40 余	5. 13	5. 19	李佑生之妻，病及死皆在家中。
李新陔	男	20 余	5. 18	5. 31	佑生次子，侍其父母，病及死皆在家中。
覃风仙	女	20 余	5. 23	5. 24	李新陔之妻，侍其夫，病及死皆在家中。
李惠陔	男	16	5. 18	5. 21	佑生三子，侍其父母。
李耀金	男	50 余	5. 13	5. 15	住李佑生隔壁，与佑生同宗，病及死皆在家中。
朱菊英	女	50 余	5. 16	5. 20	李耀金之妻，侍其夫，病及死皆在家中。
李宗桃	男	21	5. 16	5. 20	李耀金次子，侍其父，病及死皆在家中。
李元成	男	11	5. 20	5. 21	李耀金末子，病及死皆在家中。
李润官	男	23	5. 20	5. 24	住李耀金隔壁。
李春香	女	20 余	5. 18	5. 21	李佑生已嫁之女，回李家省母，5 月 18 日得病，20 日送回第八保谢家湾夫家。
李春香婆母	女	50	5. 23	5. 26	病及死皆在家中。
向国恒	男	32	5. 23	5. 25	5 月 20 日曾至李佑生家，未宿，即返第十保孔水坡，病及死皆在家中。
覃李氏	女	57	5. 27	5. 30	李佑生次媳之养母，即李佑生姐，曾往李家视其女病，病及死在家中。
李耀金之姐	女	50 余	?	5. 21	曾往其弟李耀金家视病，家在第一保，病及死在家中。
李耀金之伯母	女	74	?	5. 21	曾往李耀金家探病，回至临沣县边境莫林乡十二保家中。
临沣县和尚	男	?	?	?	住与莫林乡交界之临沣县王化乡锡城寺，曾为李佑生念经开路，归寺即病死。

资料来源：湖南省卫生处《湖南省防治常桃鼠疫工作报告》，1943 年 4 月。湖南省档案馆藏，74—3—6（2）。据“日本细菌战历史事实查明会”现地调查（1997 年 3 月 29 日）补充。

表 6　常德县新德乡石公桥、广德乡镇德桥鼠疫患者名单

姓名	性别	年龄	住址	发病	死亡	备注
丁尾臣	男	26	新德乡二保四甲五户北横街	11. 17	11. 17	
丁月兰	女	12	同上	11. 7	11. 13	系丁尾臣之侄女。
鲁开秀	女	49	同上	11. 10	11. 13	系丁尾臣之嫂。
丁长发	男	44	同上	11. 11	11. 17	系丁尾臣之兄,搬移六保死亡。
丁尾新	男	30	同上	11. 15	11. 17	同上。
丁刘氏	女	64	同上	11. 15	11. 17	系丁尾臣之母,迁移六保死亡。
贺第卿	男	32	同上	10. 15	10. 29	系丁尾臣雇工,移崇孝乡死亡。
魏乐元	男	35	同上	10. 19	10. 28	同上。
覃东生	男	32	同上	11. 20	11. 24	系丁尾臣雇工,移居十一保死亡。
张毛芝	女	14	新德乡二保四甲北横街	11. 4	11. 5	
张盛氏	女	54	同上	11. 9	11. 11	系张毛芝之母。
张伯钧	男	19	同上	11. 14	11. 16	系张毛芝之兄,移居五保死亡。
张春国	男	52	同上	11. 10	11. 18	系张毛芝之父,移居五保死亡。
丁腊秀	女	42	新德乡二保十甲一户北横街	10. 25	10. 27	
石刘氏	女	35	新德乡二保四甲十三户北横街	11. 8	11. 11	
阳书生	男	16	新德乡二保四甲十四户北横街	11. 6	11. 7	
丁田氏	女	36	新德乡二保四甲六户北横街	11. 6	11. 8	
丁子南	男	1	同上	11. 8	11. 9	系丁田氏之子。
丁三元	女	56	新德乡二保四甲十户北横街	11. 8	11. 9	
丁大禫	男	20	新德乡二保七甲九户北横街	11. 17	11. 20	
丁国毫	男	56	新德乡二保七甲五户北横街	11. 12	11. 15	

续表

姓名	性别	年龄	住址	发病	死亡	备注
王清秀	女	29	新德乡二保七甲七户北横街	11.8	11.15	
彭星陔	男	60	新德乡二保四甲二户北横街	11.19	11.21	移居崇孝乡死亡。
彭善中	男	32	同上	11.19	11.21	同上。
张鸿儒	男	60	新德乡二保八甲六户北横街	11.20	11.24	
王小茂	男	24	新德乡二保七甲五户北横街	11.20	11.24	
蒋菊先	女	16	新德乡二保七甲八户北横街	11.20	11.24	
王周氏	女	45	新德乡一保六甲南正街	11.21	11.23	住院。
熊瑞皆	男	47	新德乡二保六甲十一户北横街	11.17	11.21	赴城买货,在城内发病死亡。
丁左氏	女	35	广德乡镇德桥	11.22	11.24	
殷群林	男	49	广德乡一保六甲十八户	11.18	11.20	
李启坤	男	15	广德乡一保八甲二十户	11.20	11.20	
周念苟	男	60	广德乡一保七甲十七户	11.18	11.22	
唐保禄	男	58	广德乡天主堂	11.17	11.22	
彭李氏	女	30	广德乡一保八甲一户	11.17	11.22	
任腊枝	女	13	广德乡一保五甲七户	11.15	11.23	

注:除本表揭载的36名死者之外,广德乡镇德桥在11月19日之前还出现7名死者,因未获确凿证据,故未载入此表。

资料来源:湖南省卫生处《湖南省防治常桃鼠疫工作报告》,1943年4月。湖南省档案馆藏,74—3—6(2)。据“日本细菌战历史事实查明会”现地调查(1997年3月29日)补充。

表7　常德的预防接种者人数

	第一次注射	第二次注射	合计
1941年11月24日 12月31日	2909	1353	4262

续表

	第一次注射	第二次注射	合计
1942 年1 月	2370	790	3160
2 月	1750	1180	2930
3 月	4568	2630	7198
4 月	6407	2779	9186
5 月	1018	671	1689
合计	19022	9403	28425

资料来源:容启荣编《防治湘西鼠疫经过情形报告书》附录中的表 7。

第六章　中国政府的防疫战

——1938～1945年

江田宪治

前　　言

1941年，在重庆国民政府分发给各有关机关的简报《疫情旬报》（4月10日及30日）上，有如下记载：“查浙江衢县于去岁发现鼠疫，其最后病例一人，于12月5日发现，旋即死亡，此后即未续发。本年3月20日，据第四防疫分队寅铣电称：‘衢县发生疑似腺鼠疫，日有死亡，类似鼠疫杆菌’等情。当经卫生署电浙、闽两卫生处派员前往协办，后勤部卫生处亦饬第二防疫大队派员前往。”“该县防疫委员会之预防治疗组由省卫生处及县卫生院负责指挥，卫生组由医防十七队负责，灭鼠工程组由第四防疫分队负责，检验组由省卫生处负责。”①——正如本书已揭示的，在抗日战争开始后的第三年，以对浙江省的细菌攻击及其伴动作战“新京鼠疫”为起点的日军细菌战，特别是对湖南省和浙江省的作战行动所造成的实际危害正在扩大。和平时期是从港口或国境传入疫病；而由于突然空投撒播细菌造成蔓延，则是战时下的另一种新的和更大的威胁。因此，国民政府在其统治区为对抗这种威胁，建立了发行上述简报的“战时防疫联合办事处”，以及中央的“卫生署”、地方的“省卫生处”、“防疫委员会”、“医疗防疫队”、军方的“防疫大队”等一系列国民政府的防疫机构。

我们在这一章里，将重点探讨以上述防疫机构的成立过程及其活动（即“反细菌战”）为中心的国民政府的防疫体制。因为，第一，揭示防疫机构的成立过程，可以使人们进一步了解日军是在什么样的环境下，对中国人民发动细菌战的；第二，揭示这些机构针对日军的细菌战，进行了哪些防疫活动，作用如何。这对于了解细菌战造成的恶果和影响是不可缺少的。

---

① 《细菌战与毒气战》，第274～277页。

关于这些问题，我们将首先概述中国近代卫生史，看一下国民政府卫生行政的确立及其成果和局限性。

一　卫生医疗行政的初始

——行政体系化和建立医院网络的尝试

1928年，刚刚统一中国的蒋介石政府取得了最初的外交成果，收回了关税自主权，即这一年7月，在同美国签订的关税关系整理条约中，规定"适用国家关税完全自主之原则"①；接着，通过同德、意、英、法等国缔结同样的关税条约，废除了鸦片战争以来不平等条约一部分的协定关税制。

无疑通过改定这一条约，不仅使中国有可能改善通商关系、保护民族产业；同时也为解决另一内政问题——卫生行政的难题提供了机会。因为，它取消了包括过去关税管理权中各国在港口所行使的检疫权，使中国的行政当局有可能对入港的外国船舶进行检疫，或宣布开港城市为传染病流行地区。②

回顾历史可以看出，鸦片战争迫使清政府开港后，在列强开始侵略的同时，大量传染病也通过海外贸易渠道传入中国。霍乱、鼠疫等死亡率传染率极高的代表性传染病大都是从海外传入，而在中国内地肆虐的。例如，仅从传染病中危害最大的鼠疫大流行来看，据解放后所编的资料有：1901～1903年，在广东、福建等省每年因鼠疫死亡5～8万多人；1910年12月到翌年3月的东北肺鼠疫大流行，死亡6～7万人；另外，1917～1918年在内蒙、山西（死亡14000人），1920～1921年在东北（死亡8500人），1928～1931年在内蒙、山西、陕西（死亡近5000人）等地都有大规模流行。③

然而，当时中国的卫生行政和医学教育并不具备对抗传染病的手段。中国第一所官立医学校是在洋务运动后期由李鸿章设立的（天津北洋医学校，1883年），而把卫生、防疫纳入警察行政则是西太后新政时期的事。民国时期，虽然在北京政府的内政部设有负责卫生的机构，并在鼠疫大流行时期设立

① 《整理中美两国关税关系之条约》（1928年7月25日）。王铁崖编：《中外旧约章汇编》第三册，生活、读书、新知三联书店，1982年8月，第628～629页。

② 关于外国行使检疫权是构成不平等条约的一部分，参照饭岛涉：《东亚疫病的流行与"帝国的医疗"（3）日本"帝国的医疗"与东亚》。《しにか》，1994年9月号。

③ 中国医学科学院流行病学微生物学研究所：《中国鼠疫流行概况》，1964年稿，1974年修印，第1页。另，解放前东北鼠疫流行状况参照本书第三章。

了东三省防疫事务总处(1912 年,哈尔滨)、中央病院(1918 年,北京)、中央防疫处(1919 年,北京)等机构,但是在军阀割据状态下是不可能建立起全国性卫生行政体系的。① 继在条约上恢复检疫权之后,蒋介石政府对这一课题作出了回答。1928 年 10 月,五院制的国民政府成立时,在行政院中创设了卫生部。其政府令摘要如下:“卫生行政之良否,不惟关系国民体质之强弱,抑且关系国家民族之盛衰。吾国对于卫生向多忽视。际兹时代,健全身体锻炼精神消除疫病,洵属要图。着即设置卫生部以便悉心规划,除特任部长组织成立外,着内政部即将关于卫生行政一切事宜,移交卫生部办理,藉专责成而重卫生。”②

接着,在 11 月公布的《卫生部组织法》和在 12 月公布的《全国卫生行政系统大纲》,构成了国民政府卫生行政的骨架。即前者《卫生组织法》规定:卫生部下设总务司、医政司(监督管理医院和医生、药剂师、护士等,并协助监督地方卫生行政等)、保健司(检查食品、原材料和商品等)、防疫司(调查、预防、扑灭传染病和兽疫等)、统计司(统计调查人口和疾病等);在部长下设政务次长和具有专业知识的常务次长;并且,“卫生部对于各地方最高级行政长官执行本部主管事务,有指示监督之责”;如其违法或越权,可“请由行政院院长提经国务会议议决后,停止或撤销之”。③

关于对地方卫生行政的监督权,在《全国卫生行政系统大纲》中也明确作了规定,即规定中央的卫生部除在重要海港和边境要地设置检疫管理处外,对设在各省的卫生处和特别市的卫生局有直接监督指导的权力,在其下设的市、县卫生局由省卫生处监督指导。在此以前,中央政府的卫生机构只是内政部的一个局,在地方政府中担任卫生和防疫的也只是警察部门(公安局)的一部分。而此次,中央政府的目标是建立起新的、贯穿通常的行政系统的、从中央到省·特别市、市·县的一元化卫生行政系统。④

但是,卫生部存在的时间很短,1930 年 11 月,随着国民政府的改组,卫生部被降格为内政部所属的卫生署(卫生署正式成立于 1931 年 4 月)。此次被

---

① 伍连德:《吾国医术发达观》。《东三省防疫事务总处报告大全书》第 5 册,1926 年,第 120 页。

② 《中华民国国民政府令》(10 月 30 日)。《中华民国国民政府公报》,第 7 号,1928 年 11 月 1 日。卫生部的首任部长是冯玉祥系政客薛笃弼。

③ 《卫生(部)组织法全文》。《申报》,1928 年 11 月 16 日。

④ 《国府公布卫生行政系统》。《申报》,1928 年 12 月 14 日。在县卫生局成立之前,县的卫生行政由公安局暂时“兼理”。

医学界称之为留学欧美派取代留学日德派①的行政机构改组，在卫生行政上产生了正负两面影响。

首先，说积极方面。改组结果，确立了留学生和国内医学校培养的中国医学家们在卫生行政中的领导地位，这些具有专业知识的卫生官僚们此后促进了中央卫生机构的完善。原由卫生部常务次长升为代理部长、并担任过几个月部长的刘瑞恒（哈佛大学毕业，医学博士），在改组后继续被任命为卫生署署长；在其以后的署长也全部是医学专家。1931 年 5 月，刘瑞恒在国联保健部会议上发表的声明，对由专门卫生官员承担的中国卫生行政的未来充满信心，声称："在行政院制定的新体制下，包括（卫生署）附属机构在内，拥有比卫生部时期更多的专家，这一事实说明，卫生事业将打下比已往更坚实的基础。"②

事实上，以卫生署为顶点的卫生行政机构在 30 年代确有相当发展。设有总务科、医政科、保健科的卫生署，加上其附属机构中央卫生试验所、中央医院等，规模逐渐扩大。例如，从事研制疫苗、血清等的中央防疫处，1931 年 4 月被移交卫生署管理；其后，相当于其分处的西北防疫处（1934 年 8 月，兰州）和蒙绥防疫处（1935 年 7 月，绥远）相继设立。另外，1929 年建立但因上海事变被破坏的中央卫生试验所，也在南京重建，设立了化学、病理学、细菌学等部门，从事药品的检验和研制。作为教育机构，继卫生部时代的第一助产学校（1929 年，北平）后，开办了中央助产学校（1931 年，南京）和中央护士学校（1932 年，南京），分别培养助产士和护士；并设立公共卫生人员训练班（1935 年 6 月设立，1936 年 11 月扩建为训练所），由医生、护士、药剂师授课培养卫生检查员等。③ 再有，卫生部时代接收各港口检疫业务过程中设立的海港检疫处，也任命活跃于清末东北鼠疫大流行的防疫专家伍连德为处长，并继上海（1930 年 7 月）、厦门（1931 年 1 月）先后收回了汕头（1931 年 4 月）、汉口（1931 年 11 月）、天津、大沽、塘沽、秦皇岛（1932 年 4 月）等地的检疫业务。该处在 1935 年 11 月也改归卫生署直辖。④

---

① 金宝善：《旧中国的西医派别与卫生事业的演变》。《文史资料选辑》，总 101 辑，1985 年 6 月。

② K.Chimin Wong（王吉民）and Wu Lien-teh（伍连德），History of Chinese Medicine，National Quarantine Service，Shanghai，second edition，1936，p. 734.

③ 兴亚院华中连络部：《事变前ニ於ケル中国卫生行政机构并ニ卫生教育机关》（1940 年 3 月），第 15~18、43~45 页。

④ History of Chinese Medicine，pp. 729-34.

在卫生署成立的同时——1931 年 5 月，在国联卫生部的援助下，全国经济委员会设立了有资金保证的中央卫生实验处，它成为全国最高的卫生技术机构，由防疫检验、化学药品、寄生虫学、环境卫生、卫生教育等科室组成，与主管卫生行政的卫生署共同构成国民政府卫生事业的两大支柱。①

此外，应该指出的是，这一时期，在完善中央卫生机构的同时，大城市的医院和教育设施也有相当的发展。在 30 年代，南京、上海、北平等大城市都开设了拥有相当规模的医院，并相继开办了一些国立或省立医学校、医学部。②

其次，30 年改组所产生的负面作用也不可忽视。此后不但卫生署不断变换主管部门（1935 年 9 月，直属于行政院；1938 年 1 月，转归内政部领导；1940 年 1 月，又直属于行政院），而且原卫生部时代建立的从中央到地方的卫生行政一元化却不见进展。原《卫生部组织法》中的中央对地方的监督权，在 30 年代的《卫生署组织法》中消失了。这一权力，直到 1940 年 4 月修正公布的《卫生署组织法》中，才以“卫生署对于各级地方政府执行本署主管事务有指导扶助之责”；“卫生署就主管事务对于各级地方政府之命令或处分，认为违背法令或逾越权限者，得呈请行政院停止或撤销之”的形式得以恢复。③ 这表明，在此之前中央卫生官员对“各级地方政府”的指导在制度上是不能贯彻执行的。

在此之前，1934 年召开的中央卫生技术会议上曾制定《省卫生行政实施法案》，决定在各省设立卫生实验处担任卫生行政工作。但是，直至 1935 年，省级卫生机构无论是名称还是权限均不统一，如江西称全省卫生处，陕西称省

---

① 《事变前ニ於ケル中国卫生行政机构并ニ卫生教育机关》，12 ~ 14 页。History of Chinese Medicine，p. 738。另，中央卫生实验处于 1938 年 1 月 1 日并入卫生署（《国民政府令》。《中华民国国民政府公报》渝字 10 号）。

② 据History of Chinese Medicine 记载，30 年代开设的主要医学校和医院如下：

1930 年　协和医学院（北京）批准　中央医院（南京）开业

1931 年　河北省立医学院　海军医院（上海）

1932 年　山东省立医科专门学校（济南）　中央护士学校（南京）

1933 年　云南大学医科专门学校（昆明）　中央助产学校（南京）

1934 年　汉口联合助产学校　铁道医院（杭州）

1935 年　国立中央大学医学系（南京）　广西省立医学院　在兰州、西安、福州设立省立助产学校

1936 年　广东省军医学校（附属医院）（广州）

③ 1931 年 4 月的《内政部卫生署组织法》。1936 年 12 月修正公布的《卫生署组织法》。见《国民政府公报》第 740 号，《行政院公报》第 1 卷第 12 号。1940 年 4 月修正公布的《卫生署组织法》。见浙江省卫生处编印：《防疫法规令汇编》，1944 年 7 月，第 1 页。

卫生委员会，湖南、甘肃、宁夏、青海称省卫生实验处，江苏、广西称省立医院。而且除上述各省外，多数省份连省级卫生机构也没有。①

加以中央的卫生署多次变换主管部门，使省级卫生机构的地位变得更加混乱。以浙江省为例：1929 年 7 月，省民政厅设置了由防疫、保健两股组成的第五科；1931 年 4 月，在中央卫生署成立的同时，第五科解体为民政厅第二科（警政科）的卫生行政股和民政厅技术室；1935 年 4 月，废除技术室，新设民政厅卫生实验处；1938 年 1 月，恢复技术室；同年 9 月，再次废除技术室，设置卫生处；直到 1940 年 9 月，才成立由省政府直辖的卫生处（下设总务、医政、保健防疫三个科）②，标志着浙江省的卫生行政进入了正规化。

县级卫生行政的建立更为困难。关于这一点，早在 1932 年 12 月第二次全国内政会议上，就通过了《设立县卫生医疗机关》的方案，设立县卫生院。自孙中山以来一直以“县自治”为标榜的国民政府，目标是将政治、经济基层组织的县，作为卫生行政的基础。但是，县级卫生院的设置却迟迟不见进展。即使在国民政府所在地的江苏省，1935 年时全省 63 个县中也仅有 27 个县设立了卫生院。③ 1937 年 4 月，卫生署在中央卫生行政技术会议通过《县卫生行政法案》的基础上，颁布了《县卫生行政实施办法纲要》，谋求重新推进建立县级卫生行政。《纲要》规定，卫生院是承担制定县卫生事业计划，从事医疗、预防、保健活动，训练、监督县内卫生人员等广泛任务的卫生机构（县卫生院下面在人口 5~10 万的区设卫生所，人口 0.5~1 万的乡镇设卫生分所，并在各村设卫生员），其经费应占县年支出的 5%；县卫生院应有门诊部和 20~40 张床位，筹措 1~2 万元的建设经费和 2000~3000 元设备费。④

但是，在日本的调查报告《事变前中国的卫生概要》中，就当时的情况尖锐指出：“在全中国 2000 个县 10 万个村落中，有县卫生院的仅 74 个县；卫生所也只有 144 个。民国卫生预算仅占全国预算的 1.2%，国民政府对公众卫生的预算是非常少的。”⑤据稍后的数字显示，在卫生署颁布《县卫生行政实施办

① 《事变前ニ於ケル中国卫生行政机构并ニ卫生教育机关》，第 18、21 页。

② 孙序裳：《五年来省县卫生设施概况》（1945 年）。浙江省档案馆藏，36—16。

③ 《事变前ニ於ケル中国卫生行政机构并ニ卫生教育机关》，第 19 页。《内政会议通过卫生礼俗土地水利各案》，《申报》，1932 年 12 月 13 日。

④ 《事变前ニ於ケル中国卫生行政机构并ニ卫生教育机关》，第 21~31 页。行政院训令 1330 号，《行政院公报》第 2 卷第 12 号。另外，据测算农民每万人可担负 1 名正规医师，因此在居民分散的农村，国营医疗卫生事业是不可缺少的。（Histoy of Chinese Medicine，p. 800）

⑤ 东亚研究所：《支那沿岸及扬子江流域ニ於ケル一般卫生状况　前编》，1939 年 10 月，第 1 页。

法纲要》三年后的 1940 年，浙江省在日本占领区以外的 71 个县中的 40 个县设立了卫生院；省卫生预算也仅停留在 1941 年占省预算的 3.27%、1942 年占省预算的 2.5%的水平上。①

县卫生院、国立和省立医院等公立医院及医生，如果排除南京、上海、北京等大城市，从全国范围看是相当缺乏的。据卫生署长刘瑞恒于 1934 年公布的数字，公立医院共有 426 所，其中江苏省（医院 91 所、医生 571 人、床位 7205 张）、浙江省（医院 73 所、医生 288 人、床位 3524 张）、河北省（医院 40 所、医生 306 人、床位 2118 张）三省就占了医院数的 47.9%，医生数的 55.8%和床位数的 46.6%。而湖南省仅有医院 17 所、医生 59 人，最少的甘肃省仅有 1 所医院和 3 名医生。② 内陆省份的医院和医生更严重缺乏。中国除公立医院外，还有私立医院和教会医院，前者多集中在大城市，而后者则缺乏必要的设备。红十字会在各地与公立医院协作开展医疗活动，1937 年，它在全国共有 262 个医疗单位③，但大部分规模都很小。

曾在北京协和医学院（Peking Union Medical College）任教的雷诺克斯（W. G.Lennox）估计，1934 年中国约有医院 500 所，平均每 80 万人有 1 所医院；而同时期按人口平均，印度 42700 人有 1 所医院，日本 33500 人有 1 所医院，美国 18171 人有 1 所医院。④ 另日本的调查报告，医生数（1934 年）在上海、南京为 3000 人比 1；北京为 4800 人比 1（1927 年美国 800 人比 1，英国 1490 人比 1）。日本的另一份调查报告指出，中国医生的比例为 82000 人比 1；而且 22%的医生集中在上海。约有 65%的患者靠中医治疗，有 26%的患者完全得不到治疗而死亡。⑤

如上所述，国民政府曾试图通过建立从中央到地方的一元化卫生行政，建立从国立、省立医院到县级卫生院、乡、镇卫生分所，即所谓紧密结合地区环境的医院设施网，以改善中国的卫生状态。但是可以断言，在抗日战争开始前，这一计划没有实现。这一时期，由于军阀混战和不断“围剿”红军，国民政府的卫生预算并没有像卫生官员们所期待的那样增长；除上海、南京、北京、广州等大城市外的其他地区，特别是内地农村的医院、医生缺乏状况并未改善。在

---

① 孙序裳：《五年来省县卫生设施概况》。浙江省档案馆藏，36—16。

② Histoy of Chinese Medicine, p. 814.

③ 《中国红十字会的九十年》，中国友谊出版公司，1994 年 3 月，第 55 页。

④ Histoy of Chinese Medicine, p. 816.

⑤ 兴亚院华中连络部：《中支ニ於ケル医疗防疫调查》，1941 年 1 月，第 1、6 页。东亚研究所：《支那沿岸及扬子江流域ニ於ケル一般卫生状况　前编》，1939 年 10 月，第 1 页。

中国,人口死亡率为欧美的2倍左右;鼠疫在东北和福建、山西、陕西肆虐;霍乱全国流行(1932年,死者超过3万人);天花、疟疾、伤寒等传染病也在各地威胁着人民的生命。① 就在这种情况下,国民政府及其卫生机构和医生们又要面对日本的侵略战争,及其实施的细菌作战。

二 战时防疫态势的建立

——防疫部队和战时防疫联合办事处的诞生

1937年7月开始的抗日战争,迫使国民政府在卫生行政上采取新的对策。在起自北京近郊的扩大了的战火中,随首都南京失守(1937年12月)而迁至武汉的国民政府,在1938年初面临着"此次抗战以来,军民迁调频繁,逃亡难民不可数计,……惟春令已届,疫症易于发生,各地方卫生医药设备素感缺乏,原在各地方之医事人员,亦多流散"②的状况,如何在战时重建卫生行政已成为当务之急。

为此采取的对策之一是,在发生传染病的地方(省)建立防疫组织,由卫生署领导。1938年3月,行政院公布的《各省防疫委员会组织通则》规定,各

---

① 据王吉民、伍连德所作年表(Histoy of Chinese Medicine, pp.856-59),及《中国红十字会的九十年》,第59页,从1930年到抗日战争爆发前,主要传染病的流行状况如下:

1930年 辽宁省通辽县发生鼠疫。 上海流行霍乱(患者127,其中死者16)。

1931年 山西、陕西两省腺鼠疫大流行(死者20000)。 厦门附近发生鼠疫。 上海流行中规模霍乱(患者482,其中死者57)。

1932年 吉林省农安县局部流行鼠疫。 霍乱在全国流行,波及上海、宁波、南京、芜湖等长江流域,以及广州、汕头、厦门、香港、天津、塘沽、北京、大连、牛庄等港口,加上哈尔滨和山西、陕西、绥远、河南等省(患者10万,死者32000)。 水痘全国性流行(1—3月)。

1933年 辽宁省通辽县及与南满交界地区流行鼠疫。 福建省同安县局部发生鼠疫。 南京、汉口、北平出现霍乱患者。

1934年 福建省南平县鼠疫流行(—1935年)。 福建省龙岩县散发性发生鼠疫。 辽宁省通辽县及与南满交界地区局部发生鼠疫。 上海、汉口、广州出现霍乱患者。

1935年 福建省龙岩县鼠疫流行(死者300以上)。新疆省西部流行腺鼠疫。

1936年 江苏省常熟县流行恶性疟疾(死者约1000)。

② 《内政部卫生署设置医疗防疫队 医事救济计划 行政院通过之原文》。《战时医政旬刊》,第8期,1938年。

省的防疫委员会是由卫生署派出的防疫专家、国联来华防疫团①的医生、省卫生和警察人员、医生会的代表担任正式委员，商会和慈善团体的代表任赞助委员的临时组织，负责传染病的调查、检疫、预防、隔离、治疗等任务，在防疫活动结束后解散。② 其后，实际上在传染病发生时，县一级也以其为模式建立防疫委员会或防疫处，组织防疫活动。

在 1938 年制定的另一项对策是，创建军事编制的专家队伍——防疫部队。它是一种在一定区域内机动担任卫生医疗活动的组织，在发生传染病时能够及时赶到现地，由行政（内政部卫生署）、军队（军政部）和红十字总会分别组织。同年初，行政院通过的《医事救济工作计划》，针对上述战争时期医疗体制混乱情况，提出：(1)请求国联来华防疫团强化西北、华中、华南的防疫活动；(2)增加各省市的卫生人员，设置诊疗防疫队，充实卫生院和与私立、教会医院协作；(3)要请担任伤兵治疗的红十字会从事难民防疫医疗等三项对策，然后称述："我国人员众多，区域广大，以上三项办法，殊觉不足，中央应有普遍之医疗防疫组织，以应当前之需要。（一）由内政部卫生署设置医疗防疫队一百队，编为七大队，分配于各省区，协助地方卫生机关，联络合作，卫生署仍据事实上之必要，随时调动。（二）于适宜地点设置防疫医院收容传染病人，以防止疫症之蔓延。"这就是说，在医院网尚未完成的情况下，国民政府由于不能供应充分的物资和人员，很难确保对来自战争地区的庞大难民和战区民众的卫生，作为对策决定建立新的流动性医疗组织，其形式大约是来自国联派遣的防疫团。

到 1938 年 6 月，卫生署医疗防疫队建立了 11 个大队，下辖 25 个中队、11 个防疫医院、5 个卫生材料站、1 个细菌检验队和 1 个卫生工程队。③ 作为其基层单位的中队每队由医生和护士等十余名组成，分别被部署在湖南、广东、广西、湖北、四川、江西、陕西、福建、浙江、贵州、云南各地。（见表 4）其总部最初在湖南长沙，后迁至广西桂林，最后迁至四川重庆。各队也经常移动，从事医疗防疫工作。

卫生署医疗防疫队于 1942 年 1 月改编为由分别负责两广、湘贵、川鄂、闽

① 1937 年国联大会决议设立（经费 200 万瑞士法郎），共 3 队，1938 年初到达中国。见张礼纲：《感谢国联防疫队》。《战时医政旬刊》，第 1 期，1938 年。

② 《各省防疫委员会组织通则》。《防疫法规令汇编》，第 17～18 页。

③ 《医疗防疫总队十周年纪念刊》。中国第二历史档案馆藏，372—226。

浙地区的四个大队组成的医疗防疫总队。① 此外，除卫生署所属的防疫队外，如行政院在《医事救济工作计划》中所提到的，在省一级也编有小规模的防疫队。例如，浙江省在1940年1月设立了第1、第2巡回医疗防疫队。到1941年1月为止，广东、福建、甘肃、贵州、陕西、云南、四川各省也相继成立了同样的防疫队。② 另外，《医事救济工作计划》还要求中国红十字总会在治疗伤兵的同时，也致力于难民的防疫、治疗。为此，1938年春在中国红十字救护总队下组建了37个医疗队。红十字医疗队在1941年改编为10个医疗大队（分别由5个中队和10个区队组成），每个战区配署一个大队。③

与行政（卫生署、省政府）和红十字会相比，军方稍后也建立了防疫部队。军政部防疫大队到1940年6月为止组建了4个大队另3个分队，1941年12月又扩充为9个大队另1个分队。其中配署于各战区的大队（队长以下技正2、技士9、技佐12等共二十几人）下设若干支队（后为中队），比其规模稍小的分队则由若干小队组成。与卫生署的医疗防疫队同样，这些中队和小队被分别部署在各地。④（参照表5）由于他们所负责部队的数量庞大（例如在1940年，第一防疫大队要负责25个军、65个师的防疫工作），多则几个月，少则1个月就得移动，从事医务环境卫生调查、环境卫生工程、饮水消毒、预防接种、巡回诊疗等工作。⑤ 特别是在发生霍乱和鼠疫等传染病时，无论患者是军是民都得出动进行防疫活动。

但是，无论是卫生署医疗防疫队、军政部防疫大队，还是红十字会的医疗队，它们在各地部署的防疫人员（医生、护士、检查技师等）人数都不多（在

---

① 医疗防疫总队的大队下设4个巡回医疗队和卫生工程队、细菌检验队、防疫医院、卫生材料库各1，每个巡回医疗队由13人组成：队长1、医生1、主任护士1、护士或医护员4、医护助理员4、环境卫生员1、事务员1。见《卫生署医疗防疫总队组织规则》、《医疗防疫总队各队院库组织规则》。《防疫法规令汇编》，9~10页。《医疗防疫总队十周年纪念刊》。中国第二历史档案馆藏，372—226。

② 孙序裳：《五年来省县卫生设施概况》。浙江省档案馆藏，36—16。《二九年各省防疫机构一览表》，《战时防疫联合办事处二十九、三十年工作报告》。中国第二历史档案馆藏，372—703。

③ 《中国红十字会的九十年》，中国友谊出版公司，1994年，第71~73页。又，根据统计，从1938年到1945年10月，红十字总队及各大队共进行外科手术119856人，治疗骨折35522人，内科入院患者2142997人，诊治士兵2181685人、平民2002996人，给4632446人进行预防接种（该书第74~75页）。因而，防疫活动只是其活动的一部分。

④ 《卫生机关配备数量表（防疫队）》（民国29~30年）。中国第二历史档案馆藏，805—517。《军政部防疫大队组织规程》。《防疫法规令汇编》，第30页。

⑤ 《军政部第一防疫大队民国二十九年工作报告》。吉林省档案馆藏，D409。

1940 年约有 1200 人）。① 自不待言，由于人员不足，在发生传染病时要进行有效的医疗防疫活动，就必须要有各机关的合作，还要求得到准确迅速的情报。因此，1940 年 5 月，重庆政府的卫生署主持召开了全国防疫会议，决议建立战时防疫联合办事处。它由军政部军医署、后方勤务部卫生处、卫生署、红十字会总会救护总队 4 个部门提供人员、经费，这个办事处是战时防疫领导机构和传染病情报中心。其宗旨是“加强战时军民防疫的密切合作，增进防疫效能，增进抗战力。”掌管“（1）集中和传达传染病情报；（2）制定防疫计划；（3）决定防疫实施方法和要求各机关执行；（4）指导现地的防疫活动。”1940 年 6 月，办事处开始向各地防疫机关定期下发由其所属各卫生机构上报的传染病情报编成的《疫情旬报》，并开始调查地方的防疫设施，向传染病（主要是霍乱）发生地区派遣人员和组织防疫等活动。② 此外，以县、市的卫生机关、私立和教会医院、卫生署医疗防疫队、防疫医院、检疫所、红十字会医疗救护总队医疗队、军政部防疫队等为基础，通过省的卫生机关、卫生署医疗防疫大队、红十字会救护总队大队，到卫生署、后方勤务部卫生处、军政部军医署，最后集中到战时防疫联合办事处的传染病情报网也很快建立起来。（参照表 6）

如上所述，国民政府的卫生行政，从 1938 年初实施《医事救济工作计划》开始，通过建立地方防疫委员会体制，设立和扩充军、行政（中央和省级）系统的防疫部队，特别是建立了防疫情报、指挥中心——战时防疫联合办事处，到 1940 年夏可以说基本上完成了从平时向战时体制的转换。另外，值得一提的是，如前文所述，恰好在这一年卫生署再度改由行政院直辖，明确了它对地方卫生机构的监督权。可以看出，国民政府为了战时卫生是要尽全力发挥有限的人员和物资的作用。但是，这一体制对于正好在战时联合防疫办事处成立时制订计划、不久即发动的日军细菌战，并没有做出预防性措施。

当然，日军的细菌战准备是高度保密的。但是，确有许多报道事前预测到日军要进行细菌攻击。早在 1938 年 3 月，国民党的通讯社就曾根据来自天津的情报，报道日军计划在山西和陕北投掷细菌弹；根据这一情报，八路军的朱德和彭德怀在《新华日报》上发表了谴责日军计划散布毒气、细菌的声明。国民党军各部也在 1939 年多次向上级报告，日军在上海设立“细菌培养工厂”、

① 《防疫人员统计表（民国 29 年 12 月底止）》，《战时防疫联合办事处二十九、三十年工作报告》。中国第二历史档案馆藏，372—703。

② 《战时防疫联合办事处二十九、三十年工作报告》，第 1a～2a、7a～8a 页，附录一。中国第二历史档案馆藏，372—703。

由“瓦斯、细菌两部”组成的“化学部队”向南京集中等情报。①

特别是1939年12月，在军医署驻桂林办事处的医学专家给军政部驻桂林办事处提出的报告中，研究了日军飞机可能投掷的细菌种类，并提出了相应的对策：“悉查利用毒菌以作兵器在医学上尚属少见，……敌人广播所称利用飞机散播细菌于空气中能为人畜之害者，则可能为下列三种：（一）鼠疫菌（肺鼠疫较为相近）；（二）脾脱疽菌（皮肤脾脱疽病与皮肤败血症较为接近）；（三）马鼻疽菌（该类菌对牲畜特易感染，对人类亦有感染之可能）。关于防治方法，不外下列四种：（甲）发现散播棉质物品时，切勿以人体任何部分接触之；（乙）在可能时用火焚化；（丙）举行预防注射；（丁）如已感染鼠疫或脾疽病时，除实施各种血清治疗外，亦可用局部手术治疗法。惟马鼻疽病则非用外科治疗不可。”②

当然，鼠疫菌、脾脱疽菌正由七三一部队研究，马鼻疽菌也在其兄弟部队一〇〇部队进行研究，而空投绵物等也在之后的日军细菌作战中实际应用了。但是，这些由桂林学者提出的，在后来被证明是正确的预见和对策，当时并没有被重视。无论是中央还是地方，我们在资料中看不到国民政府的战时防疫机构在事前对细菌战提出了具体对策。其原因也许是出于一种官僚式的想法，认为在仅仅是推测或有可能性的阶段，就认真提出对细菌作战的对策，害怕会引起民心的恐慌。总之，在1940年初步建成的国民政府战时防疫机构中，这是一个空白。如第四章所述，中国政府认识到日本已进行细菌作战，开始制定要求民众彻底烧毁空掷物、紧急准备鼠疫血清等对策，是在1940年12月之后。

三　“反”细菌战的实态

——在浙、湘两省的反细菌作战

在这里，我们回到最初提出的问题——国民政府是如何对付日军的细菌战的。关于这个问题，请看一下因日军的细菌攻击而蒙受巨大损失的浙江省的宁波、衢县、义乌，以及在湖南省的常德的事例。其中，宁波、衢县、常德是遭到细菌的直接攻击，义乌则是因鼠疫流行的间接受害者。

---

① 《细菌战与毒气战》，第355~356、377~378页。

② 《防治敌机散播鼠疫菌脾脱疽菌马鼻疽菌办法》。《防疫法规汇编》，第74页。

［浙江省宁波］1940年11月1日午前10时，鄞县（宁波）卫生院突然接到电话，报告该县城开明街、东后街一带发生急性传染病并出现死者后，立即派遣医生前往调查。了解到从前日开始因头痛、发烧、下痢等病症死亡者已超过10人，经医生们临床诊断，怀疑为鼠疫。——同年6月，由日本陆军中央制定计划，从9月开始实施的细菌作战，开始出现牺牲者。①

此前的10月22日和27日两天，日军飞机曾在鄞县县城的同一地区，投下混有鼠疫跳蚤的面粉、麦粒等物。② 最初虽未把发生疑似鼠疫与日军飞机的空袭相联系，但县政府当局和医生们的反应还是很迅速的。即在正式报告发生疑似鼠疫的翌日——11月2日，就决定封锁发生患者的地区，在当天晚上，120名警察将污染地区周围用绳索围起，开始警戒。分为内外两层的封锁线，由保安警察和行政警察分别负责警戒。3日，对封锁区采用硫黄熏蒸的办法进行了消毒。接着，在患者的淋巴腺发现了疑似鼠疫菌后，4日，即设立甲、乙两种隔离医院（均设在污染地区内，前者收容发病者；后者收容污染地区内的居民及有感染危险的人）；县政府正式宣告发生鼠疫。县内的电影院、剧场停止营业，中小学校停课。宁波的地方报纸《时事公报》出版防疫特集，刊登县政府宣告发生鼠疫和封锁污染地区的公告，呼吁全体市民协助扑灭鼠疫。③

在此基础上，国民政府已体制化的防疫机构开始活动。5日，省卫生处第3科（防疫科）科长和从省政府返回的县长一同到达宁波，翌日，成立鄞县防疫处。这一组织除设有总务组外，还设有负责卫生工程和埋葬尸体的工务组，负责搜索逃亡居民、封锁线警戒、监视埋葬作业等的警备组和负责消毒、移送患者的防治组，是宁波防疫活动的主力。④

11月7日，正式开始搜索从污染地区外逃的居民。可以说搜索是彻底的，即使是逃至外县死亡的居民，也派遣埋葬队前往埋葬。另外，从8日开始，连夜在污染地区周围修建封锁墙（11日完成）。此墙为高4米的双重砖墙，外墙与内墙之间用泥土填满，并且为了使老鼠钻不透墙壁，在上面又装上一层波形镀铅板。同时，破坏了污染区内通往外界的下水管道，以封锁老鼠的活动。

---

① 《细菌战与毒气战》，第255页。关于日军细菌战的计划、实施，参见吉见义明、伊香俊哉《日本军の细菌战——明らかになった陆军总がかりの实相》。《季刊·战争责任研究》第2号（1993年冬季号）。

② 参见本书第四章。

③ 黄可泰：《惨绝人寰的细菌战——1940年宁波鼠疫史实》，东南大学出版社，1994年3月，第6~7、36~37页。

④ 同上，第10页。《鄞县防疫处防疫会议纪要·第一次防疫会议》。同上，第52~55页。

这些细心的措施，表明，从一开始就曾计划烧毁污染区。①

11 月 9 日，省卫生处长和卫生署医疗防疫队第 17 队（队长以下 4 名）到达，他们使防疫活动更加有组织化。防疫处内建立了担任细菌学调查的技术室。另外在该处防治组内设立了环境卫生队、检疫队，并增设了注射队。共进行了两次由医疗防疫队带来的鼠疫疫苗的预防注射，包括对发病危险性大的人进行的两次注射在内，共有 23343 人次接受了注射。此外，还对有间接性污染可能的房屋进行了消毒，切断鼠类的通道（堵塞房屋的天花板和地上的洞穴；用石灰等塞住鼠洞），并有组织地埋葬遗体。据说遗体本来应进行火化，但为了照顾民众的感情，改为挖深 3.5 米的墓穴，在里面铺上 5 厘米厚的石灰后，再将棺材放入。②

11 月 30 日，断然烧毁了污染地区内的 115 户 137 间房屋。12 月 2 日，最后一名第 109 个患者死亡后，再未发生鼠疫患者。由于鼠疫发生伊始，就采取了果断的措施，县防疫处在省防疫处和卫生署医疗防疫队的协助下进行了大量的工作，并不惜在市区断然烧毁大范围的污染地区，防止了鼠疫的蔓延。③

［浙江省衢县］在对宁波进行细菌攻击前的 10 月 4 日，日军飞机同样对浙江省的衢县投掷了大麦、荞麦、粟和跳蚤，进行了细菌攻击。虽然这些投掷物后来曾被送到浙江省卫生处的试验所检查，未能发现病菌，但与宁波因投下的跳蚤直接使人染上鼠疫不同，这里所投下的“麦、粟等物，乃用以诱引鼠类接近该染菌蚤等，……形成鼠族鼠疫之流行，三十余日后乃传至人类。”④11 月 18 日，驻衢县的军政部第 4 防疫分队接到该县城罗汉井一带从 12 日起因急病已死亡七八人的报告后，派出一名队员前往调查。20 日，县卫生院也接到关于出现病人的相同报告，并根据对患者的诊断认定为鼠疫（确定为鼠疫菌是 30 日），县当局立即向上级机关进行了报告。11 月 22 日，第三战区司令

① 黄可泰：《惨绝人寰的细菌战——1940 年宁波鼠疫史实》，东南大学出版社，1994 年 3 月，第 7、9、14 ~ 15 页。逃亡到污染区外的患者合计达 32 人，对他们到过的 95 处地点进行了消毒，并埋葬了已死亡的外逃患者。

② 《鄞县防疫处防疫会议纪要 · 第三次防疫会议》，《鄞县防疫处防疫会议纪要 · 第五次防疫会议》。（同上，第 55 ~ 57、16 页）。兴亚院华中连络部《中支ニ於ケルペスト防疫对策调查》（华中调查资料第 353 号），1942 年 8 月，第 30 ~ 31 页。

③ 参见本书第四章。另外，在兴亚院华中连络部《中支ニ於ケルペスト防疫对策调查》（华中调查资料第 353 号，1942 年 8 月）中，关于宁波的防疫活动认为：“在有专门技术人员常驻的港口城市，当疫病发生时置科学调查于不顾，鄞县防疫当局的这种作法并非贤明之举”，烧毁污染地区确实取得“很大的实效”。

④ 《细菌战与毒气战》，第 260 页。

长官顾祝同电令对污染地区先行实施封锁。同日，第4防疫分队和浙江省第5区行政专员共同召集驻衢县各机关首脑举行紧急会议，也决定立刻封锁疫区，设立防疫委员会和设置隔离所。这以后就同宁波一样，防疫部队和防疫委员会合作，构筑环绕污染地区的封锁墙，切断交通，对封锁地区进行消毒，隔离患者及其家属和污染区内的居民，并为其提供食品，实行预防注射等。从11月12日到12月5日为止共发生患者24人（全部死亡），其后暂时未出现新的患者。不久即解散被隔离的居民，并于12月22～24日烧毁了患者特别集中的水亭街和县西街等的部分地区。衢县的防疫活动至此告一段落，委员会的规模缩小。①

但与宁波不同，衢县鼠疫已在鼠间传播，要完全扑灭是困难的。正如本章开始所述，在翌年3月16日，军政部第4防疫分队再次向重庆战时防疫联合办事处提出衢县发生疑似腺鼠疫的报告。接到办事处的通报，卫生署立即电告浙江、福建两省卫生处命其派员前往；后方勤务部卫生处也令第2防疫大队出动（加上原驻衢县的军政部第4防疫分队），重新开始进行防疫。接着，在4月初战时防疫联合办事处又作出决定：卫生署派遣专员伯利士（前国联防疫专员）等，红十字会也要尽可能从救护总队抽调部队前往，并向该地运送来自美国的保管在香港和重庆、贵阳的鼠疫疫苗等药品及杀鼠剂等。② 4月份以后，该县形成新的防疫体制，防疫委员会的防治组由省卫生处和县卫生院、卫生组由医疗防疫队第17队、灭鼠的工程组由第4防疫分队、检验组由省卫生处分别担任，并陆续投入新的增援部队。在1941年的衢县鼠疫流行期间，卫生署医疗防疫队方面除第4路大队的本部设衢县外，第16、17队、第1防疫医院、细菌检验队、卫生工程队、材料站都集中于衢县。另外，军政部的防疫部队方面，除驻衢县的第4分队为主力外，第2大队和第5分队的一部也前往支援。③

由于投入了大量的防疫部队，到年末，1941年衢县城区的鼠疫流行，在出现281名患者（死亡274名）后，终于停止了。但如第四章所指出的，据推测，在此期间城区以外的广大乡村受害者竟达1200人以上，在衢县全县

---

① 《细菌战与毒气战》，第257～258页。军政部第四防疫分队：《衢县宁波鼠疫防治经过》。湖南省档案馆藏，74—4—200。

② 《浙江衢县鼠疫再度流行防制办法　战时防疫联合办事处三十年四月三日第八次委员会议决议案》。《战时防疫联合办事处二十九、三十年工作报告》，第33b～34a页。

③ 《医疗防疫总队十周年纪念刊》。中国第二历史档案馆藏，372—226。《后方勤务部卫生处三十年八月份大事纪要》。中国第二历史档案馆藏，805—553。

鼠疫的流行并没有完全中止。而且,衢县的鼠疫还波及邻近各县,例如义乌县。①

［浙江省义乌县］ 义乌的鼠疫是从一名在衢县感染鼠疫的铁路员工返回家乡义乌家里发病、死亡开始的。1941 年 10 月 9 日,义乌县卫生院通报,发现死者 1 名和患者 6 名有疑似鼠疫的症状,在病人住宅附近还发现死鼠数十只。② 县政府立即组织了防疫委员会。11 日,由总务、医务、环境卫生、宣传各组组成(县政府民政科长、卫生院院长、警察局局长、政治工作室主任分别任负责人)的该防疫委员会,决定实施预防注射和设立隔离医院。但其活动与宁波相比,明显落后。例如,对患者发生地区的封锁,由于医务组"封锁以事实上尚未有困难暂缓进行"的错误判断,直到防疫委员会成立的 4 天后——13 日才实行,封销墙竣工是 14 日(如前所述,宁波在防疫处成立前、衢县在防疫委员会成立的同时实施了封锁)。③

而且由于资金不足,只能"局部封锁",进行消毒,隔离医院的设立也很晚。在封锁实施前,封锁区内居民多已逃离,剩余居民又拒绝进行预防注射,并将死鼠投至封锁墙外。很明显,对污染地区居民的措施并不充分。到 11 月,污染地区继续扩大。④

当然,支援的人员和部队也陆续到达义乌。但是,在同一时期军事要地衢县也在流行鼠疫,投入更多的防疫部队支援义乌的防疫是有困难的。义乌的防疫活动从开始就有福建省卫生处派遣的防疫专家参加,浙江省卫生处也答应派遣医疗防疫队,但后者实际上到第二年初才到达。虽然军政部方面的第 2 防疫大队的一部在 10 月 15 日到达,但一周后就被调离;军政部第 4 防疫分队的义乌工作队也在 11 月下旬离开义乌投入衢县防疫。 剩下的还有卫生署的卫生工程队和红十字会的医疗中队,也许是认为这点力量不够,在 11 月 24 日义乌防疫委员会决议请求红十字会派遣新的医疗队。12 月 30 日,红十字

---

① 参见衢州市志编纂委员会:《衢州市志》,1992 年,第 58 页。及本书第四章。

② 《义乌县卫生院公函 义卫字第 30 号》,1941 年 10 月 9 日。义乌市档案馆藏,334—1—400。

③ 《义乌防疫委员会紧急会议记录》,1941 年 10 月 11 日。《义乌县防疫委员会各组工作第一次会报》,1941 年 10 月 12 日。《义乌防疫委员会第二次会报》,1941 年 10 月 13 日。均为义乌市档案馆藏,344—1—400。

④ 《义乌县防疫委员会第三次会报》,1941 年 10 月 14 日。义乌市档案馆藏,344—1—400。《第六次委员会议记录》,1941 年 11 月 8 日。义乌市档案馆藏,344—1—401。《义乌防疫委员会公函附件 医务组提案》,1941 年 11 月 23 日。义乌市档案馆藏,331—4—364。

医疗中队的队长也因感染鼠疫殉职。①

在宁波,能期望获得多达 50 万元的防疫捐赠款,因而毫无后顾之忧全力进行防疫活动。可是,义乌防疫委员会却不得不为防疫经费而伤脑筋。医务组曾提出经费不足和委员会的机构不能进行统一的防疫指挥,因而在委员会成立 2 个月后不得不进行改组。② 义乌的鼠疫流行到 1941 年末为止,发生患者 255 名,死亡 223 名,到第二年 2 月,在县城地区以腺鼠疫为中心的流行基本上被控制。但在农村地区不仅腺鼠疫仍在流行,而且又开始流行肺鼠疫,1942 年发生 342 名,死亡 325 名。义乌的鼠疫流行一直持续到 1944 年,其间并波及到邻近的东阳等县。③

[湖南省常德县] 在浙江省鼠疫仍在流行的 1941 年 11 月 4 日,日军飞机在湖南省常德县城上空低空飞行,投下了谷物、棉絮及颗粒状物体。这些东西被一名已得知去年浙江受到细菌攻击的县卫生医务员收集,送至城外的广德医院进行检查,虽未断定是鼠疫菌,但发现了类似的杆菌。在翌日——5 日,常德县卫生院、防护团、广德医院、国民党军警机关等召开座谈会,决定就日机空投物进行报告,请求湖南省卫生处派遣专家进行检查、防疫。④ 而省卫生处只向重庆作了报告,重庆国民政府军事委员会在收到报告后,虽然在 7 日致电各战区和后方绥靖公署,传达了"敌机一架在常德附近投掷布、帛、豆、麦等物,乡民有拾者当即中毒"的情报,并要求注意防范;但是并未派防疫专家或部队到常德。战时防疫联合办事处的反应,也仅限于在 14 日发出日机向常

---

① 《浙江省卫生处第一科工作报告》,民国 31 年夏。浙江省档案馆藏,36—86—26。《后方勤务部卫生处三十年十月份大事纪要》,《后方勤务部卫生处三十年十一月份大事纪要》,《后方勤务部卫生处三十一年一月份大事纪要》。中国第二历史档案馆藏,805—553。《防疫委员会第八次委员会议纪录》,1941 年 11 月 24 日。义乌市档案馆藏,344—1—400。

② 《义乌防疫委员会公函附件 医务组提案》,1941 年 11 月 23 日。义乌市档案馆藏,331—4—364。《义乌县防疫委员会公函总字第 142 号》,1941 年 12 月。义乌市档案馆藏,344—1—400。

③ 义乌县卫生局修志小组编:《义乌卫生志》,1986 年 12 月,第 48~49 页。浙江省鼠疫防治所等:《浙江省鼠疫流行史》,1973 年,第 42~43 页。关于农村地区流行肺鼠疫见《浙江省卫生处第一科工作报告》,民国 32 年夏。浙江省档案馆藏,36—86—26。另,在中华人民共和国调查编成的《浙江省鼠疫流行史》的统计中,按地区记载了患者和死者数,其中受害最大的江湾乡崇山村共死亡 120 名(1941 年 12 名,1942 年 108 名)。但根据 1942 年 11 月崇山乡乡长向县长报告,自同年 9 月以后鼠疫流行,死亡"不下三百人"(《崇山乡乡长江湾镇镇长代电》,民国 30 年 11 月 16 日,义乌市档案馆藏),其受害的实际情况要大得多。

④ 《细菌战与毒气战》,第 284 页。邓一韪:《日寇在常德进行鼠疫细菌战经过》。《湖南文史资料》,第 18 辑,1984 年。谭学华:《关于日本帝国主义强盗在常德施放鼠疫细菌的滔天罪行经过情形》,1972 年。常德市档案馆藏,5—13,249—57。

德投下细菌，尚无患者发生的情报，和提醒注意鼠疫发生。① 但是，在战时防疫联合办事处通报的前一天，在常德已经出现了鼠疫的受害者。第一名受害者是12日被送入常德的私立广德医院、13日死亡的12岁少女。接着，患者陆续出现，到14日已死亡4名，其检验结果均发现类似鼠疫菌的杆菌。

这时，地方和中央的防疫机构才开始出动。通过战时防疫联合办事处——后方勤务部卫生处的渠道收到警戒指示的第6兵站卫生处（在常德），15日在通报发现患者的同时，要求派遣防疫部队；同日，本部设长沙的军政部第4防疫大队派其第1中队赴常德。另外，接到这两个机关报告的后方勤务部卫生处，将情报送交军医署、卫生署、战时防疫联合办事处；战时防疫联合办事处决议命湖南省卫生处在常德设置防疫处。②

16日，卫生署第2路防疫大队第14队、军政部第4防疫大队第1中队，18日，携带着血清和疫苗的湖南省医疗防疫队先后到达常德。这些防疫部队和驻常德的红十字会第2中队，以及行政机关的首脑组成了常德防疫处，作出如下决定：③

一、迅速设立隔离医院，收治发热和可疑的病人。同时向全市人口进行预防注射，并发给注射证。

二、敌机空投物类最多的鸡鹅巷、关庙街、高山巷划为疫区，派兵警戒封锁，断绝交通，不准居民外出，直至疫情消灭时为止。在封锁期间，居民日用生活物资，指定购买地点，分别供应。

三、在常德全市开展灭鼠灭蚤工作，动员市民捉老鼠，并规定死鼠应烧埋，活鼠须上交。

四、在常德西门外郊区建造火葬炉，专门焚烧疫病尸体，以免鼠疫蔓延。

五、加强疫情报告管理。除公私医院、诊所一律登记病号，以备随时查核

---

① 《细菌战与毒气战》，第283页。《后方勤务部卫生处三十年十一月份大事纪要》。中国第二历史档案馆藏，805—553。另，继这次非正式会议后，在11月8日，在县政府召开的常德防疫会议上还通过了致电湖南省政府及卫生处要求派遣医生、实施“防疫大扫除”、召开防疫宣传大会、在地方报纸上登防疫特刊等决议，并决定组织由专员公署专员、管区司令、县长、卫生院院长为成员的防疫委员会（《常德县防疫会议记录》。陈大雅等主编：《辛巳劫难——一九四一年常德细菌战纪实》，中共中央党校出版社，1995年5月，第145页）。但该委员会的成员除卫生院院长外，几乎全部是党政军要员，与后来由专家组成的常德防疫处的性质完全不同。

② 《后方勤务部卫生处三十年十一月份大事纪要》。中国第二历史档案馆藏，805—553。

③ 同上。邓一韪：《日寇在常德进行鼠疫细菌战经过》。《湖南文史资料》，第18辑，1984年。关于卫生署和湖南省防疫部队的到达时间，见谭学华：《关于日本帝国主义强盗在常德施放鼠疫细菌的滔天罪行经过情形》，1972年。常德市档案馆藏，5—13，249—57。

发现鼠疫外，并规定居民、旅社，凡有病发热者，必须报告防疫处派员调查，以便鉴定是否鼠疫患者。

六、为防止疫病外传，在船舶码头、汽车站及通往乡村的交通线上设立检查站，凭预防注射证方准外出。

七、开展防疫卫生宣传工作，并组织防疫卫生检查。

此外，11 月 24 日重庆派出的以军政部战时卫生人员训练总所检查学班主任陈文贵（曾在印度从事过鼠疫研究的细菌学家）为首的常德鼠疫调查队一行到达常德，陈文贵在对第 6 名死者进行解剖后，断定为腺鼠疫，并同驻常德各防疫机构一同向常德各负责机关提供了鼠疫疫苗等药品。①

从 11 月到 12 月常德鼠疫共发现 7 名患者，1 月 13 日发现 1 名患者，之后暂未发现。其间，战时防疫联合办事处派正在浙江省调查鼠疫的前国联防疫专员伯利士赴常德调查鼠类状况。最初没有发现的疫鼠，在第二年 2 月被捕获的鼠中带菌鼠占 19%，证明鼠间已有鼠疫流行。3 月 13 日，常德防疫处决定采取的方针是，对从常德运出物资进行检查和城外保管，禁止船舶长期停泊，及在交通要道设检疫所，在居民中利用保甲制度进行户别注射等。② 另外，卫生署接到伯利士报告后，下令组织第 2 卫生工程队，于 3 月 17 日出发。不出所料，在同月 24 日发现第二次流行的患者。③

接到常德鼠疫再度发生的消息后，重新从长沙派出湖南省巡回卫生工作队，在 5 月份与从重庆来的卫生署防疫处长容启荣和药品器材一同到达。尽管再次进行了检疫和预防注射，鼠疫仍在 5 月波及邻县桃源。因一名来常德的农民不愿在常德县城的检疫所进行预防注射，利用买来的注射证明返回家乡桃源，在自己家中死亡，之后，以其家属为中心的 17 人患肺鼠疫死亡。④ 当时作为防疫活动一员的容启荣亲自赴桃源进行防疫（桃源鼠疫在同月末结束），卫生署根据他的提案制定了《鼠疫防疫强化办法》，并把常德防疫处扩充为湘西防疫处。在湘西防疫处的领导下，大幅度扩大了检疫范围，除常德、桃

---

① 《细菌战与毒气战》，第 289 页。

② 同上，第 287～288 页。《战时防疫联合办事处二十九、三十年工作报告》，第 8b～第 9a 页。《常德防疫处三十一年度第二次会议记录》。陈大雅等主编：《辛巳劫难——一九四一年常德细菌战纪实》，中共中央党校出版社，1995 年 5 月，第 147～149 页。

③ 同①，第 287～289、305～306 页。

④ 同上，第 288～289 页。湖南省卫生处：《湖南省防治常桃鼠疫工作报告》，第 2～5 页。湖南省档案馆藏，74—3—6(2)。邓一韪：《日寇在常德进行鼠疫细菌战经过》。《湖南文史资料》第 18 辑，1984 年。据前揭《辛丑劫难》，桃源县的第一名患者（李佑生）因贩猪来常德，买注射证明书未果，自城墙豁口处逃出县城（该书第 43 页）。从李的逃走亦可见民众对防疫注射之恐惧。

源外,在邻近的长沙、沅江、汉寿、津市、沅陵、临沣、安乡、慈利、石门各县的水陆交通要道都设置了检疫所;此外,对接触过患者的家属和亲友实行强制隔离;房屋进行消毒;奖励灭鼠(并对捕获鼠者给予彩票)。由于封锁街道,对行人强迫实行预防注射,到同年秋总算报告县城人口约有一半接受了预防注射。①

在此期间,1942 年 3~6 月常德县城区因鼠疫死亡 28 人,该县的石公桥、镇德桥在 10~11 月死亡 43 人(包括死因不明的 7 人),到同年末流行大体上终止。波及两个县、五个街村乡的鼠疫死者合计约 100 名。② 除已提到的防疫部队外,还有卫生署的第一细菌检验队、军政部的第 9 防疫大队第 3 中队等 20 支部队,共 200 人的大批防疫部队投入了这次防疫,这些部队在 1942 年鼠疫再度发生前,已到达该地,建立了大规模的检疫网,防止了鼠疫在湖南的大流行。

此外,还有日方资料尚不能确认的,国民政府方面认为是由日本细菌攻击造成的 1942 年 1~3 月的绥远省西部的鼠疫流行。在那里,第八战区司令部、军政部第 6 防疫大队、宁夏省卫生处组织了绥宁临时防疫委员会,疫苗被送到绥远。绥远省政府也在各县设置防疫委员会的同时,在鄂尔多斯和河西之间建立了大规模的封锁线,防疫队进行了隔离、预防注射及遗体火化。这一年因鼠疫死亡者,绥远省 455 人,宁夏省 24 人,此后未再出现鼠疫患者。③

结　语

抗日战争时期的国民政府防疫机构——战时防疫联合办事处、防疫委员会、卫生署医疗防疫队以及军政部防疫大队,构成了在医院(卫生院)网尚未完成就进入了战争的国民政府战时卫生行政的骨干。它也是中国近代卫生史

① 湖南省卫生处:《湖南省防治常桃鼠疫工作报告》,第 10~16 页。湖南省档案馆藏,74—3—6(2)。另外,如前所述预防注射,由于开始实行的挨户注射和设站注射未能奏效,而改为交通管制强迫注射。但是据以后的报告称:这也"逃避者甚多,怨言不少"(《湖南省湘西防疫处座谈会记录》,1943 年 3 月 7 日。陈大雅等主编:《辛巳劫难——一九四一年常德细菌战纪实》,中共中央党校出版社,1995 年 5 月,第 158 页)。参见在义乌的封锁事例,这显示了当时防疫活动的困难性。

② 参见第五章。

③ 《细菌战与毒气战》,第 340~350 页。鼠疫死者数见全国防疫联合办事处:《各省市鼠疫患病及死亡人数统计表(二十八年至三十七年)》。中国第二历史档案馆藏,372(2)—24。

上首次统辖行政、军、民的体制，恰好在日军发动细菌作战的1940年大体上完成。

国民政府的反细菌作战——对细菌战的几次防疫活动，可以说是连续的“苦战”。在宁波根除了鼠疫，在常德在鼠疫发生的第二年控制了鼠疫的蔓延，两地各死亡百人左右；与此相反，在衢县和义乌不仅出现了数百（或数千）死者，而且未能防止形成鼠疫疫源地，并波及邻近地区。必须指出，这些防疫活动的成功与失败，除了在初期采取措施的状况和投入防疫部队的数量，以及资金等主观因素外，也与鼠疫的流行方式（人间鼠疫与鼠间鼠疫哪个先流行，是腺鼠疫还是肺鼠疫），特别是流行期间日军的进攻状况（空袭等）有关。除此外，还应指出以下二点。

第一，国民政府防疫部队活动的重点，始终放在传染病发生地的城市（县城），主要在城市（县城）内进行隔离患者、预防注射、切断交通、检疫等防疫活动。当流行冲破这个防疫线而扩大后，欲将充分的人员和资财投入到农村地区几乎是不可能的。如在衢县（县城）虽有众多部队防疫，却未能防止鼠疫在该县农村地区的流行；与此同时，为了衢县的防疫，从义乌调走人员，结果牺牲了义乌的防疫。

第二，国民政府防疫部队能够活动的地区仅限于国民政府统治区的后方，并且是在非战斗时期。例如，1942年4月，浙赣地区开始“战事紧张”后，负责该地区的卫生署医疗防疫队第4路大队就撤到了福建省。① 其他的军政部防疫大队和红十字医疗队也在日军发动浙赣战役时全部撤退，使这一地区的防疫活动呈现空白状态，以致浙赣战役结束时日军在地面散布的鼠疫菌等到处肆虐。此外，如山东霍乱作战，1943年9月日军第五十九师团在山东省西部作战时散布霍乱菌②，对此，在遥远后方的国民政府防疫部队当然是无能为力的。

当然，在抗日战争时期，在人员物资都不足（在初期全国的防疫人员仅有1200人）的困难条件下，如果没有国民政府所组织的防疫活动，可以设想在浙江的受害者会更多，而在湖南也必将变成大规模的流行。在部队未能有效投入地区的鼠疫流行，相反可以说明这一点。另外，国民政府战时防疫机构的最大目的是防止以鼠疫为首的传染病削弱抗战力。从中国近代鼠疫流行史上看，在抗战期间国民政府统治区确实至少没有发生以往那种大流行。

---

① 《医疗防疫总队十周年纪念刊》。中国第二历史档案馆藏，372—226。

② 《细菌战与毒气战》，第308~340页。

但是,国民政府的防疫部队在其后的鼠疫大流行——抗日战争后的东北鼠疫大流行中却显得软弱无力。在 1946~1948 年,不仅医疗防疫总队未踏入东北一步,全国防疫联合办事处(1946 年 6 月,由战时防疫联合办事处改组)对这一时期的东北传染病情况也知之甚少。① 东北鼠疫大流行恰恰是以农村地区为中心,加上是在激烈的国共内战下流行,这些正是防疫部队的弱点。关于充分暴露了国民政府防疫体制的局限性的东北鼠疫大流行的实态,及其与日军细菌谋略的关系,将在下面的第七章中论述。

表 1　全国卫生行政大纲的构想

- 行政院——卫生部
  - 省卫生处
    - 市卫生局
    - 县卫生局
  - 特别市卫生局
  - 海港检疫管理处

资料来源:《全国卫生行政系统大纲》。《申报》,1928 年 12 月 14 日。

表 2　中央卫生机构(1937 年)

- 行政院——卫生署
  - （卫生署内部）
    - 海港检疫处(1935 年 11 月转归卫生署直辖)
    - 总务科
    - 医政科
    - 保健科
  - 中央防疫处(1919 年设立)
  - 中央卫生试验所(1929 年在上海设立,后迁至南京)
  - 各海港检疫所
  - 西北防疫处(1934 年 8 月在兰州设立)
  - 蒙绥防疫处(1935 年 7 月在绥远设立)
  - 中央医院(1918 年设立)
  - 公共卫生人员训练所(1936 年 11 月设立)
- 全国经济委员会——中央卫生实验处
  - 防疫检验系、化学药物系、寄生虫学系、环境卫生系等
  - 卫生实验区

① 在详述卫生署(部)医疗防疫总队活动的《医疗防疫总队十周年纪念刊》(中国第二历史档案馆藏,372—226)和《卫生部医疗防疫总队业务概况》(1949 年,中国第二历史档案馆藏,372—226)中,都未提到抗战胜利后的东北鼠疫。另,在《各省市鼠疫患病及死亡人数统计表(二十七年及二十八年)》(中国第二历史档案馆藏,372(2)—24)中,1946、1947 年东北鼠疫的被害者(死者)仅分别为 709 人和 200 人(1948 年未记载),与实际情况相距甚远。

资料来源:《事变前ニ於ケル中国卫生行政机构并ニ卫生教育机关》,第 11~18 页。

表 3　县卫生行政实施办法的构想

（县）　　（分区）　　（乡镇）　　（村落）

卫生院———卫生所———卫生分所———卫生员

（人口 5~10 万）（5 千~1 万）

资料来源:《事变前ニ於ケル中国卫生行政机构并ニ卫生教育机关》,第 23 页。

表 4　卫生署医疗防疫队配置表(1939 年 9 月 1 日现在)

第 11 中队	零陵(湖南)	第 13 中队	曲江(广东)
第 21 中队	桂林(广西)	第 2 防疫医院	桂林
第 7 防疫医院	邵阳(湖南)		
………………	………………		
第 4 防疫医院	芷江(湖南)	第 14 中队	辰溪(湖南)
第 15 中队	辰溪		
………………	………………		
第 6 中队	恩施(湖北)	第 10 防疫医院	恩施
第 4 中队	向白河(湖北)移动	第 9 中队	万县(四川)
………………	………………		
第 3 中队	南城(江西)	第 16 中队	吉安(江西)
第 8 防疫医院	浮梁(江西)		
………………	………………		
第 1 防疫医院	西安(陕西)		
………………	………………		
第 10 中队	南宁(广西)	第 19 中队	宜山慎远镇(广西)
第 20 中队	宾阳(广西)		
………………	………………		
第 18 中队	南平(福建)	第 9 防疫医院	南平
………………	………………		
第 17 中队	龙泉(浙江)	第 22 中队	平坝(贵州)
第 6 防疫医院	贵阳(贵州)		

续表

………………	………………		
第 1 中队	重庆（四川）	第 5 中队	合江（四川）
第 12 中队	自流井（四川）	第 23 中队	重庆
第 3 防疫医院	重庆郊外		
………………	………………		
第 8 中队	瑞丽（云南）	第 24 中队	昆明（云南）
………………	………………		
第 25 中队	保山（云南）		
………………	………………		
第 2 中队	遂溪（广东）	第 5 防疫医院	曲江
………………	………………		
第 26 中队	西昌（四川）		
………………	………………		
第 7 中队	耒阳（湖南）		
………………	………………		
卫生工程队	桂林	细菌检验队	宜山
第 1 材料站	昆明	第 2 材料站	贵阳
第 3 材料站	重庆	第 4 材料站	改组中
第 5 材料站	宜山		

资料来源：根据《内政部卫生署医疗防疫队各队院站一览表》（1939 年 9 月 1 日。中国第二历史档案馆藏，476—28）作成。

表 5　军政部防疫部队配备表（1940～1941 年）

第 1 防疫大队 ［第 1 战区］ ⇓ 41 · 4 改编为第 7 防疫大队	本　　部	褒城（陕西）→西安→洛阳（河南）
	第 1 支队	洛阳→西安→洛阳→韩城（陕西）
	第 2 支队	韩城→大荔（陕西）→垣曲（山西）
	第 3 支队	南阳（河南）→西安→南阳→渑池（河南）
	第 1 巡回队	阌乡（河南）
	第 2 巡回队	褒城

续表

	第 3 巡回队	安康(陕西)
	第 4 巡回队	宝鸡(陕西)
……………………	…………	…………………………………………
第 7 防疫大队	本　部	西安
［第 2 战区］	第 1 中队	晋城(山西)→西安→大荔→西安→韩城
	第 2 中队	大荔
	第 3 中队	南阳
第 3 防疫分队	本　部	西安
⇓	第 1 小队	平陆(山西)→垣曲→韩城
41·4 改编为第 1 防疫大队	第 2 小队	内乡→韩城→垣曲
	第 3 小队	垣曲→渑池
	第 4 小队	祁阳(湖南)［1940 年 4 月改编为第 4 防疫分队］
［第 1 战区］	晋南防疫组	垣曲
……………………	…………	…………………………………………
第 1 防疫大队	第 1 中队	韩城→洛阳→渑池
［第 1 战区］	第 2 中队	垣曲→郑州
	第 3 中队	渑池→叶县(河南)→临汝(河南)→叶县
	第 4 中队	西安(1941 年 12 月成立)
第 2 防疫大队	本　部	祁阳(湖南)→上饶(江西)→弋阳(江西)
［第 3 战区］	第 1 中队	衡阳(湖南)→屯溪(安徽)
	第 2 中队	上饶
	第 3 中队	吉安(江西)→金华(浙江)
	第 4 中队	金华［42 年 1 月在撤消(销)第 4 防疫分队的同时增设］
第 3 防疫大队	本　部	柳州(广西)→桂林(广西)
［第 4 战区］	第 1 中队	乐昌(广东)→曲江(广东)→桂林→柳州
	第 2 中队	阳朔(广西)→荔浦(广西)→柳州→田东

续表

		(广西)→南宁(广西)
	第3中队	桂林
第1防疫分队 ⇓ 41·2扩编为第5防疫 大队	本　　部	光化老河口(湖北)→均县(湖北)→老河口→均县→白河(湖北)→老河口
	第1小队	老河口→均县→老河口→均县→白河→老河口
	第2小队	宜城(湖北)→攀城(湖北)→穀城(湖北)→光化→攀城
	第3小队	樊城→宜城→均县→南漳(湖北)
	第4小队	宜城(1940年4月废止)
……	……	……
第5防疫大队 ［第5战区］	本　　部	老河口
	第1中队	南漳
	第2中队	南阳→南漳
	第3中队	樊城
第2防疫分队 ⇓ 41·9改编为第4防疫 大队	本　　部	衡山(湖南)→衡阳(湖南)→长沙(湖南)
	第1小队	衡山→邵阳(湖南)
	第2小队	长沙
	第3小队	沅陵(湖南)
……	……	……
第4防疫大队	本　　部	长沙
	第1中队	湖北西部→常德(湖南)
	第2中队	湖北西部→? →常德
	第3中队	沅陵→常德
第4防疫分队 40·6由第3防疫分队 第4小队改编而成	本　　部	上饶→衢县(浙江)
	第1小队	上饶→金华→衢县
	第2小队	南平(福建)→建瓯(福建)
41·12撤销	第3小队	金华→衢县
第5防疫分队 ⇓ 41·8改编为第8防疫 大队	本　　部	桂林→曲江(广东)
	第1小队	翁源(广东)
	第2小队	曲江
	第3小队	肇庆(广东)
……	……	……
第8防疫大队 ［第4战区］	本　　部	砰石
	第1中队	曲江
	第2中队	兴宁(广东)
	第3中队	肇庆

续表

第6防疫分队 ⇓ 41·3改编为第6防疫大队 ［第8战区］	本　　部	西安→洛阳
	第1小队	郑州
	第2小队	许昌(河南)
	第3小队	济源(河南)
	第1巡回队	洛阳
	第2巡回队	洛阳
……………………	……………	…………………………………………………
第6防疫大队 ［第8战区］	第1中队	陕坝(绥远)
	第2中队	
	第1组	平凉(甘肃)
	第2组	宁夏中宁一带
	第3中队	兰州(甘肃)　＊各中队位置为1941年10月当时
第9防疫大队	本　　部	？→衡山
	第1中队	？→溧口
	第2中队	？→湘潭(湖南)
	第3中队	？→常德

资料来源:根据《防疫大队长官驻地变化状况(民国二十九——三十年)》(中国第二历史档案馆藏,805—518)和《后方勤务部卫生处大事纪要》1940年12月—1942年1月(中国第二历史档案馆藏,805—553)编成。

表6　战时防疫联合办事处的传染病情报网

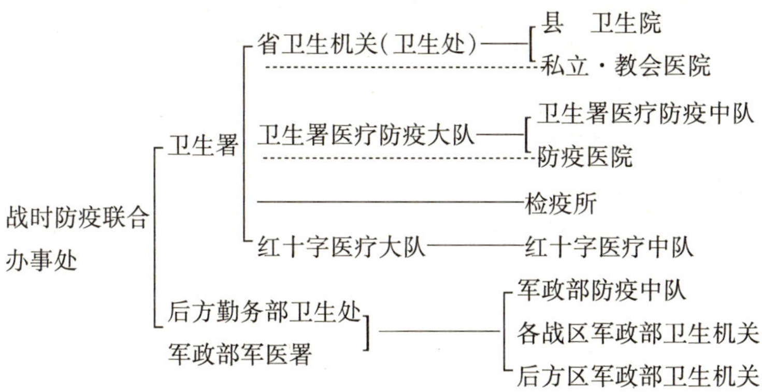

资料来源:根据《疫情报告办法》(中国第二历史档案馆藏,476—163)作成。

第七章　东北第三次鼠疫大流行

——1946～1948 年

郭洪茂

前　　言

鼠疫为祸人类已久，在中国东北曾多次流行，尤其 30 年代以来几乎连年不断，40 年代更为猖獗。而本世纪大规模的鼠疫流行共有三次：第一次发生在 1910～1911 年，第二次发生在 1920～1921 年，第三次发生在东北光复后的 1946～1948 年。前两次东北鼠疫大流行，如第三章所述全系肺鼠疫大流行，其疫源也已清楚，都是由俄国远东贝加尔地区大乌拉里地方传入的。而第三次东北鼠疫大流行，其发生背景、流行地区、病型、发生原因等，却与前两次迥然不同。新中国成立后，中国鼠防研究机构做了大量工作，他们出于防疫的需要，从探索鼠疫自然流行奥秘的医学角度，对东北鼠疫自然疫源地进行了持续多年的深入调查研究，取得了可喜的成果。可是，关于东北光复后的鼠疫大流行的发生原因，至今还是个谜，尤其是日军细菌战和细菌谋略与此次东北鼠疫大流行的关系，更应该深入进行探讨。为此，近两三年来，我们查阅了大量的历史档案和鼠疫流行史资料，走访了当年东北鼠疫大流行时期亲身参加过医疗防疫队的若干成员，并在此基础上做了初步考察。

一　七三一部队溃逃与 1946 年哈尔滨鼠疫

（一）孤注一掷——七三一部队全力准备对苏细菌战

太平洋战争后期，日军在战场上的接连惨败和南方资源的断绝，以及日本本土不断遭受大规模的轰炸，使得飞机、军舰、战车、大炮、汽油等战争武器物资的生产迅速下降,且无法恢复。而在日本帝国主义濒临彻底垮台时,苏联这个军事大国的参战动向,更加速了日本侵略者末日的到来。在这种情势下,日本的一些法西斯战争狂热分子,便梦想依靠细菌武器实行大规模的细菌战,孤注一掷,扭转败局。

1944 年 8 月,山田乙三大将接任关东军司令官后,为了掌握、检查和督促细菌武器的研制和使用情形,急忙前往哈尔滨视察了平房的第七三一部队。据他在苏联哈巴罗夫斯克受审时供称:“当我巡视第七三一部队时,……在那里看见有些特种保藏具①,内面养有大量的跳蚤”,“该部队内研究工作的巨大规模及其制造细菌武器的强大生产能力,竟使我极为惊异……”,“我就知道该部队生产能力足以供应大规模使用细菌武器的需要”。②

山田视察之后,第七三一部队更加紧了细菌武器特别是鼠疫细菌武器的生产及其使用方法的实验研究。这是因为日军第七三一部队于 1940 年至 1942 年间通过在中国南方浙赣湘三省实施细菌战,结果证明使用鼠疫跳蚤细菌武器是最有效的,只是需要进一步改进鼠疫跳蚤的投放方法,以提高细菌战的效果。于是,七三一细菌部队便竭尽全力加强研究,并通过惨无人道的大量人体实验,于 1944 年最终改进了用于细菌战的两种投放鼠疫跳蚤方法,即从飞机上借助特种装置散布鼠疫跳蚤和投掷特种细菌弹(陶制鼠疫细菌弹,亦称“石井炸弹”)两种方法。关于改进鼠疫跳蚤投放方法的实验研究经过,1944 年 10 月或 11 月间,第七三一部队长北野政次曾向关东军司令官山田作过综合性的详细报告(亦曾将使用鼠疫跳蚤的实验结果,直接呈报给日本大本营),并将各种实验研究图表提供给山田及其幕僚(当时在场的有:笠原参谋长、松村作战部长、宫田作战参谋)参阅,还放映了用飞机散布鼠疫跳蚤进行传染鼠疫实验的专门影片。据山田供称:“图表上很清楚地标明有研究和实验用鼠疫菌传染地区的结果。当时我个人认为使用鼠疫跳蚤一法效力极大,所以就认准了北野的报告”和“使用细菌武器的两种最有效手段”。③ 这两种使用方法,当时被认为“是尽善尽美的两种方式”。④ 由于北野的报告获得了关东军司令官的批准和嘉许,因而更进一步激发了第七三一部队生产细菌武器的狂热。

与此同时,日本大本营的一项极端罪恶的作战计划正在紧锣密鼓地策划

---

① 繁殖跳蚤用的孵育器。七三一部队当时拥有 4500 个这种孵育器。

② 《伯力审判材料》,第 90~94 页。

③ 1949 年 12 月 1 日和 6 日的山田供词。《伯力审判材料》,第 43 页、第 101~102 页。

④ 1949 年 12 月 7 日松村知胜供词。同上,第 141 页。

着,企图通过实施代号为“保号”的细菌战攻击作战计划,夺回塞班岛和大宫岛。据日本陆军省医务局医事课长大塚文郎的日记记载,在1944年7月22日小矶内阁成立时,陆军中央已作出相应的重要决定,即令关东军防疫给水部(第七三一部队)实施“保号”作战计划。大本营的这项大规模使用鼠疫细菌武器的作战计划,是在精于此道的石井四郎军医中将亲自参与下密谋策划的。当时,石井曾提出:为解决运输问题,事先将鼠疫菌运入小笠原群岛的父岛和硫磺岛。① 但日军的这项阴谋计划,在准备实施时碰到一些难题,其“最大的制约条件是跳蚤和老鼠的生产能力不足与飞机的不足”。② 加上考虑到鼠疫菌传染的潜伏期(一般为10日,被许多菌蚤叮咬则为4日)问题,觉得须周密策划。后来,参谋本部作战部长真田穰一郎少将在1944年11月14日的日记里记载:“就保号使用与军务局长磋商,能否考虑今后用谋略的方法”。③ 同时还研究了在菲律宾的莱特岛空投细菌弹问题。对此,第七三一部队长北野政次少将曾于同年11月21日向大本营献策说:“50型细菌弹确实有效,能对人产生杀伤效果。而从500米高度空投细菌弹,计划一定会暴露,切不可零散使用,可一举大规模地战略性使用,作为关东军来说,希望进行大规模地整备。”④北野的献策,受到大本营参谋本部的重视。真田作战部长认为:“考虑到不久将来的使用,须进行有机统一的准备”。⑤ 真田日记中亦对日军的细菌战准备现状作了详细记载,尤其对鼠疫跳蚤的生产和散布更为重视,表现出陆军中央对鼠疫细菌武器的强烈关注。到1945年,参谋本部作战部长真田主张:“在向军务局做中国作战说明时,需要将特攻作战与细菌战准备同时说明”。⑥

于是,从日本大本营到关东军司令部乃至七三一细菌部队,此后便竭尽全力地推进大规模细菌战的准备工作了。

正如关东军司令官山田乙三大将在苏联受审时所供称:“一九四五年,由于改善最有效细菌武器使用法的一切准备工作业已顺利完成,于是开始实行大量生产细菌武器,以便一旦奉到帝国大本营命令时就能在任何方面实际运

---

① 吉见义明、伊香俊哉:《日本军の细菌战》。《季刊·战争责任研究》,第2号(1993年冬季号)。(以下简称《日军的细菌战》)。

② 《日军的细菌战》。

③ 同上。

④ 同上。

⑤ 同上。

⑥ 同上。

用这种武器。”①这说明,关东军司令部当时对大规模实施细菌战已有充分的思想准备和实战准备。

1945 年 3 月,关东军司令部接到大本营陆军省发出的关于扩大细菌武器生产的正式指令。紧接着,关东军司令官山田颁发命令,要求第七三一部队和第一〇〇部队扩大细菌武器生产。② 同时,为使更强有力地贯彻执行大本营的指令,陆军中央于 3 月又命令细菌战元凶石井四郎军医中将重返第七三一部队任部队长。这一人事变动,是非同寻常的。

石井到任后,立即于 4 月召集属下各支部长会议,按照大本营的指令研究部署以 8 月末为目标发动对苏细菌战的准备工作。他在明确要求所属部队“以 8 月末为目标生产 2 吨鼠疫菌蚤”的同时,命令“各支队要向本部供给作为繁殖跳蚤的饵所需要的老鼠,为此要竭尽全力实行捕鼠,同时要加强白鼠的饲养繁殖”。③ 原七三一部队训练部长西俊英供称:“在石井到来以后,由于在部队面前提出了加紧大量繁殖跳蚤的任务,所以成立了专门训练班来研究大量繁殖此种寄生虫的问题。”④在第七三一部队本部,首先大大扩充了由田中英雄技师指挥的养鼠班和跳蚤孵育班。因为大量繁殖跳蚤必须有足够数量的鼠类,故而动员部队全体人员进行捕鼠和养鼠。此后,第七三一部队各支队都分别成立了捕鼠专业队,还有临时捕鼠班,大力进行捕鼠。其中,仅林口第一六二支队,在 4~7 月间先后送往第七三一部队本部的老鼠数量,就达 26000 余只,并繁殖了 6000 只白鼠。⑤

然而,七三一部队单靠自身力量捕鼠和养鼠是有限的,无法满足其大批繁殖跳蚤的需要。对此,七三一部队和关东军司令部也很清楚,因而预先采取了相应的措施,即在大本营下达关于扩大细菌武器生产的指令之前,他们就已通过伪满政府向各省下达了征集田鼠(黄鼠)的指标,还动员了关东军的所属部队以及日本开拓团进行捕鼠。

1945 年 2 月 24 日,伪满政府颁发了《康德十二年度兴农部、文教部、协和会中央本部军需活田鼠搜集要领》,其中明确规定:“本年度以行政力量确保军需试验用活田鼠三十万只”。还规定:“各省根据中央计划,责成各县旗向村屯下达分配量,责成兴农合作社负责搜集”,“兴农合作社收购活田鼠并就

① 《伯力审判材料》,第 100 页。

② 同上。

③ 古海忠之等战犯编写:《日本帝国主义侵略中国史》(手稿),第 1281~1282 页。

④ 《伯力审判材料》,第 299 页。

⑤ 《细菌战与毒气战》,第 146~147 页、第 158 页。

地交付第六五九部队〔石井部队〕”等。① 与此同时，第七三一部队也制定了《关东军第七三一部队昭和二十年〔1945〕度田鼠搜集计划》，规定：“本年度搜集田鼠事宜，在关东军之支援下，督促满洲国行使行政权力，配合部队之现场指导，绝对确保所需数××万只。……要求有关各省切实执行此项任务。……部队须对有关各县旗给予具体指导”，等等。② 由此可见，关东军第七三一部队，为了加紧准备对苏实施大规模的细菌战，已剥掉伪装公然驱使和奴役广大东北人民乃至中小学生去捕鼠，甚至还派日军到各地监督，以绝对确保军需活田鼠征集数量。

七三一细菌部队所需要的鼠类数量庞大，曾要求各地严格按计划供应。1945 年 2 月 26 日，伪满兴农部次长稻垣征夫致函伪龙江省次长，限令该省在 5 月 25 日至 6 月末间完成 5 万只以上的军用田鼠征购任务，函称“绝对按下列分配额超额完成捕获与征购任务，务请严格执行”。③ 为此，伪龙江省政府于 4 月 1 日下发文件——《康德十二年龙江省活田鼠搜集要领》，明确规定：“通过行政力量，确保于本年度提供军需试验用活田鼠六万只”，并要求“各县根据省的计划，向国民学校、省立国民高等学校（协和青少年团）和村、屯、牌（邻保组织），以及开拓团的在满国民学校分配任务，责成兴农合作社负责搜集。……兴农合作社收购活田鼠，就地交付第六五九部队”。④ 关于下达给各县的田鼠征收数量与期限，见表 1。

1945 年 5 月 17 日，伪满兴农部次长岛崎庸一函告伪龙江省次长：“关于本年度搜集征购军需试验用田鼠一事，特经阁下努力，已取得预期成果”。⑤ 很显然，伪龙江省的 6 万只田鼠征集任务已提前完成。至于摊派给四平、奉天、滨江、北安、锦州等省的田鼠征集任务和完成情况，虽无具体资料，但从伪满兴农部在同年 5 月为“奖励”四平、奉天、龙江三省的捕鼠学童，而调拨给这三个省兴农合作社支部的特配品数量及合计金额（见表 2），便可窥知大概。

关于日军通过伪满政权驱使东北民众和学生捕鼠的情况，当年在佳木斯市公署卫生科防疫股供职的许文章证明说：“大约在一九四四至一九四五年的时候，是春天，佳木斯市西南岗子部队，通过市公署卫生科，叫全市学生捕鼠。当时，我亲眼看到每天往卫生科送老鼠有三百多只，当日就由驻西南岗子

① 《细菌战与毒气战》，第 138 页。

② 同上，第 139 页。

③ 同上，第 140 页。

④ 同上，第 142~143 页。

⑤ 同上，第 144 页。

的部队来汽车用木箱子装上拉走,每箱子装三四十只。”①另据当时在协和校优级部读书的周绍濂证实:“一九四五年春季,……学校曾让学生捕鼠,并发给捕鼠笼子和捕鼠食物(元宵那么大的面丸)。捕的老鼠送给学校,也有几个同学联合送交市公署。我当时也参加了这一活动,……捕鼠的时间共有两三个月”。②

1945 年春、夏,关东军第七三一部队疯狂进行细菌战准备之时,东北铁路沿线的各省、县,南从锦州省北至北安省,城乡各地几乎到处都在捕鼠,农民、中小学生概莫能外。当时,“不论大、中、小学,每个学生一次要缴 2CC 血粉,一只黄鼠,一只老鼠。很多学生因为捉不到或不能如数完成任务,就被认为‘国民道德’课程不合格,甚至有的被以‘思想不良’或‘反满抗日’的罪名论处”。③

与此同时,关东军所属部队捕鼠活动也日益加紧。原任南京“荣”字第一六四四部队长的佐藤俊二军医少将,在被调任驻牡丹江市日军第五军军医部长后,就曾指示所属各部队组织力量捕鼠,把捕获的活鼠交给牡丹江第六四三支部,然后集中发送给七三一部队本部。关东军司令部作战部长松村知胜在苏联受审时供称:“一九四五年时,差不多所有关东军各个部队都干过捕获鼠类送往第七三一部队去的事情。显然,这件事情是经总司令山田批准了的,因为若不经他允准,各部队是不能去作这件事情的。”④

七三一部队为了最大限度地增加跳蚤产量,曾拟定了一个庞大的计划,即在 1945 年 9 月以前把鼠的数量增加到 300 万只,以大批繁殖跳蚤。为此,第七三一部队军需分部长佐藤少佐曾遵照石井部队长的指令,命令其属下的堀田计算过 300 万只鼠类究竟需要多少饲料和营养素。⑤ 七三一部队的这个计划虽然未能全部付诸实施,但却在一定程度上反映出了细菌战准备规模之巨大。总之,到 1945 年 8 月日本战败投降时为止,中国东北各地一直在不断地往七三一部队发送捕获的活鼠。据当年的目击者庄振芳证实:“直到日本投降的前两天,还有装黄鼠的火车开进平房站。当时七三一部队的日本人都逃

① 《细菌战与毒气战》,第 149 页。

② 同上,第 148 页。

③ 《关于调查“七三一”及“一〇〇”细菌部队罪恶活动的报告》。辽宁省档案馆藏,ZA19—1—369。

④ 《伯力审判材料》,第 144 页。

⑤ 原七三一部队海拉尔支队军需少尉堀田镣一郎的证词。同上,第 402~403 页。

命去了,把这列车扔在那里不管了。”①

为了扩大细菌武器生产,做好实施大规模细菌战的充分准备,日军在通过伪满政权大量强征黄鼠的同时,其他方面也采取了一系列强化措施。关东军司令官山田大将供称:“1945 年春,当最有效细菌武器使用法的研究工作完成之后,接着又收到了陆军省要增加细菌武器生产的训令。于是我就采取了实现这个训令的一切必要办法”。“我记得,当时我委托第一作战部部长松村在作战部方面根据所奉训令,设法保证增加各种细菌的生产。同时我又命令用必要数量的专门家军官去充实第七三一部队,并保证该部队以必需的设备”。② 对七三一部队及一〇〇部队的大规模细菌战准备工作,日军大本营十分重视并竭力支持。山田供述说:“根据参谋本部关于生产此种或彼种细菌武器的要求,日本陆军省曾保证第七三一部队和第一〇〇部队以一切必要的设备、原料和材料。”③因此,七三一部队又大量增加了器材设备,充实了细菌专家力量,并保证有足够的经费(1945 年七三一部队总预算支出为 1000 万日元)用于扩大细菌武器生产。

此外,为了适应大规模细菌战的需要,七三一部队早已开始有计划地加紧培训成批的细菌战专门实施人员。西俊英供称:“从一九四四年七月到一九四五年八月止,我担任七三一部队训练部长时,培养过干部并将此种干部供给本部队及各支队,以备进行细菌侵略战之用。”“培养干部的办法是由训练部开办各种训练班和短期班”。④ 至于七三一部队总共培训了多少实施细菌战的专门干部,目前尚不清楚。不过,山田供认:“他们的人数完全足以供实际使用细菌战武器时的需要”。⑤

不仅如此,石井四郎部队长还主张,在军事行动迫近时,将各支队交由关东军各军司令部和各战地司令部指挥,以便在必要时使各军能主动使用细菌武器。1945 年 8 月上旬苏联参战时,关东军司令官果然下令把七三一部队各支部交归各军直接指挥了。⑥ 即:将林口第一六二支部拨归第五军指挥;牡丹江第六四三支部拨归第三军指挥;孙吴第六七三支部拨归第四军指挥;海拉尔第五四三支部拨归第六军指挥。总之,1945 年,关东军针对苏联的大规模细

① 韩晓、辛培林:《日军 731 部队罪恶史》,黑龙江人民出版社,1991 年,第 96 页。

② 《伯力审判材料》,第 44 页。

③ 同上,第 97 页。

④ 同上,第 64~65 页。

⑤ 同上,第 46 页。

⑥ 同上,第 160 页。

菌战准备工作，一切都在紧锣密鼓地加紧进行着，而且制定出了“在苏联军队进攻的情况下，立即用鼠疫菌污染北满的山河，将苏军连同和平的中国人民，包括老人、妇女和儿童全都杀掉的作战计划”。①

(二)在苏军强大攻势面前七三一部队仓皇溃逃

到 1945 年夏天，日本帝国主义战败垮台已迫在眉睫。尽管关东军第七三一部队仍在按既定计划加紧进行鼠疫细菌生产和大量繁殖跳蚤，准备作最后的垂死挣扎，但是，又不能不按照关东军采取的退守计划行事。这就是，6 月下旬七三一部队首先将军队家属中的老幼约 200 名撤回日本，并按关东军制订的通化防卫计划，准备在与苏联军队开战后退却到吉林省东部山区负隅顽抗。②

然而，战局的发展速度之快，大大超出了日本大本营的预料。继美军于 1945 年 8 月 6 日在广岛投下第一颗原子弹之后，8 日苏联正式对日本宣战，并从西、东、北三面向关东军发起猛烈进攻。苏军进攻始于 8 月，而不是日本原来预料的 9 月，这就彻底打乱了关东军的作战计划时间表。而失去战机未能按原计划实施大规模细菌战的关东军第七三一部队，面对苏军的强大攻势和日本最高当局准备投降的局势，按照大本营的作战主任参谋朝枝繁春 8 月 10 日来伪都新京在机场飞机库面会石井时的具体指示，③由石井四郎部队长亲自指挥，全面销毁细菌战罪证，尔后仓皇溃逃。

石井四郎部队长首先命令特别班班长石井刚男少佐将当时监禁在秘密监狱(四方楼特别监狱)里的所有中国人及苏联人全部杀掉，就连一位俄国妇女在狱中生下的婴儿亦不例外；并将当时细菌部队所有的秘密文件(除准备逃跑时带走者外)、细菌、跳蚤、标本及各种器具、仪器等进行焚烧处理。然后在 1945 年 8 月 13 日和 14 日，由驻哈尔滨的日军独立混成一三一旅团的石原工兵大队，将七三一部队的所有建筑物、监狱、研究室、细菌生产工场、实验室等全部炸毁。④ 实际上，七三一部队早在 8 月初即已开始采取屠杀和毁灭罪证

---

① 古海忠之等战犯编写:《日本帝国主义侵略中国史》(手稿)，第 1281～1282 页。

② 秦正氏笔供，1954 年 9 月 7 日。《细菌战与毒气战》，第 149～150 页。另参见解学诗著:《历史的毒瘤——伪满政权兴亡》，广西师范大学出版社，1993 年，第 374 页。

③ 参见第一章有关七三一部队撤退部分。

④ 古海忠之等战犯编写:《日本帝国主义侵略中国史》(手稿)，第 1310～1311 页。1954 年 10 月 9 日，千田谦三郎笔供，《细菌战与毒气战》，第 150～151 页。另据近藤昭二:《细菌战部队将校の颠末——柄泽十三夫少佐の场合》(《战争责任》2，1947 年 7 月，第 65～66 页)载，部队设施是由一四九师团的一个工兵中队破坏的。

的行动,因为他们明知日本战败垮台在即,不断输送来的供细菌实验用的“原木”①急需处理掉。例如在日本投降10天前,七三一部队运输班司机越定男去哈尔滨日本领事馆拉回来的40名俄国人“原木”,刚进部队后门,便被等候在解剖室前的诊疗部的白衣恶魔们拦住,以“预防注射”为名,采用血管注射氰酸化合物的残酷手段,当场全部虐杀了。8月11日,他们又向被囚禁在七栋、八栋监狱里的所谓“原木”喷射氰酸毒气,进行更大规模的灭绝人性的大屠杀。“8月11日,曾动员营内的士兵和少年队,命令在院内的壕沟里焚烧‘原木’尸体。又率领少年队进入此前一直绝对保密的四方楼,我们所见的都是在微暗的狱中已经气绝身亡的‘原木’。大概都是特别班用氰酸毒气或什么杀害的。因只靠特别班人手不够用,我们才被动员来的。……因事态紧急,听说苏军没准儿明天就会攻进来,也就顾不得怕感染了,便只戴上了军用手套,拽掉锁头,或从楼梯上将尸体一个个地往下托,或从二楼窗户接连抛下去。就这样,我们扔进濠里几十具尸体,并利用薪柴和柴油,盖上镀锌铁板放火烧。”还有许多被残害者的尸骨,被用汽车和草袋子运到20公里外的松花江扔进江水里。越定男自己就曾在这个8月11日漆黑之夜,独自驾驶着汽车往松花江边运了四次,共约200个草袋的尸骨。② 此外,他们也曾迫使劳工焚烧动物房舍。

应该指出的是,七三一部队撤逃前所采取的毁灭罪证行动,虽然毁掉了设施和文件、资料,但却留下了大量老鼠和跳蚤。当时,劳工张文俊不仅看见各种老鼠窜来窜去,且发现成堆的跳蚤从开着盖的瓷罐里往外蹦。另据调查:平房附近的“义发源屯农民刘相昆之妻刘佟氏,在九·三当时曾在该厂里碰到一个破洋铁桶,发现这个洋铁桶里盛有约半桶多的跳蚤,并蹦其一身。”③显然,由于七三一部队逃跑前夕所采取的行动,造成了大量鼠和蚤的外逃、扩散,这是确凿的事实。还有传闻说,七三一部队逃跑前夕,曾有队员奉命将装有鼠疫菌的投掷器分别投到平房附近的正黄旗三屯、正黄旗四屯和义发源屯。④

---

① “原木”:日文叫マルタ。这是七三一细菌部队为保密而用的代名词,专指被日军抓去输送给细菌部队充当细菌实验对象的人。

② 越定男:《日の丸は红い泪に——第七三一部队员告白记》,教育史料出版会,1983年,第145~162页。

③ 《关于调查“七三一”及“一〇〇”细菌部队罪恶活动的报告》。辽宁省档案馆藏,ZA19—1—369。

④ 王敬荣:《恶魔遗害——日军731细菌部队与战后哈尔滨平房地区的鼠疫》,参加1995年7月哈尔滨举行的反对侵略维护和平座谈会的论文。

第七三一部队溃逃时,除造成大量鼠类和跳蚤向周围扩散外,下述事实也耐人寻味,这就是,七三一部队在得到大本营作战主任参谋的秘密指示后,似乎仍在收集鼠疫跳蚤,执行某种秘密行动计划。如原牡丹江第六四三支队长尾上正男供称:"根据第七三一部队长军医中将石井的指令,我于 1945 年 8 月 13 日把第六四三支队连同所有各种材料、设备和文件一概烧毁,只留下密码和 20 至 25 公分跳蚤,由我派人送到第七三一部队司令部去了。"①

七三一部队从 1945 年 8 月 10 日开始,在组织销毁罪证的同时,亦通过满铁运输线优先安排部队人员(约 1700 名)及其家属分批撤逃回日本,最后一批至 14 日下午 7 时才撤走,而石井四郎本人及其家属则乘其女婿增田美保少佐驾驶的飞机逃回日本。

(三)哈尔滨平房地区及市区鼠疫的发生

1945 年日本投降后,哈尔滨平房附近的村屯突然出现大量鼠类,把当地成片种植的大豆豆夹全部吃光。人们还从中发现中国东北罕见的大量白鼠。曾在七三一部队当过劳工的许多人确认,这些白鼠正是该细菌部队大量饲养过的那种白鼠,来自日本。伪满时在哈尔滨市邮政局工作,经常到火车站押送邮政车的王殿选曾称:从伪满康德八、九年开始,有成箱成笼的小白鼠由日本新潟县发送到哈尔滨平房的"加茂部队"。② 尤其是平房附近各村屯的居民还吃惊地发现以前本地极为少见的黄鼠和跳蚤骤然异常增多,因而都认定是来自七三一部队。如在七三一部队当过劳工的黄国华、朱有维、田步林、穆传宗等人曾称:这是"他们(七三一部队)放下的毒物"。③

正是由于日军七三一部队在逃跑时播下了祸种,致使平房附近的义发源、后二道沟、东井子 3 个自然屯于翌年 7~10 月相继发生人间鼠疫流行,并形成人为鼠疫疫源地,遗患多年。

历史上,哈尔滨市除在 1910 年和 1920 年两次东北肺鼠疫大流行(均由俄国远东贝加尔地区传入引起)时受到过污染以外,从未发生过原发性鼠疫。而 1946 年哈尔滨市平房地区 3 个自然屯发生的鼠疫,都是原发性鼠疫。史料记载:1946 年 7、8 月间,在平房附近的义发源屯发生了首例腺鼠疫病人,之后

① 《伯力审判材料》,第 73~74 页。

② 《关于调查"七三一"及"一〇〇"细菌部队罪恶活动的报告》。辽宁省档案馆藏,ZA19—1—369。

③ 同上。

引起鼠疫流行，至10月末终熄，全屯共波及21户，死亡41人。① 继义发源屯之后，后二道沟屯亦发生鼠疫。该屯居民张彦廷某日到野外割草时身上被跳蚤叮咬起了许多包，回家后发病，头晕、高烧、腋腺肿大，不久死亡。同屯年轻村民靖如先前去张家帮助料理丧事，不幸被传染，并殃及全家，19口人中竟有12口人先后染病死亡。随后，鼠疫在该屯迅速蔓延开来，至10月终熄，共死亡42人。② 同时发生鼠疫的东井子屯，李海新一家4口人全部死亡，李玉恒一家12口人有6人死亡，鼠疫共波及22户，死亡38人，占全村人口的11.3%。③

当时哈尔滨市内也有鼠疫发生。1946年9月27日至11月30日，市区内有五条街（道外太古十六道街、南极街、北二道街、道里区第二医院、太平区南四道街）共发生15名鼠疫患者（腺鼠疫8名，肺鼠疫7名），死亡14名，治愈1名。其传染来源，系由外地传入。首例患者权宪波，9月下旬由内蒙古海拉尔途经齐齐哈尔到哈尔滨后，立即发病，并很快死亡，遂引起鼠疫流行。波及较重的是权氏发病时所在的太古十六道街，发生疫患11名，死亡10名。④

1946年哈尔滨市共有3个自然屯和市内5条街发生鼠疫，共发生疫患136名，死亡135名。其中，平房地区3个屯发生并死亡121名。⑤

1947年8月下旬，哈尔滨市区内又发生鼠疫。首例病人何清云是一皮毛商人，他当时由流行鼠疫的王爷庙贩卖破旧毛皮衣物来到哈尔滨，8月27日在道外旅馆内发病，9月5日死在道里荣屋旅馆，经医学解剖和细菌学检验判定为真性鼠疫。何清云死后，其同业者将全部遗物拿到哈尔滨市区各市场去出售，结果导致鼠疫流行蔓延。9月22日以后，在市区各街道散在发生鼠疫患者，染疫者多系在市场活动的小商贩及其家属。这次哈尔滨市区内发生的鼠疫流行，至11月4日终熄，共波及46条街，发病56人，全部死亡。其中腺鼠疫15名，肺鼠疫30名，鼠疫败血症11名。⑥ 流行较为严重的是道外区（27

① 哈尔滨市卫生局史志编纂办公室：《哈尔滨市卫生史志资料》，第一辑，1984年，第19~20页。《细菌战与毒气战》，第154~155页。

② 同上，第153~154页。

③ 同上，第152~153页。

④ 黑龙江省卫生防疫站等编：《黑龙江省鼠疫流行史》，未刊资料，1973年，第9~10页（以下简称《黑龙江省鼠疫流行史》）。

⑤ 根据义发源等3个屯的鼠疫死亡名单统计，详见《细菌战与毒气战》，第152~155页。据《黑龙江省鼠疫流行史》记载，死亡人数为103人。

⑥ 东北行政委员会卫生部：《1947~1948年东北防治鼠疫工作总结》。辽宁省档案馆藏，东北大区资料，卫生类483，第31~32页。《黑龙江省鼠疫流行史》，第9~11页。

条街,死亡 34 名)和道里区(13 条街,死亡 15 名)。这次哈尔滨市流行鼠疫,曾波及扩散到五常、榆树、一面坡等地。① 具体发生人数不详。应该指出,此次哈尔滨市内发生的鼠疫确非原发性的,但这也并不意味着哈尔滨地区以后不会再发生原发性鼠疫。

1947 年,平房地区的义发源屯曾发生过鼠疫,但无确切的发生、死亡人数。1952 年调查时,义发源居民陈芳荣证实说:“在四六年和四七年,义发源连着发生鼠疫,死亡了 47 口人。”②

1948 年,义发源又发生一名腺鼠疫病例,患者陈永富 16 岁,当时常去屯东草甸放马,9 月 1 日放牧回来后身感不适,次日发病,同月 6 日死亡,③系原发鼠疫,但未引起流行。

1950 年 7 月 9 日至 10 月 11 日,哈尔滨市郊平房附近发生鼠疫患者 24 名(腺鼠疫 17 名,鼠疫败血症 6 名,皮肤鼠疫 1 名),死亡 18 名。其中,在原日军七三一细菌部队西南 8 华里的正红五屯发生 21 名,在细菌部队北 10 华里的新发屯发生 1 名,在细菌部队弹壳厂所在地的张棚窝堡屯发生 2 名。这三个屯的鼠疫都是原发的,初发患者均为腺型。④

1951 年 8 月 6 日至 9 月 10 日,在原七三一部队周围的靠山屯、杨家店、正黄二屯,又发生原发性鼠疫,患者 6 名,皆为腺型,死亡 2 名,治愈 4 名。⑤

1954 年 5 月 30 日,在王岗区夏家堡屯又发生一名腺鼠疫患者,经治疗痊愈。该患者系哈尔滨市鼠疫防疫站防疫工作者,因在该屯周围进行鼠疫疫源检验时不慎被感染。此前,该屯曾于 4 月 29 日检出染疫黄鼠。⑥ 从此以后,哈尔滨市再没有发生人间鼠疫。

总括来说,这期间(1946~1954 年),哈尔滨市共发生鼠疫患者 224 名,死亡 212 人。其中,因外地传入而在市区发生者 71 名,死亡 70 名;在原七三一部队周围各村屯,先后发生疫患 153 名,死亡 142 名。平房周围村屯发生的这 153 名患者,是由七三一部队溃逃时鼠、蚤大量扩散导致的严重后果。而这块由日军人为制造的哈尔滨鼠疫疫源地,到 1959 年铲除鼠间鼠疫以前,一直威

---

① 《东北日报》,1947 年 11 月 4 日。

② 《关于调查“七三一”及“一〇〇”细菌部队罪恶活动的报告》。辽宁省档案馆藏,ZA19—1—369。

③ 《黑龙江省鼠疫流行史》,第 9 页。

④ 同上,第 9、12 页。

⑤ 同上。

⑥ 同②。

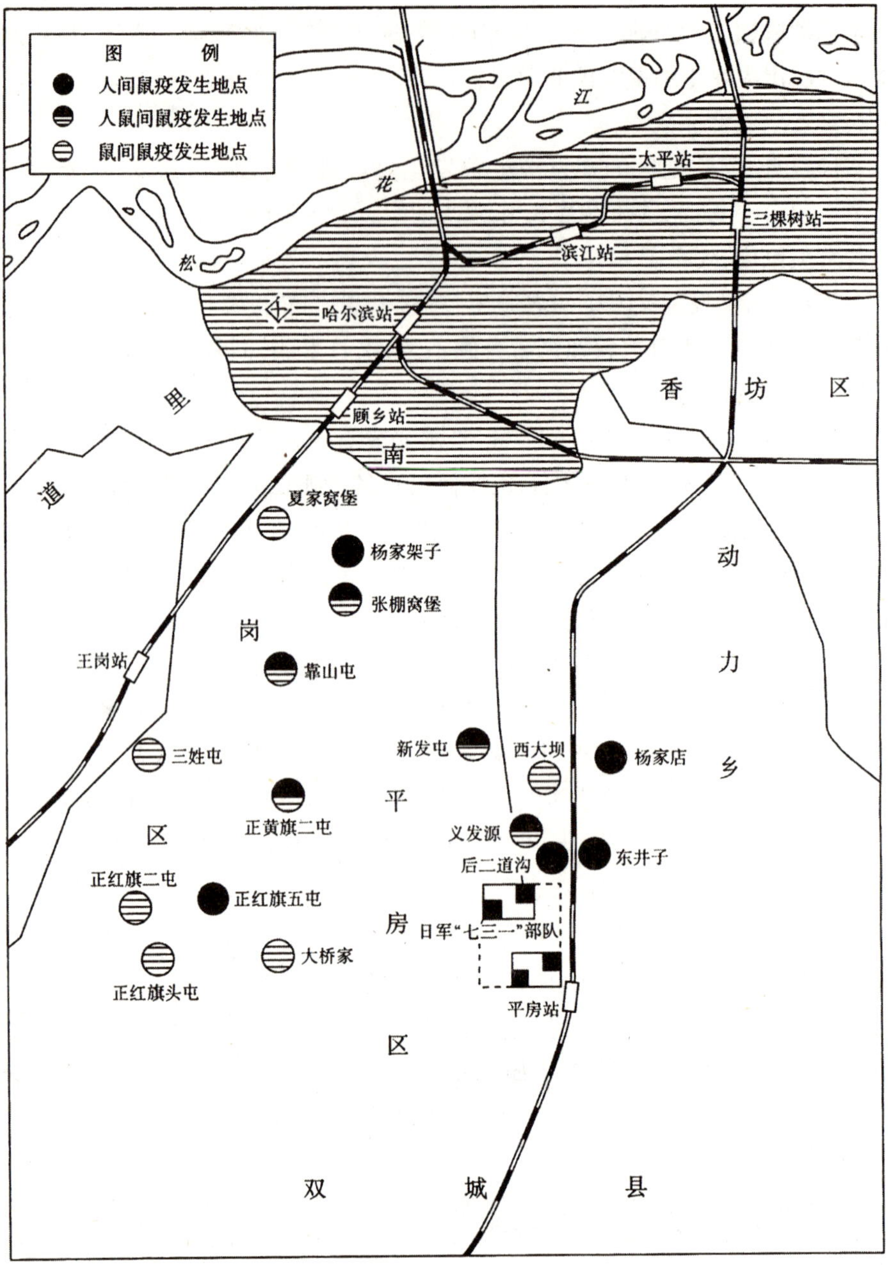

图 1　七三一部队撤退后哈尔滨鼠疫发生地点示意图

资料来源：长春鼠疫防治所《东北地区人类鼠疫流行史资料》，1957 年。

胁着当地人民的生命安全。正如《鼠疫》一书所指出的:"哈尔滨人为疫源地从形成至终熄共历时 15 年(1945～1959 年),人间流行波及 16 个村屯,出现鼠间鼠疫疫点 11 处。"①(见图 1)

二　东北第三次鼠疫大流行

(一)流行概况及各原发疫区的鼠疫流行

日军七三一部队溃逃后的东北鼠疫流行,不只限于哈尔滨市,在东北西部许多地方广为流行,并形成为东北鼠疫史上的第三次大流行。这次东北鼠疫大流行,始于 1945 年,至 1947 年达到最高峰,尔后疫情逐年减弱。其间,仅在 1947 年一年里,全东北就发生鼠疫患者 35947 名,死亡 30358 名。② 患者和死亡人数,分别占三年大流行期间发病总人数的 69.8%和死亡总人数的 71.0%。关于东北第三次鼠疫大流行期间各省区的发生、死亡综合情况,见表 3。

下面,就以 1947 年鼠疫流行高峰年为主线,以原发疫区和中心疫区为重点,具体考察中国东北第三次鼠疫大流行的发生及其蔓延情况。

这次东北鼠疫大流行,共波及 36 个县旗市,其中,内蒙古 17 个,吉林省 14 个,辽宁省 4 个,黑龙江省 1 个(见表 9)。如包括 1945 年,则共波及 38 个县旗市。就鼠疫流行的行政区域来说,主要发生在内蒙古东部和吉林省西部地区。其中尤以内蒙古的通辽县流行最为严重;其次,较严重和波及较广的分别为内蒙古的翁牛特旗(原赤峰县)、敖汉旗(原新惠县)、乌兰浩特市(旧称王爷庙)、吉林省的乾安县、扶余县等。据《1947 年的防疫和 1948 年的防疫计划》和《1947—1948 年东北防治鼠疫工作总结》记载,导致东北发生鼠疫大流行的原发地为:通辽、新惠、王爷庙、乾安、扶余、安广、鲁北七个县旗市。③ 东

---

① 纪树立主编:《鼠疫》,人民卫生出版社,1988 年,第 87 页。据《黑龙江省鼠疫流行史》载,平房地区人间鼠疫先后波及 10 个村屯。

② 以上数字,根据东北四省区的鼠疫流行史的统计表。其中,对哈尔滨(1946 年)、突泉(1947 年)、科右前旗(1947 年)等地的发生和死亡人数,据《细菌战与毒气战》、《突泉一个月工作报告》(1947 年突泉防疫队)、《科右前旗鼠疫流行统计表》(1964 年科右前旗防疫站)、《乌兰浩特市志通讯》等作了更正。

③ 东北防疫委员会:《1947 年的防疫和 1948 年的防疫计划》。辽宁省档案馆藏,ZA19—1—117;东北行政委员会卫生部:《1947—1948 年东北防治鼠疫工作总结》。辽宁省档案馆藏,东北大区资料,卫生类,483。

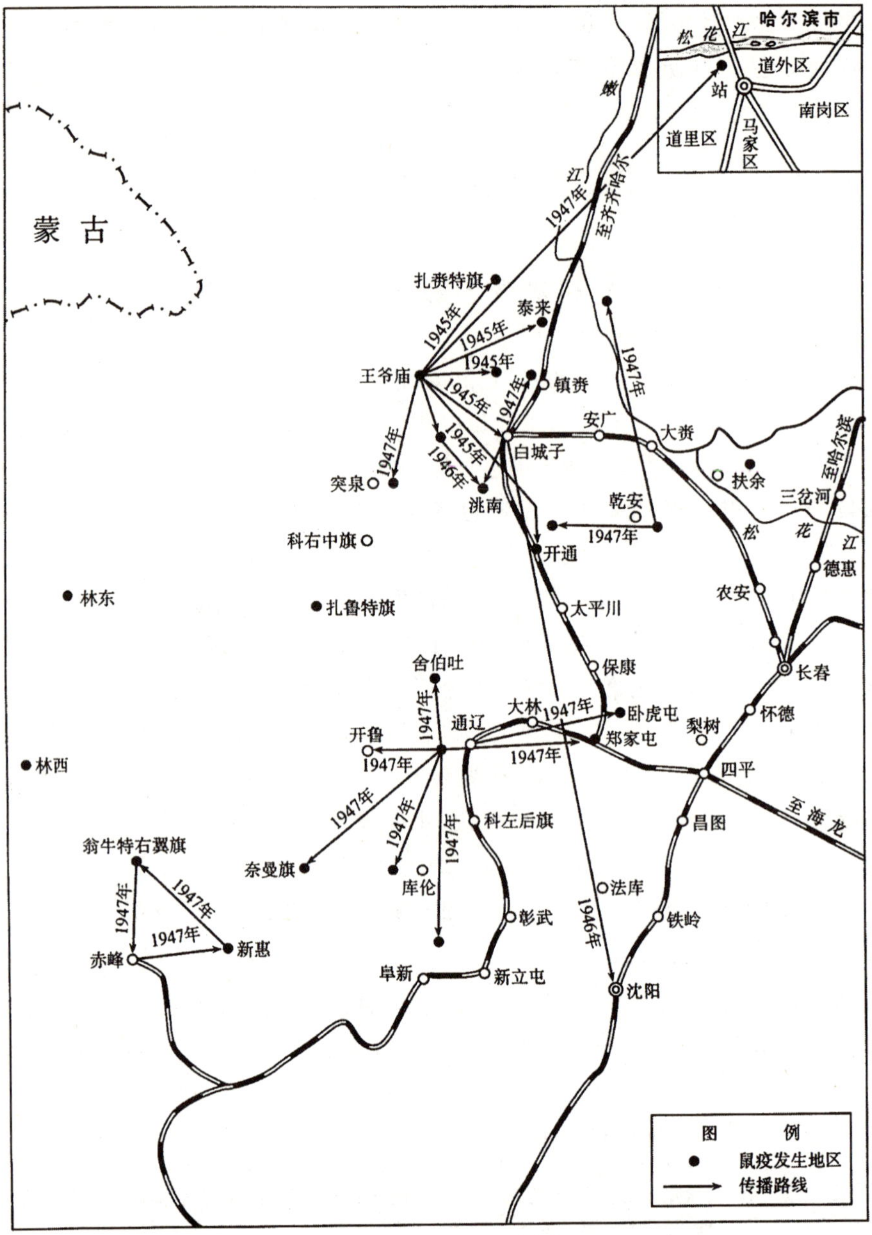

图 2　1945～1947 年东北鼠疫大流行时鼠疫发生地区与传播路线图

资料来源:《1947 年的防疫和 1948 年的防疫计划》附图 2(辽宁 ZA19－1－117);内蒙古、吉林、辽宁、黑龙江 4 省区鼠疫流行史。

北第三次鼠疫大流行，的确是首先在这些鼠疫原发地发生和流行，然后经过传染、扩散而形成的。其中波及和影响较广的，主要是通辽、新惠、王爷庙、乾安四个县市，它们既是原发疫区，又形成为中心疫区，在东北第三次鼠疫大流行中起了强烈的辐射作用。

通辽鼠疫的发生及其蔓延　通辽县位于内蒙古哲里木盟中部、松辽平原西南部，北与东毗邻科左中旗，西邻开鲁县，南邻科左后旗。该县历史上曾多次发生鼠疫。“从 1918 年到 1948 年的 31 年中，每年都有不同程度的人间鼠疫流行。”①而以 1946 年至 1947 年最为严重。史料记载：该县 1945 年有 4 处（县城、辽阳孙屯、前包家屯、福顺屯）发生腺鼠疫，发病 56 人，死亡 49 人；1946 年，全县有 24 个村屯流行鼠疫，共发生患者 1194 人，死亡 993 人；至 1947 年更发生了历史上罕见的爆发性大流行，全县有 126 个村屯（包括县城）流行鼠疫，计发生患者 15710 名，死亡 12771 名，其中，仅通辽县城就发生 5326 名，死亡 4528 名，城内日死亡人数最多时达 160 余人。② 这次通辽县鼠疫大流行，不仅有腺型、败血型鼠疫患者，且有肺鼠疫和皮肤鼠疫患者发生。

1947 年的通辽鼠疫，始发生于 7 月中旬。据《1947 年通辽县防疫工作总结》载：7 月 15 日，该县隆奥区常家围子村首先发生鼠疫，至 22 日其邻近的几个村屯（刘家围子、胡家围子、辽阳孙等村）亦普遍发生。在人间鼠疫发生之前，各村老百姓家里及野外到处可见死鼠。此后迅速传染蔓延至全区 61 个村屯，发生患者约 3000 人，死亡 2500 余人。

8 月 2 日，在县城中心区露天市场饭铺里有 1 人发病死亡。接着该饭铺又有 5 人感染死亡，并有 20 余名伙计先后发病而回到各自所在区的家里，致使鼠疫传染扩散到城内各个区。几乎同时，7 月 30 日，在县城东顺区五街东合成杂货铺、东发祥粮米铺、赵铁匠炉三家店铺的同一后院里，发现 7 只病鼠，东合成杂货铺的小伙计安士年（16 岁）用脚将病鼠踩死后，手持死鼠与另一小伙计刘振青（13 岁）一起挖坑掩埋。8 月 3 日这二人发病（腺肿），先后于 5 日和 10 日死亡。由于这三家店铺来往顾客较多，因而很快便传染到各条街道。③ 这时，赵铁匠炉的赵继祥也发现死鼠和黄蚤，并于 8 月 16 日发病。赵家此际还曾有人到东发祥粮米铺去取粮谷，当把脚踏在粮囤中时，发现有许多

① 《内蒙古自治区鼠疫流行史》，第 56 页。

② 同上，第 56~66 页。另见《1947 年通辽县防疫工作总结》。辽宁省档案馆藏，ZA19—1—8。

③ 《1947 年通辽县防疫工作总结》。辽宁省档案馆藏，ZA19—1—8。

黄蚤跳上脚面，回家以后发病，17 天内全家死亡 12 人。① 8 月 20 日以后，大林区一棵树村发生鼠疫。当时一位姓张的区委干部说："亦是普遍发现死鼠，然后流行人间鼠疫"。② 一棵树全村人口 1464 人，发生疫患 700 余名，死亡 586 名（占全村人口 40%）。与一棵树相邻的角干营子、乌丝吐、枕头窝堡各屯的农民，因去一棵树观看唱影子戏送瘟神，回村之后不久便纷纷发病，遂使鼠疫传染开来。③ 就这样，鼠疫在通辽县不断扩大蔓延，流行十分剧烈。

当时正处在国内战争时期。通辽虽于 1947 年 5 月 22 日获得解放，但因战乱，人员和物资流动频繁，而且缺医少药，防疫力量不足，以致鼠疫流行异常猛烈。11 月 18 日在帮统窝堡屯还引起了继发性肺鼠疫流行，传染十分迅速，在短短 40 天里该屯就发病死亡 84 人，如果不是 9 月下旬东北行政委员会急派大量防疫人员奔赴通辽防疫，使疫情得到有效控制，说不定会酿成不堪设想的冬季肺鼠疫大流行。

这次通辽鼠疫大流行，后果十分严重，仅本县当年即造成 12771 人死亡。1948 年，该县仍有 119 个村屯发生鼠疫，患者 1654 名，死亡 1048 名。此后，发生村屯和发病人数逐年减少，但至 1949 年仍有 43 个村屯计发生患者 355 名，死亡 249 名。新中国成立后，1950~1953 年四年间共发生 11 名患者，死亡 3 名。后来又于 1958 年偶然发生一次，死亡 2 名。从此，通辽县再未发生人间鼠疫。

1947 年流行惨烈的通辽鼠疫，还扩散蔓延到了其他县旗。如表 4 所示，1947 年通辽鼠疫流行期间，曾传染扩散至开鲁县、双辽县、长岭县、舍伯吐（科左中旗）、奈曼旗、阜彰（今阜新、彰武）县。④ 从而形成了更大范围的通辽鼠疫传播疫区。当年，通辽鼠疫共造成 7 个县旗（含本县）的 187 个村屯（含县城和小城镇）发生鼠疫流行，计患者 17559 名，死亡 14261 名，可见后果多么严重。

王爷庙鼠疫的发生及其蔓延　内蒙古自治区乌兰浩特市，旧称王爷庙，位于呼伦贝尔盟南部，东邻吉林省白城市（旧称白城县、洮安县）及镇赉县，西邻蒙古人民共和国，南邻突泉县及科右中旗，北邻新巴尔虎左旗、布特哈旗、扎赉

---

① 《1947—1948 年东北防治鼠疫工作总结》。辽宁省档案馆藏，东北大区资料，卫生类，483，第 5 页。

② 同上。

③ 同上。

④ 《1947—1948 年东北防治鼠疫工作总结》。辽宁省档案馆藏，东北大区资料，卫生类，483，第 4~5 页。

特旗，是兴安盟和科右前旗的首府，当地的政治、经济、文化中心。

据史料记载①，王爷庙及所在的科右前旗历史上（1945 年以前）从来没有发生过鼠疫流行。但在日本帝国主义投降时，即在 1945 年 8 月中旬，在王爷庙街里突然发现一些死鼠和病鼠，随后于 8 月下旬发生人间鼠疫，并呈爆发性流行。

1945 年 8 月 13 日苏联红军进驻王爷庙后，日伪时期的医疗卫生机构全部溃散瓦解，也有许多机构（包括原被日本人控制的蒙民厚生会开办的兴安医学院）被日军撤退（8 月 12 日）时焚毁。当时，有几名由伪满哈尔滨医科大学、军医学校毕业的医生及兴安医学院的学生自动组织办起一个诊所，为群众治病。“该诊所医生八月廿一日突然在市内铁西区发现 1 名病人，疑似鼠疫，报告苏军城防司令部，经苏军中尉军医库奇鲁克确诊为鼠疫，立即动员开展防治工作。”②据当年参加过王爷庙防疫工作的马维铎先生说：“1945 年王爷庙发生鼠疫的时候，开始时曾死过几名苏联红军，具体发生日期记不清了，我是听苏联防疫队的人说的。苏军曾在市内（现在市委后院那个地方）进行过尸体解剖。后来苏军撤到城外去了。”③鼠疫发生后，苏军城防司令部曾组织苏联军医并吸收诊所及散在的医生成立了防疫队，分组进行检疫、消毒和隔离防治，并提供一些防疫药品。但因防疫力量不足，又缺少药品和疫苗，疫情未能控制住，很快便蔓延到全市的四个区，尤其是在居民稠密的爱国区，鼠疫流行最为猖獗，并波及王爷庙周围地区隶属科右前旗的 22 个村屯。这次鼠疫初发为腺鼠疫，至 12 月份续发肺鼠疫，引起肺疫大流行，传染扩散剧烈。据统计：1945 年王爷庙市街共发生鼠疫患者 862 名，死亡 851 名。其中仅在 12 月份就发生 350 名，死亡 342 名。④ 当年的鼠疫死者尸体均埋在西南市郊的公共坟场，被群众称为“鼠疫坟”。新中国成立后将此地划为禁区，禁止挖掘。这次鼠疫流行期间，王爷庙有不少户全家或几乎全家染疫死亡。例如：爱国街有户

---

① 内蒙古卫生厅防疫处：《内蒙古鼠疫流行史资料》，1962 年。内蒙古鼠防所：《内蒙古历年鼠疫流行情况》，1964 年。《内蒙古自治区鼠疫流行史》，1973 年。

② 内蒙古卫生事业四十年编委会：《内蒙古卫生事业四十年》，1987 年，第 12 页。据笔者 1995 年 5 月 31 日采访乌兰浩特市卫生局前副局长马龙海先生（参加过 1947 年防疫）得知：1945 年，这个诊所的医生均曾参加过防疫，其中有额尔德尼（新中国成立后曾任内蒙古自治区流行病研究所所长）、严敦、特克希都冷三位医生。

③ 马维铎：1926 年生，曾任乌兰浩特市医院院长，现任市政协副主席。1945 年当地发生鼠疫后，参加过防疫队。1995 年 5 月 31 日曾接受过笔者采访。

④ 乌兰浩特市志办：《乌兰浩特市志通讯》，1987 年第 1 期，第 56~57 页。据参加过 1947 年王爷庙防疫的马龙海先生说：这个数据是符合实际的，王爷庙连续三年共发生 1300 多名疫患。

姓肖的市民,全家 24 口人死亡 22 口;另有一家七口人全死了,类似这样的情况很多。① 直到翌年 2 月,王爷庙鼠疫才告终熄。那时的王爷庙,人们谈鼠色变,成了“黑死病”的恐怖之城。

1945 年的王爷庙鼠疫,其传染波及范围很广。当年,在科右前旗王爷庙周围地区,有 22 个村屯受到传染而发生鼠疫流行。除此还有 9 个村屯于 6 至 8 月间先后发生鼠疫,其传染来源不明。据科右前旗卫生防疫站编制的《鼠疫流行统计表》(1964 年)记载:该旗 1945 年有 32 个村屯发生鼠疫,共发生 406 名患者,死亡 323 名。② 其中,仅在 12 月份,全旗就发生 254 名疫患,死亡 251 人。③

不仅如此,因受 1945 年王爷庙鼠疫的影响,本旗居力很区的宁家屯和李祥屯于 1946 年 6~7 月发生鼠疫流行,发病 114 人,死亡 79 人。而王爷庙本市亦继续受鼠疫毒害,接连两年再次发生鼠疫流行。1946 年,王爷庙市区发生鼠疫患者 241 名,死亡 232 名。④ 关于这次鼠疫,尚未发现向市区外扩散的记载。1947 年,王爷庙发生人间鼠疫之前,“先发现死鼠多数,7 月初爱国区第 6 甲发生第 1 名鼠疫患者”。⑤ 随后,在市区引起流行,至 10 月 20 日,市区发生 230 名患者,死亡 161 名,经防疫队治愈 69 人。⑥ 此外,当年 6 月 9 日在忠诚屯,7 月 8 日在西新立屯,7 月 11 日在太本站,8 月 9 日在前新立屯,以及民主嘎查 5 个本旗(当时王爷庙隶属科右前旗,后来改为乌兰浩特市,不再归旗管辖)的自然屯,先后发生鼠疫流行。至冬季肺疫流行终止,科右前旗的王爷庙和 5 个疫屯共发生腺、肺鼠疫 573 名,死亡 411 名。⑦ 其中,王爷庙当年发生 260 名患者,死亡 174 名。⑧ 1948 年以后,王爷庙再未发生鼠疫患者。但在科右前旗的个别村屯,曾偶有少量疫患发生(1953 年发生 11 名,死 8 名,1954 年

---

① 巴音图:《消灭鼠疫、造福人民》。《乌兰夫研究》,1994 年 4 月号,第 32 页。

② 其中记载:太本站屯发生 107 名,死亡 64 名。但据笔者 1995 年 8 月 23 日赴当地调查,该屯鼠疫实际发生于 1947 年,发生患者 371 名,被隔离 370 名,死亡 367 名。历史上只发生这一次。

③ 同①,第 56 页。

④ 乌兰浩特市志办:《乌兰浩特市志通讯》,1987 年第 1 期,第 57 页。1946 年的王爷庙鼠疫,发生月份不详。

⑤ 东北行政委员会卫生部:《1947~1948 年东北防治鼠疫工作总结》。辽宁省档案馆藏,东北大区资料,卫生类,483,第 5 页。

⑥ 《1947 年的防疫和 1948 年的防疫计划》附表 2。辽宁省档案馆藏,ZA19—1—117。

⑦ 《内蒙古自治区鼠疫流行史》,第 41 页。

⑧ 《乌兰浩特市志通讯》,1987 年第 1 期,第 57 页。

发生7名,死5名)。

1945年开始发生的王爷庙鼠疫,不仅使本市及其所在的科右前旗长期蒙受鼠疫病祸,而且给当地卫生防疫部门带来了长期而艰巨的防疫重负。直至1955年最终灭绝当地人间鼠疫为止,其间王爷庙共发生疫患1363名,死亡1257名。① 整个科右前旗(包括王爷庙)在此期间共发生疫患2144名,死亡1922名。不仅如此,王爷庙鼠疫还曾先后传染扩散至白城县(洮安县)、扎赉特旗、泰来县、突泉县、洮南县、哈尔滨市等地,其中有的县旗又再次扩散,从而造成更广大地域的鼠疫流行。具体情况如下:

1945年8月王爷庙爆发鼠疫后,11月开始传入东邻白城县县城及老道庙等地,引起当地鼠疫流行。至翌年2月,在白城子街内有67人染肺鼠疫死亡,并在老道庙等8个自然屯发生127名患者,死亡126名。② 白城子受王爷庙波及发生鼠疫流行后,又进一步传播至沈阳市。据档案记载:1946年2月28日,有一白城子旅客去沈阳,住于该市东亚街一段62号住户王茂林家中,当晚发病,翌晨死亡。随后有同街数人及王茂林本人患病不久死亡。经沈阳市防疫所取王茂林的血样进行细菌学检验,结果确认系真性鼠疫。③ 沈阳市传入鼠疫后,先后有37人染肺鼠疫死亡。若非当时沈阳市政府采取紧急防疫措施,险些酿成大患。1947年7~11月间,在白城县北部的八家子至东升一带,又有26个自然屯发生腺鼠疫,发病771名,死亡658名。

1945年8月~1946年3月,洮南县县城等10处流行鼠疫,有320人发病(除13名腺型患者外,均为肺鼠疫),死亡317人。其中,仅洮南县城就发生209人,全部死亡。此次洮南肺鼠疫流行,系因本县的刘天俊由王爷庙感染肺鼠疫后逃回本县娄罗屯所引起的。刘发病死亡之后,因各地前来送葬者被传染,遂引起洮南镇等地的肺鼠疫流行蔓延。④ 1947年王爷庙发生鼠疫流行时,又再次传至洮南县。这次是由于“洮南拉金〔那金〕乡一位蒙民赴王爷庙吊丧受传染而发生”。⑤ 1947年洮南县有13处流行鼠疫,疫患128人,死亡105人。此外,1945年洮南县发生肺鼠疫流行后,曾于1946年2月传入镇赉县

---

① 同上。据《科尔沁右翼前旗卫生志》(1986年)记载,1945~1947年间乌兰浩特共发生鼠疫1364例,死亡1258人。

② 《吉林省鼠疫流行史》,第54页。

③ 1946年3月30日沈阳市政府致东北行营呈文。辽宁省档案馆藏,ZA1—2—175。

④ 同①,第61页。

⑤ 《东北防疫委员会第二次紧急防疫会议记录》(1947年9月26日)。辽宁省档案馆藏,ZA1—1—75。

城,因有一名洮南肺鼠疫患者逃往镇赉镇,以致引起当地肺鼠疫流行,结果造成 123 人发病,120 人死亡。当年镇赉全县共发生 155 名疫患,死亡 150 名。①

1945 年 11 月 5 日,内蒙古扎赉特旗的海力屯,有人由王爷庙的喜贵店受感染而将肺鼠疫传入,引起本旗肺鼠疫流行,至 12 月下旬终熄,共波及 4 个区 11 个村屯,发病 121 人,死亡 119 人。该旗以前从未发生过鼠疫。②

1945 年 11 月 15 日,黑龙江省泰来县城毛家大院的铁路工人张树德,由内蒙古的白狼沟经过疫区王爷庙回到泰来镇后发病,翌日死亡。接着,便在毛家大院内引起鼠疫流行,至 12 月 5 日,先后有 11 人染肺鼠疫死亡。③

据《内蒙古自治区鼠疫流行史》记载,1945 年王爷庙发生鼠疫后,还曾传入吉林省开通县,④但具体发生情况不详。

1947 年王爷庙流行鼠疫时,又传至内蒙古的突泉县。⑤ 当年东北解放区派出的第四防疫队的《突泉一个月工作报告》载:“全县自发生开始到现在〔11 月 16 日〕约 3 个月,鼠疫波及全县 9 个区 36 个屯及县城,共计死亡 417 人,痊愈 51 名,现患 9 名。”⑥计发生 477 名患者。

前节业已述及,1947 年的王爷庙鼠疫,还曾经由皮毛商人何清云传至哈尔滨市区,造成 56 人染疫死亡。

综上所述,1945 年至 1947 年的王爷庙鼠疫,直接间接地导致 10 个县旗市(图 2)流行鼠疫,共造成 4363 人染疫发病,3709 人死亡。可见,王爷庙鼠疫对东北第三次鼠疫大流行产生了重大影响。从图 2 可以看出,王爷庙鼠疫的传播范围是最广的。

新惠鼠疫的发生及其蔓延 新惠县原属旧热河省,即今内蒙古自治区敖汉旗,位于内蒙昭乌达盟东南部,东邻奈曼旗,西邻赤峰和建平县。《1947 年热河省鼠疫流行情况》记载:“热河地区既往即为东北鼠疫发源地之一,自 1888 年围场流行鼠疫以来,新惠、建平一带时有发生”。⑦ 1932 至 1949 年,敖汉旗(原新惠县)每年都有鼠疫发生(见表 5),但奇怪的是,从 1945 年起连续

---

① 《吉林省鼠疫流行史》,第 61 页。

② 《内蒙古自治区鼠疫流行史》,第 44 页。

③ 《黑龙江省鼠疫流行史》,第 14 页。

④ 《内蒙古自治区鼠疫流行史》,第 40 页。

⑤ 《1947~1948 年东北防治鼠疫工作总结》。辽宁省档案馆藏,东北大区资料,卫生类,483,第 4 页。

⑥ 《突泉一个月工作报告》(10 月 17 日~11 月 16 日)。辽宁省档案馆藏,ZA19—1—6。

⑦ 《1947 年热河省鼠疫流行情况》。辽宁省档案馆藏,ZA19—1—7。据伍连德:《鼠疫概论》记载:1888 年至 1889 年热河北部围场之鼠疫流行是从北部蒙古传入的。

几年出现鼠疫大流行，1947 年最为猖獗，全县发病 2742 人，死亡 2341 人。而在 1945 年至 1948 年的 4 年间，全旗总共发生鼠疫患者 7646 人，死亡 6149 人。

关于新惠县鼠疫发生的具体情况，据《内蒙古自治区鼠疫流行史》记载，1945 年 5 月开始，先后在牛古吐乡元宝洼屯（5 月 2 日）、双庙乡鸡爪沟（7 月 8 日）、乌兰召乡本屯（6 月 18 日）、撒力巴屯（8 月 14 日）、双井乡大白音蒿屯（7 月 18 日）、东小邦差地屯（8 月 21 日）、长胜乡小河沿（7 月 20 日）、马家围子（8 月 16 日）、六合号（8 月 16 日）、万发永（7 月 20 日）等地发生原发性腺鼠疫，并引起流行蔓延。至 10 月终熄为止，在全旗（原新惠县）29 个屯共发生鼠疫患者 1304 名，死亡 1227 名。1946 年 5 月至 10 月，又在小河沿、双庙、牛古吐、乌兰召等地原发鼠疫，并波及扩散至全县的 26 个村屯，发生疫患 883 名，死亡 761 名。1947 年 5 月开始，该旗的双庙、小河沿、牛古吐、乌兰召、岗岗营子等各区再次发生鼠疫，这次流行波及范围更广，到 10 月终熄共波及全县 65 个村屯，发生病患 2742 名，死亡 2341 名。其中以小河沿村和西山屯最为严重，分别发生 308 名（死 307 名）和 298 名（死 291 名）患者。① 尤其小河沿村的鼠疫扩散最为严重，一个村在当年波及传染了本旗的 38 个村庄。②

不仅如此，1947 年鼠疫“由新惠县小河沿发生后传染到乌丹县、赤峰市、赤峰县、建平县等地”。③ 其中尤以赤峰县受害最重，包括赤峰市城区，当年该县共发生 7043 名鼠疫患者，死亡 5936 名。关于受新惠县鼠疫波及传染之各县的鼠疫发生情况，请参见表 6。

总之，在东北第三次鼠疫大流行时期，因新惠鼠疫的发生、流行和扩散，仅在 1947 年一年里，就出现患者 11416 名，死亡 9885 名；而 1945～1948 年患者总计则为 16320 名，死亡 13693 名（参见表 5、表 6）。

乾安鼠疫的发生及其蔓延　乾安县位于吉林省西部，东邻前郭县，北邻大安县（原大赉县和安广县），南邻长岭县，西邻通榆县（原开通县和瞻榆县）。乾安县流行鼠疫始于 1932 年，如表 7 所示，到 40 年代呈连年发生之势，自 1945 年起鼠疫发生人数骤然急速上升，至 1947 年达到高峰，此后锐减。

1945 年夏，乾安县的淡字井、大西字井等 5 个村屯发生原发性鼠疫，计发病 272 名，死亡 249 名。1946 年，又在藏字井、随字井、女字井、图字井等 17 个

---

① 《内蒙古自治区鼠疫流行史》，第 130～132 页。

② 热河省政府：《关于 1947 年下半年鼠疫流行概况及防疫工作总结》。辽宁省档案馆藏，ZA19—1—7。

③ 同上。

村屯流行鼠疫,发生患者 603 名,死亡 460 名。其中以随字井流行最重,一个村发病 250 名,死亡 215 名。这次流行主要发生在县城以东地区,大部分是女字井周围的村屯。① 1947 年,乾安县鼠疫流行更严重,全县共有 66 个村屯发生鼠疫,共计发病 2229 名,死亡 2141 名,其中仅县城就发生疫患 550 名,全部死亡。

关于 1947 年乾安县鼠疫发生情况,《1947 年乾安县卫生防疫总结》称:"本年 7 月,首由距县城北约 18 华里路的称字井发现死鼠,四五天时间就传染了老乡〔当地居民〕,由于隔离封锁不彻底,相继有城关区、安字区、占字区、蓝字区、杨字区也蔓延起来了,至 10 月 29 日方告平息。"②另据记载:"城关区〔县城〕第四街,彭家小儿在 8 月初旬曾以死鼠为戏,8 月 12 日发病,数日后死亡。"③由此证实,乾安县在 1947 年发生人间鼠疫前已有鼠间鼠疫流行,尔后传染给人,引起人间流行,系原发性鼠疫。

1947 年乾安县出现鼠疫流行后,"政委会〔东北行政委员会〕数次增员派 5 个防疫队前来防疫","抢救了 394 人的生命"。④ 可见,当年乾安疫情是十分严重的,如果没有解放区的防疫队进行防疫,疫情将会更加严重。

尽管如此,乾安周围仍有两县受到波及,即引起了大赉、开通两个邻县的鼠疫流行。⑤ 大赉县 1947 年 7~11 月间有 13 个街村发生鼠疫,患者 189 名(腺鼠疫 160 名,肺鼠疫 18 名,鼠疫败血症 11 名),死亡 150 人。开通县当年有 11 个村屯流行鼠疫,发生患者 127 名,死亡 95 名。⑥

1948 年,乾安县仍有 25 个街村流行鼠疫,发生疫患 147 名,死亡 80 名。

据统计,乾安县在东北第三次鼠疫大流行期间(1945~1948 年),累计发生 113 个疫点,患者 3251 名,死亡 2930 名。如包括 1947 年受波及的两县,则为患者 3567 名,死亡 3175 名。

扶余鼠疫的发生及其蔓延　扶余县位于吉林省北部,地处长春与哈尔滨之间,东邻榆树县,南邻德惠县,西邻前郭、农安两县。该县在 40 年代几乎连

---

① 《吉林省鼠疫流行史》,第 80~85 页。

② 《1947 年乾安县卫生防疫总结》。辽宁省档案馆藏,ZA19—1—8。

③ 《1947~1948 年东北防治鼠疫工作总结》。辽宁省档案馆藏,东北大区资料,卫生类,483,第 5 页。

④ 《1947 年乾安县卫生防疫总结》。辽宁省档案馆藏,ZA19—1—8。根据此材料记载的治愈人数和表 7 所列 1947 年死亡人数(2141 名),乾安县当年患病实际人数可能在 2500 名以上。

⑤ 《1947~1948 年东北防治鼠疫工作总结》。辽宁省档案馆藏,东北大区资料,卫生类,483,第 4 页。

⑥ 《吉林省鼠疫流行史》,第 38、66 页。

年发生鼠疫(表8),而以1946年和1947年流行最为剧烈,但患、死人数少于通辽、新惠、王爷庙、乾安四个中心疫区。

1945年7月,扶余县前朝阳屯、土木街屯、胡连山屯、五家站、三岔河镇等10处散在发生鼠疫,并流行起来,至9月终熄,全县共发生疫患147名,全部死亡。1946年7月,在前朝阳屯、罗斯屯、胡连山屯、后朝阳屯等地又发生鼠疫。“扶余县1946年的鼠疫原发地,为朝阳屯[前朝阳]的老董家”,后在当地引起鼠疫流行,前后约两个月,全县有17个村屯流行鼠疫,发生患者591名,死亡584名。①

1947年6月25日,在前一年原发鼠疫的前朝阳屯再次发生鼠疫,这次首先“发生于朝阳屯董家的西邻陈致阁家。”②因陈致阁家发生鼠疫后,“陈本人也发病,去县城治疗,住于东门外天丰泰东院〔刘明义家〕,7月13日死亡,遂传染了城关区”。③ 这时,东三家子屯有人来刘明义家而遭受传染,鼠疫随又扩散到乡村。同时期,又有一妇女刘朱氏自疫区朝阳屯来到县城北门外,结果引起城东北各区鼠疫流行。另有东园子区屠户刘凤元,此时到县城刘明义邻居家买猪,感染鼠疫,祸及全家,且引起本村流行鼠疫。还有八家子屯,因常有人到县城购物,从而感染引起本屯鼠疫流行。④

就这样,鼠疫由前朝阳屯先后传至邻屯和县城,再由县城传到外乡村,结果酿成扶余县44个村屯和城区街道流行鼠疫,共计发生患者1679名(县城830名),死亡1678名。

但此次扶余县鼠疫基本上是在县内流行,没有扩散到外地。发生患者的病型以腺鼠疫居多,伴有续发肺鼠疫和鼠疫败血症,也有少数皮肤鼠疫和眼鼠疫患者发生,系多种病型混合流行。而且患者死亡率极高,1945年为100%,1946年为98.8%,1947年为99.9%,1948年为82.4%。

综上所述,东北第三次鼠疫大流行期间,5个原发疫区(其中有4个形成为扩散鼠疫的中心疫区)在1946~1948年三年间,共发生患者31444名,死亡25535名。如果包括它们所波及之各县旗市,共发生鼠疫患者44726名,死亡

---

① 《吉林省鼠疫流行史》,第19~24页。引文见《1947~1948年东北防治鼠疫工作总结》。辽宁省档案馆藏,东北大区资料,卫生类,483,第5页。

② 《1947~1948年东北防治鼠疫工作总结》。辽宁省档案馆藏,东北大区资料,卫生类,483,第5页。

③ 《1947~1948年东北防治鼠疫工作总结》。辽宁省档案馆藏,东北大区资料,卫生类,483,第5页。

④ 《扶余防疫站总结》(1947年)。辽宁省档案馆藏,ZA19—1—8。《东北日报》,1947年9月11日。

36847 名，发病和死亡人数，均占大流行期间（1946~1948 年）全东北发病总人数（51672）和死亡总人数（42967）的 85%以上。

（二）东北地方当局的防疫措施

1946~1948 年东北鼠疫大流行时期，国民政府东北地方当局和中共东北解放区人民政府，对疫情发展都给予了程度不同的重视，并分别组织成立了各自的防疫领导机构——东北防疫委员会，以领导各自统辖区的防疫工作。但是，国共双方对当时东北防治鼠疫工作所采取的措施和所起的作用，颇有差异。

前已述及，1946 年 2~3 月沈阳市曾发生鼠疫，先后有 37 人染疫死亡。3 月 4 日沈阳市政府接到卫生局关于南市区东亚街发生鼠疫的紧急报告后，市长孙文琦亲自“督率医务人员赶赴现地究明真相”，了解疫情。市防疫所于 3 月 9 日经取患者王茂林的血样进行细菌学检验并确认系真性鼠疫后，沈阳市政府更为重视，一面组织医疗防疫人员赴南市区防疫，一面呈请东北行辕拨发鼠疫疫苗，同时要求召开防疫委员会讨论对策。① 正是由于沈阳市当局对防疫较为重视，采取了相应措施，才使鼠疫未能在人口稠密的沈阳酿成大患。

1946 年夏、秋季节，吉林省西部地区和长春市毗邻地区发生鼠疫流行后，9 月 16 日长春市政府致电东北行营：“查长市毗接农安、长岭等地夙为鼠疫发生区，鉴于今夏虎疫〔霍乱〕蔓延，防遏未及牺牲甚众，已于 8 月 16 日联合本市军政会组临时鼠疫防疫总队部，筹备成立即日开始工作，以期防患未然而策万全。顷已于本市各市立医院举行鼠疫预防注射，并拟即在市郊冲要地区筹设检疫所，展开全市灭鼠运动。惟以本府财政窘绌……拟请由钧座俯予赐拨，……长春市警备司令孙立人、市长赵君迈同叩”。② 可以看出，当年夏季长春等地霍乱严重流行，以致对初期的鼠疫流行并未引起足够的重视，直到长春市受到威胁才采取防疫措施。

9 月 29 日，吉林省政府在农安召开本省西部六县旗市鼠疫预防联席会议，目的在于贯彻联合防疫精神，集中人力、物力、财力以防止鼠疫发生，并研讨发生后之处理办法。经会议讨论，决定成立吉林省西部六市县旗联合防疫委员会，并报请东北行辕熊主任批准（11 月 16 日呈报，28 日获得批准）。主

① 1946 年 3 月 30 日沈阳市政府致东北行营呈文。辽宁省档案馆藏，ZA1—2—175。

② 1946 年 9 月 16 日长春市政府代电。辽宁省档案馆藏，ZA1—21—27。

任委员由吉林省政府主席梁华盛兼任，副主任委员由长春警备司令孙立人、省卫生厅长尚传道、卫生署东北特派员办公处专员马敬之三人担任。联合防委会下设防疫指挥部，并分为情报、防疫、医药、经理四个组开展工作。关于防疫经费问题，决定由各该鼠疫常发市县旗政府分别担负，不足时由省府酌予补助。① 然而，此次防疫联席会议，并未决定出任何切实有效的具体防疫措施。

当时，不仅吉林省政府成立了防疫委员会，国民政府主席东北行辕亦于1946年9月召开了防疫会议，正式筹备成立东北防疫委员会（主任委员拟由行辕熊主任兼任，下设29名委员，拟聘3名顾问）。东北防委会主要委员人选中，有联合国善后救济总署东北分署医疗防疫大队长擅树芬、沈阳市卫生局长孙家齐、卫生署特派员李文铭、东北行辕长官部卫生处长林立、联勤总部第六补给区卫生处长王维、沈阳医学院院长徐诵明、辽宁医学院院长高墨泉等。拟聘的三名顾问分别为卫生署卫生处长杨永年、防疫处长容启荣、外籍专员伯力士。② 同时，还制订了《东北防疫委员会组织规程》，确定了防疫组织机构的人选。③ 但是，对如何进行鼠疫防疫工作，缺乏具体措施和行动，多半流于形式和空谈。

不过，国民政府对东北鼠疫疫情比较关注，对东北鼠疫防疫工作也做了一些必要的安排和部署。如1946年卫生署为东北制订的《东北鼠疫防治处工作计划草案》规定：

“一、目标

（一）配合善后救济工作切实调查疫区范围，并作初步紧急防治之措施（第一期为一年）。

（二）配合东北国防建设就地训练鼠疫防治人员，提高防疫技术标准，并对防治工作确实研究有效办法，以图根治（第二期暂定五年，必要时斟酌实际情况再计延长若干年）。

二、工作范围——原则为（一）行政配合技术；（二）以实验研究之结果应用于实地防治，以实地防治之经验启迪实验研究；（三）利用疫区就地训练人员。本此原则确定工作范围如次：

（甲）有关鼠疫流行病学之调查，防疫人员之实地训练，疫区防治工

① 1946年11月16日吉林省政府致东北行辕呈文。辽宁省档案馆藏，ZA1—21—27。

② 关于东北防疫委员会的议定事项及人选名单（1946.9.16）。辽宁省档案馆藏，东北行辕，ZA1—1—202。

③ 辽宁省档案馆藏，东北行辕，ZA1—21—7。

作之设计实施,交通检疫之筹组及其他紧急防治措施之执行等;

(乙)有关鼠疫预防用品之实验研究及实际应用;

(丙)有关环境卫生及防鼠建筑之改善、实施;

(丁)有关鼠疫细菌病理之检验;

(戊)鼠族及鼠蚤之鉴别研究。

三、组织——东北各省地方卫生机构尚未树立初基,即无力从事特殊传染病之防治,而鼠疫疫区扩及吉林、辽北、嫩江、兴安、热河及辽宁六省廿八县旗,更非任一省人力物力财力所能胜任。故须由中央设立专门防治机构,广罗专门人才,配备优良设备,使实验研究与实地防治并重,并与地方卫生机构密切联系进图根治。因之内部组织技术部门力求健全,多列技术人员名额,至事务行政机构及人员均尽可能紧缩至最低限度。址拟设长春,因该处接近疫区,交通便利,且可利用敌伪设备,将来以此为基地逐步发展,视实际需要再在各疫区设立实地防治之附属机构,如检疫站隔离院等。详细情形详见组织条例草案。

四、经费——值此国家财政奇绌之际,自应力求紧缩编列,但以为达成技术业务之任务轫设之际,必须有充裕之设备及修缮费,其后并须有经常事业费始可推进工作,其他办公费等均系按最低需要编列,另详开办费及经常费概算。

五、器材——一部分拟利用接收敌伪之长春卫生技术厂者;一部分已向行总转请联总拨助。关于鼠疫苗及小量预防用品,该处均可制造而达自给之目的。”①

很显然,上述计划草案对防疫目标、工作范围、组织机构、经费、器材等都作了原则性规定,可惜,在东北未得到贯彻实施。其原因,从主观上说是东北行辕不太重视,对贯彻防疫计划草案不甚积极;客观上则是由于国共内战形势发展变化太快,到 1947 年已发生重大转折,国民党军队已由战略进攻转为战略防御,在东北被迫只能困守在一些大中城市,无暇顾及东北鼠疫防治工作。

相反,中共东北解放区人民政权,在鼠疫大流行期间,却为防疫治病而竭尽了全力。特别是 1947 年,组织、派遣了大批医疗防疫队奔赴各疫区防疫,对控制疫情发展起了重要作用,并挽救了大量患者的宝贵生命。

如前所述,1946 年 4 月 28 日哈尔滨解放后不久,7、8 月间于近郊原七三

① 辽宁省档案馆藏,东北行辕,ZA1—21—23。

一细菌部队所在的平房地区的义发源屯爆发和流行鼠疫。当危重患者经市卫生检验所查明为鼠疫之后，市长刘成栋马上主持召开会议，决定采取紧急防疫措施，责成市卫生局负责人张柏岩立即组建防疫大队。30多名队员都是从市内各公立医院抽调的医务人员，他们在防疫大队长张柏岩的率领下，迅速前往平房疫区，将大队部直接设在疫点义发源屯，对周围十多个自然屯进行检诊，对疫患实行收容、隔离、治疗，并由人民解放军的一个中队担任交通封锁和警戒任务。虽然当时防疫条件很差，检验设备简陋，杀鼠灭蚤消毒药品缺乏，但是，防疫队员却能克服各种困难，想方设法进行防疫，包括在村屯周围挖防鼠沟，在村屯内用焚烧、堵洞、垫土等办法防鼠灭蚤。通过积极防疫，到10月中旬疫情得到控制。据统计，共收容隔离鼠疫疑患118人，其中确诊、死亡者103人（不含防疫队到达前私自掩埋者）。后因市内发生鼠疫，防疫大队撤回市内，队部设在道里区透笼街。当时，市内各区都组织了防疫委员会，对急死病人实行检诊和检菌，并在市内对444500人施行免疫注射。① 由于防疫及时，措施得力，使1946年的哈尔滨鼠疫未能更大规模地流行。

1947年6月，东北行政委员会设立卫生处，负责解放区的卫生行政工作。当时西满一带已有鼠疫发生，卫生处先后派员前往检查疫情及防疫。及至7月，王爷庙及辽北省各地先后发生鼠疫，同期发生的还有扶余县。“8月底，辽北疫情日趋严重，8月28日由政委会高〔崇民〕副主席召集有关机关的防疫会议，当时决定命令各省政府重视防疫工作，并停止齐白线铁路泰来以南的客运及各种与防疫有关的货运。……嗣后增派大批防疫队前往疫区工作。”②并为加强对防疫工作的统一领导，9月29日东北行政委员会宣布正式成立东北防疫委员会。主任委员由高副主席担任，设二名副主任委员（周桓、白希清），下设四个处，分别主管交通封锁、检查；防疫、医疗、药品采购保管及供给疫苗；宣传、组织和动员群众；庶务、会计、文电收发、联络等。防委会成立当日，为解决鼠疫疫苗和防疫力量之不足，曾请求苏联方面给予援助。政委会主席林枫和副主席张学思、高崇民三人联名致函苏联驻哈尔滨领事馆塞斯拉克夫领事，请求帮助“一千万人份的疫苗”，“并请派遣防疫队来”。③ 在此之前，9月16日

---

① 哈尔滨市卫生局史志编纂办公室：《哈尔滨卫生史志资料》，第1辑，1984年7月，第19~20页。

② 《1947~1948年东北防治鼠疫工作总结》。辽宁省档案馆藏，东北大区资料，卫生类，483，第34页。

③ 东北行政委员会公函，1947年9月29日。辽宁省档案馆藏，ZA1—1—975。

政委会即曾致函苏联领事馆请求苏联政府“组织防疫队来协助防疫工作”。①结果得到苏联的大力支持，派来 32 名医务人员组成的防疫队，并带来了大量防疫药品和器材。他们被派往通辽等地协助和指导鼠疫防治工作。② 当时东北疫情确实十分严重，政委会虽已派出大批防疫队驰赴疫区，但仍感力量不足。

1947 年 7 月以后鼠疫日趋猖獗。针对这种情况，7 至 10 月间，东北政委会（卫生处、防委会）和西满军区、辽吉军区、松江军区等先后派出 22 个医疗防疫队（表 10，见后）前往各疫区。其中，政委会卫生处和防委会派出 6 批防疫队计 450 人，西满军区派出医校防疫队 165 人，辽吉军区派出医校防疫队 40 人，松江军区派出医校防疫队 40 人，辽北军医防疫队 4 人。③ 其次，还在洮安、洮南、扶余、王爷庙、突泉、通辽等县市旗组成了地方防疫委员会和医疗防疫队。同时，在各疫区所属各县市旗还培训防疫人员（中医、西医、学生、教师等）1762 人。④ 当年东北防治鼠疫人员（包括短期培训的）约 3000 人。

为了控制疫情发展，遏止鼠疫蔓延，1947 年所采取的主要防疫措施是：（1）宣传教育群众破除迷信，积极接受预防注射；（2）对疫区实行交通封锁，铁路实行凭免疫注射证买票制度；（3）对疫区群众实行普遍检诊，对疫患实施严格的隔离，设立疫区隔离所，在有条件的城镇设隔离医院；（4）广泛动员群众大搞清洁卫生运动，大力捕鼠灭蚤，挖防鼠沟，堵鼠洞；（5）疫区居民衣物用蒸煮法消毒灭菌，或用硫磺等药物室内消毒；（6）对患者尸体处理，或火葬，或用石炭酸消毒后深埋，或用来苏儿药水喷雾消毒。⑤

通过采取这些有效措施，使疫情得到一定的控制，取得了相当的防疫效果。据统计，1947 年疫区居民 1445803 名中，有 73.5%接受过预防注射。⑥ 最早开始预防注射的是王爷庙，始于 7 月上旬。通辽重疫区于 8 月开始注射，但初期因疫苗短缺，接受注射者不到一万人，直到 11 月才实行普遍注射。当时的防疫统计表明，患者染疫前是否接受过预防注射，与治愈率有重要关系。如

---

① 同上。

② 薛公维：《回忆通辽地区的鼠疫防治工作》。《哲里木盟文史资料》，第 3 辑，1987 年，第 120 页。

③ 《1947～1948 年东北防治鼠疫工作总结》。辽宁省档案馆藏，东北大区资料，卫生类，483，第 39 页。

④ 同上，第 42～43 页。

⑤ 同上，第 44～75 页。

⑥ 《1947～1948 年东北防治鼠疫工作总结》，辽宁省档案馆藏，东北大区资料，卫生类，483，第 53 页。

乾安、洮北、安广等县接受调查的1220名患者中，有224名未受预防注射（治愈35名），治愈率为15.6%，而接受过1—4次预防注射的998名（共治愈388名），平均治愈率为39%，其中接受过4次预防注射的66名（治愈38名），治愈率为57.6%。另据统计，当年通辽隔离所的死亡患者4273名中，有3025名未受预防注射，占70.8%，有1248名受过预防注射，占29.2%。① 根据治疗情况看，当时主要对腺鼠疫患者的隔离治疗效果较好。如乾安、大赉、双辽、安广各处用内服磺胺剂疗法治疗333名腺鼠疫患者，治愈214名，治愈率为64.3%；而乾安隔离所用中医中药治疗115例腺疫患者，治愈29名，治愈率为25%。② 王爷庙、扶余等地用摘除淋巴腺手术疗法治疗早期腺鼠疫，并用磺胺药粉外敷手术创口配合治疗，结果154名病例中治愈117名，治愈率达75.9%。而对腺肿化脓患者实行切口排脓手术，并配合磺胺外敷疗法，治疗扶余等三县246名患者，治愈89名，治愈率为36.2%。③ 医疗防疫队在实践中发现，磺胺制剂对败血性鼠疫和原发性肺鼠疫患者，不管投药方法如何，均无疗效。乾安隔离所对22名鼠疫败血症患者和21名肺鼠疫患者施用磺胺药剂治疗，结果全部死亡。而对6名皮肤鼠疫患者以磺胺剂治疗，结果治愈4人，证明是有效的。④ 当年防疫队因缺乏西药，各地隔离所均配合采用中药疗法，如服用鼠疫救生丹、飞龙夺命丹、解毒散、败毒散、疔毒散等等，也取得一定疗效。总之，1947年东北发生的35947名鼠疫患者中，有5589人经过各种治疗努力而获得痊愈。

1948年，东北政委会防疫委员会在疫情发生前便做好了防疫准备工作。“1947年防疫工作结束后，东北政委会防疫委员会组织了防疫训练班，集中医务人员47名，由苏联红十字协会防疫专家担任讲授。毕业之后配备力量到白城子、通辽等地，加强地方防疫人员教育。并在热河、辽北、嫩江等省建立地方基层组织。”⑤在历年鼠疫疫情严重地区（如通辽、赤峰、扶余）设立了中心防疫站，在白城子设立了机动防疫站，在内蒙古乌兰浩特市设立了防疫本部。从4月开始，政委会即派东北防委会本部及通辽中心防疫站人员到各地检查防疫准备工作，督促健全防疫组织，监视疫情发生。5月又派人到各地检查督促

① 《1947~1948年东北防治鼠疫工作总结》，辽宁省档案馆藏，东北大区资料，卫生类，483，第54页。

② 同上，第67~68页。

③ 同上，第66~68页。

④ 同上，第69页。

⑤ 同上，第86页。

预防注射及捕鼠灭鼠工作。5月20日政委会接到通辽发生疫情电报后,急派负责人前往辽北等地督促检查防疫工作,并于5月31日派机动防疫站乘防疫列车奔赴通辽疫区。①

政委会为加强疫区防疫工作的统一领导,于1948年6月指令辽北、嫩江、热河、内蒙四省联合成立西满防疫统一指挥部(本部设在郑家屯)。其后随着疫情的发展,将各防疫站及各防疫队的工作地区作了划分,指定了重点。当年由东北防疫委员会统一调配的防疫力量,除前述防疫站外,还有辽北省防疫队、东北卫生部防疫专家队、东北卫生干校防疫队、东北混合防疫队(人数最多,全队130人,其中有苏联防疫队13人)、苏联防疫队等,共400余人。② 此外,各县旗市还有自己组织的中西医防疫人员若干。防疫队在各地还举办防疫训练班,培训防疫人员3956人。③

1948年,在东北行政委员会的统一领导下,实行早期预防和积极防疫,采取了各种行之有效的防疫措施,诸如实施疫区普遍预防注射,大力捕鼠灭蚤,大搞清洁卫生,加强交通封锁和隔离治疗,等等。当年,通辽县在春季进行两次预防注射,在全县183594名人口中,第一次注射80659名,第二次注射61114名,共注射141773人次。而赤峰在鼠疫流行前,于七日内对45000名居民实行两次预防注射,注射率达90%以上。乌兰浩特市年内捕鼠76255只,乾安县捕鼠302575只,通辽县捕鼠483059只,开鲁县捕鼠331622只,扶余县捕鼠116520只。至于治疗情况,仅通辽县积善屯中心隔离所,即收容患者194名,治愈124名,治愈率达66%。④ 当年由各防疫队所设立的2个隔离医院、6个中心隔离所、112个村屯隔离所,共收容患者3266名,治愈1334名,死亡1932名,治愈率为40.84%。⑤ 而同年东北共计发生鼠疫患者9239名,治愈2247名,总治愈率为24.3%,比1947年的总治愈率(15.5%)提高了8.8%。

应当特别指出:在东北防治鼠疫过程中,苏联防疫队发挥了重要作用。应东北行政委员会的请求,自1947年开始,连续三年每年苏联都派数十人的医

---

① 《1947~1948年东北防治鼠疫工作总结》,辽宁省档案馆藏,东北大区资料,卫生类,483,第90~91页。

② 同上,第94~95页。苏联防疫队于7月29日来到东北,8月4日被派往通辽、王爷庙、新惠等地。其中仅通辽疫区,就有苏联防疫队21人。

③ 同①,第102页。

④ 同上,第89、91、107页。《通辽县全县春季鼠疫预防注射总结统计表》。通辽市档案馆,6—1—21。

⑤ 同上,第97页。《通辽县全县春季鼠疫预防注射总结统计表》。通辽市档案馆,6—1—21。

疗防疫队,并携带大量药品,前来东北协助防疫。同时,还帮助中国培养一批防疫骨干。在东北鼠疫疫情大为减弱的 1949 年,苏联红十字会仍派来 39 人的防疫大队,并支援大批生菌疫苗。仅一次就由莫斯科运送来 300 万人份的鼠疫疫苗。苏联防疫队还传授了治疗腺鼠疫的新疗法——血清、磺胺、美蓝混合疗法,获得显著疗效,腺鼠疫的治愈率达 78.5%。① 因苏联防疫队对东北防治鼠疫做出了重要贡献,受到东北人民政府的嘉奖和广大民众的称赞。②

总之,由于东北行政委员会投入许多力量,采取了越来越有效的防疫措施,控制了疫情,挽救了大量生命。否则,东北第三次鼠疫大流行的猖獗程度,人民的患亡数量,均不堪设想。

三　1946~1948 年东北鼠疫流行特点及疫源问题

(一)东北鼠疫大流行的若干特点

综合考察东北第三次鼠疫大流行的发生及其蔓延状况,可以发现有以下三个特点:

第一,主要流行地区呈弧形长条状分布。以 1947 年为流行高峰年的这次东北鼠疫大流行,共波及 38 个县旗市,发生与流行地区,主要分布在内蒙古东北部和吉林省西部地区(图 3 的区域内),但鼠疫流行最严重和比较严重的疫区(也包括鼠疫大流行的主要原发地),则主要分布在东北西部至西南部的弧形长条地带,即乌兰浩特——乾安县——通辽县——奈曼旗——敖汉旗——赤峰的狭长地带(见图 4)。在该弧形狭长地带所发生的鼠疫患者总数,占 1946~1948 年东北鼠疫发病总人数的十分之七以上。而该弧形长条地带,与日军设置在海拉尔、孙吴、林口、牡丹江的七三一支队,以及设置在克山、东安、拉古、鸡宁、东宁、大连的一〇〇支队,同处在关东军的对苏防卫线上。即如图 4 所示,该弧形长条地带,与分布在对苏防卫前线的关东军细菌部队,构成一个以伪都新京和哈尔滨为核心的防卫圈,该防卫圈与 40 年代关东军主要部队

---

① 《东北日报》,1949 年 11 月 4 日、11 月 12 日、11 月 28 日、12 月 12 日。

② 同上,1949 年 11 月 28 日、11 月 12 日。

的对苏防卫配置体系基本是一致的。①

第二，以四个原发疫区为中心向周围辐射、蔓延流行。这次东北鼠疫大流行，虽有七个主要原发疫区，即通辽、新惠、王爷庙、乾安、扶余、安广、鲁北七个县旗市，但从流行情况看，主要是以通辽、新惠、王爷庙、乾安四个原发疫区为中心向外扩散蔓延（图 2），从而形成四个大的中心疫区。这四个原发疫区，对东北第三次鼠疫大流行产生了重大影响。

第三，鼠疫流行之病型呈混合性鼠疫流行。这次东北鼠疫大流行，虽以腺鼠疫为主，但伴有肺鼠疫、鼠疫败血症、皮肤鼠疫发生，个别地方还有眼鼠疫病例出现，是多种病型并发的混合性鼠疫大流行。如表 11 所示，1947 年东北鼠疫大流行期间，各种病型患者所占的比率为：腺鼠疫 79.8%、鼠疫败血症 14.5%、肺鼠疫 4.6%、皮肤鼠疫 0.9%、眼鼠疫 0.2%。该表还显示，通辽、乾安、扶余（均为原发疫区）三个县有较多的皮肤鼠疫患者发生，地处哈尔滨与农安之间的扶余县，还发生一名眼鼠疫患者，这是罕见的。像这样多种病型并发的混合性流行，在东北鼠疫流行史上，恰与本书第三章所阐述的由日军细菌部队人为制造的“新京”、农安鼠疫流行是一致的。此点值得注意。

（二）从王爷庙鼠疫发生看日军的细菌谋略

如前所述，在东北第三次鼠疫大流行中，王爷庙鼠疫发生较早，疫情最厉，扩散也最为广泛。因此，较深入地考察其鼠疫的发生原因，即疫源问题，这对于全面揭示东北第三次鼠疫大流行的疫源问题，也许不无裨益。

1945 年 8 月 21 日，王爷庙突然爆发人间鼠疫后，人们都感到十分蹊跷，许多人都说是日本人故意投放病菌所致。而且，人们的说法在历史档案中亦可找到记载：“王爷庙：据传云八 · 一五后，日本法西斯匪徒散布鼠疫菌，想防止

① 1945 年日军除在东部和北部的牡丹江、东宁、佳木斯、孙吴等地设重兵防卫外，在西部配置了 10 个师团兵力担任防卫，其中第 44 军的司令部就设在通辽以东的郑家屯。另有 3 个师团担任西北部的防卫。在西部防卫前线，日军虽未设置细菌支队，但那里却有较大范围的黄鼠鼠疫疫源地可供利用，可派遣细菌部队或广泛分布在东北西部的许多日伪“防疫”机构实施更有效的细菌战和细菌谋略行动。据记载，当年在新惠、开鲁、通辽、郑家屯、太平川、乾安、安广、大赉、洮南、白城子、长岭、农安、温都尔王府等地，设有 23 个鼠疫“防疫”机构。其中，鼠疫隔离所 20 个，鼠疫调查所 2 个，鼠疫监视所 1 个。见伪满民生部《国有财产增减及现在额调》，康德 7 年，第 12～18 页。

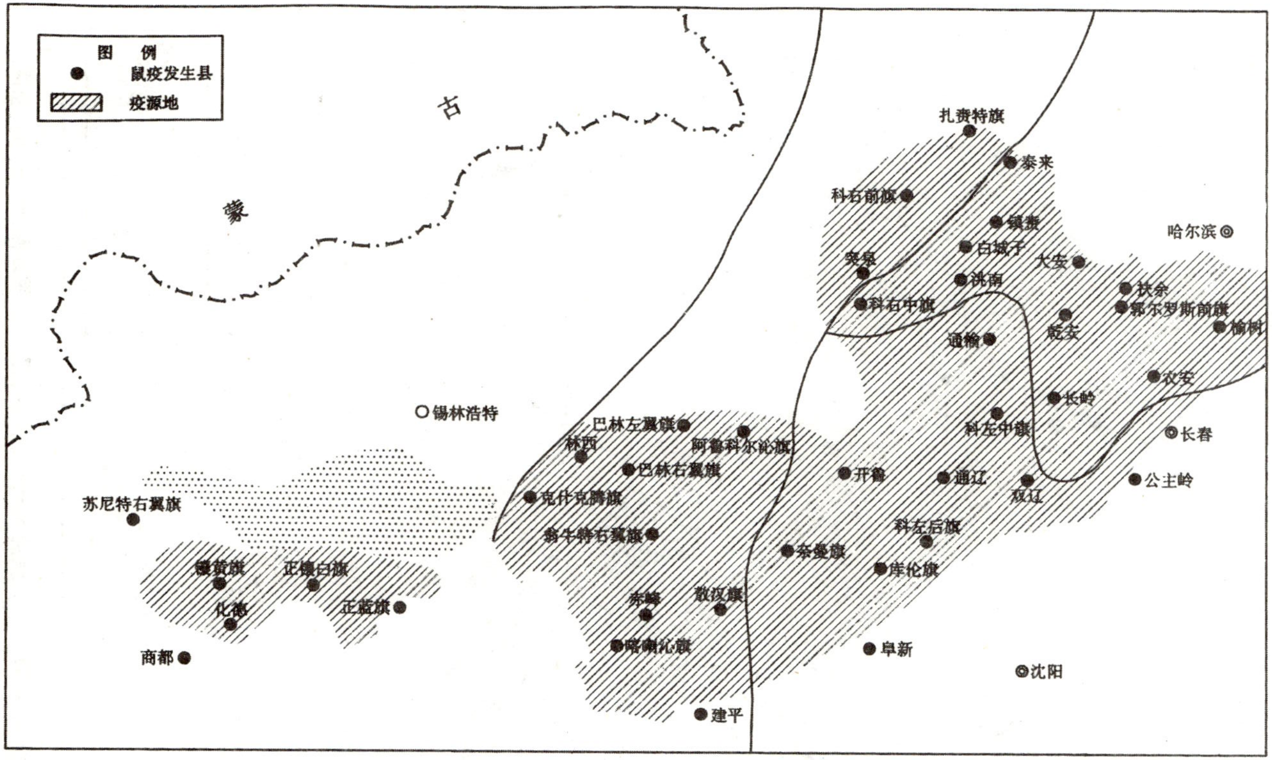

图 3　松辽平原达乌尔黄鼠鼠疫自然疫源地分布示意图

资料来源：关秉钧《松辽平原达乌尔黄鼠鼠疫自然疫源地的研究》插图（王淑纯编《鼠疫研究进展》所收，1988年）。

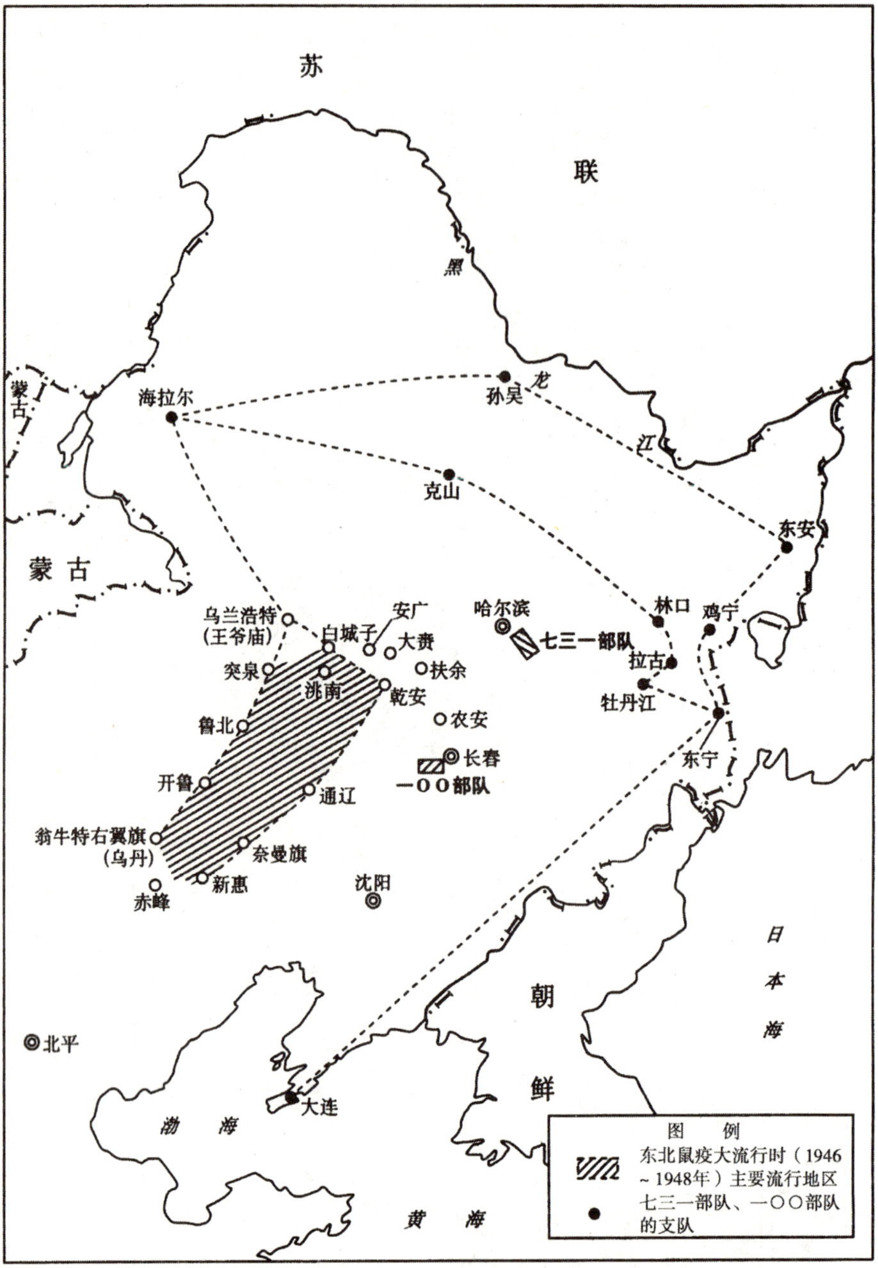

图 4　1946~1948 年东北鼠疫大流行的主要疫区与日军细菌部队分布示意图

（按原图译制）

苏联红军的进军，该地遂于当年9月流行鼠疫（8·15前从来未发生过）。”① 如此记载的根据是什么，还不清楚。但据参加过1945年王爷庙防疫工作的马维铎先生接受笔者采访时（1995年5月31日）说：“当年参加防疫时，曾听苏联防疫队人员说：‘这次王爷庙鼠疫，是日军搞细菌战造成的’”。当年苏军防疫时，曾在王爷庙进行过尸体解剖，可能是由此而掌握了日军细菌战的证据。那么，日军在王爷庙是如何散布鼠疫的呢？有材料揭露说：“一九四五年，‘八·一五’事变前两天，日本鬼子侵占中国的末日即将来临之际，又欠下了王爷庙老百姓一笔灭绝人性的血债。在伪兴安总省白滨参议官和福地警务厅长的授意下，总省保健科长小松经从医学院（1944年建立的兴安医学院）细菌库中放出了多只带鼠疫菌的老鼠，同时在大米、白面等食物中投放烈性毒药。仅王爷庙地区在一九四五年秋至一九四六年春，因鼠疫和吃拌有毒药的大米、白面而死亡的人竟达三千多，有好多户竟全家丧失了生命。”②还有记载说：“1945年8月日本侵略军投降时，伪兴安总省警务厅长福地家久命兴安医学院长小康把试验用的鼠疫菌撒布出去，造成王爷庙及内蒙古东部地区鼠疫流行”。③ 还有记载说：“日本帝国主义投降后，他们当中的一些人不甘心失败，由原兴安总省参事官及特务机关的金川［耕作］大佐为首的败类，给乌撒下了鼠疫菌，由此便开始了鼠疫的发生和流行。”④而该旗旗志则载称：“8月9日，伪兴安总省警务厅长福地家久组织150多人的‘抗苏队’，焚毁重要文件，炸毁重要军事设施。日军从王爷庙街撤退前，他命令伪医学院长小康把试验用的鼠疫菌撒布出去，引起西科（科尔沁右翼）前旗、西科后旗乃至内蒙古东部地区鼠疫大流行，死亡4万多人。”⑤

上述当地史料记载表明，当苏军于1945年8月9日凌晨发起进攻后，日伪当局显然蓄意要在前线王爷庙地区制造鼠疫流行，以阻挡苏军前进。至于日本侵略者在当地制造鼠疫的时间，则记载不一，即有说“投降前”，有说“投降后”，很可能是他们在王爷庙地区不止一次地采取过细菌谋略行动，也可能是金川、白滨和福地等当地日伪头目分别指使或共同具体策划的谋略行动。

① 东北行政委员会卫生部：《1947～1948年东北防治鼠疫工作总结》。辽宁省档案馆藏，东北大区资料，卫生类，483，第5页。

② 包彦：《日本侵略者败逃前的几件轶事》。《乌兰浩特文史资料》，第4期，转引自《乌兰浩特党史文汇》，第1集，1993年11月，第91页。

③ 乌兰浩特市志办：《乌兰浩特市志》，1993年，第874页。

④ 《乌兰浩特市志通讯》，1987年第1期，第57页。

⑤ 《科尔沁右翼前旗志》，内蒙古人民出版社，1991年，第194页。

不管怎样,各种传闻和文字记载都一致印证:王爷庙鼠疫,是当地日伪特务、警察头目指使手下日本人利用他们控制的兴安医学院保存的菌鼠和鼠疫菌人为制造的。

当然,关于兴安医学院的菌鼠和鼠疫菌来源于何处,与细菌部队有无联系,以及在金川、白滨、福地等人的背后,是否有日军上层人物幕后主使等问题,目前尚不清楚,还有待进一步查证。据当地马维铎老先生对笔者说:"伪满时期,兴安医学院的地下室里曾养有大量老鼠。日本垮台前,日本鬼子为销毁罪证,把蒙民厚生会、兴安医学院等建筑都烧毁了。"由此分析,这所日本人控制的兴安医学院,很可能与细菌部队有关系,也许正因为它与细菌战有关,为了消灭其不可告人的秘密,才被日军焚毁。

关于王爷庙鼠疫,除了口述资料和文献记载外,其发生、流行的特点,也说明不是自然发生,而是人为制造的。

(一)发生地区反常。前已述及,王爷庙在 1945 年以前从来没有发生过鼠疫,史料中也无任何由外地传入鼠疫的记载。现地调查表明,当年发生人间鼠疫前夕,市区内曾发现一些死鼠和病鼠,其中也有黄鼠。而黄鼠素喜在草原和野外活动,它在市区内出现,是明显违背其生态习性的。

(二)发生季节反常。据东北四省区的鼠疫流行史记载,东北各地发生鼠疫的时间,一般在每年春、夏季的 5~7 月份。王爷庙在 8 月下旬才开始爆发人间鼠疫,这在季节上有些反常。因为作为自然流行鼠疫的主要疫源动物——达乌尔黄鼠,很快将进入冬眠期(9 月下旬~3 月上旬)。这时在无外来传染的情况下,突发鼠疫,恐非偶然。

(三)患者死亡率极高。王爷庙 1945 年共发生 862 名鼠疫患者,死亡 851 名,死亡率高达 98.7%。

(四)疫区固着程度不强。1945 年王爷庙首次发生鼠疫流行后,只在 1946 年和 1947 年复发两次,以后再没发生。可见,王爷庙鼠疫虽波及扩散范围很广(可能因强毒菌易感染),共达 10 个县旗市,但疫区固着程度不强,比较容易被根除。这大概与城市周围野外的达乌尔黄鼠密度有关,在黄鼠密度低的地区,即使人为撒布强毒菌而引发鼠疫流行,也很难形成强固的疫源地。

这样看来,王爷庙的鼠疫流行,源于日军细菌战和细菌谋略的可能性极大。

但是,王爷庙只是东北第三次鼠疫大流行的主要原发疫区和中心疫区之一。其他几个原发疫区和中心疫区鼠疫的发生,是否也与日军细菌战和细菌谋略有关,还需要进一步探讨和研究。

早在 1950 年，东北人民政府卫生部防疫队长张杰藩①就曾指出：“由于日本细菌战犯大量散放带菌的老鼠和跳蚤，1946 年、1947 年两年内，在哈尔滨市平房区，通辽、乾安、扶余、热河各地区，猖獗的鼠疫同时并发，1947 年东北的鼠疫患者达三万人之多”。② 张杰藩队长明确这样讲，根据是什么，还不清楚。不过，从日本战败投降时的形势看，日军大肆进行细菌谋略，也是势所必然。日军大本营虽然对苏联发动进攻的时间估计有误，但是，到 1945 年 8 月，关东军七三一部队无论如何也已基本完成了对苏大规模细菌战的准备，因为按日方的估计，至晚到 9 月初，战争便打响了。所以，当苏联军队由西、东、北三面向日军发起全面进攻时，第七三一部队决不可能处于单纯准备而无任何行动的态势，即只销毁罪证，南下逃窜。在那种大军压境、溃败在即的危急关头，他们在把七三一部队各支队拨归各军指挥的同时，对西部前线地区，利用当地黄鼠疫源地带，展开细菌谋略行动，不仅是可能的，也是合乎逻辑的。

据笔者前往当年东北鼠疫大流行的主要原发地区调查，日军的细菌谋略决非只限于王爷庙，在其他地区也完全可能干过同样的罪恶勾当。1995 年 9 月 1 日，曾亲身参加 1947 年新惠县防疫队的王廷元老先生对笔者说：“日本侵占东北时，1941 年 2 月在新惠街（旧称蔡园子）成立了百斯笃防疫所。其中有本街的蔡宗礼、王君 2 人担任防疫员。后来，蔡宗礼参加 1947 年防疫队时介绍情况说：‘原新惠百斯笃防疫所是日本关东军细菌专家东次三郎、牧野次郎来设立的。东次、牧野每年回日本三四次，带回来菌珠进行研究，并去野外用黄鼠实验。后来有人到野外挖黄鼠时发现有死黄鼠。本地 1945 年以来鼠疫猖獗流行的主要根源，是日本投降以前在北部孤山子一带的关东军放马场等地散布细菌引起的。’日本投降前后，孤山子一带确曾发现大量死黄鼠和跳蚤，然后出现人间鼠疫流行。”③新惠县境内虽有鼠疫自然疫源地，但以前发生人间鼠疫流行的规模都比较小，这次突然爆发大规模流行，按照王廷元的证词判断，很可能是日军利用当地鼠疫疫源地搞细菌谋略造成的严重后果。当然，具体细节还有待查证。当地退休教师魏振朋（1910 年生）老先生说：“日伪时期，新惠百斯笃防疫所曾收购过血粉和老鼠”。这说明该日伪防疫机构很可能与日军细菌部队有关系。另据敖汉旗卫生防疫站的王景新（1930 年生）先生说：“当年新惠县发生鼠疫大流行时，发现跳蚤特别多。日本垮台前，在新

---

① 曾于 1947 年 9 月率 180 人的防疫队赴通辽领导防疫工作，任通辽防疫队长。

② 《东北日报》，1950 年 2 月 13 日。

③ 王廷元，1922 年生，自 1947 年一直在新惠县（今敖汉旗）从事防疫工作，曾长期任敖汉旗卫生防疫站长，1981 年退休。蔡宗礼先生 1947 年向防疫队介绍情况时的记录。

惠街北大门外，日本人曾经强行给过往行人打过‘防疫针’。这些人有些后来死了，有的没死。”现年 73 岁的朱绍和[①]证实说：“当年我路过北门时，也被打过防疫针。”究竟日本人当年给行人注射些什么东西，不清楚，这种举动是非常值得怀疑的。

内蒙古科右前旗太本站屯（白城以西约 25 公里，距原关东军平台空军基地 3 公里）发生的鼠疫流行，也很蹊跷。日军于 1939 年建筑的平台空军基地内，据传说，设有秘密实验场。虽不知详情，目前也无根据来证实这一传闻，但却存在无法解释的情况，这就是日军在投降前毁坏了平台基地，投降以后，在平台附近的太本站屯，发生从未有过的厉疫流行。1946 年太本站流行霍乱，死 18 人。1947 年又爆发鼠疫大流行，死 367 人。据当地老人张金[②]告诉笔者：“我当年担任农会主席，对死亡人数记得很清楚。记得日本垮台那年，本地曾发现死鼠，跳蚤较多。”太本站发生的这些怪事，不能不使我们怀疑：当地发生的厉疫是否与日军破坏平台基地的目的有联系，意在防止苏军利用基地。

至于通辽和乾安的鼠疫病源问题，还有待进一步调查研究。不过，根据目前掌握的史料证据和现地调查资料综合分析，既然第七三一部队能在哈尔滨平房地区放置鼠疫菌投掷器，能在王爷庙和新惠孤山子一带制造鼠疫，也不能排除在其他地区，包括通辽、乾安等地，利用那里易于酿成鼠疫流行的方便条件，人为地制造鼠疫。否则，也难以解释：甚至在七三一部队已奉命毁灭罪证和开始撤退时，还在收集菌蚤，目的何在？事实表明，在 1945 年日本帝国主义战败投降时，不甘心失败的战争狂热分子们，确是处心积虑要在中国人民和苏军中间制造疫病的。正如原日军第一〇〇部队二六三〇支队雇员桑原明所供称：“这是一九四五年八月二十日的事。当时我到本支队马棚那边去过，看到马棚近旁有本支队六名工作员。这是部队工作员窪田、池田、矢田、木村、石井及长谷川。马棚内关着有当时由部队畜养的六十匹马。我刚走到那批工作员跟前时，他们立刻就预告我说，他们是在那里用鼻疽进行传染这些马匹，传染的办法是把鼻疽菌掺到燕麦里面。当时我就回到支队实验室去。当我回到了实验室时，我看见那里有一些从前盛鼻疽菌的空玻璃管；后来我问过科学工作员木村，究竟他们是否用这种细菌传染过马匹。他证实了这点，说他们是用鼻

---

① 朱绍和，1922 年生，伪满时期在新惠开办绍和石印社，解放后在新惠印刷厂工作。

② 张金，1915 年生，1946~1947 年曾任太本站（1000 多口人）农会主席。1995 年 8 月 23 日接受笔者采访时告诉笔者：他父亲和姑母死于 1946 年的霍乱，小弟弟死于 1947 年鼠疫，他本人亦于 1947 年 8 月得了腺鼠疫，但隐瞒未报，未受隔离，经本地西医张大夫治疗痊愈。当时张采用的是土办法，往腺肿处注射鸦片烟泡两次，尔后发汗退烧，并施切口手术处理，结果治愈。

疽传染了马匹。……那一批人进行了传染之后,就把栏杆捣毁而把马匹放到四方八面去了。所有的马匹都四散跑到附近各村庄里去了。”①

(三)达乌尔黄鼠疫源地与七三一部队征集的30万只黄鼠的去向

东北第三次鼠疫大流行的发生和其后疫情的变化,使中国政府的防疫部门和医学界对东北鼠疫的研究极为重视,特别是疫源的问题。

解放前,国内对东北鼠疫疫源地的情况缺乏研究。新中国成立后,在政府的重视和支持下,建立了鼠防研究机构,积极开展研究。经过中国预防医学科学院流行病学微生物学研究所、吉林省地方病第一防治研究所和内蒙古自治区流行病研究所等单位的广大鼠疫预防研究工作者多年的调查研究,至50年代末期已基本弄清了东北鼠疫疫源地的情况,掌握了在自然条件下发生人间鼠疫流行的规律及自然疫源,从而为根除鼠疫疫源地奠定了基础。

经调查研究证实:东北有一块面积约达20万km^2的达乌尔黄鼠鼠疫疫源地。该疫源地位于东北三省西部和内蒙古东北部,地处拉林河以南,伊通河和卡岔河以西,蒙古高原荒漠草原以东,阴山山脉以北,即位于北纬14°2′—46°45′和东经113°—126°41′之间(见图3)。疫源地气候属于温带大陆性季风气候,除冬季外比较温暖,地处草甸草原及干草原带,黄鼠分布极广。在该疫源地内,可自然感染鼠疫的动物有17种——达乌尔黄鼠、褐家鼠、长爪沙鼠、小家鼠、黑线仓鼠、三趾跳鼠、五趾跳鼠、布氏田鼠、狭颅田鼠、黑线姬鼠、大仓鼠、东北鼢鼠、草兔、达乌尔鼠兔、赤狐、艾鼬、獾。② 其中,究竟哪种动物是本疫源地储存鼠疫的疫源动物即主要宿主,是有过争论的,争论的焦点在黄鼠与褐家鼠之间。有人认为黄鼠是主要宿主,有人认为褐家鼠是主要宿主,还有人认为二者都是主要宿主。③ 对此,解放后经过大量调查研究终于从1957年基本判明:达乌尔黄鼠是本疫源地的主要宿主,褐家鼠是次要宿主,其他染疫动物是偶然参与流行的动物种群,“本疫源地是以达乌尔黄鼠为主要宿主的单

---

① 《伯力审判材料》,第415页。

② 纪树立主编:《鼠疫》,人民卫生出版社,1988年,第81页。

③ 安东、仓内、尼古拉耶夫、麦斯基等认为黄鼠是最根本的宿主;伍连德、伯力士、加藤、加地等认为褐家鼠是主要宿主;KamHeB认为黄鼠和褐家鼠都是主要宿主,是双宿主疫源地(中共中央地方病防治领导小组办公室:《中国鼠疫及其防治》,1981年,第138页)。

宿主疫源地”。①

达乌尔黄鼠被判定为疫源地主要宿主的根据是:(1)就整个疫源地来说,黄鼠鼠疫在1949年以后的20年间,年际之间几乎没有间断过。(2)在疫源地内早春检出的第一例疫鼠无例外地均为黄鼠。(3)黄鼠是冬眠动物,实验证明,它在冬眠前染菌后可以带菌越冬。(4)黄鼠和黄鼠蚤的生态生理特征及黄鼠的洞穴结构,均有利于鼠疫菌越冬和长期保存。因黄鼠在冬眠期体温下降至4~5°C,这对抑制鼠疫菌在鼠体内繁殖和保证鼠疫菌越冬是个理想的环境温度,亦适于蚤体保存鼠疫菌越冬,而密封的冬眠洞内又有适合维持鼠疫菌生存的较稳定的小气候条件。(5)染菌实验证明,疫源地(疫区)的黄鼠对鼠疫菌具有很高的感受性和抗性(见表12)。疫区黄鼠10个菌全部存活,100个菌开始有死亡,100亿个菌全部死亡,其感受性的上下限个体差为1亿倍,具备做主要宿主的基本条件,即当菌量小时可使动物病开始流行,当菌量大而毒力强时,具高感受性和抗性的个体仍可存活并保存鼠疫菌,从而使黄鼠鼠疫的自然疫源性得以长期保存下来。(6)黄鼠在疫源地内分布广、密度大、自然带菌率高(参见表13、表14)。② 此外还发现,褐家鼠鼠疫只是伴随黄鼠鼠疫开始流行之后出现,它是作为二次性宿主参与黄鼠鼠疫流行,在没有黄鼠的条件下,褐家鼠不能单独保持疫源性。③

由此可见,达乌尔黄鼠是东北鼠疫自然疫源地的主要宿主,作为疫源动物,它是导致东北在自然条件下(不含人为因素和外部传入因素)自然发生鼠疫动物流行病乃至人间鼠疫的根源。这就从自然流行角度揭示了东北长期不断发生鼠疫的奥秘。

黄鼠作为自然疫源动物,它有严格的生态周期(冬眠期、地面活动期)。黄鼠动物病流行季节所呈现的周期性特点,也影响着人间鼠疫流行的周期性。一般在黄鼠早春(3月上旬)出蛰后,便可发现染疫黄鼠。4月份黄鼠进入交尾期,开始出现第一次黄鼠鼠疫流行高峰,但这次高峰持续时间较短。5~6月黄鼠进入哺乳期和幼鼠分居前期,因黄鼠活动频繁和寄生蚤数量增加,出现第二次动物病流行高峰,而且高峰持续时间较长。此后,黄鼠进入育肥和冬眠准备阶段,个体接触少,疫情呈逐渐下降趋势。当黄鼠于10月上旬(东北南部9

① 纪树立主编:《鼠疫》,人民卫生出版社,1988年,第81页。

② 以上参见纪树立主编:《鼠疫》,人民卫生出版社,1988年,第81~83页。关秉钧等:《松辽平原达乌尔黄鼠鼠疫自然疫源地的研究》论文,载于王淑纯主编《鼠疫研究进展》论文集,中国环境科学出版社,1988年。

③ 同①,第83~85页。

月下旬）进入冬眠后，黄鼠动物病流行便告停止。一般说来，当疫源地的黄鼠鼠疫发生流行后，便开始波及传染到疫源地内的其他啮齿类动物，尤其是褐家鼠，因其在疫源地内分布广而密度较大，常常作为二次宿主参与黄鼠鼠疫流

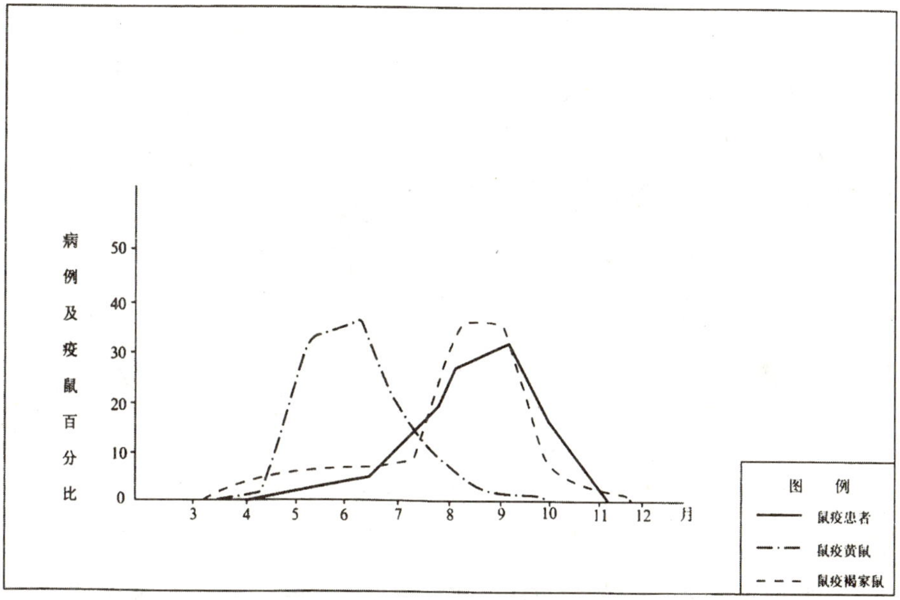

图5　达乌尔黄鼠鼠疫疫源地鼠疫流行季节变动曲线（1949～1959年）

资料来源：纪树立主编《鼠疫》，人民卫生出版社，1988年，第33页。

行，只是褐家鼠鼠疫的流行高峰比黄鼠鼠疫流行高峰错后，在7～9月份（见图5）。由于褐家鼠具有在野外和家屋间串动的生活习性，所以每当发生鼠间鼠疫大流行年份，常常通过褐家鼠及其寄生蚤将野外的鼠疫动物病传染给村屯里的小家鼠或直接传染给人类，从而引起人间鼠疫流行。东北出现人间鼠疫流行，一般发生在4～7月，8～9月达到高峰，10月以后终熄，大体与褐家鼠鼠疫流行时间是一致的。当然，人间发生鼠疫流行，其感染来源和感染途径是多方面的（如图6所示）。在没有外来因素影响的自然条件下，人间鼠疫的发生，"主要是通过寄生于家屋或野外的鼠疫疫鼠的染菌跳蚤叮咬而被感染，少数病例因玩弄或剥食野外染疫动物经皮肤微伤而被感染，亦有少数因接触肺鼠疫病人经飞沫感染"。①

① 纪树立主编：《鼠疫》，人民卫生出版社，1988年，第84页。《内蒙古自治区鼠疫流行史》，第21页。《吉林省鼠疫流行史》，第7页。

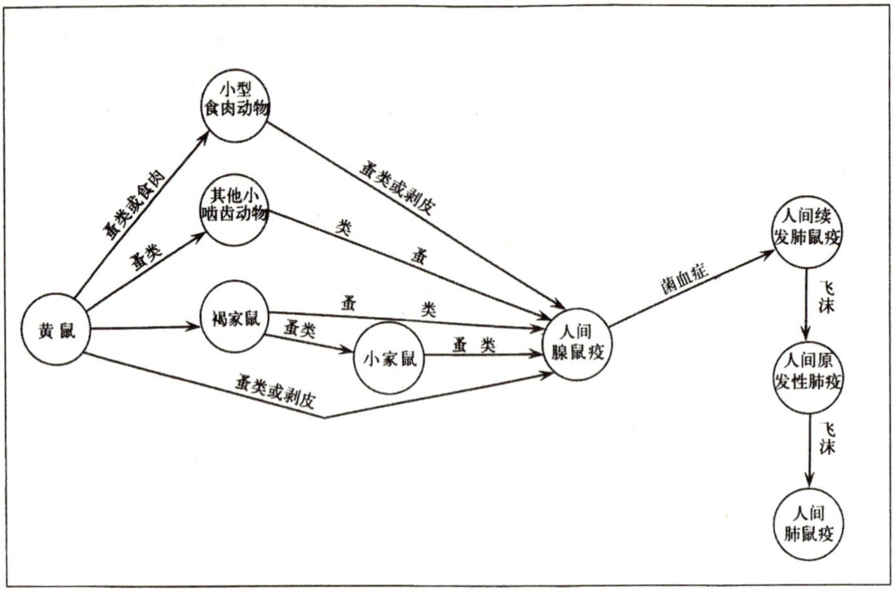

图 6　东北人间鼠疫传染来源及传播途径示意图

资料来源:《内蒙古自治区鼠疫流行史》,第 22 页。

中国预防医学工作者(鼠疫防治研究工作者)的这一重要研究成果,是新中国成立后若干重大科研成果之一。达乌尔黄鼠疫源地的科学揭示,虽是新中国成立以后的事情,但其存在并非始于新中国成立的时候。这就产生一个问题:作为细菌武器研制中心的日军细菌部队,对这一问题是否早有认识,或有多少认识?事实表明,不仅第七三一部队,日伪的其他医务部门,包括原“新京”卫生技术厂等部门,对东北中西部的鼠疫区情况都非常清楚。从 1933 年起,伪满政府即将那里的十七、八个县旗划为鼠疫流行的特定区,该特定区是达乌尔黄鼠疫源地的基本地域。不过,从日军细菌部队对鼠类的利用方面来看,前期黄鼠的地位并不突出。1940 年农安和伪都“新京”发生鼠疫时,七三一部队曾借“防疫”之名在农安、长春等地兴师动众地大肆捕捉活鼠,此后几年亦经常性地组织部队捕鼠、养鼠及征集鼠类,而且对鼠类的需求越来越多,但在 1945 年以前,从未限定只要求哪一种鼠类。显然,当时日军对东北鼠疫疫源地疫源动物的调查研究尚未取得突破性进展,还不知东北鼠疫自然疫源地是以达乌尔黄鼠为主要宿主的单宿主疫源地。七三一部队及其附属机构(原满铁大连卫生研究所、“新京”卫生技术厂)可能尚在调查研究之中,因为在 30~40 年代,国际上对东北鼠疫疫源地的疫源动物问题存在着学术争论。

然而，如前所述，当七三一部队开始大规模细菌战准备时，却公开通过伪满政权强征 30 万只黄鼠。这就突出地表明，日军想主要利用黄鼠进行这场细菌战。这就令人想到：时至 1945 年，七三一部队是否业已掌握了黄鼠对在疫源地制造鼠疫大流行的作用了，因而才在对苏细菌战准备的紧要时刻，不顾一切地公然强征大批黄鼠。而且，如前所述，七三一部队通过伪满政权强征的 30 万只黄鼠，大体已如数获得。同时，按关东军的苏联将于 1945 年 8 月末 9 月初开始进攻的预计，到 8 月初，七三一部队不应该只是完成了细菌战准备，而是已开始付诸实施了。这样说来，当苏军开始大举进攻，七三一部队仓惶溃逃之时，这 30 万只黄鼠都分布在什么地方，处于如何态势，以后的去向又如何？这是非常值得研究的。是否也像前述桑原明所供述的，故意用鼻疽菌传播马疫那样，将染疫黄鼠及疫蚤散布在前线或某些地方呢？完全丧失了理智和人性的日本法西斯军国主义分子们，在当时的条件下是什么事都干得出来的。何况日军本来就制订了在苏联军队进攻情况下立即用鼠疫菌污染满洲山河的作战计划。

结　语

综上所述，夺去四万余人生命的东北第三次鼠疫大流行，很可能是日军细菌部队溃逃时利用黄鼠和疫源地等实施细菌谋略人为制造的后果。

日本帝国主义及其伪满傀儡政权存在期间，为巩固和加强其殖民统治，对东北各地发生的传染病和地方病等，积极开展了“防疫”和调查研究活动。特别是由于 1910 年、1920 年东北曾经发生鼠疫大流行，伪满时期又连年发生鼠疫，日伪对鼠疫的调查研究极为重视，在各地设立了鼠疫调查所。并如第三章所述，他们在鼠疫疫源地的研究方面取得了进展；虽然没有像本章所述在彻底解决疫源地问题（即确认达乌尔黄鼠为东北鼠疫的主要疫源）上取得突破，但在这方面恐怕也不无所得。这从 1945 年关东军对苏备战时，七三一部队对黄鼠的特别重视，得到证明。他们大量征集黄鼠，妄图利用其有效地传播鼠疫，准备对苏联实施大规模细菌战，表明他们在利用黄鼠研制细菌武器方面取得了成果。

在日本做好对苏联实施大规模细菌战准备的条件下，尽管关东军于投降前夕下达了撤退命令，并在撤退时破坏了七三一部队等的设施，但大量逃亡的黄鼠却在部队周围地区引起了鼠疫流行，同样的鼠疫流行在哈尔滨以外的其他许多地区也有发生，从而形成为东北第三次鼠疫大流行。可以想象，在某些黄鼠密度高的地区如果发生鼠疫，那就很容易在啮齿类动物中间引起爆发性鼠疫流行，而这种厉疫传播到人间，无疑将会酿成大规模的鼠疫流行。目前，虽然尚不能十分肯定，1946~1948 年的东北鼠疫大流行，完全是由日军所收集的大量黄鼠的逃亡或谋略投放人为造成的，但也不能否定他们所收集的黄鼠的作用以及某些谋略活动，很可能就是促成东北第三次鼠疫大流行的重要原因。当然，这一问题还有待于进一步调查研究。

中华人民共和国成立后，各级人民政府十分重视防疫和根除疫源地工作。首先建立健全了各级防疫机构和专门的鼠防研究机构；其次大力加强防疫和调查研究工作，并发动群众大力捕鼠灭鼠，大搞"爱国卫生运动"以消灭跳蚤和病菌，从而取得了明显的成效。至 50 年代后期，东北各地已基本杜绝了人间鼠疫，但鼠间鼠疫仍有发生。当时灭鼠，无论家鼠野鼠一概捕杀，只知鼠疫传染源来自各种鼠类，尚未确知来自何种啮齿动物。直到 50 年代末期，鼠防研究部门才终于确知达乌尔黄鼠是疫源动物，是鼠疫的主要宿主和人间鼠疫的主要自然疫源。因此，从 1960 年开始，东北各地更大力开展消灭鼠疫疫源工作，并"只主要打击黄鼠，把它的密度控制在十公顷一只以下"。① 就这样，曾经被日军细菌部队所重视的达乌尔黄鼠，因其数量大幅度减少，从而基本消灭了鼠疫疫源地。

表 1　伪龙江省各县负责搜集数量及搜集期限表(1945 年)

一、各县分配数量			二、各县搜集期限	
县旗	分配数量	摘要	搜集期限	摘要
镇东县	4000	4000	5.25—5.31	7 日
泰来县	9500	9000	6.1 —6.9	9 日
杜尔伯特旗	3000	3000	6.10—6.16	7 日
林甸县	4500	4000	6.17—6.23	7 日
景星县	3000	3000	6.24—6.30	7 日
龙江县	14500	15000	5.25—6.2	9 日
富裕县	3000	3000	6.3 —6.9	7 日
甘南县	4000	4000	6.10—6.16	7 日
讷河县	14500	15000	6.17—6.25	9 日
计	60000			

资料来源:《细菌战与毒气战》，第 143~144 页。

① 中共中央地方病防治领导小组办公室:《中国鼠疫及其防治》，1981 年，第 138 页。

表2　给小学生特配品分配数额(1945年5月)

四平省	手册	一捆2200册	0.39元(单价)	858元
	小刀	一捆1000把	0.63元(单价)	630元
	计	3200		1488元
奉天省	手册	二捆4400册	0.39元(单价)	1716元
	小刀	一捆1000把	0.63元(单价)	630元
	计	5400		2346元
龙江省	手册	三捆6600册	0.39元(单价)	2574元
	计	6600		2574元

资料来源:《细菌战与毒气战》,第144~145页。

表3　1946~1948年东北鼠疫患者、死者综合统计表

省别 \ 数别 \ 年代		1946年	1947年	1948年	合计
内蒙古	患者	4475	30376	8575	43426
	死者	3796	25181	6465	35442
吉　林	患者	1701	5259	469	7429
	死者	1513	4888	362	6763
辽　宁	患者	174	256	194	624
	死者	173	233	164	570
黑龙江	患者	136	56	1	193
	死者	135	56	1	192
总　计	患者	6486	35947	9239	51672
	死者	5617	30358	6992	42967

资料来源:(1)内蒙古自治区流行病研究所等:《内蒙古自治区鼠疫流行史》,未刊资料,1973年。
(2)吉林省地方病第一防治研究所等:《吉林省鼠疫流行史》,未刊资料,1973年。
(3)辽宁省卫生防疫站等:《辽宁省鼠疫流行史》,未刊资料,1973年。
(4)《黑龙江省鼠疫流行史》1973年。

表4　1947年通辽鼠疫及受波及各县旗鼠疫统计

县旗	疫点数	发生人数	死亡人数	传染经路
通辽县	126	15710	12771	原发,各初发地发生人间鼠疫前发现死鼠病鼠。

续表

县旗	疫点数	发生人数	死亡人数	传染经路
科左中旗（舍伯吐）	16	370	247	通辽疫情严重时期，有一中药商人王振兴由通辽疫区染疫后来舍伯吐，引起传染和流行。
开鲁县	25	874	718	罗家窑屯王姓女儿8月1日由通辽县回娘家以后，于3日发病后死亡，至6日该屯受传染死亡12人。有3户分别逃至县城和另外2个村屯，引起蔓延。
双辽县	6	140	115	张家区东兴村樊世德4月23日由通辽钱家店疫区染上肺鼠疫，回村后发病，于27日死亡。郑家屯的李荣久由通辽大罕受传染，4月27日回来发病。
长岭县	5	109	100	由通辽传入
奈曼旗	8	353	307	由通辽传入
阜彰县	1	3	3	由通辽传入。1946年，也曾有沙家窝堡和施家窝堡2个村的3名村民因闹米荒去通辽买米，结果染疫，造成5人死亡。
合　计	187	17559	14261	
备注	①双辽县于5月另有郑家屯的王广信、辛风仪分别由白城子、扶余染疫，均被治愈。②奈曼旗在1944～1945年曾发生严重鼠疫流行，两年间发生患者2545名，死亡2097名。			

资料来源：(1)《1947～1948年东北防治鼠疫工作总结》，辽宁省档案馆藏，东北大区资料，卫生类，483。
(2)《哈尔滨防疫队第一组双辽工作队总结报告书》，辽宁省档案馆藏，ZA19-1-5。
(3)《内蒙古自治区鼠疫流行史》和《吉林省鼠疫流行史》。

表5　敖汉旗历年鼠疫流行统计

年代	疫点数	发生人数	死亡人数
1932	2	79	73
1933	1	148	141
1934	1	58	56
1935	7	227	219
1936	4	69	66
1937	1	24	24
1938	4	59	50
1939	5	47	44

续表

年代	疫点数	发生人数	死亡人数
1940	3	33	33
1941	3	31	30
1942	2	44	34
1943	3	105	67
1944	5	32	30
1945	29	1304	1227
1946	26	883	761
1947	65	2742	2341
1948	56	2717	1820
1949	4	60	56

资料来源:《内蒙古自治区鼠疫流行史》,第 128~134 页。

表 6　1947 年乌丹、赤峰、建平三县鼠疫流行统计

县别	疫点数	发生人数	死亡人数	备注
乌丹县	20	不详	1381	下半年死亡人数
赤峰县	91	7043	5936	含赤峰城区
建平县	16	250	227	
合计	127	8674	7544	

资料来源:(1)热河省政府:《关于 1947 年下半年鼠疫流行概况及防疫工作总结》,辽宁省档案馆藏,ZA19-1-7。

(2)《内蒙古自治区鼠疫流行史》。

(3)《辽宁省鼠疫流行史》。

表 7　乾安县历年鼠疫流行统计

年代	1938	1939	1940	1941	1942	1943	1944	1945	1946	1947	1948	1949
疫点	0	3	15	12	4	0	6	5	17	66	25	6
发生	0	33	174	266	40	0	78	272	603	2229	147	27
死亡	0	18	136	206	34	0	47	249	460	2141	80	14

资料来源:《吉林省鼠疫流行史》。

表 8　扶余县历年鼠疫流行统计

年代	1940	1941	1942	1943	1944	1945	1946	1947	1948
疫点	4	4	10	1	0	10	17	44	15
发生	57	36	58	4	0	147	591	1679	68
死亡	56	35	49	4	0	147	584	1678	56

资料来源:《吉林省鼠疫流行史》。

表 9　1946~1948 年东北四省(区)鼠疫流行统计表

省(区)别	县、旗、市	1946 年			1947 年			1948 年		
		疫点	发生	死亡	疫点	发生	死亡	疫点	发生	死亡
内蒙古	科右前旗	2	355	311	6	573	411			
	突泉县	13	97	59	30	477	417	22	234	151
	科右中旗				2	37	34			
	通辽县	24	1194	993	126	15710	12771	119	1654	1048
	科左中旗	12	624	421	16	370	247	8	225	174
	开鲁县	2	9	8	25	874	718	15	297	153
	科左后旗				4	7	7	4	63	60
	扎鲁特旗				1	158	132			
	奈曼旗	12	158	144	8	352	307	4	93	72
	赤峰县(市)	7	1155	1099	91	7043	5936	22	1000	823
	敖汉旗	26	883	761	65	2742	2321	56	2717	1820
	喀喇沁旗				1	2	2	24	1484	1416
	翁牛特旗				42	1983	1830	40	630	592
	阿鲁科尔沁旗							5	23	21
	巴林左旗							2	6	6
	林西县							1	145	126
	巴林右旗				2	48	48	3	4	3
合计	17	98	4475	3796	419	30376	25181	325	8575	6465
黑龙江	哈尔滨市	4	136	135	1	56	56	1	1	1
合计	1	4	136	135	1	56	56	1	1	1

续表

省（区）别	县、旗、市	1946年			1947年			1948年		
		疫点	发生	死亡	疫点	发生	死亡	疫点	发生	死亡
吉林	扶余县	17	591	584	44	1679	1678	15	68	56
	前郭县				3	67	67			
	大赉县				13	189	150	1	1	1
	安广县	12	164	141	12	511	370			
	镇赉县	3	155	150	3	24	17	2	10	7
	洮南县	2	36	36	13	128	105	1	3	3
	开通县	1	5	5	11	127	95	3	23	17
	乾安县	17	603	460	66	2229	2141	25	147	80
	长岭县	4	63	57	5	109	100	2	18	15
	双辽县				6	140	115			
	怀德县				2	9	6	7	158	150
	四平市	2	17	13				1	38	30
	梨树县							1	3	3
	农安县	6	67	67	4	47	44			
合计	14	64	1701	1513	182	5259	4888	58	469	362
辽宁	彰武县	3	8	8						
	阜新县	7	129	128	1	6	6			
	沈阳市	1	37	37						
	建平县				16	250	227	13	194	164
合计	4	11	174	173	17	256	233	13	194	164
总计	36	177	6486	5617	619	35947	30358	397	9239	6992

资料来源：《内蒙古自治区鼠疫流行史》、《吉林省鼠疫流行史》、《黑龙江省鼠疫流行史》、《辽宁省鼠疫流行史》等统计表。

表 10　各防疫队工作地区配备表

防疫队名	人员	工作地区	附记
洮安县防疫队	7	安广	7月29日派往安广，1个月返回，其中4名派去开鲁。
洮南县防疫队	6	通辽	8月初派往通辽，20日间返回又派往开鲁工作。
军区防疫队	4	大赉	9月29日派往大赉，15日后返回。

续表

防疫队名	人员	工作地区	附记
哈尔滨医大混成队	40	洮北、乾安	9月11日至11月末
行政委员会防疫队	4	乾安	8月5日至11月末
行政委员会防疫队	4	开通、开鲁	8月20日至12月末
行政委员会医师队	4	通辽、乾安	10月初至12月末
西满军区医学校队	165	郑白铁路沿线	9月18日至10月10日
卫生干部学校第二队	33	通辽	9月18日至1月中旬
卫生干部学校第四队	34	通辽	9月18日至1月中旬
辽吉军区医学校队	40	通辽	9月18日至11月20日
卫生干部学校第三队	33	通辽大林镇	9月10日至1月中旬
卫生干部学校第一队	33	开鲁、通辽	9月10日至1月中旬
哈尔滨市第一队	13	辽源	9月10日至11月初
哈尔滨市第二队	12	洮安	9月10日至10月末
哈尔滨市第三队	12	安广、乾安	9月10日至10月末
哈尔滨市第四队	13	乾安	9月10日至10月末
哈尔滨市第五队	13	扶余	9月10日至11月末
兴山医大防疫队(甲)	110	扶余、大赉	10月2日至12月初
兴山医大防疫队(乙)	81	突泉	10月6日至12月初
哈尔滨市护士队	4	突泉	10月6日至12月初
松江军区医校队	40	双城一带	9月初至11月初
总计	707		地方防疫工作人员除外。

注:一、哈市第一、二、三、四、五队,政委会防疫队,卫干校队,由政委会卫生处供给装备、药品、器材。
二、哈市及哈医大混成队,由哈市卫生局和政委会卫生处供给装备、药品、器材。
三、兴山中国医大队(甲、乙),由东北防疫委员会供给装备、药品、器材。
四、其他各防疫队,由辽北防疫委员会供给装备、药品、器材。

资料来源:《1947~1948年东北防治鼠疫工作总结》。辽宁省档案馆藏,东北大区资料,卫生类,483,第40~41页。

表11　1947年东北鼠疫病型

县区别 \ 患者数 \ 病型	腺鼠疫	败血症鼠疫	肺鼠疫	皮肤鼠疫	眼鼠疫	调查患者人数
乾安县	1536	443	108	14	0	2101
通辽城关区	1165	120	26	1	0	1312

续表

县区别 \ 患者数 \ 病型	腺鼠疫	败血症鼠疫	肺鼠疫	皮肤鼠疫	眼鼠疫	调查患者人数
通辽大林区	124	20	2	15	0	161
通辽益发合区	151	17	6	1	0	175
开鲁城关区	194	14	16	1	0	225
扶余城关区	286	46	13	14	1	360
王爷庙	134	31	26	0	0	191
大赉县	127	10	20	0	0	157
开通县	98	0	7	1	0	106
镇赉县	11	2	1	0	0	14
双辽县	13	0	1	0	0	14
长岭县	20	0	0	0	0	20
合计	3859	703	226	47	1	4836

资料来源:《1947~1948 年东北防治鼠疫工作总结》。辽宁省档案馆藏,东北大区资料,卫生类,483,第21 页。

表 12　不同菌量感染黄鼠的死亡情况

感染菌量	疫区黄鼠		非疫区黄鼠	
	感染数	死亡数	感染数	死亡数
100 亿	10	10		
10 亿	10	8		
1 亿	10	8		
1000 万	10	5		
100 万	10	2	7	7
10 万	10	1	7	6
1 万	10	3	7	6
1000	10	2	7	4
100	10	1	7	0
10	10	0	7	0
合计	100	40	42	23
对照	10	0	10	0

资料来源:中共中央地方病防治领导小组办公室《中国鼠疫及其防治》,未刊资料,1981 年,第 137 页。

表 13　吉林省达乌尔黄鼠密度

年代	调查面积(公顷)	捕鼠只数	密度(只/公顷)
1951	384	5691	14.82
1952	259	3910	15.13
1953	106	2016	19.02
1954	61	293	4.80
计	810	11919	14.71

资料来源:纪树立主编《鼠疫》,人民卫生出版社,1988 年,第 81 页。

表 14　松辽平原达乌尔黄鼠鼠疫疫源地由宿主动物分离鼠疫菌的株数

省别	疫点县旗数	黄鼠	褐家鼠	小家鼠	黑线姬鼠	大仓鼠	黑线仓鼠	布氏田鼠	狭颅田鼠	东北鼢鼠	五趾跳鼠	三趾跳鼠	长爪沙鼠	达乌尔鼠兔	草兔	备注
吉林	13	223	108	15	6	2		3		2	3					1951—1960
辽宁	1	11	71		1											1952—1953
黑龙江	2	36	5	3	1	8										1950—1959
内蒙古	21	1749	154	26	4		15	1			1	5	45	6	2	1951—1960
河北	1	4			1				1				9			1954—1972
计	38	2023	338	44	13	10	15	4	1	2	4	5	54	6	2	

资料来源:纪树立主编《鼠疫》,人民卫生出版社,1988 年,第 82 页。另见中共中央地方病防治领导小组办公室《中国鼠疫及其防治》,未刊资料,1981 年。

末章　关于细菌战调查研究工作的回顾

松村高夫

以上各章阐述了这样一些问题，即：七三一部队和一〇〇部队，联合以一六四四部队为首的各地防疫给水部，在中国哪些地方，用什么方法撒布了哪些种类的细菌；这些细菌造成哪些灾害；对此，中国又采取了怎样的防疫体制；再有，日本在战败时由于七三一部队等各军事设施的破坏和其他原因，结果战后东北是怎样发生了鼠疫大流行的，等等。对于这些问题，在这里似乎无须再进行概述了。与其再作总结，倒不如代替总结，在本章中追溯一下关于细菌战的调查研究史，也就是观察一下，从日军撒布细菌导致疫病发生直至目前为止，这段时间内细菌战的调研工作是怎样发展演变的。这样做，可以在细菌战的调查研究史中为本书找到位置，从而自然揭示出撰写本书的意义，同时也可望引起人们对细菌战研究的重要性更加重视。

当然，在日军撒放细菌的当时，无论是从飞机上投下，还是在地面撒放，都很难从流行病学的角度直接证明：当地的疫病流行就是源于日军的撒放细菌。这固然是因为用流行病学去验证，本来就是很难的，也就是说有学术上的原因；但更为本质的原因，则与细菌战本身的特殊性质有关，这就是撒布细菌者，正是鉴于撒布细菌的事实及撒布细菌与疫病流行之间的因果关系难以查明，才实施细菌战的。然而，这并非是说，这种因果关系根本无法证明。即使在不能直接证明其因果关系的情况下，也已经通过其他各种方法揭示了日军撒放细菌导致疫病流行的事实。同时，即使当时并未充分证明其因果关系，后来通过发表和发现的种种史料，反而使之更加明确了，这也是经常发生的情况。自日军撒放细菌的大战当时以至今日，各种调查报告和记录尽管是出自各自不同的目的而形成的，但也正因为如此，才有可能逐步掌握事实真相。这种现象意味着，在并不存在流行病学资料足以反映直接因果关系的情况下，也决不能轻率地否定其因果关系。

中国当局确信日军实施了细菌战而最早向全世界发布的消息是，1942 年

3月31日的金宝善报告。① 其中,依次报告:1940年10月27日日军飞机飞到浙江省宁波,同年10月4日飞到该省衢县,同年11月28日飞到该省的金华,翌年,即1941年11月4日飞到湖南省的常德撒放鼠疫菌和由此造成灾害的情况。报告的一半篇幅是本书第五章中提出的常德实例,接着,又简要报告:1942年1月在绥远、宁夏和陕西各省开始发生鼠疫,截至3月已出现患者600人,尽管有情报称日军放出过老鼠,但是否是绥远当地的鼠疫,尚需作进一步的调查。② 金宝善的这份报告是1942年5月浙赣作战开始前形成的,因而关于浙赣作战期间日军在地面撒放细菌所造成的严重灾难并无记载。

金宝善的报告记述了日本飞机向宁波、衢县、金华、常德撒放细菌的有关事实。它指出:"在过去的两年中,搜集了足够的证据,充分证明,日本曾将中国人民当作实验用的豚鼠,进行细菌作战的可能性实验。日本使用飞机撒布鼠疫菌感染物,企图在自由中国造成鼠疫流行。"到目前为止,已搜集到下列证据:在宁波,"未识破敌人的意图",对于空投的粮食未作检查;在衢县,没有进行鼠疫跳蚤的动物接种检查,因而宁波和衢县都是根据在日军飞机进行空投的地点发生鼠疫这一所谓"情况证据",估计传播媒体是感染上鼠疫的鼠蚤,而这一推断是正确的。③ 相反,同年11月金华出现的情况与此不同,当时

---

① P.Z.King(金宝善)Director-General.National Health Administration, Japanese Attempt at Bacterial Warfare in China,March 31 1942, Public Record office (London)WO 188/680,该报告共有3页。

② 关于1942年绥远西部流行鼠疫问题,在《细菌战与毒气战》的第340~350页中收入了《疫情旬报》和卫生署代电等。

③ 金宝善关于宁波的情况有如下记载:"1940年10月29日,浙江省宁波首次发生腺鼠疫,其流行共持续34天,有99人为此牺牲。10月27日,日本飞机(复数)攻击宁波,向这一港口城市撒下大量小麦。发现粮食从天而降,虽然是一桩奇妙的事件,但当时任何人也没有识破敌人的企图,没有对谷物进行彻底检查。全部死于鼠疫的人都是当地居民。关于鼠疫的识别是通过实验室的检查才得到确认的。在此次流行病发生之前并未发现有死鼠增加。尽管进行十分仔细的检查,但未能发现来自外部的感染源。"其次,在报告中关于衢州有如下记载:"1940年10月4日,一架日本飞机飞至浙江省衢县,在该地上空进行短时间盘旋后,飞机在县城西部地区撒布了混有跳蚤的大米和小麦。当时有许多目击者,其中有一许某,在自家门外的大街上搜集了若干谷物和死跳蚤,将其送往当地防空队,防空队又转送至省卫生研究所进行检查。经检查,结果是'不存在以细菌培养方法发现的病原体'。然而,11月12日,即日本飞机飞来的38天后,在发现大量谷物和跳蚤的同一地区发生了腺鼠疫。该疫病在衢县共流行24天,死亡21人。仅根据现存记录所示,衢县以往从未发生过鼠疫。对于这一情况进行了认真调查的结果,确信敌机奇妙地飞来是流行病的起因,传播媒体是鼠蚤,跳蚤可能已感染鼠疫,肯定是由敌机投下的。鼠疫本来是啮齿类动物的疾病,谷物可能吸引了老鼠,利用老鼠传播混在谷物中的疫蚤。遗憾的是,对于搜集到的跳蚤没有进行正规的检查。由于研究设备简陋,未能进行动物接种试验。如果进行这一试验,将有可能说明跳蚤是否感染了鼠疫,而且,阳性的结果将会成为日本无法辩驳的证据。"

虽因设备简陋，无法进行动物接种实验，但中国认为日军很有可能使用了细菌弹，于是派来卫生署的专家。1940 年 11 月 28 日有 3 架日军飞机飞至金华，“大量投下如小虾子大小的小颗粒”。将这一直径只有 1 毫米的小颗粒放在显微镜下检查，发现大量革兰氏阴性杆菌，呈现出鼠疫菌的形态特征。但是，这里也由于缺少完备的研究设施，未能进行动物接种实验。其后，卫生署立即派来防疫处处长容启荣和 H · M · 叶墨（Jettmar 原国际联盟流行病学委员），1941 年 1 月初他们到达金华，调查了 26 个空投的颗粒，并对豚鼠进行了接种试验，但结果呈阴性。报告中指出：“对于鼠疫而言，具有决定意义的实验——动物接种试验出现阴性结果，这是否与时间的流逝和颗粒的保存方法有联系，很难说清。总之，金华没有发生鼠疫，这说明这一特殊的日本细菌战争的实验是以失败而告终的”。关于翌年，即 1941 年 11 月 4 日向常德投下细菌，以及当地流行鼠疫的情况，报告中有详细记载。这是分别根据陈文贵和伯力士两人的报告写出的，这一情况已在第五章述及。

金宝善报告的结论性记述如下：

> “根据迄今搜集到的事实一览表，不能不得出日军在中国试行细菌战的结论。他们在浙江与湖南从空中撒布细菌污染物，成功地引起鼠疫流行，姑且不说受灾地区一般居民当时所承受的恐怖，就是敌人这一毫无人性的行动本身也是应该受到谴责的。因为疫病一旦在当地老鼠身上扎下根来，多少年后仍将不断地使人受到传染。幸而这种传染的类型和控制鼠疫的方法已为人所知，故采取严格的手段是有可能遏止这一疫病继续蔓延的。目前我们的困难是，必要的疫病预防药品供应不足。”①

报告还述称，灭鼠工作也因处于战时，未能顺利开展。

因上述七三一部队撒布细菌一事，当时已超出同盟国所能理解的范围，美英对金宝善的报告也持怀疑态度。但是，1945 年 5 月下旬美国化学战部调查团前往常德，向最早为鼠疫患者诊治的当地医生谭学华详细听取了 1941 年 11 月日军向常德撒放细菌的情况，并得出结论：“日本因于 1941 年 11 月在常德使用了含有鼠疫菌的谷类而使鼠疫蔓延，相信这种可能性极大”。②

战后远东军事法庭（东京审判），从 1946 年 5 月 3 日开庭起，历时两年 6 个月，但关于细菌战事项只于 1946 年 8 月 29 日涉及一次。当年 3 月 8 日，莫罗（Thomas H.Morrow）与国际检察院的萨顿（D · N · Sutton）一起赴上海搜集

① 金宝善报告。

② 关于美国化学战部调查团报告（1945 年 6 月 28 日），请参照第五章有关注。

战犯罪证,认为有 8 个项目应进行调查,细菌战和化学战是其中的两项。萨顿曾会见金宝善,并获得了金宝善的报告。莫罗报告完成于 4 月 16 日,同月 23 日提交给首席检察官季南(J.B.Keenan)。萨顿于 8 月 29 日提出如下意见:"敌之多摩部队[一六四四部队]将市民俘虏隔离在医学实验室,在该室进行毒物血清反应试验。该部队系绝密组织之一,被其惨杀的人数无从确认"。当时由于集中审议南京大屠杀事件,决定将该件留至日后审议,可是,其后未曾重新审议。

这一事件虽未提交法庭,但重要的是,国际检察院已通过一六四四部队队员榛叶修掌握了部队的真实情况。① 榛叶修是从该部队逃亡到中国方面的原一六四四部队队员,1946 年 4 月 17 日,他于上海在《榛叶修关于 1942 年驻中国的荣字一六四四部队所进行的细菌战的供词》上签了字。他供称:"另据荣字一六四四部队卫生兵立泽忠夫(原籍东京)说,他曾用飞机在前线撒布病菌。部队至少有两架以上专用飞机。我个人昭和十七年五月至十八年三月在防疫给水部防疫课工作,得知在'圣战'的美名下从事如上的非人道的活动,乃脱离部队。此外,还在理化学课从事过毒药等的研究工作。"萨顿不愿意将这种看法提交给法庭。因为在幕后,围绕着获得七三一部队的研究"成果",石井等部队干部与美国之间正在进行着一场免于追究战犯责任的交易,于是便失去了将石井等七三一部队干部提交审判的机会。

如第一章所述,战后美国从 1945 年 8 月至 1947 年 11 月前后四次进行了有关七三一部队的调查。美国究竟都听取了哪些有关日军在中国实际撒布细菌的事实,也就是说,七三一部队的干部都向美国提供了什么情报,这是十分重要的。费尔报告指出:"提出了与 12 次对中国市民和士兵进行野外试验总结有关的村镇地图。"②由此可见,关于向 12 个城市撒布细菌问题显然是逐一做了报告的。但上述地图现已去向不明。以下是费尔报告中的记述,它同第四章所述及的浙赣作战是一致的。

---

① 榛叶修的供词,在粟屋宪太郎《东京裁判论》(大月书店,1989 年)第 158~159 页和 162 页注(4)述及,但未提其姓名。供词是粟屋在 Peter Williams and David Wallace, Unit 731, The Japanese Army's Secret of Secrets, Hodder & Stoughton, 1989, pp. 176~177 发现并引用的。供词(1946 年 4 月 17 日)全文收录在《细菌战与毒气战》,第 235~237 页。榛叶修此前在"日军罪行证明书"(1945 年 1 月 8 日)述称"一、自昭和十七年六月中旬至八月末,在浙赣作战中,中支派遣军直属荣第一六四四部队多摩部队(防疫给水部队本部),用飞机积载各种虎疫(霍乱)、赤痢、鼠疫等病菌,向金华、兰豁方面中国军阵地与后方一带撒布,企图使传染病发生蔓延,因之无数中国良民和军人染恶疫而死。"(《细菌战与毒气战》,第 239 页)

② 费尔报告总论。

“在细菌战的野外试验中通常使用的战术是:对沿铁路线两侧相距约一英里的两点上的中国军,派出一个大队或更多兵力。当中国军撤退时,日军将这一英里铁路加以封锁,并将事先准备好的细菌战用病原体用喷雾或其他方法进行撒布,然后进行‘战略撤退’。中国军在24小时之内迅速返回该地区,数天之后,在中国士兵中必将流行鼠疫或霍乱。不管情况如何,日本为了取得其结果报告,都企图在污染地区的背后留下间谍。然而,他们也承认,经常是以失败而告终,结果不明。不过,关于12次试验都得到了报告,据说其中获得成效的仅有三次。从高度约200米的飞机上撒放鼠疫跳蚤的两次试验,均在特定地区内引起了鼠疫流行。其中的一次出现患者96人,90%死亡。在铁路沿线,用手撒布疫蚤的其他3次试验也引起了小规模的流行,但患者人数不详。此外,还在铁路附近的地面和水源,用手动喷雾器撒布了两次霍乱菌和两次肠伤寒菌,据说都收到了有效的结果。”①

这里所提出的出现96名患者的事例,系指1940年10月对宁波的细菌攻击而言。从飞机上撒布的另一次就只能是1941年11月对常德的进攻了。

七三一部队的研究“成果”和细菌战的情报全部为美国所垄断,苏联于1949年12月单独在伯力审判了与细菌武器的准备和使用有关的12名人员。被告从山田乙三关东军司令官、梶塚隆二关东军军医部长、高桥隆笃关东军兽医部长、佐藤俊二关东军第五军军医部长等有权下达指挥命令的人员,直到一〇〇部队队员三友一男、海林支部成员菊池则光、林口支部成员久留岛裕司等,各种不同身份的人;七三一部队的本部、支部中处于负责地位的有前述川岛清和柄泽十三夫,还有西俊英(训练部长,孙吴支部长)、尾上正男(海林支部长)等。在12月25日宣读起诉书后,从川岛开始,审讯被告,对每人的审讯持续到第4天,即12月28日。随后开始讯问证人,有12人出庭作证,其中古都良雄的证言是关于在中国撒布细菌和进行人体实验(冻伤实验);堀田主计中尉(海拉尔支部)的证言是关于在安达进行的野外人体实验;佐佐木幸助的证言是关于柄泽班的细菌生产;橘武夫(佳木斯宪兵队长)的证言是关于“特殊输送”;仓员悟(哈尔滨宪兵队长)的证言是关于“特殊输送”和人体实验。关于长春的一〇〇部队,桑原就战败时用马鼻疽菌感染马然后放出使马鼻疽扩散流行,畑木章就人体实验,作出证词。② 判决结果,从山田乙三等人被判

① 费尔报告总论。

② 《伯力审判材料》。

处25年到2年监禁等不同刑罚。12人全部被送往莫斯科东北200公里的伊万诺沃收容所。除2人死亡外,其余10人均于1956年12月前回国。

经过伯力审判,查明了许多有关细菌战的事实。审判记录于翌年即1950年用日语、中国语和英语分别出版。当时的美国对日理事会等发表声明称,此次审判是为了转移对苏联扣留日本人问题的视线而制造的阴谋,所以在日本并未引起影响。但是,时至今日,伯力审判记录无疑仍然是有关七三一部队和细菌战的极其重要的史料。

苏联的鉴定书,是由茹科夫·费勒什尼科夫及其他5人共同制定的,该鉴定书根据七三一部队第四部细菌制造部长川岛清及其部下细菌制造课柄泽十三夫等人的供述,就撒布细菌问题作出如下判断:

“石井四郎所主持的第七三一部队在多年内进行的细菌战准备工作既已超出纯粹试验工作的范围,结果就使实际使用细菌武器一举成为可能了。于是,第七三一部队就实际装备过几届派到中国几个区域内去使用细菌武器的战斗远征队。

“一九四〇年间,由石井四郎亲身率领了第七三一部队内一个装备有大量伤寒菌、霍乱菌及大量鼠疫跳蚤的战斗远征队到中国宁波一带去。由于用飞机散布法使用染有鼠疫的跳蚤的结果,在宁波一带发生过鼠疫流行症。该远征队在组织上和行动上的技术特征,就决定了当时受到普遍传染者的广阔范围。若估计到战时条件及与此有关的民众迁徙情形,就必得承认说,该远征队底活动特别是在散布鼠疫方面不仅对于中国宁波城内的居民,而且对于宁波附近许多区域的居民都是极端危险的。

“一九四一年间在常德一带也有这样一个远征队行动过,当时从飞机上用鼠疫跳蚤传染过这个地区。这次远征队底危险性是与前次远征队危险性同样巨大的。

“一九四二年间,第七三一部队又派过一次战斗远征队到华中去,该远征队也是由石井四郎率领并有第一六四四部队协助。这次远征队的主要目的是在地面上实行传染,以便给那些进攻的华军造成一种染疫地带。当时所采用的方法,是拿伤寒菌和副伤寒菌来传染水井和食品,同时还散播过鼠疫跳蚤。”①

川岛清曾就为在中国撒布细菌而进行的细菌运输和撒放问题作出如下

---

① 《伯力审判材料》,第437页。

证言。

> “问:你们把一批一批细菌寄发出去供应对中国居民进行细菌攻击战需要时,究竟是怎样包装此种细菌的呢?
>
> “答:先把细菌装到特制的瓶子内,每一瓶内可容五十克。然后把这种瓶子放在用金属制的盒子内,再把这种盒子装到内面放有冰块的特制大箱内,每一口大箱可容几个盒子。”

川岛还供称,为了大量繁殖跳蚤,在平房的第二部有 4 个特别室,保持 30 度的室温,2 至 3 个月为一个生产周期,可以生产 45 公斤跳蚤。然后,他又作出如下回答:

> “问:这种跳蚤是预备在细菌战开始时干什么用的呢?
>
> “答:这种跳蚤是预备要染上鼠疫的。
>
> “问:亦即当作细菌武器去用的么?
>
> “答:是的,对呀。
>
> “问:打算用什么方法把鼠疫跳蚤当作细菌武器来使用呢?
>
> “答:在我服务期间被认为最有效方法的是从飞机上撒放跳蚤。
>
> “问:在到中国远征时也是从飞机上撒放跳蚤的么?
>
> “答:是的,确实是这样。
>
> “问:这是些染有鼠疫的跳蚤么?
>
> “答:是的。当时利用鼠疫跳蚤在中国进行细菌攻击的目的,是要引起鼠疫流行病。”①

伯力审判推动了中国对七三一部队和细菌战的调查。判决的一两个月后,即 1950 年 1~2 月,通过《人民日报》等新闻媒介掀起了反细菌战运动,有关七三一部队和一〇〇部队的现地调查报告,也大量出现在地方报纸上。1950 年 2 月 9 日,《人民日报》以浙江省卫生厅职员的报告形式,报道称:1940 年 12 月(未记具体日期)日军飞机空袭金华,撒布白烟后,在金华附近发生鼠疫,东阳死亡 92 人,义乌死亡 257 人,兰溪死亡 12 人。此外,1940 年 12 月 10 日,日军飞机曾在浙江省上虞撒布白烟,但未发生瘟疫。1941 年 4 月 21 日,日军飞机在浙江省新登空投白色棉状物质,老鼠吃后死亡,但未流行传染病。同年 12 月 19 日,日军飞机又在浙江省的诸暨空投蜘蛛网状的物质和棉花,亦未引起传染病流行。

---

① 《伯力审判材料》,第 262~264 页。

1950年3月,中央人民政府卫生部指示东北人民政府卫生部对七三一部队进行调查,于是着手调查七三一部队和一〇〇部队(东北人民政府卫生部通知,第17号,1950年3月11日)。其调查结果被整理为《关于平房细菌工厂纪实》(1950年)和《关于安达鞠家窑细菌工厂纪实》(1950年)。[①] 前者,就部队破坏后老鼠外逃造成1946年的鼠疫大流行情况,收录了义发源村等村民的控诉书、参加防疫工作的市政府卫生局防疫科科长傅桂深的谈话、松江省保健防疫科科长佟德敬的谈话,以及死亡情况表,根据该表大东井子死亡28名、义发源死亡36名、后二道沟死亡39名,共计103名。后者,即安达记录,首次收录了安达的野外试验场建筑物配置图,以及飞机场和移动帐篷(老鼠饲养实验所)。[②] 关于设在长春的一〇〇部队,《长春新报》(1950年2月14日)、《东北日报》(1950年2月16日)都作了详细报道。[③] 当时对一〇〇部队有关人员的讯问及其证词,至今仍保存在当地有关部门。本书第二章"对一〇〇部队形象的再认识"就是根据上述新史料写成的。

在朝鲜战争期间,因怀疑美国向朝鲜和中国空投细菌,在奥斯陆举行的世界和平评议会执行局的会议上,决议设立"调查有关在朝鲜和中国实施细菌战事实的国际科学委员会(ISC)"。ISC调查伊始,人们对第二次世界大战期间日本军撒布细菌问题的关注便顿时高涨起来。最初由6人组成的ISC调查团1952年6月末到达北京。英国剑桥大学的生物化学家约瑟夫·尼达姆[即著名的《中国科学技术史》的作者李约瑟]参加了该调查团。1942至1946年尼达姆曾以中英科学使团成员的身份住在重庆,对于日本的细菌战和毒气战很熟悉,所以他成了ISC的长达700页报告的起草人。[④] 苏联医学会副会长、细菌学教授茹科夫·费勒什尼科夫也是调查团的成员之一。如前所述,他曾担任伯力审判的主任鉴定人,故在ISC抵达北京后的首次会议上,便提供了有关七三一部队伯力审判的记录,并说明了细菌可以附着在昆虫上。在ISC的第二次会议上,中国方面提供了两种细菌战的正式记录:一份是中国卫生署关于常德流行鼠疫的报告,即陈文贵报告;另一份反映了对11个城市所进行的

---

① 两份报告收录在辽宁省档案馆编:《罪恶的"七三一""一〇〇"》,1995年,辽宁民族出版社出版(译本为小林英夫、儿岛俊郎编、林道生译:《七三一细菌战部队·中国新资料》,1995年,不二出版)。

② 安达建筑物的构造图收录在同上译本第220页。

③ 《罪恶的"七三一""一〇〇"》,第126~134页。

④ 报告是 Report of the International Scientific Commission for the Investigation of the Facts concerning Bacterial Warfare in korea and China, Peking, 1952.尼达姆收藏品(Department of Documents, Imperial War Museum, London)里有其草稿。从草稿中可以看出,报告全部由尼达姆执笔。

细菌进攻，其中包括浙江省的衢州、义乌、金华、宁波 4 个地方，湖南省的常德 1 处，河北省的正定 1 处，山西省的保德、河曲 2 处，总计死亡 699 名。① 根据本书所查明，这个数字是很小一部分。

ISC 在沈阳等地进行调查后赴朝鲜，在平壤会见了陈文贵。如第五章所述，陈文贵是一位细菌学家，曾于 1936 年应国际联盟卫生部之邀，在印度的哈夫金研究所从事鼠疫研究，1942 年被派到常德，调查因日军空投细菌的受害情况，并指导防疫活动。战后任中国医学协会西南分会会长，1950 年时他是重庆市宽仁医院的医生，朝鲜战争期间因鼠疫大量流行，赴平壤协助朝鲜卫生部开展防疫工作。陈文贵根据他个人的经验向调查团概述了大战期间日本实施细菌战的历史，然后说："现在使用的技术，极其相似，而且规模更大。"陈说，使用的同样是鼠疫跳蚤技术，这在朝鲜得到了证实，"对于目前所判明的结果，我感到十分满意，因为它说明了美国有意识地庇护日本细菌战犯的原因所在。"②ISC 于 1952 年 8 月 9 日回到北京，8 月 31 日发表了最终报告。如第五章所述，由于尼达姆在此次采访中已获得陈文贵报告，故将日军对常德的细菌攻击收入 ISC 的最终报告书中。

ISC 调查团的活动再次推动了中国的细菌战调查。东北人民政府卫生部于 1952 年 11 月 22 日致函中央政府卫生部："接受国际科学委员会调查团苏联专家茹科夫的建议，搜索'七三一部队'所在地有关材料，证实美帝所进行之细菌战方法与日寇细菌战犯石井四郎有关的问题。我部已将这部材料整理将近完成，然因本部所搜集之材料前已送交中央，故本部现有之材料残缺不全。今派本部车显信同志前往中央查找原材料中所搜集之伪档文件等有关材料，并于北京作原材料之照像，像板由车显信同志带回。特此函请协助办理为荷。"③因工作紧急，同年 11 月 30 日东北卫生部便提出了《关于调查"七三一"和"一〇〇"细菌部队罪恶活动的报告》④，这是中国首次写成的有关七三一部队的全面报告，并收入了平房四方楼残迹等 34 张照片。这份报告关于平房的细菌生产问题基本是根据川岛清在伯力审判时的供词写的。关于老鼠饲养和战后的鼠疫流行等问题，其中也作了详细报告。该报告还就日军撒布细菌

① 省名、城市名是按约瑟夫·尼达姆的 Relevance of Japanese Bacterial Warfare in World War Ⅱ整理出来的。

② Report of ISC, op,cit, pp,213-216。

③ 辽宁省档案馆编：《罪恶的"七三一""一〇〇"》，辽宁民族出版社，1995 年，第 5~8 页。该函未收入译本。

④ 同上。

问题指出："一九四〇年七三一部队长石井率领一个特别细菌远征队，用飞机在宁波一带撒布染有鼠疫的跳蚤，这次的远征队还准备有七十公斤伤寒菌和五十公斤霍乱菌。一九四一年七三一部队又组织了一次远征队到华中常德地区撒布了染有鼠疫的跳蚤。这次并准备了一百三十公斤副伤寒和炭疽热菌。日军在南京所设的'荣'字细菌部队也曾参加了这次动作。为了准备进行反苏的细菌战争，七三一部队和一〇〇部队于一九四二年特别侦察过苏联边境地区，也曾派遣细菌别动队到苏联边界附近活动，一〇〇部队并用鼻疽细菌传染了离苏联边界不远的结尔布勒河。"①可见中国对其受害地区尚未进行调查。关于朝鲜战争中的细菌战问题，报告没有提出特别新的证明。只指出，"石井、北野、若松等罪魁至今仍在美帝国主义的庇护下逍遥法外，与美帝国主义重新合谋制造细菌杀人武器，并且在朝鲜和我国地区疯狂使用。"②

从那时起经过30年之后，在日本，森村诚一的《恶魔的饱食》（1981年）一书一举公开揭露了七三一部队的本来面目。同年，又出版了常石敬一的《消失了的细菌战部队》一书。正值此时，美国的约翰·鲍威尔也为《原子科学家公报》杂志的特集《日本的细菌武器——1930~1945年》撰写了题为《历史上隐藏的一章》的文章。该文首次揭露了美国为了本国的利益，免于追究细菌战犯的罪责，从而巧妙地获得人体实验"成果"的经过。森村也得到美国写出的有关七三一部队的调查报告，并撰写了《续恶魔的饱食》（1982年）。继而又根据对哈尔滨平房的实地调查，出版了《恶魔的饱食第三部》，共完成了三部著作。③ 另一方面，吉永春子在此之前已通过电视对七三一部队进行追踪，采访了七三一部队人员和美国有关人员。1976年11月播放了纪录影片，1982年6月又放了另一部影片。就这样，至80年代，通过作家和新闻工作者揭露七三一部队的工作已取得了进展，但由于主要着眼于查明部队本身的真相，没太注意实际撒布细菌和受害的情况。

1989年中国出版的《日本帝国主义侵华档案资料选编》第5卷《细菌战与毒气战》，为推动查明撒布细菌的真相做出了贡献。该书以抚顺战犯管理所的日本人战犯供词为主要内容，是一部关于细菌战和毒气战的史料集。1992

---

① 辽宁省档案馆编：《罪恶的"七三一""一〇〇"》，辽宁民族出版社，1995年，第19页。

② 同上，第20页。

③ 森村诚一：《恶魔の饱食》（1981年）、续（1982年）、第三部（1983年）。常石敬一：《消えた细菌战部队》，海鸣社，1981年。John W.Powell Jr, A Hidden Chapter in History Bulletin of the Atomic Scientists, Octobor 1981。

年日本出版了该书细菌战部分的日文版①(2 册)。通过《细菌战与毒气战》,不仅明确了一八五五部队和一六四四部队的组织和工作内容,而且还揭示了日军在中国各地实施细菌战的实际情况。其中收录了有关日军对诺门坎、浙江、湖南常德、山东(霍乱作战)、绥远西部等地实施细菌攻击的大量史料。书中载有田村良雄关于在浙江省撒布细菌的供词(1954 年 9 月 8 日)。根据这份供词,在 1940 年 5 月上旬至 6 月上旬期间,七三一部队的田中班和篠田班培养跳蚤之际,田村曾和 18 名少年队员一起参加了培养跳蚤工作。田村供称:同年 6 月上旬,在田中技师的指挥下,曾与 15 名少年队员一起繁殖了 900 克跳蚤,这些跳蚤都被交给了动物班,同 2000 只老鼠一起由航空班装上飞机运往南京去了。田村还供称:1940 年"由于大量生产细菌,将制成的伤寒病菌、副伤寒病菌、霍乱病菌、鼠疫病菌、脾脱疽菌,合计二百七十公斤,用飞机运到南京及华中地区,由关东军防疫给水部本部,派往远征华中地区的柄泽十三夫率领的一个队,使用这些细菌进行了谋略,杀害了华中地区的中国人民"。②

田村还证明:从 1941 年 7 月上旬至 9 月上旬期间、1942 年 6 月中旬至 9 月中旬,田村等柄泽班的 30 人,奉柄泽班长之命,生产伤寒菌、副伤寒菌、霍乱菌,1941 年将约 70 公斤上述细菌,1942 年又将 140 公斤细菌,由航空班用飞机运往南京交付使用。③ 田村的证词同日军撒布细菌的时期相符。

《细菌战与毒气战》中收录了陈万里等人关于 1940 年向浙江省衢县、金华和宁波空投细菌的报告(1940 年 12 月),该报告指出:"此次鄞、衢先后发生鼠疫,发病均极迅速,并无一般鼠疫流行病学上先行预发象征,如大量死鼠之发见等等。且据调查所得,鄞县于发病之前一周,敌机曾在疫区投下小麦,衢县于十月四日,在现在疫区中心,敌机亦投下谷类及小米,其中混有跳蚤。"这些跳蚤由于辗转运送,试验使用时已将近两个月,虽无法证明病原菌之存在,"但敌机此种行动,适与该两县鼠疫发现地点相一致,依照万里等以科学的并

---

① 该书的细菌战部分,由松村高夫等编译:《证言 · 人体实验—731 部队とその周边》,江田泉等编译:《证言 · 细菌作战—BC 兵器の原点》,由同文馆分别于 1991 年和 1992 年出版。

② 《细菌战与毒气战》,第 248~249 页。

在最近(1994 年)的田村证言中叙述得更为详细,他指出:"1940 年,我们被动员繁殖跳蚤。在四方楼三楼设一暗室,暗室中有架子,架上排列着类似石油罐的罐子,其中装有带壳的小麦。然后将普通的黑鼠装入笼内,使之一动不能动。将笼子放入装有稻壳的石油罐中,记得湿度和温度都相当高,湿度可能在 70%以上,温度也将近 40 度。我们奉命从事的工作是每天一次轮流巡视,发现死鼠便另换新鼠。这项工作是从 1940 年春开始的,好像是到了秋天,又命令我们将跳蚤和稻壳分离开来。"(七三一部队研究会编:《细菌战部队》,晚声社,1996 年,第 37~38 页。)

③ 同①,第 59~60 页。

客观的推论，该两县鼠疫之所以发生，似与敌机散布是项物质有极大之关联，且证以最近敌机在金华掷下鼠疫杆菌之举动，又可得一敌机施行细菌战之证明。”①此外，还一并收录了关于敌机向金华空投物品的陈万里等人的报告，以及容启荣的《浙江鼠疫调查报告》②节录(1941 年)，根据这些报告，查明了宁波、衢县、金华的全部情况。关于常德流行鼠疫问题，载入了容启荣的《防治湘西鼠疫经过报告书》(节录)和陈文贵报告书，这两件也收入中国的这部史料集。③

在前揭译著《细菌作战》一书的《解说》部分里，江田泉提出了《关于日军在中国大陆实施细菌战的证言对照表》，表中将日方证言(主要根据《伯力审判材料》)和该书中的中方证词(此外，还参照《日本侵略军在中国的暴行》和《人民日报》等)，作了详细的对比。根据这一对照也可了解到，撒布细菌是从1939 年向哈拉哈河撒布伤寒菌开始，但主要集中于 1940 年至 1942 年之间。

和气朗是战后在国立预防卫生研究所从事鼠疫疫苗研究的细菌学家，他在该译著的《解说》中，以《关于鼠疫的诊断》为题，提出如下观点。这是论证日军撒布鼠疫菌和鼠疫流行之间因果关系的极为重要的观点，故稍详引用如下：

> “在一般情况下，鼠疫是能够在对涂片标本进行显微镜检查后，通过用鼠疫菌特异血清对培养的细菌进行血清诊断和凝集反应检查，而得到确诊的。但当上述培养检查设备和条件不具备时，在对患者症状和对动物注射的毒性反应等进行观察的基础上，通过显微镜检查并与典型的染色标本相对比，也可诊断出鼠疫。当然，仅此不能以正式文件宣布已查出鼠疫菌，但检查者经过显微镜检查主观可以确信为鼠疫菌，并经过进一步检查，继续进行提高精确度的作业。在浙江省和湖南常德，中国的医务工作者未必可能经常进行凝集反应检查，因而不好说是经过血清诊断确定鼠疫菌的(根据当时情况，恐怕只要不向世界卫生组织[WHO]，或美国、苏联等索求，是很难获得特异血清的)，主要还是经过显微镜观察发现特有形态，而断定为鼠疫的。但基于上述理由，可以说具备了必要的诊断

① 《细菌战与毒气战》，第 252 页。

② 同上，第 255~270 页。

③ 同上，第 283~292 页。森正孝等编：《中国侧史料 · 日本の中国侵略》，明石书店，1991 年，也收录了有关常德的容氏报告、陈氏报告。

条件。”①

于是,他以陈文贵的关于常德鼠疫的报告和陈万里等的关于金华的检查结果为例,做出如下结论:

“如果对中方医务工作者的报告进行仔细研究,从现在的流行病学常识来看,确实在技术方面多少有些不够精确之处。然而,从上述内容中令人很容易理解,那不是影响鼠疫诊断的大问题。换言之,从流行病学的角度来看,1940 年至 1941 年流行于中国的浙江省、湖南省常德的传染病确属鼠疫,这一诊断并没有错误,中方医务工作者的检查方法基本上也没有问题。”

其次,和气朗还论及日军飞机所实施的细菌战和鼠疫流行间的因果关系问题:

“首先,当考虑浙江省衢县和宁波、湖南省常德流行的鼠疫是自然发生的,还是人为造成的问题时,可以发现以下三点:

(1)鼠疫本是流行于啮齿类动物间的传染病,它是以跳蚤为媒介传染给人的。因此,在人发生鼠疫之前,必然先在啮齿类动物中流行并出现大量死鼠,这些死鼠是预告鼠疫即将流行的先兆。而 1940 年的浙江省衢县和宁波,1941 年的湖南省常德,在鼠疫流行之前却未曾发现有大批死鼠,此点与自然发生鼠疫不同。

(2)从发病率方面视其为人为的流行也不足怪。

(3)鼠疫的流行应具有一定的方向性,呈波浪形向前移动,而本书所报告的事例均为散在发生,并发生在遭受日军奇特空袭的地区。

根据以上三点,基本已可判断,1940 至 1941 年间发生在中国华中地区的鼠疫决不属于自然流行。”

另外,因关系到追究日军细菌战元凶问题,除上述三点外,又提出:

(4)是证实实施细菌战的“日方证言”。其中,和气朗列举了其中 1949 年川岛清、西俊英、佐藤俊二在伯力审判中的证言。

(5)关于与朝鲜战争实施的细菌战相同的问题,经过对国际科学委员会报告书的研究,可以认为:“它是由专家写出的详细报告,从流行病学和昆虫学角度来看,也是高水准的”,并指出:“1940 年初的中国华中与 10 年之后由朝鲜半岛、中国东北方面提出的报告,有许多相似之处,通过二者对比,可以看

① 以下引用的和气朗的文章是摘自上述《证言·细菌作战》的《解说》,第 297~305 页。

出美军是继承了日军的细菌战作战方法”。书中还写道：

> “(6)笔者带着生产鼠疫疫苗的任务，从 1954 年起曾在国立预防卫生研究所工作，当时曾听取战争期间在石井部队(七三一部队)和南京防疫给水部处理鼠疫菌和跳蚤的若干人的回忆。其中有的已死，有的还活着。”

根据上述 6 点理由，得出的结论是：“1940～1941 年中国浙江省和湖南省的鼠疫流行显然是由日军撒布细菌人为造成的。驳斥这一说法，说它是中国当局的‘政治宣传’，必须说是极不科学的”。就这样，和气朗根据有限的史料，经过严密的推论，明确揭示了由于日军撒布细菌而导致鼠疫流行这一因果关系，这一立论是值得注目的，也是极其重要的。

20 世纪 90 年代日本市民运动有了很大发展。1989 年 7 月，在东京新宿区户山的国立预防卫生研究所建筑工地里发现了大量人骨(约 100 具)。那里是陆军军医学校遗址，该校曾设有防疫研究室(室长石井四郎)，由此而考虑到，它可能与七三一部队有关，为查明其真相，组成了市民团体。在这一市民运动中，自 1993 年 7 月开始举办“七三一部队巡回展”，在长达一年半的时间里于全国 64 处展出，吸引了 22 万名参观者。继而又在 1995 年夏，于哈尔滨举行了首次“七三一部队国际研讨会”，日本和中国分别约有 100 人参加，进行了深入的研讨。作为会议的成果，1996 年出版了《日军的细菌战 · 毒气战》①，在“七三一部队巡回展”过程中，出现了开始谈及以往事实的原部队队员，还出版了七三一部队有关人员的证言集：《细菌战部队》(1996 年)。② 仅就该书中有关撒布细菌的证言来看，它全面地收录了目前有可能收集到的证言，诸如篠塚(田村)良雄关于诺门坎事件的证言，篠塚和镰田信雄关于农安鼠疫的证言，小笠原明关于七三一部队田中班培养跳蚤的证言，伊藤影明关于北京一八五五部队的培养跳蚤的证言，松本博关于南京一六四四部队人体实验的证言，丸山茂关于广东八六〇四部队大量屠杀香港难民的证言，大快良明关于新加坡九四二〇部队的证言，等等。

90 年代新闻工作者相继制作了有关七三一部队的纪录影片，尤其是 NHK 电视台于 1992 年 4 月连续两天放映的《七三一细菌战部队》，以克格勃解体后公诸于世的伯力审判的基本史料和美国犹他州的达格威文件为依据，揭露了战后免于追究七三一部队干部罪责的过程。本书第一章中揭示和引用的达

---

① 《日本军の细菌战 · 毒ガス战》，明石书店，1996 年。

② 上述《细菌战部队》。

格威文件就是这时发现的。

此后，又相继发现了揭示日军策划和实施细菌战的史料，即吉见义明等1993年发现的防卫厅防卫研究所图书馆所藏的井本熊男的业务日志。①《井本日志》中明确记载了如下内容：1940年"目标：浙赣沿线城市"的细菌作战是同年6月5日策划决定，7月份实施的，实施部队由中国派遣军总司令部直辖，负责人为石井四郎，从中可以看出，决定将鼠疫跳蚤用降雨法进行攻击。其后，井本于7月22日视察杭州，决定利用杭州市的原中央航空学校作为细菌战攻击据点；7月25日向七三一部队下达有关运输人员、武器和机械的命令（关东军司令部关作命丙第659号）；奈良部队（为作战临时组建的部队）从哈尔滨抵达南京的经过，到达后部队人员同南京一六四四部队人员接触的情况；9月10日大田澄和增田美保向井本报告称："宁波与衢县作为目标似较适当（金华？）"；9月18日，井本与奈良部队确定对宁波、金华、玉山实施细菌攻击，等等。正如第四章所示，由于1940年10月、11月飞向浙江省的飞机撒下细菌，只第一次感染受害的就有：宁波死亡109人（截至同年12月2日），衢县死亡24人（截至同年12月7日）。

关于1941年对常德的攻击，在《井本日志》中也有详细记载：9月16日奉大本营陆军部指示，发布进攻常德的命令；11月4日日军飞机于晨6时50分到达常德上空，飞机上准备了"小米36公斤"（鼠疫跳蚤36公斤）；因大雾，飞机飞行高度降至1000公尺以下撒布的。这在第五章中已有记述。

同时，如第四章详述，该日志还记载，1942年5月至9月末，在浙赣作战中，曾将各种细菌撒布在地面上。同年5月27日，石井四郎、增田知贞、增田美保等参加了参谋本部有关细菌攻击的预备会议，决定使用装有新式撒布器的九九式双引擎飞机，决定可使用的细菌为霍乱、伤寒、副伤寒、鼠疫；鼠疫菌由平房提供2公斤、南京1公斤、其他1公斤，总共4公斤。然而，7月15日，现地的中国派遣军中，因有人表示担心在地面撒布细菌会使己方受害，并因缺乏老鼠，而将攻击行动延期至8月中旬以后。《井本日志》中，8月28日的报

① 吉见义明、伊香俊哉：《日本军の细菌战》，《战争责任研究》，第2号（1993年冬季号）。吉见义明、伊香俊哉：《七三一部队と天皇·陆军中央》（岩波小册子，No. 389），1995年。

这些有关日军史料的发现，促进了在浙江省调查细菌战受害真实情况的森正孝小组的研究工作，出版了森正孝、糟川良谷编：《中国侵略と七三一部队の细菌战》（明石书店，1995年）。中国的地方史学家黄可泰、吴元章主编：《惨绝人寰的细菌战——1940年宁波鼠疫史实》（东南大学出版社，1994年）和邢祁、陈大雅主编：《辛巳劫难——1941年常德细菌战纪实》（中共中央党校出版社，1995年）等有关细菌受害地区的书籍开始出版。

告中还记载着如下内容：在广信、广丰和玉山向地面撒布鼠疫菌，采取以下三种方法：即毒化跳蚤（3 个地区都用）、给老鼠注射后放出（广信和玉山）、“将鼠疫的干燥菌附着在大米上，企图通过老鼠—跳蚤—人这一渠道使人感染”（玉山）。此外，在江山和常山，将霍乱菌“直接投入水井中；附着在食物上；注射在水果里”。在衢州和丽水，撒布伤寒菌和副伤寒菌等。同时，还记载着在南京集中细菌，用飞机送到衢州，再用汽车运至目的地。反映上述日本军方的细菌战计划与实施情况的《井本日志》的发现，完全证实了日本撒布细菌和瘟疫流行的因果关系，就这一意义而言，它在研究史上具有重要意义。

以上追溯了从日军撒布细菌的当时直至今日的调查研究有关细菌战问题的过程（调查研究史），这一过程多层次地阐明了日军曾撒布细菌的历史事实和由于撒布细菌而导致瘟疫流行的因果关系的过程。在史料方面，不仅有文献史料，同时还有口碑资料和遗址、医疗器具、细菌弹等遗物，使用了多方面的史料；不仅以一个国家为依据，还利用了有关各国的史料。而且，在日军撒布细菌和恶疫流行的因果关系方面，在空间和地理上还多层次地形成了有可能进行直接论证的地区和只能根据情况证据进行推论的地区，在时间顺序上决非直线式地从情况证据进行直接论证。然而，人们将会认识到，它是一个稳步前进的过程。有人认为只举出某一地区为例，无法直接论证因果关系，这种主张无非是为否定而否定的议论，是忽视整体关联性的谬论，本章的调查研究史将会阐明这一点。根据史实，以具体而确凿的证据去接近历史事实才正是我们所追求的。①

本书是作为自 1992 年 4 月开始的日中共同研究《15 年战争期间中国瘟疫流行的社会史研究》的一个组成部分，是将焦点集中在七三一部队和细菌战上进行研究的成果。日本庆应义塾大学经济学部成员为中心的小组和中国吉林省社会科学院日本研究所人员组成的小组，自研究开始以来，利用假期曾前后八次在一起进行了反复研讨，因而是名副其实的共同研究。其间互相交换手稿，促膝交谈，互提意见，这对于我们的日中双方研究工作者而言都是前

---

① 在日本，涉及七三一部队和细菌战的史料，大部分尚未公开。1986 年 9 月 1 日，在美国众议院复员军人委员会补偿问题小委员会的听证会上，国防部记录管理部部长哈查尔称，战后美国获得的七三一部队资料，已于 50 年代后半期返还给日本。日本国会图书馆经调查判明，“有关七三一部队的第一批资料返还日本后，最初交给了外务省复员局，其后，在防卫厅设立时，外务省移交给防卫厅，随着战史室的设立，又移交给战史室”（《朝日新闻》，1986 年 9 月 19 日）。关于哈查尔所说的小委员会的会议记录，请参照 Sheldon H.Harris, Factories of Death-Japanese Biological Warfare 1932-45 and the American Cover Up, Routledge, 1994, pp, 121 ~ 122。

所未有的体验，彼此都将有极大的收获。经济学部教授田中明先生作为本项研究计划总体负责人，始终给予深切的关怀。此外，庆应义塾大学经济学部研究教育基金为完成此项研究工作和出版事宜提供了必不可少的经费。仅志于此，以表谢忱。

附录:关于《金子顺一论文集》的两篇文章

——日本评介细菌战史料新发现

编者按:

20世纪90年代以来,日本的细菌战研究有两次重要史料发现,使相关史学课题研究得到促进和发展。第一次,是1993年6月日本中央大学教授吉见义明和立教大学讲师伊香俊哉,在日本防卫厅防卫研究所图书馆,发现在该图书馆存藏的原日本陆军4名军官的业务日志中,有关于日军对华细菌战的记载。其中,井本熊男大佐,曾任"支那"派遣军总司令部作战参谋和陆军参谋本部作战课员,参与了日军在中国战场进行细菌战的决策与实施,他的日志记载相对更为重要,故该4名军官的业务日志被统称为"井本日志"。本书在课题研究和执笔撰写过程中,充分参考了《井本日志》,特别是第四、五章,《井本日志》是更重要的相关史料。

日本细菌战研究的第二次重要史料发现是在2011年夏天,日本民间研究团体——NPO法人七三一部队细菌战资料中心理事、独立研究者奈须重雄,经过8年的查寻,终在日本国会图书馆关西馆所藏的50万份博士论文中,发现了十分重要的有关日军对华细菌战的《金子顺一论文集》。金子顺一是日本陆军军医少佐,曾长期被配属在七三一部队或与细菌战有关的所谓"石井机关"工作,从事细菌战理论和生化武器研究,是通晓细菌战内幕与真相的极少数核心人员之一。《金子顺一论文集》属于密级最高、大多为"石井机关"人员执笔的"研究报告"第1部(研究报告,全称为日本陆军军医学校防疫研究报告,被简化称为"防疫报告"或"研究报告"。该报告第2部包括军外,如大学研究者的研究成果,篇数多,密级低),在《金子顺一论文集》发现前,只发现属于第1部的"研究报告"5篇,而编入金子顺一论文集中的8篇论文中,属于"研究报告"第1部的论文,就多达7篇。金子论文集是战后为申请学位而提交给东京大学的,当时东京国际审判法庭业已结束。金子论文集与本书的主题与内容密切相关。首先,它证实了本书第三章《"新京"的鼠疫谋略——1940年》论述的基本观点,即日军细菌谋略,也就是人工制造疫情行为是存在的。其次,本书第四、五章关于浙赣及常德日军细菌战论述内容,在金子论文集中有更具体和直接的展现。

故据本书著者建议,现将评介《金子顺一论文集》新发现的两篇文章,作为附录刊载于此,以供读者参考。其一是波多野澄雄的《细菌战研究进入新阶段:〈金子顺一论文集〉中的“ホ号作战”真相》,作者波多野是日本法学博士,《日本外交文书》编辑委员长,进步史学家,最近曾在著作中声称:“政府应从《金子顺一论文集》的发现中感到压力,改变态度”。波多野先生的文章,主要围绕金子提出的《PX效果略算法》,剖析“ホ号作战”具体状况,而“PX”,即感染鼠疫的跳蚤,也就是鼠疫细菌武器,“ホ号作战”即对华细菌作战。其二是王选同志的《石井机关·研究报告》,该文从综合日本两次细菌战重要史料发现角度,评介《金子顺一论文集》发现的意义。同时,作者作为日本对华细菌战诉讼中国原告团团长,以其丰富的日军对华细菌战知识,对波多野上述评介文章细节做了大量有价值的注释,供读者参考。本书编者在这里也对王选同志表示深切的感谢!

一、细菌战研究进入新阶段:《金子顺一论文集》中的“ホ号作战”真相①

《金子顺一论文集》的发现

2011年10月,原日本陆军军医少佐金子顺一(故)所撰《陆军军医学校防疫研究报告》(以下简称《研究报告》)论文,于日本国会国立图书馆关西馆藏书中被发现。金子顺一,1937年4月配属七三一部队(关东军防疫部,后称关东军防疫给水部),当时石井四郎大佐任部队长,1943年3月,金子调到日本陆军军医学校,1945年8月末复员。上述期间,金子将有关生物武器研究纪要陆续投稿发表于《研究报告》,其中8篇汇集成《金子顺一论文集》,复员后,作为学位申请论文提交东京大学,成为日本国会图书馆所藏数量巨大的学位论文之一。

《研究报告》分第1、2部。第2部从1939年12月发行的第一号起,到

① 本文原文刊载于日本季刊《战争责任研究》第75号,2012年春季号。中文版(含译注)参照作者本人2012年9月修改稿。

1945 年 5 月最终号，共载文 947 篇，其中 90%已由不二出版社影印出版。第 1 部载文篇数（号数）及题目大多不明，据估计印刷了 150 篇，至今发现的，包括论文内容，仅其中 5 篇。

据第 2 部影印版编者常石敬一称，第 2 部论文投稿者中也有大学等机构的研究者，内容有属于机密或非机密的。第 1 部各号的封面上印有“军事机密”字样，作者限于石井机关（译注：“石井机关”为当时日本陆军内部对于以石井四郎为首设立的日军细菌战部队及相关研究机构，如陆军军医学校防疫研究室的称呼。）有关人员。上述《研究报告》第 1 部均为绝密论文，《金子顺一论文集》8 篇论文中有 7 篇被第 1 部所收。

作为武器的 PX（感染鼠疫的跳蚤）

金子就任于关东军防疫部后，配属到细菌武器开发部门（第 2 部），从事细菌战理论研究、生物武器用炮弹的研发、野外实验的支援，如关于填充“宇治型炸弹”用的各种病原体的感染力、爆炸对细菌性质变化的影响等研究与实验。

《金子顺一论文集》中，金子作为主论文的是《雨下散布的基础性考察》（第 1 部第 41 号，1941 年 8 月 1 日受理），内容是关于霍乱菌、肠伤寒菌、鼠疫菌等各种病原体有效散布方法的实验，包括飞机上装置的雨下器、散布器的效果测定。上述实验于 1939 年实施，不是人体实验。（译注：常石敬一根据“石井机关”人员证言，解释称“细菌雨下实验”是从上空像下雨似地散布细菌等的实验。七三一部队在黑龙江大庆附近安达一室外露天实验场曾实施细菌空中投放试验：从空中向事先固定在地面的活人投放细菌或细菌炸弹。金子论文中的“雨下”实验是在野外自然环境中散布各种细菌，包括跳蚤，并测定细菌到达地面的情况和状态。“雨下”散布实验中使用的细菌，或者感染鼠疫跳蚤，对投放地自然环境，包括居民是否造成影响，目前情况不明，“雨下实验”的具体时间、地点、使用菌种、次数等有待了解。中国战时文献中有日机投放不明物质的记载，如民国军政部民国三十五年《抗战八年来敌军用毒经过报告书》载，“日军飞机在浙江、安徽一带投放细菌，及其他不明异物。”（摘引自纪学仁编著：《侵华日军毒气战事例集：日军用毒 1800 例》，社会科学文献出版社，2008 年））

如以上论文所述：“细菌武器的最终目标是引发疾病流行”，“雨下”散布可使细菌到达地面，但“实现下一目标，需有相应方法使到达地面的细菌在一般情况下能侵入人体。在这一点上，必须有大的飞跃。”“ホ号作战”（细菌作战）是金子所期待的“大的飞跃”得到实现的机会。

对于1940年夏至1942年,日军在中国战场上间断实施的“ホ号作战”,金子等认为机不可失,应将他们研究、实验的结果在实战中进行试验。(译注:金子顺一本人参加了“ホ号作战”的实施。参见下文:衢县与宁波——1940年部分的译注。从上述看来,“石井机关”有关细菌武器的研究开发经过3个实验阶段:室内→室外→野外。)金子从关东军防疫部调到日本陆军军医学校后,1943年,其论文《PX效果略算法》(《防疫报告》第1部第60号,1943年12月14日受理)已印刷成册,论文归纳了“ホ号作战”“效果”概要,就PX(“感染鼠疫的跳蚤”)的散布“效果”(感染鼠疫致死者)的测定方法、决定效果的各种条件(内因、外因、媒介、病原等)通过辨析予以考证。

应该说,金子等从事细菌战研究,并非从开始就设想到用散布感染鼠疫跳蚤的方法。当时,细菌武器效果的实证尚无先例,有关细菌战的外语参考文献并不多,但其中提到“作为有效战争武器予以使用而未达目的的事例确实存在。”(《研究报》第2部,129号)(译注:《研究报告》第2部,129号:Bacterial Warfare, The use of biologic agents in warfare, by Leon, A.Fox, Major, U.S.Army Medical Corps,日文译文:《细菌兵器、战争中生物的使用》,收集调查:内藤良一;翻译:村田礼二。)在这种情况下,金子等开始对各种各样病原体的效果、有效的散布方法、媒介物等进行反复试验,失败再试验,从而发现鼠疫菌是有效的细菌武器。《研究报告》第2部刊载的论文中,有80多篇是有关鼠疫菌研究的。

接下来的问题是,怎么才能使不耐高温、寿命短的鼠疫菌潜入人体内部。起初,投放充填细菌的“宇治型炸弹”被视为是有效方法,可是实验并未取得预期效果,遂改为从空中散布鼠疫菌的方法。1940年前后关于跳蚤的生态、繁殖,带蚤鼠的增产、培养等研究,大量出现。

《PX效果略算法》的意义

金子在该论文绪言中提出:“PX的效果”,虽不可能像炸弹效果那样进行严密测算,在“PX作为武器予以使用的条件下,至少,对于可预期效果,以某种手段做一定程度上的概算是必要的。既往数次的作战恰好给予此类问题的解决提供了重要的参照规范”。

也就是说,PX效果测定是困难的,是“数次有限的作战”为问题的解决提供了操作可能。此外,论文中,金子以石井部队长提出的有关细菌战效果的“ABEDO”理论为基准,并运用该理论,尝试对“PX的效果”进行测定。所谓“ABEDO”,就是将效果测定中相关诸条件要素作为变数,编入测算公式。(译

注:ABEDO 理论中影响效果的各要素为:A 外因、B 媒介、E 病原、D 内因、O 运用)。

金子将“数次有限的作战”的具体实施地点、时期,以及每次作战的“效果”列于论文中的《表 1 既往作战效果概见》,如下:

表 1(译注:此为金子顺一论文中的表序,本文只引证金子论文中的表 1 和表 3)

攻击	目标	PX(kg)	效果		1.0kg 换算值		
			一次	二次	Rpr	R	Cep
15.6.4	农安	0.005	8	607	1,600	123,000	76.9
15.6.4~7	农安・大赉	0.010	12	2,424	1,200	243,600	203.0
15.10.4	衢县	8.0	219	9,060	26	1,159	44.2
15.10.27	宁波	2.0	104	1,450	52	777	14.9
16.11.4	常德	1.6	310	2,500	194	1,756	9.1
17.8.19~21	广信・广丰・玉山	0.131	42	9,210	321	22,550	70.3

(译注:1,P 为鼠疫,X 为印鼠克蚤,跳蚤的一种,为传播鼠疫的主要媒介。2,表中年份为日本昭和年号,15.6.4.为 1940 年 6 月 4 日。3,广信为上饶。)

表 1 显示:1940 年 6 月 4 日,吉林省农安被散布了 5 克感染鼠疫菌的跳蚤,造成第一次感染死者 8 人,第二次的流行死者 607 人。见表 1“1.0kg 换算值”一栏:根据此“效果”,将散布感染鼠疫跳蚤量换算成 1kg,第一次感染死亡人数(Rpr)可达 1600 人,以流行系数(Cep)为 76.9 计算,预计 1kgR“效果”(R),即流行系数×一次感染死亡人数,可达 123000 人。(译注:论文《PX 效果略算法》的受理日期为 1943 年 12 月 14 日,同年印刷成册,表 1 中的“效果”项下“一次”、“二次”染疫死亡数据截止期应在此前。此外,有关表 1 中的“流行系数 Cep”的推定方法,《PX 效果略算法》中没有说明。)

表 1 所列 1941 年 11 月 4 日对常德的攻击,散布 1.6kg 的感染鼠疫跳蚤,结果第一次感染为死者 310 人,第二次为 2500 人;按散布 1.0kg 换算,第一次感染死亡(Rpr)为 194 人,以流行系数(Cep)为 9.1 计算,预计 1kg 的“效果”(R)达 1756 人。与农安相比,在常德散布的跳蚤的数量要多,但是推定死者的数量却少,这是空中散布与地面散布的“效果”区别。(见表 1 农安与常德的流行系数的大小差异。)(译注:以上“空中散布”指的是攻击目标常德,“地面散布”指的是攻击目标农安。《PX 效果略算法》中虽未具体说明对农安的攻击为地面投放。据日本中央大学教授吉见义明与立教大学历史学者伊香俊哉共同发现的支那派遣军司令部作战参谋井本熊男作战日志中有关日军“ホ号作战”实施的记载,对常德的攻击确为空中散布。井本熊男为支那派遣军司令部作战参谋,其日志自 1940 年 5 月 31 日开始记载“ホ

号作战"具体筹划与实施。在表 1 中最早的两次连续性攻击是 1940 年 6 月 4 日农安、6 月 4~7 日农安、大赉,此后并未提及这两次攻击。农安、大赉位于吉林省境内,属于日本关东军统辖区域。《井本日志》中的"ホ号作战"记载了表 1 中此外的 4 次攻击目标在浙江、湖南、江西省境内,均为支那派遣军所在区域。译者认为,农安、农安·大赉的两次 PX 散布在伪满洲国境内即关东军占领区域内,特别从下文译注中关于高桥正彦《新京·农安鼠疫》的论文来看,这两次散布更似"控制组"的实验性投放,为正式开始"ホ号作战"前的准备,而表 1 中的其他 4 次,均为对于当时中国军队占领区的攻击。)

以上数值,所谓第一次效果及第二次效果,估计并非实测,而是推定值。(译注:《PX 效果略算法》参考文献中有一篇《昭和 17 年 11 月广丰鼠疫流行死亡人数推定计算》,作者内藤,日期:昭和 18 年 11 月,与《PX 效果略算法》受理日期:1943 年 12 月 14 日,相差仅一个月。该论文题目中用了"死亡人数推定"的说法。看来,《PX 效果略算法》并非一项单独的研究。表 1 中攻击引起鼠疫流行,染疫死亡人数作为武器的"效果",部分应为实测数字。比如表 1 宁波的第一次流行死者 104 人,与当时中国方面公布的数字基本一致。由于条件的限制,部分有可能为根据可靠实测数字,加上各种渠道情报予以估算的结果。参考下文译注。)迄今为止的研究显示,1940~1942 年,日军在中国战场有组织地使用了细菌武器,攻击目标为浙江省衢县(衢州)、宁波,湖南省常德等城市。此外浙赣作战,包括江西省,与表 1 攻击栏中衢县以下目标完全一致。

值得注意的是,表 1 中所列举的"ホ号作战"实施前,1940 年 6 月 4~7 日,在吉林省农安及大赉的少量的散布。第一次感染死者两地共 20 名。农安当年 6 月爆发鼠疫,9 月下旬新京地区(译注:现长春市)也开始猖獗流行。关于新京的鼠疫,已有中国的研究者指出,是七三一部队在地面散布鼠疫菌人为引起的。(译注:见《战争与恶疫》第三章。)《研究报告》第 2 部中有关论文解明:新京的鼠疫是从犬蚤传染来的,病源来自农安。(译注:参见《研究报告》第 514、515、525、526、537、538 号《昭和 15 年农安及新京鼠疫流行》第 1~5 篇,受理日期:昭和 18 年 4 月 12 日,作者:高桥正彦,七三一部队鼠疫班班长)目前看来,1940 年新京发生的鼠疫与表 1 农安·大赉的鼠疫跳蚤散布的因果关系尚待证实。总之,对于日本方面来说,那个时期在满洲(东北)使用鼠疫跳蚤,是新的事实。(译注:"新京"为当时伪满洲国首都,非鼠疫自然疫源地。"新京"、农安、大赉在一条铁路线上,农安县位于"新京"以北 60 公里,顺着铁路线往北偏西 180 多公里是大赉,当时属于黑龙江省,位于七三一部队安达野外实验场南部偏西,直线距离 150 公里左右。选择交通便利的农安作为连续两次 PX 攻击目标,应该有其目的。当时农安两处鼠疫隔离病院中的一处就设在火车站边上,另一处设在城外偏离市街的地点。如表 1 所示,1940 年 6 月 4 日,对农安实行了攻击,第 2 次的攻击是同一日,对农安·大赉,从 4~7 日持续了 3 天时间。值得注意的是,表 1 中另一起地面攻击:1942 年 8 月对江西省的 PX 攻击,也是连续 3 天,且不止一地,而是广信·广丰·玉山3地一带。农安是城镇,人口密度大,且未经鼠疫防疫注射;而从农安县城外往北至大赉的一带为鼠疫常年流行地区,是农村和草原,人口密度低但接受过鼠疫防疫注射。两次PX攻击,有可能是打算将不同流行条件的区域,参照石井有关细菌武器效果的"ABEDO"理论,予以比较。此外,1940年农安至大赉一带的鼠疫患者人数突然数倍增加,远远高于历年的发生。参见奈须重雄《农安细菌战与农安·大赉细菌战》(《NPO法人731部队细菌战资料中心会报第4号》,2012)。大赉、农安、"新京"在一条铁路上,三地连成一线,七三一部队可就近派遣专业部队人员赴PX作战现场,观察、掌握、控制疫情。高桥正彦为七三一部队鼠疫班班长。据解学诗《战争与恶疫》第3章:1940年9月27日,"新京"发现鼠疫病例后,10月5日,即10月4日PX8kg攻击浙江衢州次日,关东军司令部发布命令,令关东军防疫给水部长,即石井四郎,组织人力、物力,出动"新京"防疫鼠疫;10月16日命令关东军防疫给水部出动农安防疫;10月20日,七三一部队组成的防疫部队"雁部队"派到农安。参见高桥正彦发表于陆军军医学校防疫报告第2部的《昭和15年农安及新京鼠疫流行》共5编,题目如下:《第1编:流行的疫学观察——其1农安的流行;其2新京的流行》、《第2编:流行的临床观察》,附:《有关鼠疫血清杀菌反应》、《第3编:流行中菌检索成绩》、《第4编:流行中分离的鼠疫菌》、《第5编:流行中防疫实施概况》。作为有意图的散布PX,引发鼠疫流行,以上野外"实验"的观察,从"流行"→"临床"→"防疫"中看到,其过程中包括"菌检索"、"菌分离"、"血清杀菌反应"。高桥正彦《昭和15年农安及新京鼠疫流行》第1—5编为同一受理日期:1943年4月12日,其详细内容为同年12月14日受理的金子《PX效果略算法》中各攻击目标"ABEDO"数值的设定提供了实验依据。将两者有关农安鼠疫的内容予以对照分析,是必不可少的研究课题。战后,七三一部队石井等人作为免于被追究战争犯罪责任的交换条件,将七三一部队人体实验资料提供美军调查官。美国国家档案馆已公开以上调查所获部分资料,其中包括3份彩色人体解剖报告:《A炭疽报告》、《G鼻疽报告》,另外一份,即七三一部队高桥正彦一行的"新京"、农安鼠疫"防疫"成果之一——部分染疫死者解剖报告《Q鼠疫报告》。)

衢县与宁波——1940年

以下将表1中所列衢州等细菌作战战例,与到目前为止的研究发现予以对照。如吉见义明指出,本文讨论的"ホ号作战"都是根据日本陆军参谋总长的指示(即《大陆指》)所进行的。

据对支那派遣军参谋井本熊男业务日志等史料的研究,可见它是1940年5月末,支那派遣军与参谋本部联合行动,着手实施的计划。7月,对于浙赣沿线城市散布鼠疫跳蚤的细菌攻击实施计划已经策定。7月下旬,七三一部队与参谋本部作战课通报商量后,从哈尔滨(平房)出发,8月初与南京的"荣一六四四部队”合流,进行“ホ号作战”的实施准备。攻击目标为宁波、衢县(衢州)、金华,还将台州、温州、玉山等作为候选目标,10 月初限定当时目标为衢县、宁波。

1940 年 10 月 4 日,对衢县实施了“ホ号作战”的首次攻击,日军飞机从空中投下了混杂感染鼠疫菌跳蚤的小麦、粟米等谷物。11 月中旬,当地发生多例感染,鼠疫爆发流行,至 1941 年 12 月流行平息。县城内感染发病者 280 人,其中死亡者 274 人。据表 1 投放衢州的鼠疫跳蚤数量多达 8kg,第一次染疫死者 209 人,第二次流行估算死亡者超过 9000 人。对这个数值有必要予以严密考证。也有县城、农村地区染疫死亡 1500 人以上的估算。(译注:“1500 人以上”染鼠疫死亡人数为日本细菌战中国受害诉讼原告方出庭证人、原衢州防疫站站长、防疫医师邱明轩向东京地方法院提供。参见 2002 年 8 月该法庭判决书。该数字来源于 2000 年由邱明轩医生主持的衢州市卫生防疫部门对 6 县市细菌战受害回顾性抽样调查结果,该调查覆盖区域为衢州市行政所辖 6 县 1 市面积的 10%,鼠疫流行时期为 1940~1948。该调查未包括鼠疫流行途径、因果关系的判明。参考文献:邱明轩著:《罪证——侵华日军衢州细菌战史实》,中国三峡出版社,1999 年;《菌战与隐患》,香港天马出版有限公司,2004 年。1941 年 9 月,衢州鼠疫蔓延至义乌,随后相继从义乌传播至邻县东阳、浦江。义乌、东阳、浦江 3 县,此前都没有鼠疫发生的记载。义乌鼠疫蔓延至 1944 年,据《义乌市志》2011 年 12 月第一版:义乌染疫死亡人数为 1315 人。1942 年浙赣作战后,日军占领金华一带,包括义乌、东阳、浦江。至 1943 年 12 月,金子提交《PX 效果略算法》,日军有条件收集当地鼠疫疫情情报。表 1 中衢州第 2 次鼠疫流行感染死亡人数有可能包括由衢州蔓延至义乌、东阳、浦江的鼠疫死亡人数。)

无论如何,对于衢县的攻击,是日军最初使用大量鼠疫跳蚤实施的正式细菌战。(译注:据上述支那派遣军参谋井本熊男的业务日志记载,10 月 7 日,井本听取了七三一部队、一六四四部队组成的“ホ号作战”部队人员报告。内容为:“迄今攻击 6 次。蚤 1g 约 1700 只。另附表说明。期待效果的判定。密侦。”吉见义明在日本防卫研究所图书室发现《井本日志》时,未见该附表。此外,《PX 效果略算法》表 1 中农安、大赉的攻击分别为 6 月 4 日、4~7 日,是在 10 月 4 日衢州攻击之前。对于农安以及农安·大赉的两次连续攻击是在七三一部队地面可控范围内的 PX 攻击,两次攻击与 3 个月后对浙江数地的 PX 攻击是什么关系,是否是“ホ号作战”正式开始前的可控实验性作战呢?有待解明。此外,值得注意的是,表 1 攻击目标地区中唯有农安、大赉是鼠疫自然疫源地,也就是说,引发鼠疫的“人为因素”不容易被察觉,也可以避免引起对于即将开始的秘密作战——“ホ号作战”的警觉。事实上,据《井本日志》载,井本与七三一部队主要人员 7 月即已南下杭州为“ホ号作战”做准备,与农安的鼠疫流行及防疫同步。对浙江衢州等地攻击的实施,在“ホ号作战”计划中曾被推迟。

据《井本日志》1940年10月8日载,“ホ号作战”人员向井本报告,“C可能没有效果,P也许有可能成功。”C为“ホ号作战”霍乱菌代号,P为鼠疫代号。上文中的“迄今攻击6次”,按理包括10月4日衢州PX攻击一次。因此,衢州攻击并非“ホ号作战”第一次细菌武器攻击,也有可能并非第一次使用鼠疫跳蚤的攻击。从表1来看,如本文所主张,衢州的攻击为最大剂量鼠疫跳蚤使用的正式细菌战。)

此后,10月27日,日军飞机又将鼠疫跳蚤和小麦粒的混合物投放宁波城内。10月29日,出现第一例鼠疫患者,至11月初,感染鼠疫死亡者已达47人。中国方面积极防疫,12月初,最后一名患者出现后,鼠疫流行平息。据当时国民政府发表,鼠疫死亡者109人。表1中宁波散布2kgPX后,第一次流行死亡104人,与目前为止的研究结果一致。(译注:宁波被投放地点为当时城市中心地带,人口最集中的商业街——开明街,地方报纸连续刊登关于鼠疫疫情报道,内容详细,包括每日染疫死亡者名单,政府防疫措施等等。表1被攻击地区中,除宁波外,衢州地方报纸也每天报道一次流行的疫情和防疫。唯宁波的疫情集中于开明街,整个疫区被中国防疫人员严格控制,经紧张防疫后,11月30日将开明街5000平方米区域全部焚毁,疫情告一段落。宁波攻击后的鼠疫第一次流行的发生时间、地点集中,记录完整。因为有可靠的具体数据作为参考,金子的《PX效果略算法》对宁波的攻击以及第一次流行经过,作了案例分析。据宁波地方细菌战鼠疫调查者、日本细菌战中国受害诉讼原告方出庭证人裘为众2004年向日本高等法院提交证据,战时中国官方数字109人中有3个姓名错误,包括其调查发现的死亡者,确认宁波鼠疫第一次流行死亡人数一共为112人。但是,表1中宁波第二次流行染疫死亡者1450人的数字,对于中国方面来说,是前所未闻的数据。传统以来,认为11月30日中国政府防疫部门把疫区开明街烧毁后,鼠疫流行就终止了。另据日本亚洲历史资料中心所藏,1940年12月26日,日本驻杭州领事向外务大臣松冈洋右提交的传染病报告:非占领地浙江省宁波11月中旬有320名真性鼠疫患者,并逐渐向内地蔓延。目前尚未发现1940年11月中,宁波当地320名鼠疫感染者的有关中国方面文献记载。目前为止的研究确认宁波鼠疫感染者中仅一名幸存者,即钱贵法,他是日本细菌战中国受害诉讼180名原告之一。传闻另有一名和尚染疫幸存。1940年7月,日军曾试图从海上登陆镇海,未果。10月,宁波遭细菌攻击,鼠疫爆发,港口封锁。据中日文献,日军1941年4月占领宁波后,即派遣防疫给水部队人员赴当地调查鼠疫流行情况。1941年5月,宁波地方报纸报道:当地发现一例鼠疫,日军派遣专业部队参与防疫。)

11月27、28日,日军飞机在金华上空直接散布了鼠疫菌。因系直接散布,导致因细菌死亡,并未引起鼠疫的发生。(译注:根据日本亚洲历史资料中心所藏兴亚院华中联络部昭和15年12月《卫生情报第17号》载:12月第1周,金华突发鼠疫,死者达数百人,当地美国宗教团体电报上海共同租界工部局要求紧急救援。数家报纸有相关报道。浙江省卫生处长陈万里等《对于敌机在金华空掷物品检验结果的说明》报告确认：日军空投物为鼠疫杆菌，但该菌已丧失繁殖能力。另据《新编浙江百年大事记》：日机撒播鼠疫菌后不久，金华一带鼠疫开始流行。据统计，至年底，金华因患鼠疫死亡人数达160人。金华与《PX效果略算法》中6次鼠疫跳蚤攻击目标中的4个：浙江省衢州、宁波，湖南省常德，江西省广信·广丰·玉山同样，为非鼠疫自然疫源地。）

1940年的细菌作战，根据日军参谋总长杉山元的指示，于11月结束。

常德攻击与浙赣作战——1941—1942年

1941年11月4日，"ホ号作战"攻击常德，投放了混入鼠疫跳蚤（PX）的谷物，此后市内不断出现鼠疫患者，流行平息后，又于1942年3月起开始第二次流行，从市区蔓延到周边农村地区，一说常德地区鼠疫死者达7000人以上。2002年东京地方法院对日本细菌战中国受害诉讼案的判决认定，常德第一次鼠疫流行县城死8人，1942年3—6月第二次流行死亡人数34人。表1所列常德鼠疫第一次流行死亡人数为310人。由于第一次与第二次流行区分的差异，造成死亡人数判定上很大不同。（译注：达7000人以上为常德市日军细菌战调查会的调查结果，包括目前常德市所辖8县，以及周边5县，共13个县境内鼠疫的流行，流行时期至1945年。该调查结果提交日本东京地方法院，成为该法院判决书内容。据《井本日志》载，1941年11月6日，已有报告：常德附近，接触日军飞机散布物者，猛烈中毒；11月20日左右当地鼠疫猛烈流行，因而由中国各战区集中卫生材料；当时判定："只要命中，肯定发病"。据中国文献资料记载，当地发现的第一例鼠疫发病者，为11月12日常德城内广德医院所收一染疫女孩，是在以上11月6日七三一部队报告"猛烈中毒发生"6天之后。1943年11月，常德会战开始，全城毁于战火，常德市街一带鼠疫蔓延停止。金子《PX效果略算法》论文提交日期，及此前截止的染疫死亡人数统计，恰好与常德会战为同一时期。会战前，常德为中国军队占领，湖南农村地域辽阔，战时条件下，日军收集当地鼠疫流行情况的条件受限。）

最大规模的细菌作战为1942年5月至9月末的浙赣作战。为避免对作战中的日军人员造成感染，日军先将部队撤退集结至衢县周边一带后，从8月19~21日，七三一部队（译注：指细菌作战实施部队，也包括一六四四部队人员。）实施了"ホ号作战"，根据《井本日志》记载，具体如下：对广信、广丰、玉山使用了鼠疫菌；对衢县、丽水使用了伤寒、副伤寒菌；在江山、常山，则将霍乱菌"直接投入井内"。（译注：丽水当时为浙江省省会所在地，军事重镇，有一相当规模兵工厂，及东南沿海最大军用机场，故为日军浙赣作战摧毁目标。1942年9月，日军破坏机场后撤退，当地随即发生鼠疫。1943、1944年鼠疫相继爆发流行。此前，丽水没有鼠疫流行的记录。据当地调查，鼠疫死者有约1000—1500人。）

据《井本日志》载，散布鼠疫方法不止一种，除散布感染鼠疫跳蚤以外，还有“驱放注射鼠疫菌老鼠”的方法，在玉山，还将鼠疫菌混入大米之中。

表 1 中列举的广信 · 广丰 · 玉山的鼠疫跳蚤散布，应该是以上各种细菌作战中的一例。如表 1 所示：在以上 3 地区，使用了 131g 鼠疫跳蚤，造成第一次流行 42 人感染死亡，第二次流行 9200 人染疫身亡。（译注：表 1 中江西省被攻击 3 地，为浙赣作战期间日军短暂进驻区域。日军 1938 年占领九江。据《江西省鼠疫流行史》(1942 年）载，广丰感染鼠疫死亡人数为 42 人，表 1 中也是同样数字。此外，上饶感染死亡 78 人。1943 年，光泽（当时属于江西省）爆发鼠疫流行，死者人数不少。表 1 中的第二次流行染疫死亡者 9200 人，不知是否包括由光泽蔓延到周围临近地区的鼠疫。江西省境内鼠疫蔓延至十多个县市，1950 年方才平息。这里再次提起注意：江西省境内的这次攻击，与 1940 年对农安 · 大赉的攻击相同，均为地面攻击，攻击同样持续 3 天。不止一地。比起地面散布，PX 空中攻击易被觉察，比如表 1 中的衢州、宁波、常德，投放当时即被中国方面发现，马上采取措施。地面散布的具体地点、时间、手段，目前都不清楚，调查难度大。）

常石敬一提出：感染鼠疫跳蚤的开发，为“石井 15 年来生物武器开发研究最大之成果”。虽说如此，石井、金子并未在持续至 1942 年的“ホ号作战”中获得对这一武器“效果”的确信，关于蚤与鼠的研究的大力投入一直继续到战争结束。

《“ホ”号作战战斗详报》及对于战史研究中心的期待

《PX 效果略算法》中，金子将表 1 中各作战“效果”，根据实况予以补正，列于《表 3 既往作战解析》：表 1 农安第一次感染的换算值（以 1.0kg 为换算单位）Rpr 为 1600，表 3 中补正为 516；表 1 常德的第一次感染换算值 Rpr194，表 3 中补正为 84；表 3 中的 R 数值也随 Rpr 数值变更被补正。R 数值补正最大的为农安 · 大赉的攻击，表 1 中数值 243600，在表 3 中被补正为 82900。

关于以上补正的根据（推定理由），《PX 效果略算法》中说明为：“因涉及作战状况的详细记述，在此省略。具体请仔细参照各作战战斗详报。”《PX 效果略算法》列举的“主要参考文献”之一是《昭和十五乃至十七年“ホ”号作战战斗详报》。这说明有详细记录“ホ号作战”的战斗详报存在，但目前该详报尚未发现。

（译注：表 3 既往作战解析表

区分	B	E	O	D	Rpr	A	R
农安	8.0	8.0	9.0	9.0	518 (1600)	8.0	82900 (123000)
农安·大赉	8.0	8.0	9.0	9.0	518 (1200)	8.0	82900 (243600)
衢县	1.5	7.0	4.0	7.0	29 (26)	2.0	1175 (1159)
宁波	2.0	7.0	5.0	7.0	49 (52)	1.0	980 (777)
常德	3.0	8.0	5.0	7.0	84 (194)	1.0	1680 (1756)
广信·广丰·玉山	6.0	8.0	9.0	7.5	324 (321)	3.0	19430 (22550)
注:括	括弧中为表1中的数值						

如前文介绍,论文中,金子以石井提出的“ABEDO”理论为基础,运用该理论,尝试对“PX的效果”进行测定。石井的“ABEDO”是一种假设理论,提出影响细菌武器“效果”的,有“A外因、B媒介、E病原、D内因、O运用”诸条件要素。表3《既往作战解析表》是在效果测算的基础上,将“A、B、E、D、O”分别作为决定效果的各种相关条件的变数纳入测算,观察结果。文中提及有关数值的“补正”,是表1与表3不同测算方法的不同结果显示。表1、3中除作为测算基本依据之成为武器的PX的投放量,以及作为武器攻击效果的第一、二次感染死亡人数为实际数据外,其余均为推算值。确认表1中感染死亡者数值的来源是今后有关研究的关键。表1中6次攻击不同投放量的设定,应该是有一定实验根据的。值得注意的是,其中空中攻击目标3地——衢州、宁波、常德的PX使用量,随着时间顺序,逐次递减。据以上3地中国方面记载,3次空中投放的均为混杂着跳蚤的谷物、豆类、棉絮、破布等物质。金子《PX效果略算法》表1中,常德攻击PX使用量为1.6kg。另据《井本日志》记载:常德攻击使用了“粟36kg”,“粟”是“ホ号作战”中鼠疫跳蚤的代号。两处记载数量上差异很大,原因目前不清楚。另据《井本日志》,及七三一部队航空飞行员证词,以上混杂跳蚤的物质填充于两枚用钩子悬挂在机翼下的炮弹里,散布时,遥控打开炮弹盖子,由风压将填充物吹出弹体、落到地面。常德攻击时,机翼下的两枚细菌弹,仅一枚顺利开盖,另一枚因打不开,被整个扔入洞庭湖中。这枚细菌炸弹应有水落石出之日。《井本日志》中的“粟36kg”有可能指的是细菌炸弹混杂跳蚤的填充物。从以上表1、表3中可以看出,6次攻击中取得最大效果的为历年自然鼠疫流行地——吉林省农安,以及农安·大赉。表3中,以上2次攻击的A外因条件值为8,数倍于浙江、湖南、江西省境内非鼠疫自然疫源地的攻击。金子在《PX效果略算法》中指出,在历年鼠疫流行地区,在流行发生前期或初期予以攻击——散布PX,能取得最佳效果。如以上:浙江省衢州、宁波,湖

南省常德,江西省广信、广丰、玉山,均非鼠疫自然疫源地。表3中广信(上饶)、广丰、玉山的A外因条件值为3,略高于衢州、宁波、常德3地。据记载,1941年,衢州细菌攻击引起鼠疫流行期间,曾有个例上饶籍人在衢州感染鼠疫后,回到上饶。也就是说,1942年8月细菌作战攻击前,当地已有外来鼠疫病例。根据《PX效果略算法》,A外因条件,具体指目标地以往鼠疫流行、气候、还包括地方疾病对应、管理机制、流行病防疫。表3中B项媒介,包括PX存活率数值,地面投放目标农安、大赉,还有广信、广丰、玉山,B项数值明显高于空中散布攻击的衢州、宁波、常德;O项运用的数值,地面投放也明显高于空中散布。)

《PX效果略算法》中,有不少不明确之处,比如第一次感染死者的人数是怎么算出来的?被认为是推算第二次流行死者人数依据的"流行系数Cep"是如何推定的?如何将鼠疫,作为不时发生的地方风土病,与"人为的疾病"相区别?等等。以上问题的答案,应该在《"ホ"号作战战斗详报》中。

日本军队也受害于细菌战。日军第13军司令官泽田茂中将对细菌作战始终持反对意见,曾明言其"将在日中关系上留下百年伤痕,且无益处,造成我军防疫措施困难。"泽田反对的理由之一是日军的受害染疫,浙赣作战期间,日军病死者中多数很有可能为鼠疫感染者。实际状况有待通过《战斗详报》确证。(译注:据日本防卫厅防卫研究室战史室编《战史丛书·昭和十七·十八年的支那派遣军》,朝日新闻社,264页载:1942年5月15日~9月30日,浙赣作战日军参战部队第13军战病人数为11812人,其中10000人左右的"战病",是作战中期6月16日~9月30日日军进驻细菌攻击区域后发生的。)

尽管有以上不明之处,金子《PX效果略算法》有其论文的价值,具体说明如下:

日军事实上在中国战场实施了细菌作战,并造成相当的感染致死;成为作战实行者的细菌武器开发责任者,在战争并无定局的当时,一心努力于"改进"细菌战;同时,该论文还证明了《"ホ"号作战战斗详报》的存在。

关于细菌战问题,如果说日本政府的官方立场是,承认七三一部队的存在,但"显示实施了细菌战的资料,目前还没有发现。"的话,那么金子论文《PX效果略算法》应该使政府对以上立场重新考虑。(译注:据日本社团法人七三一部队·细菌战资料中心事务局——一濑敬一郎律师、理事及《金子顺一论文集》发现者奈须重雄先生、日本国会议员服部良一,2012年8月21日就《金子顺一论文集》等日本亚洲历史资料中心所藏日军文献,向日本政府提出质疑,具体还包括细菌作战问题。8月31日,日本内阁首相答复:"质问有关细菌作战的检证,鉴于本项的性质、时间已过去,考虑再行调查,以明确的形式判定事实关系,将极为困难。如果有新的事实发现,将作为历史的事实,严肃对待。"对于服部议员质疑意见书中提出的其他有关细菌作战问题,也以目前为止相关资料未能确认,调查需要很多时间等为由,未予具体答复。)

日本防卫省研究所战史部作为“战史研究中心”已改装一新,打算从国际角度研究太平洋战争史。细菌战研究及细菌作战为原日军重要战略之一已日益确证,在这种情况下,与国内外研究者、有关机构共同合作,冷静客观地着手其真相研究,推进战史研究新成果的取得,对于唯一官方研究机构的“战史研究中心”的存在价值,也会由此而得以提高。

本文由于篇幅的限制,省略了具体引用出处的注明,特将参考文章附上。此外,《金子顺一论文集》发现者、日本社团法人七三一部队·细菌战资料中心理事奈须重雄先生通过一濑敬一郎律师向本人提供了大量资料,在此,一并表示谢意。

参考文献:

松村高夫:《731部队与细菌战鉴定书》(日),刊载松村·矢野共同编著:《诉讼与历史学——从法庭看731细菌部队》(日),现代书馆,2007年。

常石敬一:《目标·石井——731部队与美军谍报活动》(日),大月书店,1982年。

《医学者们的组织犯罪》(日),朝日新闻社,1994年。

《陆军军医学校防疫研究报告·解说》(日)《十五年战争极秘资料集　补卷23(解说·总目次)》(日),不二出版,2005年。

莇昭三:《陆军军医学校防疫研究报告第2部分析(3)》(日),刊载于《15年战争与日本医学医疗研究会会报》(日),10卷1号`,2009年。

森正孝、高桥正博、糟川良谷、大石恒雄编:《中国方面史料:日本对中国的侵略》(日),明石书店,1991年。

森正孝:《731部队与细菌战》(日),刊载于731部队国际研讨会实行委员会编:《日军细菌战·毒气战》(日),明石书店,1996年。

吉见义明:《陆军中央与细菌战——从日军将校的业务日志中看》(日),刊载于731部队国际研讨会实行委员会编;《日军细菌战·毒气战》(日),明石书店,1996年。

秦郁彦:《追踪昭和史之谜·上》(日),文春文库,1999年。

波多野澄雄　著文　王　选　译注

二、“石井机关”与研究报告

金子顺一与“石井机关”

1940年起，日军开始在中国战场正式实施有规模的细菌战，在遭受攻击地区，如浙江省衢州、宁波的鼠疫还在继续蔓延之际，日军即于1941年11月，对湖南省常德从空中投放了鼠疫跳蚤，约一周后，当地开始鼠疫流行，民国政府派专家组成防疫队到现场，调查常德疫情。正忙于浙江省鼠疫防疫指导的国民政府卫生署外籍专家伯力士随后赶到，他确信当地的鼠疫流行是由日军散布的细菌引起的。①

1942年4月在同盟国的伦敦会议上，民国政府吁请对日军在中国战场实施细菌战和化学战行为予以制裁，引起关注。

1943年，民国政府出版《战时中国志 1937—1943》（英文版 China Handbook 1937—1943），在美国发行，其中第17章“公共卫生健康”有专门章节介绍日军在中国战场实施细菌战引起鼠疫流行情况。

近年，美国国家档案馆公开的2000件有关日军细菌战的文献资料显示：1944年，美国即对南太平洋战争中俘虏的日军医疗、卫生兵种，专门就日军细菌战问题进行了审讯，以获取情报。二战结束，美国占领日本后，曾连续4次从美国派遣调查官赴日进行细菌战调查，以获取日本细菌战资料。最终，在远东国际法庭开庭期间，美国以免于追究日本细菌战犯罪者的战争责任为条件，达到了目的。

美国调查官的调查对象为日本细菌部队、机关的主要研究者，在讯问名单中有一名叫金子顺一的人。第3批赴日美国调查官费尔在调查报告中曾提及：“对于生物战知道最多的，是增田、金子，还有内藤。”②

“增田”即增田知贞，曾任南京一六四四细菌部队部队长等职，该部队协同七三一部队实施了1940~1942年对浙江、湖南、江西等省的细菌作战；“内藤”即内藤良一，陆军军医学校防疫研究室主任，被称为石井四郎的左右手，战后与“石井机关”要员创办了绿十字（药物公司），该公司为牟利，将明知有

---

① 参照解学诗、松村高夫等著：《战争与恶疫》第五章，人民出版社，1998年。

② 常石敬一：《医学者的组织犯罪》，朝日新闻社，1994年。

感染艾滋病毒可能的血制品销售市场,结果导致日本2000人以上感染艾滋病。①

"金子"即金子顺一。2011年夏天,日本民间研究团体——NPO法人七三一部队细菌战资料中心理事、民间独立研究者奈须重雄经八年搜寻,终于在日本国会图书馆关西馆所藏50万份博士论文中,发现了金子顺一向东京大学提交的封面上带有"秘"字的博士学位申请论文——《金子顺一论文集》(以下简称金子论文)。

2011年10月,日本七三一部队细菌战资料中心向媒体公布了这一重大发现。日本《朝日新闻》、《东京新闻》对此连续报道。《朝日新闻》记者渡边延志,还在日本《世界》月刊(2012年5月号)上发有特别报道《被掩埋的731部队细菌战研究报告:石井机关机要人员金子军医论文集的发现》。文章将焦点置于当今日本面临的七三一部队细菌战历史遗留问题,特别指出,金子是于战后1949年1月,被授予东京大学医学博士学位的。如上所述,金子向东京大学提交的博士学位申请论文是金子在"石井机关"研究细菌战时的学术成果——《金子顺一论文集》。而1948年末,当时在东京进行的远东国际军事法庭审判刚刚结束。

另据原日本国立预防卫生研究所研究员中村明子称,《世界》月刊2012年5月号在书店上架后,翌日清晨4点,她即接到同研究所九十多岁前辈研究员的电话,告知《世界》杂志刊出了揭露七三一部队真相文章的消息。中村明子在国立预防研究所的许多同事也接到了同样电话。战后,金子顺一当年的细菌战研究同僚中不止一人任职于该机构。②

据秦郁彦编《日本陆海军综合事典》第2版载③,金子顺一毕业于东京帝国大学医学部,1937年7月7日卢沟桥事变,中日战争全面爆发后,从近卫步兵第一联队调至关东军防疫部(后改称关东军防疫给水部)即七三一细菌部队;1941年成为陆军军医学校学员,1943年任军医学校部员,兼任东京的陆军情报研究所(第九技术研究所)研究员,直至1945年8月复员。

1932年,在石井四郎的推动下,位于东京的日本陆军军医学校设立了防疫研究室;在中国黑龙江省背荫河设立了细菌部队。

1933年,防疫研究室正式开始细菌战相关研究,在背荫河设立细菌人体

① 参见笔者《"石井机关"部分人员战后踪迹》,2002年。

② 参见笔者《"石井机关"部分人员战后踪迹》,2002年。

③ 东京大学出版社,2005年。

实验所。

1936 年，在哈尔滨设立七三一细菌部队，石井四郎任部队长，在长春设立关东军一〇〇细菌部队。

1937 年，在东京登户设立陆军研究所。

1938 年，在北京设立一八五五细菌部队。

1939 年，在南京设立一六四四细菌部队；广州设立八六〇四细菌部队。

1942 年，在新加坡设立九四二〇细菌部队。

当时，日本陆军内部称这些与细菌战有关的部队，包括陆军军医学校防疫研究室，为“石井机关”。防疫研究室为其研究中枢，它统筹军内、军外研究人员，以“委托研究”、“共同研究”、“论文指导”等形式，组织动员日本医学界、民间研究机构参与细菌战相关的研究。

据常石敬一《731 部队——生物兵器犯罪的真相》①：“石井机关”人员超过 10000 人，其中南京一六四四部队和哈尔滨七三一部队同样，经常进行人体实验。

《金子顺一论文集》与《防疫报告》

作为“中枢”的防疫研究室，编辑发行《陆军军医学校防疫研究报告》（以下简称《防疫报告》），刊载“石井机关”研究人员的研究纪要。《防疫报告》分第 1、2 部两大类：第 2 部的论文作者以大学、军外的研究者居多，保密级别低，共发行 900 号，其中 800 多号已于 2005 年，由日本不二出版社根据美国国会图书馆所藏原件影印出版。据编者常石敬一称：第 1 部为“军事秘密”，保密级别高，用誊写版印刷，限制发行部数，一版至多印百部左右。第 1 部与第 2 部的区别主要在于内容，第 1 部的研究极具实际性，如有关实战的论文。常石敬一提及有关者证言：1945 年 8 月 14 日，日本陆军省次官曾向全军发布命令，“烧毁重要文件”，防疫研究室也不例外，全部烧毁。

2010 年，日本著名七三一部队研究者近藤昭二先生，与笔者及三名北大研究生赴美国国家档案馆查阅日本细菌战资料，期间访问藏有《防疫报告：第 2 部》的美国国会图书馆，提出要求公开《防疫报告：第 1 部》，未获答复。

《防疫报告：第 1 部》的论文，到《金子顺一论文集》被发现为止，只发现 5 篇。《金子论文集》由 8 篇《防疫报告》组成，其中有 7 篇属于第 1 部，主论文为《雨下散布的基础考察》（《研究报告》第 1 部 41 号，1941 年 8 月 11 日受

① 讲谈社，现代新书 1265 册，1995 年。

理)。据常石敬一著《医学者的组织犯罪》:美国调查官对“石井机构”研究人员询问时,“费尔等调查官表示极大兴趣的是以下两点:第一是增田解明的炭疽菌与鼠疫菌对人体的最低感染量:第二是金子研究的喷雾(雨下)散布细菌的粒子大小的测定方法。”可见金子担任研究的“实际性”和重要性。金子另一篇论文题目为:《PX 效果略算法》(《研究报告》,第 1 部 60 号,1943 年 12 月 14 日受理),封页上标题头一行印着“陆军军医学校防疫研究室”部长　石井少将),下一行为执笔者“陆军军医少佐　金子顺一”,再下面印有略大一点的 4 个黑色粗体字“军事秘密”。P 是指鼠疫菌,X 是指最能使鼠疫菌增殖的跳蚤 Cheopis,称为“克蚤”或“印鼠克蚤”,是鼠疫传播的主要媒介。国内有鼠疫流行史的地方防疫部门,在年度鼠疫监测项目中,包括地方跳蚤种类中印鼠克蚤比例的观察和测算。

1949 年 12 月,苏联不满于美国独占日本细菌战资料,在伯力对苏联关押的 12 名关东军军官,包括关东军总司令官、军医部长,七三一、一〇〇、一六四四细菌部队高级军官,进行了“因准备和使用细菌武器被控案的审判”,又称“伯力审判”。

据公开出版的伯力审判材料(《前日本陆军军人因准备和使用细菌武器被控案审判材料》)①:12 名受审日军陆军军人之一的七三一部队第四部(细菌、疫苗生产部)部长川岛清对法庭供述如下:

> “1941 年夏季,七三一部队长石井召集各部部长开会,他在会议上通知我们,说收到了参谋总长的指示信。其大意是七三一部队在准备细菌战方面,特别是在大量繁殖鼠疫跳蚤方面,已取得相当成就,鼠疫跳蚤有巨大的战略意义,因此要在这方面加紧研究。同时部队长向我们训示,说目前部队工作中最大的弱点之一,就是大批繁殖跳蚤的生产能力很低,必须集中全部注意力去大批繁殖跳蚤。”

以上川岛清供述中提及,日军参谋总长指示具有重大战略意义的“鼠疫跳蚤”,即如上金子论文《PX 效果略算法》中的“PX”。

金子论文《PX 效果略算法》是尝试利用日军 1940—1942 年间,对中国吉林省农安、大赉,浙江省衢州、宁波,湖南省常德,江西省广信、广丰、玉山,6 次散布 PX 实施实战攻击,引起当地鼠疫第一次乃至第二次流行,造成居民感染鼠疫致死人数,将其作为测算“效果”的基本数值,与投放鼠疫跳蚤的数量比较,依据石井四郎提出的细菌武器效果决定诸要素“ABEDO”理论,形成测算

① 该“材料”共 260 页,由苏联外国文书籍出版社 1950 年在莫斯科印行。

公式,进行推算 PX 作为细菌武器的可能攻击效果。

《金子顺一论文集》与《井本日志》

《金子顺一论文集》是战后以来日本国内第二次发现的日本陆军实施细菌战的重大史料。

第一次的发现是 1993 年 6 月,日本中央大学教授吉见义明、立教大学讲师伊香俊哉,于日本防卫厅防卫研究所图书馆发现其所藏的四名原日本陆军中央干部的业务日志中,有关于日军实施细菌战的记载。四名干部及其业务日志如下:

1.井本熊男大佐

1939 年 9 月~1940 年 10 月　支那派遣军总司令部作战参谋

1940 年 10 月~1942 年 12 月　陆军参谋本部作战课课员

《业务日志》第 23 卷

2.金原节三军医大佐

1937 年 8 月—陆军省医务局医事课员

1941 年 11 月—陆军省医务局医事课长

《陆军省业务日志摘录》第 35 卷

3.大塚文郎大佐

《备忘录》第 13 卷

4.真田穰一郎少将

陆军参谋本部作战课长、第一部长

《业务日志》第 40 卷

以上四人业务日志中,与日军在中国战场进行细菌作战有关系的,主要是《井本日志》的记载内容。井本在作为支那派遣军总司令部作战参谋、参谋本部作战课课员期间,参与了日军在中国战场进行细菌作战的决策和实施。

吉见、伊香将《井本日志》中有关日军细菌战的内容,与《金原摘录》、《大塚备忘录》、《真田日记》中相关记载整理成文,发表于日本战争责任资料中心发行的《季刊 · 战争责任研究》1993 年冬季号,题为《日军细菌战:陆军上下联通运作的真相揭露》。1995 年末,二人出版了上述论文内容简略版——《七三一部队与天皇 · 陆军中央》①。根据吉见、伊香发表的论文,上述史料中还包

① 岩波丛书第 39 册,岩波书店,1995 年。

括日军对菲律宾、美国的细菌战准备、人体实验,还包括化学武器人体实验的内容。

此前,社会、学界对于七三一部队细菌战的关注,主要在"人体实验"方面。上述《井本日志》等日军四名中央干部战时文献资料的发现,揭开了日本陆军细菌作战的真相,将近 9 年之后,七三一部队核心研究人员金子顺一的博士论文集发现公布于世,其关于 1940 ~ 1942 年日军对华细菌战,特别是《PX 效果略算法》一文的内容,为以上《井本日志》中的相关记载提供了佐证。

"ホ号作战"真相

"ホ号作战"是日军细菌作战的秘密代号。《金子顺一论文集》的发现,除了如上提及的日本媒体积极报道以外,也引起日本历史学界的关注。日本筑波大学名誉教授、历史学家波多野澄雄撰文介绍了《金子顺一论文集》,刊登于日本季刊《战争责任研究》第 75 号,2012 年春季号,题为《细菌战研究进入新阶段:〈金子顺一论文集〉中的"ホ号作战"真相》。

波多野文章结合吉见等发表的《井本日志》中有关记载,对金子论文中,特别是《PX 效果略算法》一文涉及的日军在华细菌作战"ホ号作战"加以梳理,在综观全局的分析中,凸现出"ホ号作战"来龙去脉的大致框架。而笔者则以译注的方式,切入一些细部的说明和讨论,史料大多来自中国方面,以及相关遭受攻击地区近年来的调查发现及动态。

PX——"最为有效的细菌武器"

波多野文章中提及日本生化战历史研究者常石敬一的观点:感染鼠疫跳蚤的开发,是"石井 15 年来生物武器开发研究的最大成果"。

据伯力审判材料,日本关东军军医部长梶塚隆二向法庭供述:1941 年初石井四郎就已认为传染病媒介物中最适合细菌战目的是鼠疫跳蚤,即金子论文中的 PX。

据七三一部队第 4 部部长川岛清伯力法庭供述:1941 年 6 月,他亲自参加过安达露天试验场的 PX 炸弹效能活人试验。1941 年夏季,石井在他办公室内同部队负责人谈话,说明日本军事当局为什么要成立像七三一部队这样研究机构的原因。当时他说,日本没有充分的五金矿藏及其他制造武器所必需的原料,所以必须寻求新式武器,细菌武器便是其中之一。此外,石井还指出,所有各个强国都在这方面进行着相当的努力,日本在这个领域也不应落后。

据以上吉见、伊香公布:1943 年 4 月,日本参谋本部各有关部门就“ホ号作战”问题进行商量研究,决定在陆军军医学校、关东军、北支那、中支那、南支那、南方军各防疫给水部等大量生产跳蚤和老鼠。1943 年 10 月,参谋本部推出三个以鼠疫跳蚤即 PX 为中心的“ホ号作战”方案。

1943 年 12 月,金子的论文《PX 效果略算法》被受理。论文中,金子将依据在中国的 6 次 PX 攻击“效果”推出的“PX 效果略算法”,应用于对太平洋战场 38 个地区的假设 PX 攻击,推算可能的“效果”,38 个地区中包括中国的重庆、成都和昆明。

1944 年,日本在太平洋战场的局势持续恶化。据以上吉见、伊香公布:4 月,日军参谋本部曾下令在塞班岛防卫中使用细菌武器,但因实施部队被美军歼灭,未获成功。7 月,东条英机内阁辞职,日本陆军中央又提起对美军实施细菌战攻击的方案,加以讨论。石井提出准备 2000 发细菌炸弹,如每发充填 1kgPX,共需 2 吨 PX,另需要飞机 250 架。陆军军医学校内藤良一提出生产 2000kg 鼠疫跳蚤,1 个月时间不够,需要 3 个月。据伯力审判材料:11 月,时任七三一部队部队长北野政次(石井四郎一度调出七三一部队)向日军参谋本部作战部提议战略性地实施细菌作战,关东军总司令官在办公室为此举行了一次秘密会议,北野就 PX 作为细菌武器使用的方法与效果做了报告,出席者有:关东军总司令官、参谋长、副参谋长、军医部长、司令部参谋官宫田(为日本皇族竹田亲王化名)。报告时,北野出示了七三一部队特制的影片,以及实验性散布 PX 攻击目标的图表。北野的报告综合介绍了 PX 作为细菌武器方面的实验和研究,以及取得的成果。关于 PX 攻击的实验结果,七三一部队越过关东军司令部,直接呈报大本营。

1945 年 1 月,日本陆军大臣决定中止“ホ号作战”的战略实施,7 月下旬,“ホ号作战”全面中止。1945 年 8 月,根据大本营的命令,七三一部队炸毁设施,销毁证据,杀害了 400 余名关押中的实验用活人,大量实验老鼠及各种动物逃散到周围一带农村,引起当地鼠疫流行。

“细菌战研究及细菌作战为原日军重要战略之一”

波多野先生在其文章结尾指出,细菌战研究及细菌作战为日军重要战略之一,并郑重提出:日本政府理应从《金子顺一论文集》的发现中感到压力,改变态度;日本官方研究机构——防卫省战史研究中心,则应对这一历史进行研究。波多野先生在近作《国家与历史》①(中),冷静回顾了战后以来日本以"旧金山和约体制"为基础的"战后处理"的轨迹,提出了当前日本作为现代国家所面临的无可回避的战争"负面遗产",或称"历史问题"。七三一部队细菌问题,战后以来一直被认为是日本最为棘手的历史遗留问题。波多野先生作为日本享有盛誉的中日战争史专家,直面历史真相,令人起敬。

(《朝日新闻》记者渡边延志对本文的撰写给予了大力协助,特此感谢。)

王　选

① 中公新书 2137,中央公论新社,2011 年。

封面设计：肖　辉
责任校对：张　红

图书在版编目（CIP）数据

战争与恶疫：日军对华细菌战/解学诗等著．-北京：人民出版社，2014.12
（2016.2 重印）
ISBN 978-7-01-013477-2

Ⅰ.①战…　Ⅱ.①解…　Ⅲ.①生物战-侵华事件-研究-日本
Ⅳ.①K265.606

中国版本图书馆 CIP 数据核字（2014）第 079942 号

战争与恶疫

ZHANZHENG YU EYI

——日军对华细菌战

解学诗［日］松村高夫　等著

人民出版社　出版发行
（100706　北京市东城区隆福寺街 99 号）

北京中科印刷有限公司印刷　新华书店经销

2014 年 12 月第 1 版　2016 年 2 月北京第 2 次印刷
开本：710 毫米×1000 毫米 1/16　印张：20.5
插页：4　字数：350 千字

ISBN 978-7-01-013477-2　定价：49.00 元

邮购地址 100706　北京市东城区隆福寺街 99 号
人民东方图书销售中心　电话（010）65250042　65289539